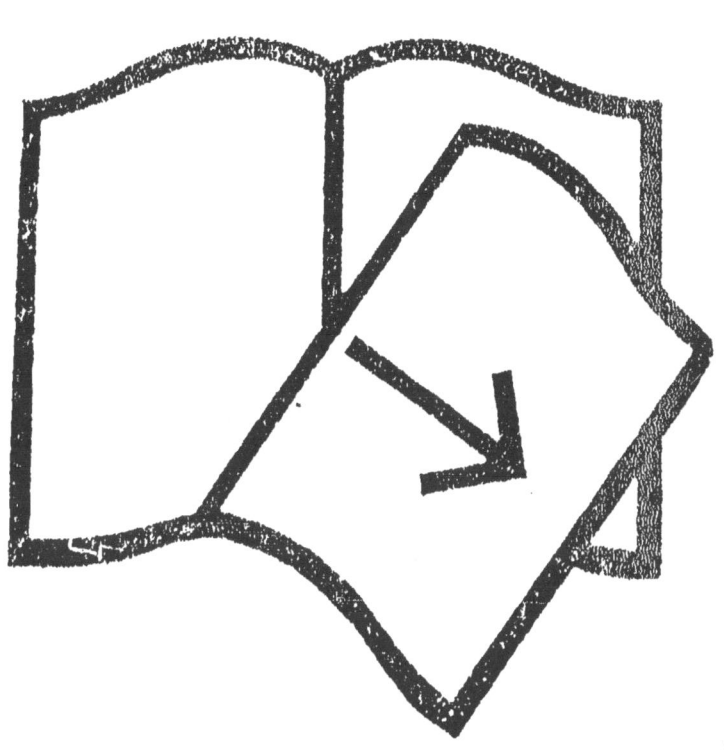

Couvertures supérieure et inférieure manquantes

61837

# CORRESPONDANCE SECRÈTE

INÉDITE

# DE LOUIS XV.

L'auteur et l'éditeur déclarent réserver leurs droits de reproduction et de traduction à l'étranger.

Ce volume a été déposé au ministère de l'intérieur (direction de la librairie) en juin 1866.

Paris. — Typographie de Henri Plon, imprimeur de l'Empereur,
8, rue Garancière.

# CORRESPONDANCE SECRÈTE

## INÉDITE

# DE LOUIS XV

SUR

## LA POLITIQUE ÉTRANGÈRE

AVEC LE COMTE DE BROGLIE, TERCIER, ETC.

ET

AUTRES DOCUMENTS RELATIFS AU MINISTÈRE SECRET

PUBLIÉS D'APRÈS LES ORIGINAUX CONSERVÉS AUX ARCHIVES DE L'EMPIRE

ET PRÉCÉDÉS D'UNE

ÉTUDE SUR LE CARACTÈRE ET LA POLITIQUE PERSONNELLE DE LOUIS XV

PAR

## M. E. BOUTARIC

Archiviste aux Archives de l'Empire.

TOME DEUXIÈME

PARIS
HENRI PLON, IMPRIMEUR-ÉDITEUR
RUE GARANCIÈRE, 10

1866

# CORRESPONDANCE SECRÈTE

# DE LOUIS XV

CCCLXVI. — MÉMOIRES SUR LA POLITIQUE ÉTRANGÈRE,
Remis par M. de Broglie à Louis XV, du 16 avril à la fin d'août 1773.
[Original. Arch. de l'Emp. K. 159.]

(SUITE.)

III. *De la Prusse.*

Avant la paix de Westphalie, l'Europe ne comptoit dans le Nord que trois puissances : la Suède et le Danemark, dont nous venons d'examiner la position respective à l'égard de la France, et la Pologne, dont nous parlerons bientôt. La Russie étoit encore inconnue, et le duché de Prusse, fief de la Pologne, comme la Courlande, étoit obscur et ignoré comme elle. Mais dès que le grand électeur de Brandebourg, Frédéric-Guillaume, eut secoué, par le traité de Vehlau (en 1657), le joug de la vassalité; après surtout que ce duché, revêtu depuis du titre royal, fut devenu celui de la maison de Brandebourg, elle a tenu dans le Nord un rang si considérable, qu'elle seule aujourd'hui seroit en état d'y balancer l'autre puissance nouvelle, qui a pris l'ascendant sur cette partie de l'Europe.

Pour continuer donc notre tournée de proche en proche et ne pas quitter le Nord sans en avoir parcouru tous les États, nous trouvons, en sortant de ceux du Danemark, la domination prussienne, qui n'en est séparée que par le Mecklenbourg; on pourroit dire même qu'elle y est contiguë, et par les hypothèques de la maison de Brandebourg sur ce pays, dont elle a plusieurs bailliages en engagement, et par le droit du plus fort, qu'elle y exerce à toute rigueur.

De là jusqu'à la Courlande et la Samogitie, depuis l'embouchure de la Pehne jusqu'à celle du Niémen, le Roi de Prusse est aujourd'hui souverain de fait et dominateur absolu des bords de la Baltique. La basse Vistule ne coule plus que sous ses lois; Dantzig n'existe encore que sous son bon plaisir; et s'il daigne lui laisser le nom de ville libre, elle le payera bien cher, ou viendra elle-même lui demander le titre de sujette. En effet, ce monarque, dont l'esprit fiscal n'a jamais eu une si belle occasion de se déployer, réduiroit bientôt à rien cette ville, si elle s'obstinoit à jouer encore *à la république*. Il achèveroit, comme il l'a commencé, de lui enlever le commerce des grains et de toutes les autres productions de la Pologne.

Il en est quatre moyens certains, et dont il a déjà fait l'essai.

Les droits exorbitants qu'il a mis et mettra sur la navigation de la Vistule; le monopole à son profit de la traite des grains, de la cire, des sels, et de toutes les autres denrées, dont l'entrepôt forcé et le marché exclusif étoient autrefois à Dantzig; la prétention de droit et l'occupation de fait du port de cette ville; la nouvelle direction de tout le commerce de la Pologne et de la navigation de la Vistule détournée dans l'Oder, par le nouveau canal projeté et commencé, pour en établir à Stettin l'entrepôt et le débouché.

Il ne seroit pas même hors du caractère de ce monarque

de mettre en usage ces quatre moyens ensemble. Jusqu'à présent, loin d'en abandonner aucun, il semble vouloir en tirer à la fois tous les avantages dont chacun n'est susceptible qu'en particulier. Il a pu et dû observer qu'en fait de perception, trop de moyens différents se trouvent nécessairement opposés entre eux, qu'ils se nuisent réciproquement et se croisent les uns les autres. Mais le juif *Éphraïm* et le financier *Delatre*, surtout cette fiscalité avide et précipitée qui a toujours séduit le Roi de Prusse, égarent encore ses vues et l'empêchent de les fixer. L'acquisition même de la nouvelle Prusse a rendu plus malheureux le sort de l'ancienne, par l'extension des nouveaux monopoles du sel, de la cire et autres denrées au port de Kœnigsberg, où jusqu'alors il n'étoit pas établi. Mais ces moyens, tout forcés, tout inconsistants et contradictoires qu'ils puissent être, remplissent l'objet momentané. C'est de l'argent, et les monopolistes en fournissent d'avance[1]. Le temps et l'expérience feront connoître les erreurs : on les corrigera; mais, en attendant, on jouit, on entreprend, on envahit, on réussit, et les dépouilles d'un pays fournissent à leur tour des moyens pour en usurper un autre.

Ce n'est pas un portrait flatté de l'administration prus-

[1] On ne croira pas aisément que le Roi de Prusse, qui a un trésor plus considérable qu'aucun autre souverain de l'Europe, prenne de l'argent d'avance (ce qui est et sera toujours, pour un souverain comme pour un particulier, une *affaire de fils de famille*). Mais la crainte de toucher à ce trésor, qu'il réserve pour les dernières extrémités, lui fait tous les jours essuyer des pertes réelles dans ses opérations de finances. Ceux avec qui il traite n'ont ni fortune ni crédit. On peut juger de là ce que l'argent leur coûte, et ce qu'ils le lui font payer. Cependant il se fait illusion là-dessus, parce que, dans tous ces marchés, il n'y a point d'intérêts stipulés. Ses ministres mêmes ont reconnu ce foible, et ne peuvent s'empêcher de le remarquer. (A) — Il y a dans ce jugement une grande exagération; on peut se renseigner à cet égard dans la partie des *Mémoires de Frédéric II* embrassant de l'an 1763 à l'an 1775, chapitre I, *Des finances*.

sienne dans ses nouvelles acquisitions, il est ressemblant ; mais, on le répète, la force réelle et actuelle de l'usurpateur, en un mot le nerf de la guerre, est le produit et le résultat de ses opérations, même les plus mal combinées. Il ne s'agit point à présent pour le Roi de Prusse de former un plan solide et durable. Il lui falloit dans le moment des ressources abondantes en hommes ou en argent, pour soutenir l'ouvrage de l'injustice : il les trouve dans la violence ; la possession s'établit, elle s'accroît encore ; et une fois fixée, elle n'aura plus besoin, pour se maintenir, que d'un certain courant, dans lequel on peut rétablir à loisir la proportion et l'harmonie entre les différentes branches de perception.

Le Roi de Prusse peut donc être regardé aujourd'hui comme jouissant du plus haut degré de puissance en Europe. Son trésor, auquel il ne touche point pour les conquêtes d'un genre nouveau qu'il fait en Pologne, est toujours prêt à faire face au premier moment d'une grande crise, et ce moment est encore loin. Son armée est, dit-on, de deux cent cinquante mille hommes, et ce nombre ne paroît pas exagéré, en y comprenant les recrues qu'il a faites et fait encore tous les jours, tant dans ses nouvelles acquisitions que dans les palatinats voisins. Son autorité n'est pas moins établie dans ceux-ci par la force, que dans les autres par un droit fabuleux ; mais de grandes réalités, beaucoup d'hommes et d'argent, sont le résultat de toutes ces chimères.

Premier moteur et instigateur des troubles de la Pologne, il a su, presque sans paroître et sans y mettre rien du sien, amener les choses au point d'engager les cours de Vienne et de Pétersbourg à partager avec lui ce royaume [1]. Il a séduit un jeune prince ambitieux par l'en-

[1] Voyez l'Étude préliminaire, t. I, p. 153.

thousiasme de la guerre, et une princesse bel-esprit par celui de la philosophie et de la législation; il s'est établi entre eux l'arbitre et le lien de cette union nouvelle, pour les faire servir tous deux d'instruments à ses vues et à ses projets. Il a prévu les circonstances qui pourroient produire la défiance et le refroidissement des deux autres alliés à son égard et entre eux réciproquement; mais il a vu en même temps tous les obstacles qui les empêcheroient de s'unir contre lui, et il s'est ménagé d'avance la certitude d'être recherché par celui des deux qui seroit tenté ou forcé de rompre avec l'autre.

Telle est la position actuelle du Roi de Prusse. Elle réunit tous les avantages de la *puissance pécuniaire*, de la *puissance militaire* et de la *puissance fédérative*.

Voyons à présent tout ce qui en résulte pour lui, relativement *au crédit et à la considération*. Dans l'Empire, il avoit balancé longtemps la cour de Vienne; et tant que notre ancien système avoit duré, cet équilibre, maintenu par notre impartialité, assuroit la tranquillité et la liberté du corps germanique, ainsi que le crédit, la considération de la France, et par conséquent sa dignité et sa prééminence dans l'ordre politique.

Notre alliance exclusive avec l'Impératrice, et la guerre qui la suivit, firent éclore un autre système. Le Roi de Prusse ne vit plus la France que comme un instrument de la cour de Vienne. Il sentit qu'appuyé par nous, le chef de l'Empire y seroit toujours le maître, et que dès lors il falloit renoncer à l'idée d'un équilibre qui ne pouvoit plus subsister. Il se contenta de guetter le moment favorable pour l'exécution de ses projets relativement à la Pologne. Une alliance entre lui et la cour de Vienne en devoit être le moyen. Cette même alliance, cimentée par l'intérêt et par le succès, devoit amener de nouveaux projets d'agrandissement et de domination en Allemagne, par l'attrait naturel de l'ambition et de la cupidité. Ces projets, tant de l'Empereur que du Roi de Prusse, ne pouvoient réussir que par l'union et le concert les plus intimes. Dès lors la France, déjà devenue une puissance secondaire, relativement à l'Empire, deviendroit étrangère, nulle dans les affaires d'Allemagne. Les deux cours de Vienne et de Berlin les arrangeroient à leur gré, et chacun des membres du corps germanique n'auroit plus d'appui ni d'espoir que dans l'intercession réciproque de ces deux cours dominantes. Elles réserveroient entre elles ceux qu'on devroit conserver, et proscriroient de concert ceux qu'on voudroit détruire; et la France, ou toujours séduite par l'Autriche, ou dessillée trop tard, et dans l'impuissance de s'opposer au torrent, seroit réduite à une contemplation purement passive [1].

C'est cette perspective qui assure aujourd'hui au Roi de Prusse dans l'Empire le plus grand crédit et la plus haute considération. Elle est fondée sur la terreur, et ce moyen, s'il n'est pas le plus agréable, est au moins toujours le plus sûr.

Le Roi de Prusse n'influe pas moins dans le Nord par son alliance avec la Russie; et celle-ci, le craignant toujours, l'en ménagera davantage. Ses intrigues à la Porte, encouragées par la Russie même, lui ont donné un nouveau degré d'importance dans les négociations de la paix; et s'il peut y servir, on ne doute pas qu'il ne se soit mis à portée d'y nuire. Il est encore plus en état de faire à son choix l'un ou l'autre dans les démêlés de la Russie avec la Suède, et, selon l'occasion, avec le Danemark. Enfin le partage de la Pologne en a donné au roi de Prusse la seule

---

[1] Ce tableau de l'effet que produit, relativement à l'Allemagne, l'alliance de l'Empereur et du Roi de Prusse, n'est nullement chargé. Le rôle de la France est celui qu'elle joue réellement depuis cet événement, et les conséquences funestes s'en feront sentir tous les jours. (A.)

portion qui puisse intéresser les puissances maritimes et commerçantes. Maître des côtes et des ports qui étoient restés à ce royaume, il devient un objet de la plus grande attention pour l'Angleterre, pour la Hollande.

Cette attention peut-être exigeroit des précautions promptes et efficaces et des mesures vigoureuses de la part de ces deux puissances; mais on oseroit assurer qu'elles n'en prendront point de concert, et que toutes les démarches de chacune en particulier seront officieuses et pacifiques.

L'Angleterre, il est vrai, seroit toujours en état de donner aux siennes un poids d'autant plus considérable que le Roi de Prusse a aujourd'hui plus de ports et de côtes sur la Baltique. Toute puissance sans marine est plus foible en proportion de celle qui en a, selon qu'elle lui offre plus de surface et de circonférence maritime [1]. Ce sont autant de points d'attaque pour l'ennemi fort en vaisseaux ; et les ports et les côtes qui ne sont pas soutenus par des escadres en station peuvent être comparés à des remparts qui n'ont ni flancs ni ouvrages extérieurs. A cet égard donc, le Roi de Prusse est et seroit encore longtemps commandé et vu à revers par le Roi d'Angleterre ; mais d'un autre côté il a bien supérieurement les avantages sur l'électeur de Hanovre, dont les possessions, entourées des siennes, lui sont ouvertes de tous côtés et absolument sans défense.

De ces deux désavantages, balancés et combinés ensemble, il doit de part et d'autre résulter un esprit de conciliation.

Il faut s'attendre cependant que celui qui est déjà en train de gagner et qui ne craint pas de perdre autant ni

[1] L'auteur du Mémoire énonce ici une vérité dont la Prusse est convaincue ; les derniers événements le démontrent surabondamment.

de perdre sitôt, sera un peu avantageux dans la négociation. Celui, au contraire, qui ne gagne ni ne peut gagner, mais qui peut perdre beaucoup et tout à l'heure, doit nécessairement être beaucoup moins difficile.

De là on peut conjecturer que l'électeur de Hanovre étant responsable des démarches du Roi d'Angleterre, celui-ci mettra dans les siennes beaucoup de modération et d'insinuation, malgré le peu de goût et de penchant naturel qu'il a pour le Roi de Prusse. Cette attention même qu'a dû exciter de la part des puissances maritimes la nouvelle position de ce monarque sur la Baltique, semble devoir lui être un garant de plus d'un nouveau degré de considération, sinon de la nation angloise, du moins de George III et de son ministère.

A l'égard de la Hollande, on connoît en général la constitution foible et tremblante de cette république. Elle a peur de tout, souffre tout, se plaint de tout, et ne se garantit de rien. Lorsque nous parlerons de ce gouvernement vicieux dans son principe et vicié dans ses conséquences, nous dirons pourquoi la Hollande sera et doit être quelquefois plaignante, mais toujours passive dans les différends qui peuvent résulter des nouvelles propriétés que le Roi de Prusse s'est acquises sur la Baltique.

Voilà donc l'Allemagne, le Nord, le Roi d'Angleterre, les États-Généraux, dont ce monarque n'a rien à craindre, qui ont tout à redouter de sa part, et à qui la terreur et l'intérêt tiennent et tiendront longtemps encore les mains liées. Les siennes cependant restent libres, et aucun scrupule ne le retient sur l'usage qu'il pourroit en faire, selon les circonstances. Ceci nous conduit à chercher quelle est sa position actuelle à l'égard de la France.

On ne remontera point aux époques de nos deux alliances avec le Roi de Prusse. On a dit, on le répète encore, qu'il nous a trompés. C'est trop souvent la phrase de ceux qui se sont trompés eux-mêmes. On se récrie sans cesse qu'il ne connoît que ses intérêts : on a raison, sans doute, et quel autre motif pourroit le décider? Mais cet intérêt n'est pas circonscrit dans un seul parti, dans une seule alliance; il n'est pas renfermé dans le présent seulement; il embrasse l'avenir, et il flotte toujours entre les probabilités du plus ou du moins grand avantage. Les circonstances plus ou moins favorables qui peuvent résulter de la disposition des cours avec qui il auroit à traiter, la solidité de leurs plans et de leurs systèmes, ou la légèreté, la foiblesse ou la fluctuation de leur conduite, tout cela fait naître autant de combinaisons différentes de ce même intérêt, qu'on croit avec raison être le principe invariable de sa politique; et, par une suite de ce principe, le Roi de Prusse auroit dû céder, comme il cédera toujours, à la conviction qui lui auroit montré un plus grand avantage dans un autre parti quelconque [1].

D'après cette règle, nous avons déjà discuté la position respective du Roi de Prusse à l'égard des autres puissances. Partons à présent du même principe, pour chercher quelle est et doit être actuellement la position respective de ce monarque à l'égard de la France.

L'éloignement qui a régné entre les deux cours, depuis l'année 1756 jusqu'à la paix, a dû nécessairement causer une méfiance; et tout ce qui s'est passé depuis cette époque jusqu'en 1771, et qu'on a indiqué dans le commencement de cet ouvrage, n'a pu servir qu'à la confirmer. On doit donc convenir que, pendant tout ce temps,

[1] Voyez sur les motifs qui guidaient Frédéric II dans sa conduite politique ses propres déclarations, *Mémoires*, t. I, p. 5 et 6, édition de H. Plon.

le Roi de Prusse a eu et dû conserver peu d'espoir de renouer avec la France.

On ajoutera qu'alors il s'est flatté de la voir revenir à son ancien système, ou du moins que le nouveau recevroit beaucoup de modifications.

Si le désir qu'il en témoignoit pouvoit absolument n'être pas sincère, au moins n'étoit-il pas sans vraisemblance : la position topographique du Roi de Prusse, et dans l'Empire et dans le Nord, le mettoit dans le cas d'avoir peu à craindre de nous, mais beaucoup à en espérer; on ne risquoit rien de se prêter pour le moins aux insinuations qui ont dû être tentées de sa part, à laisser entrevoir qu'on pouvoit revenir d'un éloignement fondé sur des causes étrangères à la France, personnelles peut-être à des individus qui n'y pouvoient plus influer; enfin à se laisser tâter et à tâter réciproquement. L'a-t-on fait? c'est encore le sujet de conjectures.

Concluons seulement que la position du Roi de Prusse à l'égard de la France est celle d'un prince autrefois allié, qu'on a traité comme ennemi[1], qu'on a voulu anéantir, et qui n'existe que par des prodiges; que sorti de cette crise, il n'a peut-être pas dû nous aimer beaucoup, mais il n'en auroit pas été moins disposé à se lier encore avec nous, dès qu'il y auroit pu trouver son avantage; que notre alliance exclusive avec la cour de Vienne lui en a ôté l'espoir, et l'a réduit à la nécessité de se lier avec cette même cour qui avoit lâché sur lui la France pour le détruire; qu'engagé trop avant, il seroit difficile, mais non pas impossible, de le ramener par intérêt au point d'où il étoit parti par nécessité; et enfin, tant qu'on en restera aux termes où on en est avec la cour de Vienne, il suffira au Roi de Prusse de rester ligué avec

[1] Voyez t. I, p. 235, la lettre de Louis XV en date du 7 décembre 1758.

elle, sans craindre notre inimitié, ni rechercher notre alliance.

### IV. De la Pologne [1].

On ne remontera point ici à l'origine de nos alliances avec ce royaume. La France n'en a jamais eu, à proprement parler, avec la république, et n'avoit contracté avec elle en 1660 que l'engagement gratuit de la protéger, comme garante et médiatrice du traité d'Oliva. Cependant elle s'est souvent beaucoup mêlée des affaires de la Pologne, mais jamais avec les moyens qu'elle auroit dû y employer.

Le premier plan sage et raisonné d'un système à l'égard de cette république fut celui qui a été commencé en 1752. On avoit réussi à donner quelque consistance au parti patriotique dans la diète de cette année et dans celle de 1754, et depuis 1756 jusqu'en 1758; on proposa plusieurs fois de la rendre utile en la rendant considérable dans l'alliance entre la France, la cour de Vienne et la Russie.

Cette alliance une fois adoptée et n'étant pas encore permis alors d'en apprécier ni les motifs ni les conséquences, il ne fut plus question que d'en diminuer le danger et les inconvénients.

Le danger étoit que la Russie ne prît le prétexte de la guerre contre le Roi de Prusse, pour prendre de force sur le territoire de la Pologne le passage, les subsistances, et même les quartiers d'hiver. En lui permettant d'em-

---

[1] On trouve au chapitre consacré à la politique russe les renseignements les plus curieux sur les malheurs et le démembrement de la Pologne. L'original du mémoire sur la Pologne étant en déficit aux Archives de l'Empire, nous le reproduisons d'après Ségur, *Politique des cabinets de l'Europe*, t. I, p. 299 et suiv.

ployer de nouveau ces moyens arbitraires, on livroit ce vaste pays à l'avidité des généraux russes, au despotisme de leur cour et à tous les projets d'usurpations futures qu'elle seroit tentée de former par la facilité d'exercer toutes sortes de vexations sur une nation divisée, isolée et abandonnée.

Ces inconvéniens étoient encore plus fâcheux pour la France, puisqu'en permettant ces vexations elle laissoit porter atteinte à son crédit, à sa considération, à sa prééminence.

Cette foiblesse de sa part sembloit d'autant moins excusable que, s'étant alliée sans aucun intérêt avec la cour de Vienne, et par elle avec la Russie contre le Roi de Prusse, elle étoit en droit de faire la loi et point du tout dans le cas de la recevoir.

La France alors auroit donc pu et dû se prévaloir du besoin qu'on avoit d'elle dans cette alliance pour y présider, la diriger et en être l'arbitre. Elle se laissa entraîner dans des mesures si précipitées qu'on eût dit, à voir ses démarches, que sa grandeur ou son salut dépendoit de cette même alliance.

Dans la pente rapide que nous suivions alors il étoit difficile de nous arrêter; mais il auroit été possible de modérer cette chaleur, de conserver au moins la dignité et la supériorité que nous n'avions pas encore laissé entamer.

Par ce système tempéré, l'objet de l'alliance en général se trouvoit rempli, autant que nos engagemens mettoient nos alliés en droit de l'exiger et que la prudence pouvoit le permettre; et l'objet réel, important pour nous, n'auroit pas été négligé, sacrifié, c'est-à-dire notre prépondérance et notre droit de protection ou de médiation dans le Nord, aussi bien que dans l'empire. On l'a déjà dit, ce droit nous étoit acquis dans l'un par le traité d'Oliva, comme dans l'autre par la paix de Westphalie.

A ce titre la France pouvoit et devoit exiger que toutes les demandes et réquisitions que les deux Impératrices auroient à faire, soit au Roi, soit à la république de Pologne, fussent préalablement communiquées au cabinet de Versailles pour avoir son approbation, et qu'ensuite elles fussent portées, sous ses auspices, à un *senatus-consilium,* ou même à une diète extraordinaire et confédérée.

La France, en même temps qu'elle auroit appuyé les sollicitations de ses alliés, se seroit rendue garante de l'exécution de leurs promesses. La république n'auroit cédé qu'à la prépondérance de cette couronne ; et ses alliés l'auroient également respectée, en n'entreprenant rien au delà de ce qu'elle auroit obtenu ou garanti. La Pologne l'auroit dès lors regardée comme son unique appui. Le Nord, l'Europe entière auroit continué de rechercher, ou sa protection, ou son amitié ; et cette conduite soutenue, de la part de la France, auroit préservé la Pologne de tous les malheurs qui l'ont accablée et anéantie.

Ce plan fut proposé : il ne fut pas adopté [1]. Les auteurs du nouveau système, toujours entraînés par la cour de

---

[1] M. le comte de Broglie, ambassadeur en Pologne, proposa ce plan, avec beaucoup plus de détails, en septembre 1757. Il demandoit qu'on fît alors une confédération de neutralité d'abord, et avec laquelle, quand elle auroit eu pris toute sa consistance, les trois cours alliées auroient fait un traité, dont l'objet primitif devoit être tourné contre le Roi de Prusse, à qui cinquante mille hommes de troupes légères à cheval auroient été bien incommodes, depuis la Poméranie jusqu'à la frontière orientale de la Silésie. On demandoit que la même confédération à laquelle le Roi de Pologne auroit accédé, eût travaillé à assurer la succession au trône de Pologne à un prince cadet de la maison de Saxe, ce qui auroit prévenu tous les malheurs que la république éprouve aujourd'hui, et dont les contre-coups peuvent et doivent s'étendre beaucoup plus loin. (A.)

Vienne, se livrèrent à l'impatience qu'elle avoit d'écraser le Roi de Prusse en une campagne et à l'animosité moins intéressée, mais aussi vive, de la Russie contre ce monarque. On laissa celle-ci prendre de force sur la Pologne tout ce qu'elle auroit pu en obtenir légalement par l'intercession de la France. Le Roi-électeur [1], chassé de ses États héréditaires, se flatta d'y rentrer plutôt en connivant à ces violences, sous prétexte de ne pouvoir les empêcher.

La nation polonoise ne vit plus dès lors la France que comme un instrument des cours de Vienne et de Pétersbourg. Elle perdit bientôt l'opinion qui subsistoit encore, et de notre amitié, et de notre protection. Elle se divisa en différents partis, dont les uns s'abandonnèrent à la Russie, les autres aux cabales, aux séditions, à la guerre intestine. La France ne fut plus comptée pour rien, et le Nord entier suivit l'exemple de la Pologne. Voilà l'origine de notre discrédit, de notre nullité, lors de l'élection du comte Poniatowski et du mauvais succès de tout ce que nous avons tenté ou favorisé depuis cette époque. Il seroit inutile et désagréable de rappeler ici tout ce qui s'en est suivi, jusqu'au traité de partage et à la prise de possession des trois copartageants. C'est de ce point qu'il faut partir pour apprécier la position respective de la Pologne à l'égard de la France.

Tout est dit là-dessus : il n'y a plus de république; le royaume est démembré. Il y reste un roi, tant qu'il plaira à Dieu ou aux trois puissances copartageantes; et les choses sont venues au point que, s'il leur étoit plus commode de le chasser pour partager encore ce qu'on lui a laissé, la France, ainsi que tout le reste de l'Europe, ne

---

[1] Auguste III.

chercheroit point à les en empêcher. Les efforts des Turcs n'ont abouti qu'à leur propre ruine; et pour sauver au moins quelques débris de leur naufrage, ils consentiront à laisser mettre désormais entre eux et ce royaume une barrière impénétrable.

Qu'il reste donc un roi au nom de la Pologne, ou qu'elle soit entièrement démembrée et partagée, ce pays n'aura plus ni relation ni connexion avec la France, ni avec aucune autre puissance de l'Europe, à moins de quelque prompte révolution qu'il n'est pas permis de prévoir.

Dans le premier cas elle restera, relativement aux trois copartageants, ce qu'étoient la Lorraine et le Comtat-Venaissin à l'égard de la France; il n'y aura d'autre différence que le plus ou moins d'étendue entre des États également entourés et subjugués.

Dans le second, les trois portions n'étant plus que de nouvelles provinces de trois grandes dominations, elles n'auront rien de commun avec les puissances étrangères; et tous leurs rapports, même entre elles, dépendront de la bonne ou mauvaise intelligence entre les trois souverains qui auront achevé de les usurper.

La position respective de la Pologne à l'égard de la France et de toutes les autres puissances de l'Europe est donc celle d'un membre retranché de la société, d'un citoyen privé de ses droits naturels, réduit à l'esclavage, mort civilement, et par conséquent n'ayant plus dans l'ordre moral ni propriété ni personnalité. Tel est, en effet, dans l'ordre politique, le sort d'une nation autrefois appelée illustre, qui avoit fait proclamer czar le fils de son roi dans Moscou[1], reçu dans Varsovie l'hommage de la

---

[1] Sigismond III, roi de Suède et de Pologne, fit proclamer Ladislas IV, frère de Jean-Casimir, czar à Moscow, en 1626. (A.)

Prusse [1], et sauvé sous les murs de Vienne l'Autriche orgueilleuse et humiliée [2].

### V. *De la Russie.*

Nous voici parvenus au foyer des troubles du Nord, depuis le commencement de ce siècle jusqu'à la crise actuelle des affaires.

Le génie brut mais sublime de Pierre Ier enfanta le projet, inconnu à ses prédécesseurs, de prendre son rang parmi les grandes puissances de l'Europe, et par l'effet toujours certain d'une volonté forte et décidée quand les moyens ne manquent pas et qu'on sait les mettre à profit, il parvint aussitôt à remplir ce grand et glorieux objet. A peine échappé de l'obscurité et de la barbarie, il avoit senti que, pour se donner une existence en Europe, il falloit d'abord s'ouvrir un débouché dans la Baltique pour les immenses productions de son vaste empire; que le commerce, en attirant les étrangers, feroit connoître ses ressources et sa puissance réelles, fondées sur cet excédant de richesses naturelles propres à l'exportation; que dès lors son crédit, sa considération s'établiroient par la renommée; qu'il les soutiendroit et les augmenteroit par l'établissement d'une marine redoutable; et qu'enfin il

---

[1] En 1525, Albert II, cadet de la maison de Brandebourg, prêta foi et hommage à Varsovie, entre les mains de Sigismond Ier, roi de Pologne, pour la partie orientale du duché de Prusse. Ses successeurs ont tenu ce même pays à titre de fief, en relevant du roi et de la république de Pologne, jusqu'en 1657, que l'électeur Frédéric-Guillaume, profitant de la détresse où se trouva Jean-Casimir au commencement de son règne, s'affranchit de cette vassalité, en vertu du traité de Vehlau. (*A.*)

[2] Sobieski, roi de Pologne, défit les Turcs sous les murs de Vienne, délivra cette ville assiégée par deux cent mille infidèles, sauva l'Autriche et l'Empire en 1683, sous le règne de l'empereur Léopold Ier, qui, sous prétexte de difficultés d'étiquette, refusa de le voir. (*A.*)

donneroit la loi au Nord, et se feroit bientôt rechercher de tout le reste de l'Europe.

Le Czar avoit deviné ou appris du Genevois *Lefort* ce qu'on a depuis érigé en système dogmatique, revêtu d'un jargon mystérieux, et publié avec l'emphase de la plus rare découverte, c'est que *la supériorité en population et en productions du sol fait la seule puissance et les seules richesses réelles*. La France étoit alors le seul État qui pût ou égaler ou surpasser la Russie à ces deux égards, et peut-être l'est-elle encore. Infiniment moins étendue que les États du Czar, elle fournissoit, depuis soixante ans, un aliment inépuisable à la grandeur et à l'ambition de Louis XIV. Cet exemple étoit plus frappant, plus démonstratif que tous les calculs si vantés de la science économique.

La ligue du Nord contre Charles XII fournit à Pierre Ier l'occasion désirée de s'établir sur la Baltique, et le prétexte heureux de se mêler des affaires de la Pologne. Les malheurs d'Auguste II le jetèrent entre les bras de ce voisin terrible. Pendant que le Czar souffloit en Pologne le feu de la guerre intestine, le Roi de Suède, enivré de gloire et de vengeance, ravageoit ce royaume pour faire reconnoître Stanislas, et laissoit la Livonie en proie aux armées russes, toujours battues et toujours renaissantes; leurs progrès étoient lents, mais sûrs. Le Czar, en trois campagnes, avoit rempli son premier objet : il avoit pénétré à travers l'Ingrie jusqu'au golfe de Finlande, et l'année 1703 vit sortir Pétersbourg des marais de la Néva, pour dominer bientôt sur toute la Baltique.

On ne parcourra point ici cette chaîne d'événements qui, en écrasant la Suède et bouleversant la Pologne, ont élevé si rapidement la Russie au point de grandeur et d'éclat où elle brille aujourd'hui. Au milieu des conjurations et des révolutions, elle n'a rien perdu de sa puissance, parce que ces secousses violentes et passagères n'ont pas même ébranlé le trône en y plaçant successivement plusieurs souverains différents. Le pouvoir a passé en d'autres mains : il est resté toujours le même. Il n'y a pas eu de guerre civile : tout a été, dans Pétersbourg comme dans Constantinople, l'ouvrage d'un jour ou d'une nuit ; et toute la nation s'est réveillée ou couchée tranquille en apprenant qu'elle avoit changé de maître [1].

Le système n'a pas changé non plus. On pourroit ajouter qu'il ne changera pas, quand même il arriveroit encore à Pétersbourg une révolution, ce qui n'est guère vraisemblable. Elle ne sauroit avoir lieu que par les Orloff ou par M. de Panin [2]. L'ancien favori et toute sa famille auroient trop à craindre d'un changement quelconque, trop à risquer, peu à gagner. Ils ne sont pas même en disgrâce et n'ont aucun motif raisonnable de désirer un changement. Tout rit de nouveau à leur parti, et le prince Orloff n'a peut-être perdu de sa faveur que le degré d'intimité qui pouvoit lui être devenu à charge. L'assiduité même de simple courtisan lui a toujours paru gênante au plus fort de cette intimité ; et souvent dès lors il alloit passer loin de la cour des semaines entières à différentes chasses, surtout en hiver à celle de l'ours, son divertissement favori.

Libre donc du joug de l'amour, il peut goûter en paix les fruits de l'amitié, jouir du sentiment qui lui attachera

[1] Allusion au coup d'État qui ôta la vie à Pierre III et donna la couronne à Catherine II, 6 juillet 1762.
[2] Nikita de Panin, né en 1718, successivement chambellan d'Élisabeth, ambassadeur à Copenhague en 1747, puis à Stockholm ; au mois de février 1760 gouverneur du grand-duc Paul ; prit part à la révolution de 1762, et devint ministre des affaires étrangères. Il fut créé comte en 1767, désapprouva le partage de la Pologne, et mourut le 31 mars 1783.

toujours sa souveraine par les nœuds, les gages les plus tendres; conserver, augmenter peut-être sa considération, son pouvoir, sa fortune; et ne point envier le reste à un rival jeune, isolé, sans consistance, et qui, vraisemblablement, lui restera toujours ou subordonné ou peu redoutable.

Les Orloff[1] pourroient trembler, il est vrai, à l'avènement du grand-duc au trône : mais ce moment peut être fort éloigné; et pour le prévenir, s'ils attentoient ouvertement à la vie de ce jeune prince, quel fruit en recueilleroient-ils? ce ne seroit pas la couronne; ils se perdroient, et l'Impératrice avec eux. Au contraire, en se tenant tranquilles, ils ont pour eux toutes les chances que le temps, le hasard ou un peu d'adresse peuvent et doivent amener dans ce long intervalle. Ils sont jeunes, et M. de Panin ne l'est plus. Le grand-duc peut être bientôt marié, avoir des enfants, mais aussi il peut mourir après. M. de Panin n'étant plus, les Orloff peuvent s'emparer des enfants qu'auroit laissés le grand-duc, se rendre maîtres de leur éducation, les former, les tourner à leur gré, et peut-être un jour régner encore sous le nom de ces pupilles. Le projet n'en est pas inouï, et la perspective pour les Orloff n'en est pas effrayante.

M. de Panin est encore moins dans le cas de faire une révolution; fût-il assuré du grand-duc, sollicité même par lui d'en faire la tentative, il n'en courroit jamais les risques volontairement et de propos délibéré; car il est entré le dernier et pour ainsi dire par force dans la conjuration contre Pierre III. Il a fallu le tromper pour l'y engager, et

[1] Les frères Orloff eurent pendant quelque temps le plus grand crédit auprès de Catherine II. C'étaient : Grégoire, né en 1734, favori de Catherine après le départ de Poniatowski, exilé en 1771, rappelé, puis remplacé par Potemkin, mort fou en 1783; Alexandre, créé en 1768 grand amiral, célèbre par ses victoires sur les Turcs, mort en 1809. Ils contribuèrent tous deux à la révolution de 1762.

il craindroit de l'être encore. Il n'a ni l'audace et l'intrépidité des Orloff, ni les mêmes motifs qu'ils eurent alors pour tout tenter et tout risquer. Sans ressources et presque sans état, ces conjurés n'avoient rien à perdre. Ils espéroient de tout gagner, et ils ont réussi. M. de Panin jouit au contraire d'un sort heureux, tranquille, de la plus grande considération, de tout l'éclat du ministère, des charges et des dignités, ainsi que d'une représentation importante dans les affaires, et d'une opulence à laquelle sa modération seule a pu mettre des bornes.

Son organisation est foible, sa constitution délicate, son imagination froide, son âme peu élevée, son caractère au fond est doux et paisible, quoique par boutade sujet à l'humeur et à l'entêtement; son tempérament attaqué de vapeurs et d'affections nerveuses, et sa mélancolie n'est pas celle d'un conjuré. Ce n'est point cette fermentation sombre, lente et profonde, qui, dans un cerveau grec ou romain, enfantoit et les plus grands crimes et les actions les plus héroïques; c'est le vide apathique d'une âme triste qui cherche et craint la solitude, d'un esprit paresseux et point cultivé, qui croit se livrer aux affaires pour se dérober à l'ennui, et qui s'en échappe aussitôt pour retomber dans l'indolence.

Avec cet assemblage de qualités ou de *privations*, dont il ne résulte qu'un génie et un courage très-médiocres, on ne croira pas aisément que M. de Panin ait le goût ni l'étoffe d'une conjuration dont il faudroit qu'il fût l'auteur et le chef. Il n'y entreroit pas non plus en second. Il a été trompé dans la dernière, et, on le répète, il craindroit de l'être encore. Après tout, nous venons de voir ce qu'il pourroit y perdre, si elle échouoit : ajoutons-y *la vie*, et cherchons à présent ce qu'il pourroit y gagner. Seroit-ce le titre de chancelier qui manque seul à ses honneurs, à ses prérogatives? et, pour ce titre vain, M. de Panin voudroit-il compromettre tant de réalités commodes, agréables, honorables, et risquer l'échafaud ou tout au moins la Sibérie?

Seroient-ce le crédit, la considération, la prépondérance? Il en jouit au sein du repos et de la retraite qu'il s'est faite par goût au milieu de la cour. Il ne pourroit pas en acquérir davantage, même sous le règne de son pupille, qu'il auroit mis sur le trône au péril de sa vie.

Voilà donc et le ministre et les favoris, tous intéressés, pour la conservation de leur bien-être, à vivre politiquement ensemble, et que le sens commun doit également éloigner de courir en pure perte les risques d'une nouvelle conjuration; l'Impératrice, obligée de ménager les uns et les autres, bien aise peut-être de les balancer réciproquement, de rester l'arbitre, la conciliatrice de leurs différends, enfin de les contenir par là dans les bornes qu'elle leur a prescrites. Donc il n'est point du tout apparent qu'aucun des deux partis qui divisent aujourd'hui la cour de Russie, y fasse du moins de fort longtemps une révolution.

On s'est peut-être trop étendu là-dessus; mais il n'étoit pas inutile de développer ici les caractères et les intérêts des chefs des deux partis, et de calculer les degrés de probabilité d'un événement qui a pu être annoncé comme certain et prochain. Il résulte de tout ceci que cet événement entre à peine dans l'ordre des futurs contingents. Mais il n'est que trop ordinaire que les exemples du passé nous en imposent sur l'avenir; que, s'il est arrivé dans un État, dans une cour, de fréquentes révolutions, on conclut de là qu'il en doit arriver encore incessamment; on en flatte les autres, on se le persuade à soi-même et on se laisse bercer d'un espoir commode, parce qu'il endort sur le présent, mais dangereux, parce qu'il empêche de prendre des précautions pour l'avenir. On ne sauroit trop se tenir en garde contre cette sorte d'illusion; c'est celle d'un joueur qui, dans un jeu de calculs et de combinaisons, donneroit tout au hasard et à l'espérance.

Prouvons à présent ce que nous avons avancé, que le système de la Russie ne changeroit pas, quand même il y arriveroit une révolution. Nous avons d'abord établi qu'elle ne pourroit arriver que par deux cabales, des Orloff ou de M. de Panin. Dans le premier cas, on connoît l'audace de ces quatre frères[1], leur inclination pour la guerre et pour les entreprises; ajoutons le besoin qu'ils auroient d'en faire de nouvelles, s'il n'y en avoit pas déjà de commencées; le grand-duc une fois écarté du chemin, l'Impératrice elle-même subjuguée par eux sous prétexte de la défendre; la nation étonnée et peut-être soumise, mais la fermentation subsistante encore dans les esprits; les régiments des gardes, ces janissaires de l'empire russe, déclarés pour les Orloff, mais toujours exigeants, remuants et dangereux : croira-t-on que le parti dominant feroit la paix avec les Turcs, renonceroit à tous projets contre la Suède, abandonneroit la portion usurpée sur la Pologne, ou même voudroit bien s'en contenter?

Non assurément; la personnalité du prince Orloff contre le Roi de Pologne est trop connue, et l'on a pu s'apercevoir combien elle influe à la cour de Pétersbourg sur les affaires de ce royaume. On sait, on voit tous les jours que les procédés ou favorables ou durs de cette cour à l'égard de Stanislas-Auguste dépendent des degrés de faveur ou de discrédit des Orloff, et c'est un thermomètre de leur

---

[1] Il y en a cinq; mais l'aîné de tous, homme paisible et sans ambition, ne se mêle de rien, vit dans ses terres, et paroît très-rarement à la cour, pour y faire son service de chambellan. (A.)

situation auquel il n'est plus permis de se tromper. Si donc ils étoient une fois les maîtres absolus, ils ne manqueroient pas, et par politique et par goût, de souffler le feu de la guerre et de la discorde, de tout tenter pour achever de dépouiller le Roi de Pologne, de le détrôner même et de lui donner un successeur, ou de partager encore avec l'Empereur et le Roi de Prusse ce qui lui auroit été réservé.

Ils ne traiteroient pas mieux le Roi de Suède; loin de dissimuler ou de désavouer, comme fait M. de Panin, le projet de détruire ce nouveau monarque, ils en feroient parade, et ce seroit leur jeu. Le respect que le ministère, le sénat de Russie conservent pour le vieux système d'écraser la Suède et de l'empêcher de se relever jamais de ses ruines, la haine invétérée de la nation contre un peuple vaincu qui l'a mise jadis à deux doigts de sa perte, tout feroit aux Orloff une loi de se déclarer hautement, et d'entreprendre avec chaleur la guerre contre le Roi de Suède[1]. Par là ils seroient sûrs de captiver la nation russe, peut-être même une partie de la nation suédoise; ils ne poseroient pas les armes qu'ils n'eussent au moins remis ce royaume au point où il étoit à la mort d'Adolphe-Frédéric, en 1771. Ils iroient peut-être plus loin : ou ils le réduiroient en république sous la protection de la Russie, ou même ils en feroient une nouvelle province de ce vaste empire; l'un ou l'autre de ces projets ne seroit pas nouveau. Le premier avoit été imaginé par mylord Carteret, le second par le colonel Guidickens, l'un ambassadeur, et l'autre ministre d'Angleterre en Suède; et

[1] On craignit tellement cette éventualité d'une attaque de la Suède par la Russie, que le gouvernement de Louis XV, qui voulait maintenir l'état de choses établi par le coup d'État de Gustave III, résolut d'envoyer des troupes en Suède. Voyez l'Étude préliminaire, t. I, p. 182, et les Mémoires de Du Mouriez, t. I, p. 245 et suiv.

l'alternative en a été quelquefois agitée pendant et depuis la guerre de 1744 entre les Français et l'Angleterre.

À l'égard des Turcs, le système de la Russie pourroit encore moins changer sous les Orloff; ils sont déjà violemment soupçonnés d'avoir été guidés dans la guerre présente et dans la négociation de la paix par des intérêts personnels, et leurs ennemis s'en sont prévalu pour rendre leur ambition suspecte à l'Impératrice même. La Moldavie, la Valachie et les autres conquêtes de la Russie au midi, sembloient en effet bien propres à tenter cette ambition par l'espoir de former des établissements en souveraineté pour une famille nombreuse, audacieuse, et qui dès longtemps a prévu qu'elle pourroit avoir besoin d'un asile assuré.

Si les Orloff étoient les maîtres, ils trouveroient tous ces avantages dans la continuation de la guerre contre les Turcs, et dans les conditions de la paix qu'ils se flatteroient de prescrire, et cet espoir ne seroit pas mal fondé. Ils feroient trouver à la cour de Vienne ses avantages aussi dans cet arrangement; et celle-ci ne seroit point fâchée de placer entre ses frontières et celles de la Russie, vers le Danube, quelques États intermédiaires. Ils auroient tôt ou tard besoin de sa protection, et contre les Turcs et contre les Russes. Ce seroit pour l'Empereur autant de moyens de se faire valoir auprès de la Russie et de la Porte, et de contenir la première dans les limites que la saine politique exige toujours qu'on prescrive à un voisin trop puissant.

Donc, s'il arrivoit en Russie une révolution par les Orloff, elle ne changeroit point le système actuel; et loin de le modifier ou de l'adoucir, elle lui donneroit un degré de plus de chaleur et d'activité. La guerre même deviendroit alors plus nécessaire au parti dominant pour flatter l'orgueil national, les passions, les préventions populaires, détourner au dehors l'explosion des esprits qui fermentent au dedans, occuper les troupes, employer la noblesse, faire des promotions, des créatures, et fixer l'opinion publique par des choses de grand éclat; enfin tout ce qu'on se propose d'obtenir par la guerre dans un gouvernement ou un ministère mal affermi. Voyons à présent si le système changeroit dans le cas d'une autre révolution opérée par M. de Panin.

Ce ne seroit pas, du moins, à l'égard de la Suède. Ce ministre ne s'est jamais tant occupé, ni échauffé d'aucune affaire que de celles de ce royaume. La raison en est simple; ce sont les seules dont il puisse se flatter d'avoir acquis sur les lieux mêmes une connoissance exacte et profonde, les seules auxquelles il se soit trouvé à portée de prendre un intérêt vif et personnel.

Il étoit jeune encore, et d'une belle figure, qui avoit fait sur l'Impératrice Élisabeth une impression passagère : son règne fut très-court. On prétend que ce fut sa faute, pour avoir mal soutenu l'opinion que cette princesse en avoit conçue. Une intrigue de cour le fit exiler honorablement, sous prétexte de l'employer en pays étranger. Un séjour à Stockholm, de dix ou douze années, l'avoit presque naturalisé en Suède; mais tout aussi contribue à faire de ce ministre le prosélyte et l'instrument d'un parti. Sa cour soutenoit celui des *bonnets*, par le principe destructif qu'elle avoit adopté à l'égard de la Suède, pour le rendre plus fort et dévoué à la Russie. M. de Panin eut tous les moyens qu'il pouvoit désirer; l'argent surtout ne lui manqua point; et l'influence métallique, jointe à la terreur d'une puissance si grande et si voisine, donnoit à son ministre la plus haute considération.

L'intrigue, la vénalité et la flatterie entouroient M. de Panin; les femmes s'en mêlèrent : il fut subjugué par celle d'un sénateur [1]. Elle sut tirer parti de cet amant diplomatique, et pour sa cabale et pour elle-même, pendant que le ministre russe croyoit avoir trouvé dans cet attachement un grand ressort de sa politique, et faire un coup d'État toutes les fois qu'il se livroit à un penchant si naturel. Né avec peu d'énergie, il a eu plutôt des goûts d'habitude que des passions ardentes; mais ces habitudes étoient nécessaires pour le dérober à la mélancolie où il retomboit aussitôt qu'il restoit livré à lui-même. Tel est encore son caractère, ou plutôt sa constitution; il se plaint sans cesse de sa mauvaise santé, et craint, évite tant qu'il peut toute sorte de fatigue. Son penchant paroît être de rester enfermé dans un intérieur oisif et commode, mais il s'y ennuie bientôt; aussi a-t-il eu besoin toute sa vie d'être bercé, pour ainsi dire, par des femmes. Il trouvoit cette douceur dans la société de la sénatrice.

De ce long enchaînement de caresses et de séductions, il s'étoit formé dans l'esprit et dans le cœur de M. de Panin un système complet de préjugés et d'affections pour ou contre, auquel il tient bien plus, sans s'en apercevoir, qu'au système politique de sa cour : mais celui-ci se trouvant d'accord en général avec cet autre système personnel, ce ministre les a fondus ensemble. Ils n'en font plus qu'un seul auquel il s'est attaché jusqu'au fanatisme [2].

A l'égard de la Pologne, il est vrai que dans les commencements il n'avoit pas mis dans les affaires de ce royaume le même degré de chaleur qu'il a montré depuis : mais les réclamations continuelles de la nation polonoise

---

[1] Madame de Cederhielm, ou Cedercreütz, ou Lovenhielm, je ne me souviens plus laquelle; on doit trouver son nom dans les dépêches de M. d'Havrincourt. (*A.*)

[2] Lors de l'élection du comte Poniatowski, des ministres de Russie dans les cours étrangères faisoient, en plaisantant, parler ainsi M. de Panin à l'Impératrice : *Passez-moi la Suède, je vous passerai la Pologne.* (*A.*)

contre le ministère de Russie, les expressions que le désespoir arrachoit à tant d'opprimés infortunés, et qu'ils n'osoient pourtant se permettre contre l'Impératrice, mais qu'ils n'épargnoient point à ce ministère oppresseur ;. les plaintes surtout contre l'ambassadeur prince Repnin, neveu de M. de Panin, et qui ont nécessité son rappel, tout a contribué à aigrir ce ministre. La hauteur qui dès lors a caractérisé tout ce qui partoit de sa chancellerie avoit manifesté en lui cette disposition ; et les violences atroces qui ont suivi ses menaces n'ont que trop justifié les déclamations des confédérés.

D'ailleurs, le partage de la Pologne est regardé par les trois puissances copartageantes comme une affaire consommée, et les pays usurpés comme des provinces réunies à leurs couronnes ; et la nation russe a de plus un motif de religion pour regarder cette réunion comme l'acte le plus juste et le plus louable : c'est que, par là, tant de milliers de chrétiens grecs opprimés respirent enfin sous la domination de l'empire orthodoxe ; que tant d'autres, égarés du bercail, sous le nom d'*unis*[1], y sont aussitôt rentrés pour n'en plus jamais sortir. Ces motifs, personnellement si indifférents à l'Impératrice, ne le sont point du tout à sa politique, à son ministère, à ses peuples ; et comme elle a su les faire valoir pour autoriser cette usurpation, son successeur ne s'en serviroit pas moins utilement pour la consacrer ; peut-être même ne seroit-il pas en son pouvoir de remettre les choses en leur premier état ; ou s'il l'entreprenoit par une générosité qui ne lui sera point conseillée, il courroit dans cette entreprise le plus grand risque en pure perte.

[1] C'est le nom qu'avoient en Pologne ceux qui, en conservant une partie de leurs rites, s'étoient soumis aux dogmes et à la discipline de la religion catholique. (A.)

Les Turcs peut-être, dira-t-on, trouveroient plus de facilité auprès de M. de Panin devenu tout-puissant sous Paul I<sup>er</sup>, que sous Catherine II, sur laquelle il n'a pas le même ascendant : la réponse est aisée. Cela pourroit être vrai si la guerre contre les Turcs étoit une guerre d'intrigue, une guerre personnelle à un ministre, à sa cabale, comme il arrive trop souvent dans d'autres cours de l'Europe; mais ici ce n'est point le cas; c'est une guerre nationale et d'intérêts réels, autant que de gloire et de vengeance. Il y a plus, c'est une guerre de commerce; et l'on sait qu'aujourd'hui ce sont les plus animées. L'esprit de gain a succédé à celui de conquête, qui avoit remplacé l'esprit de chevalerie. Le commerce de la mer Noire est aussi précieux à la Russie que celui de l'Amérique l'étoit à la France, à l'Espagne ou à l'Angleterre, avec la différence que pour elle c'est un commerce naturel, et pour ainsi dire à sa porte.

Depuis Pierre I<sup>er</sup>, qui débuta par la prise d'Azof, ni lui ni ses successeurs n'ont jamais perdu de vue cet objet capital; et si la cour de Vienne avoit secondé celle de Pétersbourg dans la guerre terminée par la paix de Belgrade en 1739; si la France alors n'avoit pas adroitement saisi un moment de détresse et d'humiliation pour détacher l'Autriche de la Russie, celle-ci n'auroit jamais posé les armes sans avoir obtenu pour ce commerce un débouché dans la mer de Zabache. La cour de Pétersbourg se trouve aujourd'hui dans une position aussi favorable, aussi victorieuse. Elle n'a plus à craindre ni la jalousie assez bien fondée que la cour de Vienne avoit conçue de ses progrès et de ses prétentions, ni l'influence prépondérante que la France conservoit alors. Cette influence la mit en état de donner la loi aux deux cours alliées, sous le titre de médiatrice [1].

---

[1] C'eût été le même rôle qu'il eût convenu de faire jouer à la France en

L'union intime de ces deux cours entre elles et avec le Roi de Prusse, relativement aux objets d'intérêt dont elles sont occupées, mais surtout notre alliance avec l'Autriche [1], a bien changé tout l'ancien système de leurs liaisons avec nous et des nôtres avec la Porte. C'étoit de ces dernières et de l'usage que nous avions la liberté et l'habileté d'en faire, que dépendoit notre ancienne considération dans cette partie de l'Europe. Elle est bien diminuée aujourd'hui, c'est une triste vérité; mais on ne peut plus se la dissimuler; et si, contre toute attente, M. de Panin faisoit une révolution, il ne chercheroit ou respecteroit pas plus que les Orloff la médiation de la France. Il se feroit sans doute un point capital de détruire à la Porte les restes de son influence, et il seroit secondé dans ce projet par la cour de Vienne. Jamais celle-ci n'eut une si belle occasion de réussir dans un projet qu'elle a toujours suivi depuis deux cent cinquante ans : c'est d'annuler la France à Constantinople, comme dans le Nord, et de l'exclure de toute négociation relativement à la Porte.

D'après cet exposé, dont on ne craint pas que les faits puissent être contestés, concluons : 1° Qu'une révolution

---

1769, au lieu de se laisser nommément et ouvertement exclure de la médiation par la Russie, et tacitement par la cour de Vienne. M. le duc de Choiseul en a senti un moment l'indécence; mais, pour en imposer, il faut avoir préparé les moyens, *soit militairement, soit fédérativement, de nuire ou de servir;* et nous n'avions fait ni l'un ni l'autre; peut-être les avions-nous détruits. Ce n'est pas avec des traits momentanés de lumière, c'est avec un esprit de suite et très-réfléchi, qu'on sait amener les événements heureux, et en profiter, ou prévenir les malheureux et s'y opposer. (A.)

[1] C'est surtout la forme dans laquelle elle a été formée et suivie qui a causé tous les embarras où nous nous trouvons : il eût été possible de la rendre utile au moins pour le moment, et peut-être durable, en ne la faisant pas exclusive, et en ne mettant pas tous les avantages d'un côté et les inconvénients de l'autre. (A.)

on Russie ne paroît ni certaine, ni prochaine, ni vraisemblable; 2° que s'il en arrivoit une par des circonstances subites, imprévues, incalculables, elle ne changeroit rien au système de cet empire. Mais il faut toujours partir d'où l'on est. Cherchons à présent quelle est, dans l'état actuel, la position respective de la Russie à l'égard de la France.

On dit respective, parce que ce mot ne signifie pas seulement les rapports directs entre la France et la Russie, mais aussi les rapports indirects qui résultent de la position où cette puissance se trouve relativement à d'autres États de l'Europe, et ceux-ci réciproquement avec elle. De cette situation plus ou moins avantageuse résulte, pour un État quelconque, la supériorité, ou du moins l'influence que lui donnent ses moyens, ses ressources, et l'usage qu'il en peut faire pour ou contre d'autres puissances. De là aussi dépend, pour ces mêmes puissances, le degré de possibilité et la probabilité du succès dans l'attaque, ou dans la défense, ou dans la diversion. Ce dernier moyen est souvent le seul praticable, lorsqu'on est séparé par une trop grande distance ou par des obstacles intermédiaires.

C'est donc de tous ces différents rapports d'un État quelconque, non-seulement avec un seul, mais aussi avec d'autres États voisins ou alliés; des motifs d'intérêt, de crainte ou d'espérance qui peuvent en faire autant d'instruments ou d'obstacles à son système politique, que se forme la position respective de cet État à l'égard de tout autre; et c'est ainsi qu'on doit et qu'on a dû l'entendre dans les articles précédents. C'est aussi dans ce sens que nous allons examiner la position respective de la Russie à l'égard de la France.

Il faut se rappeler d'abord ce qui a déjà été dit plus

d'une fois dans ces mémoires sur les deux genres de *puissances militaire et fédérative*. Depuis que la Russie a commencé de jouer un rôle sur la scène de l'Europe, sa puissance militaire, fondée autrefois sur une multitude lâche et indisciplinée, s'est établie peu à peu sur tous les autres avantages de l'art et de la discipline, qu'elle partage aujourd'hui avec toutes les nations guerrières policées. L'espèce du soldat y est devenue très-bonne; et s'il y a encore quelque chose à désirer sur celle de l'officier, le mélange des étrangers pourra un jour y suppléer. L'émulation, les récompenses doivent en accélérer l'époque; et il faut bien croire qu'à ces deux égards le service russe n'est plus si loin de la perfection, puisque dans une guerre contre le Roi de Prusse les armées d'Élisabeth ont eu des avantages fréquents, et que celles de Catherine en ont encore de plus signalés dans la guerre présente. Cette puissance a donc fait des progrès dans tous les genres, et a conservé l'avantage du nombre, qui lui est resté jusqu'à présent[1].

Ce n'est pas qu'on croie aux hyperboles politiques de la Russie sur sa population, ni aux adulations de quelques

[1] Il manque encore des généraux, et même de bons officiers particuliers aux armées russes; car il ne faut pas se laisser aveugler par les succès : en les considérant avec des yeux attentifs et militaires, on s'apercevra que ceux que les armées russes ont remportés contre le Roi de Prusse n'ont été dus qu'à la supériorité du nombre et à la nécessité où ce prince étoit de les attaquer dans des époques fixés et dans telle bonne position où il les trouvoit, n'ayant pas le temps de manœuvrer avec elles, par l'obligation où il étoit de revenir avec toutes ses forces contre les Autrichiens. Il lui suffisoit de donner contre elles un coup de collier qui les rendît, même étant victorieuses, inutiles à l'alliance pour le reste de la campagne.

Quant aux victoires des Russes contre les Turcs, tout le monde sait qu'elles n'ont pas le mérite que les gazettes leur ont donné, et qu'elles ne sont dues qu'à la pusillanimité, à l'ineptie des généraux ottomans, et au désordre qui règne dans les armées turques (A.) — Il est inutile de faire remarquer la fausseté de ce jugement : la note est du reste en contradiction avec le texte.

écrivains gagés pour étourdir l'Europe de dénombrements aussi exagérés que leurs panégyriques. On sait, malgré tout le mystère de l'administration russe, qu'à la fin de la dernière guerre elle étoit réduite à lever le quatorzième homme depuis dix-huit jusqu'à quarante ans; et au milieu de ses succès rapides contre l'Empire ottoman, de ses victoires romanesques par le peu qu'elles ont coûté, s'il en faut croire les gazettes russes, car les Turcs n'en font pas, on peut assurer hardiment que le taux des recrues est aujourd'hui au même point qu'à l'époque de 1761.

La rupture du congrès de Bucharest exigera encore de plus grands efforts; l'armée de Finlande, et la flotte destinée à la seconder, en ont déjà fait faire de nouveaux. Ils sont lents, pénibles, et apparemment encore insuffisants; car il est très-vraisemblable que les assurances de la cour de Russie jusqu'à présent, même les déclarations pacifiques qu'elle ne cesse de donner au sujet du Roi de Suède, n'ont d'autre vrai motif que cette insuffisance; si le coup avoit été prêt, il seroit déjà porté.

On doit savoir depuis longtemps la juste valeur de tous ces compliments et verbiages politiques. Ce fut ainsi que, pendant les deux ou trois premières années de ce siècle, toute l'Europe reconnut le nouveau Roi d'Espagne, et s'unit ensuite pour le renverser du trône. Tel fut encore le manége de l'Angleterre à l'égard de la France, avant de commencer la dernière guerre; mille autres exemples s'offrent en foule dans l'histoire moderne. Il est triste de l'avouer : mais de part ni d'autre on ne peut plus guère compter sur la sincérité des déclarations même les plus formelles, qu'autant qu'on en a pour garant l'impuissance de les violer. Si donc la Russie n'a pas encore attaqué la Suède, c'est en effet parce qu'elle ne l'a pas pu¹. Les équipages de sa flotte du Nord sont à peine au tiers du complet, et celles du Midi, dans la mer Noire et dans l'Archipel, ont absorbé ses matelots. La dernière n'a pas été recrutée depuis longtemps, et ne se soutient à grands frais que par ceux qu'elle engage dans la Méditerranée.

Il faut cependant l'avouer : tous ces inconvénients sont momentanés ; les matelots et les soldats viennent de loin et peu à peu, mais ils arriveront ; ils seront neufs au métier, mais ils s'y feront. Ces levées épuisent la population dans l'intérieur de ce vaste empire, mais elle peut être réparée. Un peuple d'esclaves qui ne manquent point de subsistance, et n'ont aucun souci du lendemain, se reproduit plus vite que des nations d'hommes soi-disant libres, pour qui la liberté sans propriété est un supplice, et la propriété même trop souvent un fardeau.

Pierre I<sup>er</sup> avoit sacrifié des millions d'hommes dans ses guerres et dans ses travaux publics ; ses successeurs en ont prodigué autant dans les provinces malsaines qu'il avoit conquises au nord de la Perse, et dans les campagnes destructives du maréchal de Munich contre les Turcs et les Tartares. Il n'y paroissoit plus sous le règne d'Élisabeth, lorsqu'elle s'engagea dans la guerre contre le Roi de Prusse. Ainsi l'épuisement réel de la population ne fera pas encore une diminution apparente à la puissance militaire de la Russie, au moins de deux ou trois campagnes ; et c'est plus qu'il n'en faut pour remplir tous les

---

[1] La Russie n'a jamais fait entrer la conquête de la Suède dans son système ; l'auteur se trompe totalement sur ce point. Toutes les intrigues russes dans ce pays n'ont eu pour objet que d'y semer la division, pour n'avoir point à en craindre de diversion dans le cas d'une guerre contre les Turcs. Ainsi Catherine suivoit son véritable intérêt en y favorisant le parti du sénat, et la cour de Versailles se conduisoit très-politiquement en secondant Gustave lorsqu'il travailloit à y augmenter la force du pouvoir exécutif. (S.)

objets de la cour de Pétersbourg. Ses acquisitions en Lithuanie, quoique dans la partie la moins peuplée de ce vaste pays, lui donnent un moyen de soulager son intérieur par les recrues qu'elle y lèvera; et la proportion y est au moins la même entre la population et l'étendue, que dans les anciennes provinces de son empire.

La Russie peut donc être regardée comme étant aussi considérable qu'elle l'ait jamais été par sa puissance militaire. Ajoutons que ses succès dans la dernière guerre contre le Roi de Prusse, et dans celle-ci contre les Turcs, ont dû porter l'esprit de ses troupes au plus haut degré de confiance et d'audace. Les hommes ne sont que ce qu'ils croient être, et plus ils sont simples et grossiers, plus il est facile de leur donner une haute opinion d'eux-mêmes. C'est en cela peut-être que consiste aujourd'hui le plus grand avantage de la Russie.

Il ne lui manquoit pour tirer parti de ses forces réelles, et même de cette supériorité idéale, que d'y réunir toutes les utilités de la puissance fédérative. Elle s'en étoit acquis une partie bien importante par les liaisons qu'on lui a laissé former à loisir, depuis la dernière paix avec le Roi de Prusse [1]. Mais ce n'étoit pas encore assez pour elle. Attaquée par les Turcs, contrariée, harcelée par les confédérés, elle n'auroit jamais pu soumettre seule la Pologne; elle étoit réduite à la ravager, et ces ravages mêmes détruisoient les ressources qu'elle en tiroit sans cesse pour la guerre contre les Turcs. Le Roi de Prusse avoit déjà calculé tout ce qu'il pourroit tirer du nord de ce royaume; il ne vouloit ni le détruire ni le laisser en proie.

[1] C'est peut-être une des plus grandes fautes qu'on ait faites depuis la paix de 1762, que de laisser former ces liaisons, et surtout de ne pas prévenir la réunion de la cour de Vienne à ces deux puissances, en parlant au ministère autrichien avec ouverture, franchise et fermeté. (A.)

La cour de Vienne, spectatrice des malheurs de la Pologne et des pertes des Turcs, pouvoit seule en arrêter le cours; mais, appuyée par notre alliance, elle s'en est servie pour augmenter sa considération et son importance. Elle s'est fait également rechercher par les deux puissances, dont l'une avoit envahi la Pologne, et l'autre guettoit le moment d'en joindre à ses États la plus belle partie.

Ce fut le moment qu'on saisit pour engager la cour de Vienne à partager la dépouille. Elle y a été entraînée, forcée même, s'il faut l'en croire. Elle a pu s'en faire prier, et sa conduite en a été d'autant plus adroite; mais enfin cette douce violence a rempli son objet, autant que ceux de la Russie et du Roi de Prusse. Il s'agissoit pour eux d'achever tranquillement leur partage inique, et pour elle d'en avoir sa part; elle a réussi, et chacune des trois cours copartageantes a augmenté, cimenté par là sa puissance fédérative.

La Russie est des trois celle qui va en recueillir les plus grands avantages. L'alliance de l'Autriche la met en état, et de ne plus craindre que celle-ci arrête ses progrès dans sa guerre contre les Turcs, et de redouter encore moins les restes du crédit que la France avoit eu jadis à la Porte. Ce crédit, quoique bien affoibli par le traité de 1756, auroit pu renaître et reprendre toute sa prépondérance, si la cour de Vienne eût agi de bonne foi et dans un concert intime avec celle de Versailles.

Voilà donc la Porte à sa discrétion, objet bien plus intéressant pour nous que la Pologne et la Suède. Nous voilà témoins de l'abaissement et peut-être de la destruction de cet empire, qui seul, au nord-est de l'Europe, pouvoit balancer l'Autriche et la Russie, les tenir en respect, et par notre influence, et par la crainte des diversions que nous pouvions toujours ou faire en sa faveur ou nous ménager de sa part.

Ce n'est pas là tout ce qui résulte d'avantages pour la Russie et de désavantages pour nous de cette alliance foudroyante entre elle et la cour de Vienne : maîtresse par là d'imposer à la Porte les conditions de la paix, celle de Pétersbourg va porter un coup fatal à notre commerce du Levant. Il est menacé de déchoir en proportion des avantages que la Russie veut obtenir, et qu'elle arrachera vraisemblablement pour le sien dans la mer Noire. Elle ne se bornera point à ce commerce intérieur, qui cependant deviendra pour elle un objet de cabotage et d'échange fort lucratif, aux dépens du trafic qui se fait à Smyrne par les caravanes d'*Angora*, de *Sinope*, de *Trébizonde*, d'*Amasie*, et de toutes les côtes de la mer Noire, au nord de la Turquie asiatique. Elle extorquera au moins des *octrois* et des priviléges pour un certain nombre de *vaisseaux de registre*. Ils porteront dans les *Échelles* les productions de la Russie, de l'Angleterre même et de ses colonies ; ils enlèveront leur part de celles de la *Natolie*, de la *Syrie* et de la *Perse*; et par cette nouvelle concurrence, ils en feront hausser le prix pour nos marchands, comme ils feront baisser celui de nos manufactures.

Mais continuons, et voyons si la Russie a quelque chose à craindre, dans l'exécution de ses projets, de la part de quelque autre puissance. Les deux qui auraient pu l'arrêter dans ses opérations de terre, sont l'Autriche et le Roi de Prusse. Elle est liguée avec l'une et l'autre, et, par conséquent, elle n'a plus rien à redouter de leur part, tant qu'elle restera étroitement unie avec elles. L'intérêt commun semble être un garant sûr de la durée de cette union, au moins jusqu'à l'entier accomplissement du désir commun, c'est-à-dire de prendre et de partager ensemble tout ce qui leur conviendra. Il y a de l'étoffe de reste, elle ne manquera pas sitôt; et les apparences de quelques démêlés relativement au partage actuel semblent encore fort éloignées.

Les réclamations de la république de Pologne sont également méprisées des trois puissances copartageantes et ne peuvent former entre elles aucun sujet de dispute.

Les plaintes amères du magistrat de Dantzig, de Thorn, et l'intercession en leur faveur des autres villes anséatiques semblent avoir touché la cour de Russie, ou plutôt celle de Londres, qui a sollicité la première d'interposer ses bons offices auprès du Roi de Prusse. Il est question en conséquence d'un congrès à Dantzig, et l'Impératrice de Russie y a déjà nommé son ministre [1]; mais on trouvera dans l'entêtement du magistrat de ces deux villes des prétextes pour ne leur accorder qu'une légère protection.

Celui de Dantzig a déjà manqué de confiance et d'égards pour le consul anglois, qui avoit offert ses bons offices. Il ne se comportera peut-être pas mieux avec le comte Golowkin. Le Roi de Prusse voulant tout avoir, et le magistrat tout garder, il en résulteroit vraisemblablement la rupture du congrès (supposé même qu'il soit assemblé); les cours médiatrices ou protectrices ne romproient point pour cela avec le Roi de Prusse. L'Impératrice de Russie, *justement indignée* du peu d'égards que la ville de Dantzig aura marqué pour sa médiation, l'abandonneroit au

[1] Le comte Iwan Golowkin, fils de celui qui a été si longtemps ambassadeur en Hollande, où il est mort, et où presque toute sa famille s'est établie. Le comte Iwan y est marié lui-même; mais le dérangement de ses affaires l'a obligé de se retirer en Russie, où il est entré, seul de tous ses frères, au service de cette cour, en qualité de conseiller d'État. C'est un bon et galant homme, mais si peu capable, que le choix du plénipotentiaire feroit soupçonner le futur congrès d'être encore une farce politique. (*A.*)

ressentiment tout aussi juste de ce monarque. Il feroit insulter un *ouvrage extérieur* ; et au premier coup de fusil, la ville tremblante offriroit de l'argent ; on en demanderoit davantage ; il faudroit bien le donner, et le Roi de Prusse le partageroit avec l'Impératrice de Russie.

Ainsi l'affaire de Dantzig ne seroit point un germe de discorde entre les cours copartageantes (car celle de Vienne n'a ni prétexte ni intérêt de s'en mêler, à moins que ce ne fût pour partager aussi). De ce côté donc, la Russie ne faisant point d'obstacle réel aux vues du Roi de Prusse, il n'en fera point aux projets de la Russie, ni sur la mer Noire, ni sur la Baltique.

La Suède sans doute n'est pas sans intérêt à la guerre contre les Turcs, ni au traité de paix qui doit nécessairement les réduire si bas. L'ancien système de cette couronne faisoit partie du nôtre ; et par son alliance avec les Turcs, depuis Charles XII, elle s'étoit flattée de balancer la puissance énorme de la Russie. Ce système a prévalu toutes les fois que la France et les *chapeaux* ont eu la supériorité dans l'*anarchie oligarchique* qui avoit succédé au pouvoir absolu ; mais la Suède, toujours divisée, déchirée, n'en avoit recueilli aucun avantage réel.

Elle auroit cependant pu espérer, après la révolution, de ressusciter, pour ainsi dire, ce système par un nouveau traité avec la Porte. Il en a été question, du moins par les bruits publics ; mais dans quelles circonstances entameroit-on cette négociation ?

Les Turcs, battus de tous côtés, poursuivis par les Russes au delà du Danube, désolés dans la mer Noire, bloqués dans l'Archipel, renfermés dans les Dardanelles, trahis, et peut-être bientôt attaqués par les Autrichiens, abandonnés de la France ou foiblement secourus par de bons offices, qui n'en imposent point par deux raisons :

l'une, que la France ne s'est pas mise en mesure pour secourir la Porte plus efficacement[1]; l'autre, qu'elle paroît le vouloir encore moins que le pouvoir, tant que son alliance subsistera de nom avec la cour de Vienne, quoique *de fait*, on ose dire qu'elle ne subsiste plus depuis le traité de partage ; mais enfin le prétexte d'alliance, en n'empêchant point les Autrichiens de faire tout ce qu'il leur plaît, paroît tenir à la France les mains liées.

Dans cette position, de quoi pourroit servir à la Suède un traité avec la Porte? Divisée encore au dedans, menacée au dehors, ira-t-elle seule attaquer le colosse formidable de la puissance russe, étayé par celle des deux autres cours copartageantes? C'est ce qui n'est pas vraisemblable. Se bornera-t-elle à une ligue défensive? Mais qu'en résulteroit-il pour les Turcs, que l'obligation de secourir la Suède, si elle est attaquée, sans tirer d'elle aucun secours dans leur détresse actuelle? Et comment pourroient-ils désormais tenter en sa faveur une diversion, lorsqu'ils seront séparés de la Pologne par une barrière impénétrable, et relégués vraisemblablement au delà du Danube?

Ce triste tableau n'est que trop fidèle ; et, d'après cet exposé, on ne voit pas que la Suède puisse seulement songer à croiser les projets de la Russie sur la mer Noire. Ce seroit bien assez pour elle de pouvoir arrêter ceux de cette puissance sur la Baltique, en l'empêchant de l'atta-

[1] Il auroit été très-facile de la secourir par mer, en coulant à fond la flotte russe à son arrivée dans l'Archipel. Il le seroit encore, surtout avant l'arrivée de l'escadre danoise, qu'on annonce devoir joindre la première, et opérer conjointement contre les Turcs. Rien ne seroit plus instant que de prendre un parti à cet égard ; car la destruction de l'empire ottoman est le coup le plus funeste qui puisse arriver à la France, et bien plus important encore à parer que l'attaque de la Suède, d'autant que cette attaque ne sera que retardée, pour être faite avec beaucoup plus de succès après l'anéantissement des Turcs. (A.)

quer incessamment, et malheureusement elle n'en est que trop menacée. Loin de trouver aucun appui dans son voisinage, elle en a tout à craindre (comme on croit l'avoir démontré aux chapitres de cette puissance) par l'alliance du Roi de Prusse avec la Russie, et l'assujettissement du Danemark à cette dernière.

Par la même raison, la cour de Copenhague n'auroit garde de s'opposer aux projets de la Russie contre la Porte[1]. Ainsi, de tout le Nord, la cour de Pétersbourg n'a plus à craindre aucun obstacle à l'accomplissement de ses vastes desseins. Il est jusqu'à présent d'accord avec la cour de Vienne, et le sera longtemps encore, quoiqu'on puisse espérer d'une division entre les trois copartageants. On a déjà observé et peut-être prouvé qu'il ne faudroit pas se laisser éblouir de cette flatteuse perspective.

Le Midi, on l'a déjà dit, est nul quant à présent, à cet égard. Ces obstacles donc ne sauroient plus naître que de la part de l'Angleterre ou de la France.

La première, sans doute, sembleroit avoir le même intérêt que l'autre à prévenir la ruine totale de l'empire ottoman : cet empire est pour elle le siége d'un commerce riche et florissant. Elle n'en partage presque le bénéfice qu'avec nous; et il paroît, au premier coup d'œil, qu'elle auroit également à craindre l'établissement de celui de la Russie au Levant par la mer Noire : mais si l'on veut examiner et combiner d'autres rapports existants entre la Russie et l'Angleterre, on reconnoîtra que sa position et ses intérêts à cet égard sont bien différents des nôtres. Mais ce sera l'objet d'un mémoire séparé, dans lequel

---

[1] On a toujours dû croire que le Danemark concourra, au contraire, au succès des projets russes ; et si l'escadre danoise vient dans l'Archipel, à la solde de Catherine II, cela sera démontré. (*A*.)

nous discuterons les motifs qui pourroient faire envisager à l'Angleterre, comme avantageuses pour elle, les concessions que la Russie auroit arrachées de la Porte, relativement au commerce de la mer Noire.

Si l'on avoit entrepris de les apprécier ici, on se seroit trop livré à des discussions commerciales et topographiques. Ces détails, cependant, loin d'être trop étendus dans ce mémoire, pourront à peine y être effleurés.

Il étoit nécessaire de bien constater l'espèce d'intérêt que l'Angleterre pourroit prendre à la guerre présente entre la Porte et la Russie. Il falloit aussi calculer le degré de chaleur que la première pourroit mettre dans ses démarches à Pétersbourg et à Constantinople, pour amener par son crédit une conciliation. On a dû enfin développer et apprécier au juste les motifs généralement peu connus qui peuvent nourrir dans le cabinet de Saint-James une partialité secrète en faveur de la Russie. Il en existe une publique dans la cité de Londres. Les bruits, quoique peu vraisemblables, d'une alliance entre la France, l'Espagne et l'Angleterre, n'y avoient donné l'alarme que par la crainte des négociants que le commerce avec la Russie ne fût troublé ou compromis par cette alliance.

Un peuple animé par l'amour du gain est toujours éclairé par l'esprit mercantile. Libre de réclamer contre les fausses mesures de l'administration, celui de l'Angleterre s'y laisse rarement tromper, ou l'illusion ne dure pas longtemps. L'administration alors devient responsable des résultats en perte pour le commerce britannique, ou en gain pour celui des nations rivales. C'est le point le plus délicat, et sur lequel le ministre a le plus de ménagements à garder.

En partant donc et des principes et des intérêts de l'Angleterre comme puissance maritime et commerçante, du vœu de la nation et de la clameur populaire contre tout engagement désagréable à la Russie, on ne peut guère supposer que celle-ci ait quelque chose à craindre de la cour de Londres pour l'accomplissement de ses projets dans la guerre contre les Turcs. Elle n'a pas non plus à se garantir de son influence dans la négociation de la paix. L'ambassadeur d'Angleterre à Constantinople y est pour ainsi dire le chargé d'affaires de la Russie[1]. Voilà donc la Russie dans une position brillante, victorieuse, assurée de tous côtés, réunissant et recueillant déjà les plus grands avantages de la puissance militaire et de la puissance fédérative. Il ne reste, dans l'ordre des grandes puissances, que la France seule qui soit véritablement intéressée à troubler, s'il se peut, son triomphe, et à tendre aux infortunés Ottomans une main secourable; car pour la Pologne c'est une affaire faite, il n'en est plus question; et s'il y arrivoit quelque changement, ce ne seroit pas en mieux pour les restes de la république.

Mais avant de conclure sur la position respective de la Russie à l'égard de la France, relativement à la puissance militaire et à la puissance fédérative, jetons encore un coup d'œil sur ce vaste empire, et cherchons s'il joint ou peut joindre à ce double avantage celui de la puissance pécuniaire. C'est, dit-on, son endroit foible. On sait que

---

[1] Il peut arriver qu'un ambassadeur d'Angleterre suive momentanément une autre marche, comme l'a fait M. Murray en 1772, au premier instant de la ligue de la cour de Vienne avec celles de Berlin et de Pétersbourg; mais il ne tarda pas à être redressé par mylord Rochefort, qui lui dévoila le véritable secret de la cour de Londres, en lui mandant que dès qu'un arrangement ou événement quelconque contrarioit les intérêts de la France et son système politique, il ne pouvoit manquer d'être agréable à Sa Majesté Britannique, lors même que, sous un certain point de vue et à d'autres égards, il étoit accompagné de circonstances qui, en elles-mêmes, ne seroient pas agréables à l'Angleterre. (A.) — Voyez la dépêche du ministre anglais, t I, p. 179.

tous ses revenus ordinaires ne s'élèvent pas au-dessus de seize millions de roubles, quatre-vingts millions de France; et n'ayant point d'autres ressources que d'en augmenter quelques branches en forçant l'impôt d'un cinquième au plus, il n'est pas possible que ses plus grands efforts l'aient porté ou soutenu à cent vingt millions de notre monnoie. Comment, avec des moyens si bornés, la Russie a-t-elle et pourroit-elle encore longtemps soutenir le poids de ses entreprises, pousser la guerre contre les Turcs, la commencer contre la Suède, achever à main armée la dissolution de la Pologne; et, pour remplir ces grands objets, entretenir et recruter trois flottes et quatre armées; faire en même temps des acquisitions de galeries, de cabinets, de bibliothèques; donner des commissions dans toute l'Europe pour des articles de luxe et de magnificence, et bien payer le tout; enfin prêter journellement de grosses sommes aux seigneurs et grands propriétaires, pour n'en recevoir le remboursement qu'en plusieurs termes éloignés? Cela n'est pas concevable. « Elle n'a point, ajoutera-t-on,
» les autres ressources connues des autres États de l'Eu-
» rope; c'est de se soutenir dans un état forcé de guerre
» ou de dépense par des emprunts continuels. La nation
» entière n'étant composée que de nobles et d'esclaves, et
» ceux-ci faisant toute la richesse de ceux-là, l'État peut à
» peine tirer des propriétaires quelques nouveaux secours
» par un surcroît de capitation et par une augmentation
» de recrues : mais le numéraire étant aussi rare qu'il
» l'est dans l'intérieur du pays, l'industrie languissante et
» la circulation presque nulle; la Russie n'ayant pas de
» corps représentatifs ou municipaux, parce qu'elle n'a
» point de tiers-état; point de compagnies de financiers,
» ressource toujours onéreuse, mais quelquefois utile
» quand elle est bien administrée; et les gros négociants

» qu'elle a dans ses États y étant presque tous étrangers,
» isolés, sans aucun intérêt à la chose publique, comment
» pourroit-elle suppléer par des emprunts à l'excédant de
» sa dépense? Il faut donc qu'à la fin elle soit épuisée,
» ruinée, sans crédit, sans ressources, et qu'une impuis-
» sance totale lui fasse tomber les armes des mains. »

Oui, sans doute, à la fin, c'est-à-dire lorsqu'en effet elle n'auroit plus de ressources, et ce moment peut-être arriveroit au bout de deux ou trois campagnes ; mais, on l'a déjà dit, il ne lui en faut pas tant pour achever l'exécution de tous ses projets. Celle-ci contre les Turcs sera vraisemblablement la dernière. Il faudra bien par force que la Porte, accablée par la Russie et menacée par la cour de Vienne, sans appui, sans espoir du côté de la France, plie sous le faix de l'adversité, et se soumette aux conditions qu'on voudra lui imposer [1].

Il ne faudroit aussi qu'une campagne à la Russie, de concert avec le Danemark, pour écraser la Suède et la remettre, par une nouvelle révolution, sur le même pied qu'elle étoit sous le feu roi Adolphe-Frédéric, ou en chasser Gustave III (car on ne pourroit plus se fier à lui, et il ne voudroit lui-même se fier au sénat, ni à la cour de Pétersbourg), et peut-être, pour abréger, mettre ce royaume en république [2].

A l'égard de la Pologne, la force achèvera encore plus tôt

[1] On croit pouvoir supposer que la cour de Vienne commencera par aider sous main les Russes cette année, et que si les Turcs ne succombent pas, elle ira plus loin l'année prochaine, en joignant réellement ses troupes à celles des Russes. On suppose également que la France laissera les flottes danoises, réunies à celles que Catherine II a déjà dans l'Archipel, attaquer vigoureusement les Dardanelles. Il seroit fort à désirer que ces suppositions fussent fausses, par les raisons qui ont souvent été répétées. (A.)

[2] Si cette entreprise ne peut avoir lieu pendant la guerre avec la Turquie, on ne doit pas moins en prévoir la possibilité, et s'attendre qu'elle sera exécutée aussitôt après la conclusion de la paix avec la Porte. (A.)

ce qu'elle a commencé ; et puisque les trois copartageants s'obstinent à vouloir y mettre de la forme, il est très-apparent qu'ils auront aussi cette satisfaction. Peut-être en ce moment l'ouvrage est consommé. On a pris pour cela le meilleur moyen, c'est-à-dire de former la diète en confédération ; les nonces en petit nombre qui s'y trouvent, enfermés, entourés d'une triple armée, et gardés à vue jusque dans leurs maisons, sont ou gagnés d'avance, ou forcés de céder à la violence pour sauver leur vie ou leur liberté. La pluralité se conformera aux vues des trois puissances ; et dans une diète tenue *sub vinculo confœderationis*, la pluralité décide. Les trois copartageants n'auront plus qu'à faire publier, chacun de son côté, les décrets de cette diète jugulée. Ils sont exécutés d'avance ; le partage est fait, et chacun des trois est en possession. Alors, armés du droit pour soutenir le fait, ils traiteroient de rebelle quiconque oseroit réclamer contre le partage et refuser l'hommage ou le serment de fidélité ; son procès lui seroit fait ; et s'il étoit pris, il pourroit bien servir d'exemple. (La diète de Hongrie et les échafauds d'Epéries, en 1687, en sont de terribles pour toute nation qu'un voisin puissant veut subjuguer.) S'il étoit en fuite, ses biens confisqués, sa famille à l'aumône, et lui-même errant et mendiant dans les cours étrangères, apprendroient au reste de la Pologne à plier sous le joug. Tout cela, on le répète, est presque fait ; et dans six mois au plus tard il n'y aura rien à faire.

Alors la Russie n'aura plus besoin de tenir une armée en Pologne. La paix avec les Turcs, ou déjà faite, ou bien avancée, la mettra aussi en état de retirer beaucoup de troupes de cette frontière, et de les faire marcher en Livonie et en Esthonie, pour faire à Revel un embarquement parallèle à celui de Cronstadt, si même elle attend tout cela pour attaquer la Suède qui seroit alors sans ressource. Mais pour l'exécution entière de ce grand plan de la Russie, il lui reste encore plus de moyens et de ressources pécuniaires que ne lui en supposent peut-être des gens intéressés à se flatter là-dessus.

Elle en a déjà trouvé, elle en trouvera encore ; c'est ce qu'il seroit aisé de prouver ici. On renvoie cette discussion à un second Mémoire séparé. Il servira de réponse aux objections qu'on s'est faites d'avance, et qu'on a promis de résoudre. Cette réponse établira en même temps que la Russie, dans l'état actuel, et pour deux ou trois années encore, jouit à certains égards de tous les avantages de la puissance pécuniaire, ou du moins qu'elle peut les puiser dans une proportion suffisante à ceux de la puissance militaire et de la puissance fédérative.

Dans cette supposition, il ne nous reste plus qu'à bien apprécier les rapports directs qui forment actuellement la position respective de la Russie avec la France.

S'il en falloit juger par les apparences flatteuses que présente toujours, après une longue froideur, le rapprochement de deux grandes cours, par les compliments, les égards réciproques de cérémonie et d'étiquette, par l'envoi d'un ministre et la nomination d'un autre, il sembleroit peut-être que la France et la Russie ne seroient pas éloignées de se réunir; mais si, d'un autre côté, on réfléchit sur l'opposition des vues équitables et pacifiques du Roi avec les projets ambitieux et injustes de l'Impératrice de Russie; si l'on considère qu'elle en a déjà exécuté une bonne partie, et que les circonstances lui présentent de toutes parts les plus grandes facilités pour achever de les remplir, on verra bientôt disparoître cette espérance.

L'Impératrice de Russie ne trouve pas moins dans les foiblesses de l'amour-propre que dans les calculs de l'ambition, des raisons de chérir ses vastes projets, et d'en presser l'entière exécution. Persuadée que la gloire, l'éclat, la célébrité, c'est la même chose, elle n'a rien épargné pour en confondre les idées aux yeux de l'univers; et il lui est arrivé ce qui arrive presque toujours, c'est-à-dire de partager elle-même l'illusion.

Avec tous ces motifs d'intérêt et de persuasion, il paroît difficile que toute l'éloquence et la dextérité d'un ministre étranger puissent amener cette princesse à reconnoître la monarchie de Suède, encore moins à rétablir la république de Pologne, ou à modérer, dans les négociations de la paix, ses prétentions sur la dépouille de l'empire ottoman.

Son orgueil, sans doute, a dû être flatté d'une démarche à laquelle peut-être elle ne s'attendoit plus de la part de la France[1]; mais on ne doit pas présumer qu'elle en ait été fort touchée : les compliments se payent en compliments, et il est à croire qu'on ne nous les aura pas épargnés. L'ivresse du système de 1756 nous avoit fait faire une pareille avance dans un temps où du moins les mesures et les sentiments qu'on avoit adoptés étoient précisément les mêmes à Vienne et à Pétersbourg. Le succès de cette démarche n'étoit pas douteux, parce qu'on n'alloit rien proposer à l'Impératrice Élisabeth que ce qu'elle désiroit de tout son cœur, aussi bien que Marie-Thérèse; c'étoit d'écraser le Roi de Prusse. Ici nous avons à combattre, dans le cabinet de Pétersbourg, et cet ennemi mal réconcilié qui s'y est acquis une si grande influence, et notre

[1] On croit que le moment d'envoyer un ministre en Russie auroit pu être différé; mais le choix étant tombé sur un homme sage et éclairé, on en tirera toujours l'avantage d'être mieux instruit des projets de cette puissance, et peut-être en découvrira-t-on qu'il seroit très-utile de pénétrer. (A.) — Ce rapprochement n'était qu'apparent, car la France recherchait alors l'alliance anglaise; elle essayait aussi de brouiller la Prusse et la Russie. Nous avons vu que Louis XV avait une antipathie personnelle contre Catherine.

ancienne alliée qui nous a presque quittés, et l'Impératrice de Russie, et son ministère, et toute la nation. Échouer contre tant d'obstacles, c'est l'ordre naturel ; les surmonter tous, seroit un miracle.

Nous n'avons cependant que la voie de la persuasion. Celle de la force n'étoit praticable que par une puissante et prompte diversion ; elle ne pourroit avoir lieu que par mer. On ignore les raisons qui apparemment ont empêché de tenter ce moyen, et plus tôt, et plus à propos, c'est-à-dire lors des premières hostilités des Russes dans l'Archipel, ou même auparavant, par un traité de neutralité pour la Méditerranée, dont on auroit proposé à la cour de Londres d'être arbitre et garante [1].

Si la partialité déclarée de l'Angleterre en faveur de la Russie l'avoit engagée dès lors à rejeter cet expédient, on n'a pas dû se flatter depuis qu'elle changeroit de principes, d'affections, d'intérêts au gré de nos désirs. Au contraire, on a dû s'attendre que toute démonstration de notre côté, tendante à exécuter cette diversion tardive, seroit aussitôt suivie d'une contre-démonstration de la part de l'Angleterre. C'est ce que nous discuterons à l'article de cette puissance. Résumons à présent la position respective de la Russie à l'égard de la France.

De tout ce qu'on vient d'exposer et d'analyser, il résulte :

1° Qu'il y a peu ou point d'apparence d'une révolution en Russie ;

2° Que si, contre toute attente, il en arrivoit une, elle ne changeroit rien au système de cette cour ;

---

[1] On prétend que ce traité a été proposé depuis peu, et qu'il a été refusé par l'Angleterre. Si cela est, et que cette puissance permette à toutes les autres nations d'envoyer leurs flottes dans toutes les mers, et en interdise la liberté à la France seule, que ne doit-on pas craindre de cette despoticité à notre égard ? (A.)

3° Que la Russie, victorieuse et menaçante de tous côtés, est en état de soutenir encore quelque temps ce pied formidable de puissance militaire;

4° Que son alliance avec la cour de Vienne et le Roi de Prusse l'a mise au plus haut point de la puissance fédérative;

5° Que des trois grandes puissances qui auroient pu arrêter ses progrès contre les Turcs, elle n'a rien à craindre de l'Autriche ni du Roi de Prusse ligués avec elle, et fort peu de la France, qui paroît au contraire la ménager et la rechercher;

6° Qu'elle trouvera, par conséquent, peu ou point d'obstacles à l'accomplissement de ses projets particuliers dans la négociation de la paix avec la Porte; qu'il est même très-apparent qu'elle en dictera les conditions, et que l'influence de la France, autrefois si prépondérante, sera ou foible ou nulle dans cette pacification;

7° Que si la Russie cherche ses avantages dans l'exécution de ces mêmes projets, les deux autres copartageants ont aussi leurs raisons pour y conniver; que l'intérêt commun et présent semble être un garant trop sûr de leur union, du moins jusqu'à l'entier accomplissement de leurs desseins respectifs; et que, par conséquent, l'espoir d'une dissension prochaine entre ces trois puissances ne semble fondé que sur le désir qu'on en a conçu;

8° Que la Suède, bien loin de pouvoir mettre un poids dans la balance entre la Russie et la Porte, ne prendroit avec celle-ci que des engagements dangereux à former, impossibles à remplir, et que, de son côté, l'empire ottoman, isolé désormais de la Pologne, n'auroit plus avec la Suède aucune ligne de communication; que celle-ci auroit assez à faire de se garantir de l'attaque dont elle est menacée; enfin que toutes les assurances et les déclarations de la Russie à cet égard, données ou à donner, ne signifient rien du tout, tant qu'elle restera puissamment armée sur la Baltique;

9° Que, loin de s'opposer aux projets de la Russie, la cour de Copenhague, assujettie depuis longtemps à son influence, ne sera vraisemblablement qu'un instrument de plus pour leur exécution;

10° Que l'Angleterre, considérée comme première puissance maritime et commerçante, n'a aucun intérêt réel à croiser les desseins de la Russie sur la mer Noire et sur la liberté du commerce du Levant; que même elle a peut-être des motifs assez bien fondés pour les favoriser sous main, puisqu'il n'en résulteroit aucun détriment pour elle qui ne fût balancé par un accroissement, et qu'au contraire tout le préjudice en retomberoit sans compensation sur le commerce de la France dans la même partie;

11° Qu'en partant des mêmes principes et intérêts de l'Angleterre, de la partialité qu'elle a montrée jusqu'à présent pour la Russie, du vœu de la nation et de la clameur populaire, il ne paroît pas possible, ni même vraisemblable, que le ministère anglois puisse entrer dans aucunes mesures contraires aux vues de la Russie, et moins encore contracter des engagements qui s'y trouveroient diamétralement opposés;

12° Que si la Russie n'a pas des revenus proportionnés à son étendue, ni la faculté des moyens extraordinaires usités par d'autres puissances, elle a su et saura se faire encore des ressources au moins pour une ou deux campagnes, et qu'à cet égard elle jouit aussi dans l'état actuel de tous les avantages de la *puissance pécuniaire;*

13° Qu'il ne faut, en effet, à la Russie qu'une ou deux campagnes pour remplir toute l'étendue de son plan actuel, même beaucoup moins pour l'accomplissement de ses desseins sur la Pologne; que, dès à présent, ceux qu'elle a daigné avouer, de concert avec les deux autres copartageants, peuvent et doivent être regardés comme exécutés; enfin, que si la Russie, toujours d'accord avec ses deux alliés, avoit des projets ultérieurs, même pour la dissolution entière de la république, son objet seroit aussitôt rempli;

14° Qu'avec tant d'avantages réunis pour pousser ses opérations guerrières et politiques, on doit peu se flatter de réussir à l'en détourner par la persuasion;

15° Que la voie des négociations avec l'Angleterre auroit pu et dû être tentée, dès le commencement, pour en arrêter le cours, au moins dans la Méditerranée; que si la tentative en fut faite alors sans succès, on n'a pas dû, dans ces derniers temps, s'en promettre davantage;

16° Que la voie de la force, par une puissante et prompte diversion, auroit été le moyen le plus sûr ou le plus praticable d'arrêter ce torrent ou d'en modérer l'impétuosité; mais que cette diversion ne pouvant avoir lieu que par mer, elle n'auroit pu réussir qu'autant qu'elle auroit été imprévue, subite et vigoureuse; que si, pour la tenter, on avoit attendu le consentement ou le concours de l'Angleterre, on se seroit beaucoup trop flatté; enfin que, par cette raison, on n'auroit peut-être pas dû faire une démonstration, dès qu'on n'étoit pas déterminé à la réaliser.

### PREMIER MÉMOIRE SÉPARÉ

*pour servir de supplément à l'article de la Russie.*

On a promis de discuter ici, dans un plus grand détail, les motifs qui pourroient faire envisager à l'Angleterre comme avantageuses pour elle-même les concessions que la Russie auroit arrachées de la Porte relativement à la mer Noire.

Commençons par établir les motifs de la Russie pour désirer et pour extorquer ces concessions, et les regarder même comme le fruit le plus précieux de sa victoire.

On l'a déjà dit : la guerre actuelle de la Russie contre les Turcs est, à cet égard, une guerre de commerce. Il s'agit d'exécuter enfin le premier objet de Pierre le Grand, ce projet favori qu'il fut forcé d'abandonner pour un temps, en 1711, par le traité du Pruth, mais que lui ni ses successeurs n'ont jamais perdu de vue, c'est de s'ouvrir par la mer de Zabache un débouché dans la mer Noire, et de là avec les nations franques, parmi lesquelles la Russie n'avoit jamais été comptée.

Ce commerce même pouvoit et devoit, en fort peu de temps, devenir un prétexte et un acheminement à de plus grands desseins; maîtres une fois d'un port dans la mer Noire, les Russes y pouvoient faire des armements redoutables, et y former une marine militaire, dès qu'il se seroit élevé entre la Porte et la cour de Pétersbourg de nouveaux démêlés auxquels le commerce même auroit donné lieu. Celle-ci n'auroit pas manqué de prévenir les Turcs, toujours mal préparés par terre et par mer. Une flotte russe, chargée de troupes de débarquement, auroit paru sur la mer Noire, et, grâce à l'ignorance, à l'indolence des Ottomans, auroit devancé le bruit même de son départ. Elle auroit bloqué, peut-être forcé le canal de la mer Noire, qui fait, de ce côté, la seule défense de Constantinople. Dans le premier cas, elle auroit réduit cette capitale aux plus grandes extrémités de la disette et de la révolte; dans le second, rien ne l'auroit empêchée d'écraser et de brûler le sérail même. Le divan n'auroit eu, dans les deux cas, d'autre ressource que de racheter la capitale par des contributions immenses, et par toutes les autres conditions qu'il auroit plu à la Russie de lui imposer. Tous les différents intérêts de l'ambition se trouvoient donc réunis, pour la Russie, dans ses vues sur le commerce de la mer Noire.

La cour de Pétersbourg a toujours été si attachée à ce projet, qu'en 1750 elle avoit tenté de le faire réussir par l'entremise de la France; et voici comme elle s'y prit.

Au plus fort de l'alliance et de l'intimité entre la France et la Russie, un des appâts qu'elle nous présenta pour prolonger l'erreur et l'illusion fut celui d'un traité de commerce entre les deux puissances. La négociation en avoit été entamée plus d'une fois. On la reprit alors, ou, pour mieux dire, on fit semblant de la renouer; car au fond elle n'a jamais été ni pu alors être sérieuse. Peut-être s'en est-on laissé flatter de nouveau, et avec ce projet on aura, si l'on veut, de quoi s'amuser encore longtemps; mais le ministère de Pétersbourg avoit un objet réel et solide.

Il chercha donc à se prévaloir de la négociation d'un traité de commerce, pour nous insinuer *que nous pourrions en établir une branche considérable, par Constantinople et la mer Noire, avec les provinces méridionales de la Russie.*

Il falloit pour cela le consentement de la Porte, et *c'étoit à nous à le demander.* Le piége étoit grossier, car si nous avions réussi contre toute attente, ce n'auroit pas été pour nous, mais pour la Russie. Elle ne cherchoit qu'un moyen d'accoutumer les Turcs à voir un pavillon étranger passer et repasser le canal de la mer Noire, et, sous le prétexte du commerce avec la France, c'étoit sa propre navigation qu'elle auroit établie sur cette mer. Si, au contraire, nous avions été refusés, comme il y avoit lieu de le croire, nous aurions fait en pure perte auprès de la Porte une démarche qu'elle auroit regardée comme une preuve de partialité en faveur de la Russie, et de connivence à ses projets sur la mer Noire. Les Turcs en étoient si jaloux, que cet office de notre part nous en auroit rendu auprès d'eux le plus mauvais possible; et, à ce *pis-aller*, la Russie n'auroit pas perdu ses peines, elle auroit du moins rempli un de ses grands objets; c'étoit de saper d'autant notre crédit à la Porte.

Tout est changé depuis, et ces artifices ne lui sont plus nécessaires à notre égard. Le sort des armes a décidé : elle exige hautement ce qu'elle avoit besoin alors d'obtenir par surprise. Nous parlerons ailleurs d'une autre puissance qui n'est pas non plus sans projets sur le même commerce de la mer Noire. Il est vraisemblable que pour en obtenir le concours dans toutes ses mesures, la cour de Pétersbourg se prêtera de son côté aux désirs d'un voisin et d'un allié si puissant, et cette nouvelle concurrence avec notre commerce du Levant en diminuera encore la masse et le produit.

Mais l'Angleterre ne peut pas avoir les mêmes craintes. Elle a aussi des raisons particulières de ménager la Russie qui n'ont rien de commun avec les intérêts de son commerce du Levant, et qui portent sur un objet encore plus intéressant pour elle comme puissance maritime [1].

La France a le commerce du Levant, elle n'a point celui du Nord, puisqu'il n'existe plus pour elle de navigation

---

[1] C'est ce qu'on demande la permission de développer dans une certaine étendue. Ces détails roulent sur des faits généralement peu connus, du moins dans les différentes branches de notre administration relatives au commerce extérieur, soit par mer, soit par terre. C'est une partie d'un corps d'observations et de recherches faites sur les lieux, tant en Russie qu'en Angleterre, et appuyées sur des documents puisés aux sources les plus pures, qui n'ont pas été également accessibles pour tout le monde. (*A.*)

directe dans la Baltique, et que l'exportation de ses denrées ou manufactures pour cette mer se fait par les navires hollandois, suédois, danois, hambourgeois, anglois même, ainsi que l'importation de toutes les marchandises qu'elle tire du Nord.

L'Angleterre, au contraire, a le commerce du Levant et celui du Nord. Ce dernier est à peu près libre à toute la nation, quoiqu'en partie il se fasse encore sous le nom de la compagnie de Russie. Celle-ci n'embrasse que l'étendue de ce grand empire : la Suède et le Danemark ne sont point compris dans son octroi ; mais quoique les Anglois fassent aussi dans ces deux pays un trafic avantageux et considérable, la branche la plus importante de leur navigation au Nord est celle qu'ils ont établie en Russie depuis deux cents ans.

Ce commerce ne se faisoit autrefois que dans le port d'Archangel, les Russes n'ayant point encore percé dans la Baltique. Il étoit déjà très-considérable, malgré l'inconvénient de faire un grand tour pour doubler le cap Nord et s'élever jusque dans les mers glacées vers le pôle arctique : mais, depuis que Pierre I$^{er}$ eut fondé Pétersbourg et conquis la Livonie, cette nouvelle capitale et les ports de Riga, Revel et Nerva, furent pour les Anglois autant d'échelles dans cette vaste domination, où ils firent bientôt un commerce plus grand, plus lucratif que celui du Levant, et surtout plus utile, plus analogue à la constitution maritime de leur puissance nationale.

Ils importent en Russie les produits du sol et des manufactures des trois royaumes, des colonies angloises et du commerce des deux Indes. Ils y joignent les denrées du crû de toute l'Europe et surtout de la France, qu'ils viennent chercher jusque dans nos ports, et sur lesquelles ils gagnent le bénéfice du fret et du commerce d'économie.

Ce qu'ils tirent de Russie en retour de ces importations consiste principalement en marchandises et munitions navales, comme bois de construction, mâtures, fers, chanvres, goudron, etc. Ils font même fabriquer dans le pays une partie des matières premières à deux tiers moins de frais que ne leur coûteroit la main-d'œuvre en Angleterre ; ils ont, dans l'intérieur de la Russie, des maisons établies à Moskou, à Wologda, à Tula, à Jaroslaw, à Kasan, dans Astrakan même, d'où ils poussent leur commerce jusque dans la mer Caspienne ; des fabriques régies par des facteurs et des commis anglois, de voiles, de cordages, d'ancres et de toutes sortes de gros ouvrages en fer fondu, battu, et même en cuivre, pour l'usage de leurs arsenaux, de leurs chantiers et de leurs propres manufactures.

Le bénéfice de l'Angleterre sur tous ces objets est immense ; mais le plus grand avantage qu'elle en recueille, c'est d'avoir en Russie, à sa disposition, la source inépuisable de tout ce qui peut servir à la création, à la reproduction et à l'augmentation d'une marine tant militaire que marchande. C'est ce commerce de Russie qui fournit à l'Angleterre l'aliment et le véhicule de tous les autres ; c'est lui qui la met en état d'entretenir et de renouveler sans cesse une masse de navigation la plus considérable qui ait jamais existé.

Ajoutons que ce grand et riche commerce est tout actif pour l'Angleterre, et purement passif pour la Russie, et qu'ainsi la première a pour elle tout le bénéfice net de la commission, du fret, du change, et même en partie de la main-d'œuvre, comme on l'a expliqué ci-dessus.

Il faut prévoir toute objection et y répondre d'avance d'après ce principe ; nous en discuterons une qui se présente, la voici.

Malgré tous les désavantages d'un commerce passif, la Russie tire tous les ans de l'Angleterre une balance en espèces ou matières d'or ou d'argent évaluée à un million de roubles (cinq millions de France) en temps de paix, et de sept millions et demi de notre argent en temps de guerre. Par conséquent, si ce commerce est précieux pour l'Angleterre, il ne l'est pas moins pour la Russie, et celle-ci doit, par cette raison, ménager autant l'autre et avoir pour elle beaucoup de déférence.

La réponse est aisée. Le commerce entre la Russie et l'Angleterre est un de ces marchés où les deux parties gagnent chacune des deux côtés; ce sont les bons, et, à la longue, les seuls qui tiennent. La balance paroît forte en faveur de la Russie; mais voici la compensation.

Avec les matières et marchandises navales tirées de la Russie, qui servent à la construction, aux agrès et à l'armement des vaisseaux marchands, l'Angleterre gagne un bénéfice de fret du double plus fort que ce qu'il lui en coûte pour faire en espèces ou matières la balance en question, et ce fret n'est pas pris sur elle-même, mais sur l'Espagne, le Portugal, l'Italie, la France, l'Allemagne et le Nord, et la Russie même, avec qui l'Angleterre fait un commerce actif et un commerce d'économie.

Celle-ci donc gagne autant et plus que la Russie, à la continuation et à l'affermissement de ce commerce. Il est donc encore plus précieux pour elle que pour la partie passive qui gagne en apparence, mais qui perd en effet, comparativement et relativement, en ce qu'elle gagne beaucoup moins qu'elle ne feroit, si son commerce étoit actif, ou du moins réciproque. Observons de plus que la Russie pourroit faire avec toute autre nation commerçante ce gain apparent, et qu'elle est dans le même cas avec la Hollande et les villes anséatiques, qui n'y perdent pas dans leur proportion plus que l'Angleterre; mais celle-ci absorbe au moins les trois quarts de ce bénéfice. Elle a par conséquent autant d'intérêt pour le moins à ménager la Russie, que celle-ci à vivre avec l'Angleterre en bonne intelligence.

D'après cet exposé, il est clair que cet intérêt, comme tous ceux de cette nation, ne peut dériver que de son commerce.

Elle a, comme nous, celui du Levant; elle en partage avec la France la plus grande portion, et celle-ci, malgré ses malheurs et ses pertes dans les deux dernières guerres, en tire encore la plus grosse part du bénéfice; mais elle n'a point le commerce du Nord, et, au contraire, l'Angleterre fait pour les trois quarts celui de la Russie. Ce dernier lui est donc plus précieux que l'autre; elle a un intérêt plus fort, plus prochain à le conserver, à l'augmenter, même par des octrois, des priviléges qui seroient le prix de quelques nouvelles complaisances de sa part, relativement par exemple aux projets de la Russie sur la mer Noire.

Si donc il devoit résulter de leur exécution quelque désavantage pour la compagnie angloise de Turquie, il en reviendroit aussitôt quelque avantage à celle de Russie. Nous en avons déjà indiqué un moyen, lorsque nous avons avancé que la Russie, une fois admise à la navigation de la mer Noire, pourroit importer au Levant, outre ses propres marchandises, celles d'Angleterre et des colonies. Sans doute cette concurrence porteroit à la Compagnie de Turquie un préjudice considérable, mais aucun réel à la nation, à la masse de son commerce; ce que cette Compagnie perdroit d'un côté, la Compagnie de Russie le gagneroit de l'autre.

Et de ce bénéfice sur les marchandises d'Angleterre et des colonies qui seroient importées au Levant par la Russie et la mer Noire, il ne faut pas croire qu'il en restât beaucoup à la Russie; les Anglois établis dans ce pays-là y ont leurs factoreries, leurs comptoirs, leurs magasins, et, comme on l'a dit, leurs fabriques. Ils ne laisseroient gagner aux nationaux que le fret au plus de quelques bateaux pour la navigation intérieure; encore sauroient-ils faire construire et naviguer, pour leur propre compte, de meilleurs bâtiments jusque sur la mer Noire; peut-être, que sait-on? obtenir de la Russie sur cette mer un entrepôt dans les conquêtes ou dans la Crimée, restée indépendante (comme autrefois les Génois avoient su s'emparer de Caffa et s'y maintenir sous les empereurs grecs), et de là donner la main sous le pavillon de Saint-George à leurs compatriotes du Levant; car alors, pour prévenir ou terminer les différends qui pourroient s'élever entre les deux Compagnies angloises, le moyen le plus sûr seroit d'en faire une *coalition*[1].

Ce ne seroit pas la première fois qu'on auroit vu des facteurs anglois arborer le pavillon national sur des mers intérieures et séparées de l'Océan par un continent immense.

Pendant la guerre de 1744 entre la France et l'Angleterre, celle-ci profita de ses liaisons étroites avec la Russie pour en obtenir la permission d'établir un commerce direct et une navigation angloise en Perse par la mer Caspienne; elle y fit la traite des soies et des autres marchandises précieuses du Gilan, du Mazanderan et de tout le nord de ce royaume. Elle y avoit formé une factorerie à Meschec, et poussé des caravanes jusque dans la Grande Tartarie, à Bokkara et à Samarcande.

Les capitaines Elton et Woodrofe firent construire, dans le Wolga, des navires plus forts que les Russes n'avoient

[1] C'est ainsi que, d'après un mot latin, les Anglais appellent la réunion de deux corps ou de deux partis en un seul. (*A.*)

osé en imaginer; ils les firent manœuvrer avec une légèreté jusqu'alors inconnue à cette nation encore demi-barbare en son intérieur. Ils déployèrent sur cette mer le pavillon anglois, et le rendirent redoutable à Nadir-Schah ou Thamas-Kouli-Khan. Ils se firent rechercher de ce conquérant habile, qui avoit aussi de grandes vues pour le commerce et pour la marine. Il prit à son service le capitaine Elton, et lui fit lever, avec le capitaine Woodrofe, la seule bonne carte qu'on ait de la mer Caspienne.

Ces progrès, il est vrai, furent poussés trop loin ou trop rapidement, et les Anglois en abusèrent. Elton construisit pour Nadir-Schah une flotte sur mer et en fut l'amiral. La cour de Pétersbourg en prit de la jalousie, et l'Impératrice Élisabeth révoqua l'octroi qu'elle avoit accordé; mais sous Catherine II, par le renouvellement du traité de commerce, la Compagnie angloise a obtenu de nouveau, à peu de chose près, les mêmes avantages. Si elle n'en a pas beaucoup profité, les troubles de la Perse, qui en ont dévasté les provinces septentrionales, ont été jusqu'à présent la seule cause de cette négligence apparente. Supposons seulement (ce qui est très-vraisemblable) que, pour le prix de sa déférence aux désirs de la Russie, l'Angleterre en obtienne pour la mer Noire les mêmes priviléges qui lui avoient été accordés pour la mer Caspienne; alors, bien loin de perdre à l'abaissement des Turcs, elle auroit beaucoup gagné. La Compagnie angloise pourroit faire sur le Don les mêmes constructions qu'elle avoit faites sur le Wolga. Elle y trouveroit à la paix grand nombre d'ouvriers, de matelots, et même d'officiers anglois[1], tous

[1] C'est à *Azof*, à *Woronetz*, à *Taganrok*, dans le Don et sur la mer de *Zabache*, qu'on arme la flotte dont l'amiral anglois Knowles est allé prendre le commandement. Loin d'être en disgrâce pour cette espèce de défection, il a été comblé de grâces en Angleterre, et sa fille nommée fille d'honneur de la Reine. (*A.*)

portés pour l'établissement de cette navigation; et sans beaucoup de frais, cette branche de commerce pourroit être mise dans peu en pleine activité.

D'après cet exposé, on doit juger si réellement les intérêts de l'Angleterre sont les mêmes que les nôtres dans le commerce du Levant, relativement à l'entrée des Russes dans la mer Noire, et à la liberté de naviguer et trafiquer, soit dans les ports de cette mer, soit dans les Échelles, par le canal de Constantinople.

On peut même en déduire une triste conséquence; c'est que la France y perdroit seule et beaucoup, mais que l'Angleterre pourroit y gagner considérablement. Elle s'ouvriroit sous le nom de la Russie, ou même sous son propre pavillon, un nouveau débouché moins coûteux pour ses draps, ses quincailleries, les productions de ses colonies, et tout ce qu'elle tire par la voie de Cadix de l'Amérique espagnole. La navigation d'Angleterre à Pétersbourg est regardée par les Anglois comme une promenade. Celle qui se fait intérieurement de cette capitale par les grands fleuves jusqu'aux deux mers Noire et Caspienne, est longue, mais facile, sûre, et le fret en est à bas prix. Les marchandises déclarées pour transit par cette voie seroient exemptes de tous droits ou n'en payeroient que de très-modiques, comme celles destinées pour la Perse. Ainsi tout inviteroit le commerce anglois à se porter dans ce nouveau canal, tandis que tout en rejette celui de la France. « Peut-être, dira-t-on, le commerce de la mer
» Noire étant une fois ouvert aux Russes, il seroit alors de
» la politique turque de l'ouvrir également à toutes les
» nations franques déjà établies au Levant; et alors les
» Français en recueilleroient les mêmes avantages que les
» Anglois; ils conserveroient la même supériorité en
» nombre de vaisseaux et en masse d'envois et de retours

» qu'ils ont depuis longtemps sur toutes les autres nations
» dans le commerce du Levant, et l'épargne sur le fret,
» qui résulte de la proximité : donc, au lieu de perdre à la
» liberté générale du commerce de la mer Noire, la France
» y gagneroit, et plus que l'Angleterre. »

Oui, *peut-être,* et c'est fort bien dit; car assurément, ce *peut-être* doit avoir été prévu et par la Russie et par l'Angleterre; l'une et l'autre se sont arrangées pour qu'il ne puisse pas avoir lieu. On voit trop que ces deux puissances agissent parfaitement d'accord, et l'on sent trop dès à présent qu'elles donnent la loi. Ce seroit par un privilége exclusif qu'elles se feroient admettre, l'une explicitement, et l'autre au moins implicitement au commerce de la mer Noire. Il faut bien supposer ce but à une partialité aussi déclarée, aussi soutenue que celle de l'Angleterre pour la Russie.

En partant de cette supposition plus que vraisemblable, l'énigme est devinée; et l'on découvre clairement le motif de la connivence de l'Angleterre aux mesures et aux prétentions de la Russie, relativement à la liberté de navigation et de commerce dans la mer Noire.

### SECOND MÉMOIRE SÉPARÉ

*pour servir de supplément à l'article de la Russie.*

On s'est engagé à prouver que, pour continuer et pousser la guerre en Pologne et contre les Turcs, la Russie a eu plus de moyens et de ressources pécuniaires qu'on ne lui en suppose communément; que, pour achever la dernière, et même pour en commencer peut-être une autre contre la Suède, elle en a encore et peut s'en procurer du moins assez pour les besoins d'une ou deux campagnes.

Il faut premièrement répondre à l'objection qu'on s'est

faite d'avance. Elle porte sur l'insuffisance des revenus de la Russie. Voici cette réponse, divisée, comme l'objet, en plusieurs articles.

Les revenus fixes de la Russie ont été augmentés dans toutes leurs branches.

La capitation générale, portée de 70 à 90 copecks [1], et l'extension qu'on y a donnée d'ailleurs, a poussé le produit de cet impôt environ à un tiers en sus.

Les biens de l'Église ont été réunis au domaine impérial, et leur revenu bien administré a fait une addition considérable aux revenus de la couronne.

Les revenus casuels ont fait des progrès encore plus rapides. Les mines de cuivre et même d'argent, dans la Sibérie, qui appartenoient à l'Impératrice, ont été et sont encore exploitées avec beaucoup plus de chaleur et de succès; leur produit augmente considérablement. La réunion de plusieurs autres qu'on a retirées des mains des particuliers en a doublé aussi le revenu, et par une administration économique, il entre tout entier dans le Trésor public.

Tous les monopoles accordés à des ministres et à des favoris, sous le règne prodigue d'Élisabeth [2], ont été également réunis à la couronne.

Le prix du sel, de l'eau-de-vie, du tabac et de quelques autres branches de ces monopoles, a été aussi augmenté.

Les douanes ont rendu davantage par une régie plus exacte et par quelques augmentations de droits, distribués de manière qu'elles n'ont pas nui à la consommation [3].

[1] De 3 liv. 10 s. à 4 liv. 10 s. par tête de paysan. Les femmes n'y ont jamais été comprises, les enfants ne l'étoient pas non plus; mais à présent on paye pour tous les mâles indistinctement. (*A.*)

[2] Le comte Pierre Schouwaloff en avoit seul pour trois ou quatre millions de revenu. (*A.*)

[3] C'est le grand art de l'administration des finances, qui a été rarement

Les dépenses de la cour ont été réglées avec une économie inconnue aux administrations précédentes, sans que la dignité et l'éclat même en aient souffert : cela est et sera partout quand on le voudra bien.

De l'énumération ci-dessus, on oseroit conclure que les revenus de la Russie pris en masse ont été augmentés d'un tiers environ sous le règne présent. Quelques-uns des moyens de cette augmentation peuvent être vicieux, forcés, mal combinés ; mais enfin ils ont rempli l'objet, et ils le rempliront encore, comme on l'a avancé, pour le courant d'une ou deux années de guerre.

Il reste à réfuter une suite de la même objection. Elle est tirée des acquisitions mobilières, commissions, emplettes continuelles de l'Impératrice régnante et des prêts considérables que la couronne fait journellement aux seigneurs et grands propriétaires, enfin des dépenses extraordinaires de la guerre.

Les acquisitions et emplettes en tout genre ont fait beaucoup de bruit, et c'étoit bien l'intention de l'Impératrice ; mais le montant en est facile à calculer, et ce ne fut jamais la ruine d'aucune puissance.

A l'égard des prêts faits aux grands seigneurs, c'est une ancienne méthode de la cour de Russie pour se défaire d'une quantité immense de monnoie de cuivre, sur laquelle il y auroit 50 pour 100 à perdre dans le change étranger, et pour se procurer en troc des ducats, des piastres, des reichthalers, des matières d'or et d'argent, ou des lettres

---

saisi dans l'augmentation des impôts. On se laisse ordinairement éblouir par l'espérance de doubler une branche de revenu en y mettant un double droit, et souvent cela diminue même le premier droit en diminuant la consommation. Le Roi de Prusse n'a pas échappé à cette erreur ; son avidité l'on a empêché. Celle des ministres des finances dans d'autres États, et l'envie de faire leur cour à leurs maîtres et de faire valoir leurs services et leur habileté, y a souvent produit le même effet. (*A.*)

de change sur Amsterdam. C'est ordinairement pour six ans que se font ces prêts de la couronne et sans intérêts, mais à payer un sixième, chaque année, en espèces, matières ou lettres de change, comme ci-dessus. Loin donc que le gouvernement épuise par là son numéraire, c'est pour lui un moyen d'en faire rentrer de l'étranger une quantité considérable.

Ces espèces ou matières fournissent aux finances de l'Impératrice un aliment pour la refonte et la fabrication des monnoies. Celles-ci, à la vérité, sont fort altérées, et la Russie en fait même fabriquer exprès qui le sont encore davantage, pour les répandre en Pologne à l'envi du Roi de Prusse. Ce moyen forcé a ses inconvénients réels et irréparables, mais il a aussi ses avantages momentanés ; et c'est une des ressources qui ont fourni jusqu'à présent aux dépenses extraordinaires de la guerre contre les Turcs. Ces dépenses, d'ailleurs, n'ont pas été aussi énormes qu'on se l'imagine. On part trop souvent de ce qu'on voit chez soi, pour juger et apprécier ce qui se passe chez autrui. La méthode russe pour les vivres et les fourrages ne ressemble point du tout à la nôtre. Au même prix, il est trop vrai que la Russie n'auroit pas pu faire seulement une campagne.

Mais la Pologne lui a fourni abondamment de quoi subsister dans les deux ou trois premières; la Volyhnie, la Russie polonoise et la Podolie ont été taxées, en différentes fois, à plus de soixante mille chevaux et de vingt mille chariots attelés de quatre bœufs chacun, pour le transport des équipages ainsi que des vivres et des fourrages qu'elles avoient fournis. Point de munitionnaires ni de boulangers, chacun fait ce qu'il peut de sa ration de farine; point d'entrepreneurs de boucherie; très-peu d'employés en tout genre. Ces chariots se vident à mesure; on en distribue les bœufs par divisions aux troupes, qui les tuent et les partagent entre elles. Les chariots vides servent à faire du feu. On n'est arrêté en marche ni par le besoin de magasins ou de fours, ni par l'attente des convois. On avance toujours et le soldat est nourri.

Il en est de même pour les fourrages, dont on ne connoît dans les armées russes ni entrepreneurs ni régisseurs. On fourrage au vert tant qu'on peut et l'on garde le sec, qu'on voiture avec soin pour la traversée des déserts brûlés, ou pour les positions serrées où l'on ne peut plus aller au fourrage.

Les campagnes suivantes ont encore moins coûté à la Russie : son armée a trouvé la Moldavie dévastée par les Turcs et par les Tartares dans leur retraite ; mais les terres y ont été de nouveau cultivées et ont fourni des subsistances. La Valachie a peu souffert, et ce pays est généralement bon jusque dans les montagnes.

L'armée destinée pour Bender, pour le Niéper et pour la Crimée, n'a pas trouvé les mêmes ressources; mais l'Ukraine polonoise et russe y a suppléé, et il n'a fallu payer ni en argent ni en reçus, d'un côté ni de l'autre. Les Ukrainiens polonois ont fourni comme ennemis, et les Ukrainiens russes comme sujets libres ; c'est-à-dire que n'étant à aucun seigneur particulier, ils appartiennent à la couronne[1]. Chevaux, voitures, ouvriers, valets et tout ce que les frontières de Pologne pouvoient fournir aux besoins, ou même à la commodité des officiers et géné-

---

[1] L'Ukraine russe, ou Petite-Russie, n'est libre que de nom. Les habitants, il est vrai, ne sont point esclaves, comme les Russes, de tels ou tels seigneurs; ils connoissent *la propriété*, et sont exempts de beaucoup d'impôts, mais ils n'ont plus de *hetman* ou chef de leur nation. La cour en tire arbitrairement, surtout en temps de guerre, toutes les livraisons en nature que ce pays peut fournir, et ce pays est excellent. (A.)

raux russes, tout a marché, tout a servi, et il n'en est jamais rien rentré à leurs propriétaires.

Quant à la guerre de Pologne contre les confédérés, elle n'a pas non plus épuisé le numéraire de la Russie. Outre la facilité de payer par force, en fausse monnoie, ce qu'elle se faisoit fournir au commencement de gré à gré, elle a trouvé depuis une méthode plus aisée, c'est de tout exiger, à titre de contribution, des palatinats confédérés ou neutres, et de s'emparer, à titre de séquestre ou de confiscation, des revenus des biens des plus grands propriétaires; de faire vivre dans leurs terres ses troupes à discrétion et de les faire passer et repasser sans cesse d'un endroit où les subsistances manquoient, dans un autre où elles étoient encore en abondance.

Ainsi, pour ses opérations par terre la Russie n'a pas eu besoin, en six ans, d'autant de moyens et de ressources pécuniaires qu'il en faut, par exemple, à la France seulement pour faire une campagne.

Mais, dira-t-on, les flottes russes dans l'Archipel, sur la mer Noire, et celles qu'on prépare à Cronstadt, avec quoi la Russie a-t-elle pu les construire, les armer, les équiper, les entretenir? Ou du moins, comment pourra-t-elle soutenir encore cette dépense, celle surtout qu'a dû et doit lui coûter dans la Méditerranée une flotte, une armée si loin de chez elle, et pour ainsi dire à l'auberge? Cet article seul d'extraordinaire a dû la ruiner; et si elle ne s'empresse point de faire la paix, où prendra-t-elle des fonds pour continuer cette guerre maritime éloignée, et pour en commencer une autre dans la Baltique contre la Suède?

Premièrement, il ne faut pas croire que la construction, l'armement, l'équipement, ni le premier approvisionnement d'une flotte coûte à la Russie autant qu'à la

5.

France ou à l'Angleterre. L'amirauté de Pétersbourg tire tout du cru de l'empire et des domaines de la couronne; les matières premières y sont en abondance, ainsi que les vivres et beaucoup d'autres provisions; la main-d'œuvre en partie ne coûte rien, et ce qu'on en paye est à très-bon marché.

Il est vrai, d'ailleurs, que la flotte russe de l'Archipel a été à l'*auberge* dans ses relâches en Angleterre, en Italie, et au commencement de sa première campagne. Il falloit alors capter la bienveillance des Grecs sur lesquels la cour de Pétersbourg avoit beaucoup trop compté; mais elle a a été bientôt désabusée de la chimère dont elle s'étoit laissé bercer, c'est-à-dire une révolte générale de la nation grecque dans l'empire ottoman. Dès lors, et même avant d'évacuer la Morée, les généraux russes ont adopté dans l'Archipel la même méthode qu'en Pologne. Enfin les Grecs ont payé et payent encore aussi cher leurs libérateurs, que les Polonois leurs instituteurs et leurs réformateurs.

De plus, l'Impératrice s'est procuré des ressources par les emprunts qu'elle a faits; elle en fera encore.

Un seul négociant de Venise [1] lui a fait trouver en Italie trente-cinq millions, sans compter les emprunts faits à Gênes, à Lucques et à Livourne.

Les négociations d'argent, entamées à Amsterdam, ont d'abord été difficiles, et les premiers emprunts très-modiques [2]. Les capitalistes de Hollande avoient alors chez

---

[1] Le marquis Maruzzi, banquier, d'une famille de Corfou et de la religion grecque. Cet homme avoit été attiré et caressé à Pétersbourg. On a flatté sa vanité par le cordon de Sainte-Anne et par le titre de ministre de Russie à Venise. Il s'est engagé lui, ses frères, ses parents, ses amis, à fournir des fonds et du crédit au comte Orloff, pour son expédition de l'Archipel. (*A.*)

[2] Les négociants d'Amsterdam étoient encore fort indisposés contre la Russie, par une suite du projet de l'Anglois Gom, banquier de la cour de Pétersbourg. Celui-ci avoit voulu établir le change direct entre la Russie et

l'étranger, pour le superflu de leurs fonds, d'autres débouchés trop avantageux, et ils s'y livroient par la cupidité d'un bénéfice triple au moins de l'intérêt ordinaire au taux du pays. Les réductions arrivées alors en France les dégoûtèrent de ces placements hasardeux.

La Russie profita de ce dégoût et leur offrit l'avantage d'une hypothèque spéciale sur les douanes de Pétersbourg, de Riga, et sur d'autres branches de revenus les plus à portée et les mieux connues des négociants hollandois. Les intérêts furent payés exactement. Les succès de la guerre et les apparences, chaque année, d'une paix avantageuse, animèrent la confiance : les banquiers d'Amsterdam commencèrent à goûter les offres d'une commission lucrative, et se firent les apôtres du crédit de la Russie. Les emprunts devinrent dès lors et plus faciles et plus considérables; et ces mêmes succès continués, augmentés, soutiendront bien encore ce crédit pour l'extraordinaire d'une ou deux campagnes.

On croit avoir prouvé qu'il n'en faudroit pas davantage à la Russie pour remplir tous ces objets présents ou prochains.

On en conclura donc qu'à cet égard, c'est-à-dire en proportion de ses besoins, elle jouit de tous les avantages de la puissance pécuniaire, et qu'elle peut les réunir, au moins pour une ou deux années, à ceux de la puissance militaire et de la puissance fédérative [1].

l'Angleterre, au préjudice de la place d'Amsterdam. Il avoit échoué, et on l'avoit fait manquer, en laissant protester en un seul jour trois cent mille florins de ses lettres non acceptées. (A.)

[1] En 1789, on pouvoit estimer à peu près les revenus de l'Impératrice à deux cents millions de livres, et ses dépenses à cent quatre-vingts millions. L'excédant de cette recette étoit employé, pendant la paix, à éteindre les dettes contractées pendant la guerre. On en doit conclure que la Russie ne peut combattre sans emprunter, considération importante pour rassurer sur

### VI. *De la Porte.*

On ne remontera point ici jusqu'à l'origine de l'alliance entre la couronne de France et l'empire ottoman.

On sait que depuis François I^er jusqu'à nos jours, cette alliance a toujours été plus ou moins intime, et qu'elle a donné continuellement de l'ombrage à la maison d'Autriche, qui n'a pas cessé, en conséquence, de chercher à tirer de la France quelques assurances ou déclarations, ou à l'entraîner dans des engagements et des démarches dont la cour de Vienne s'est souvent aussitôt prévalu auprès de la Porte.

Son objet a été constamment de rompre, ou du moins de relâcher par ces moyens les liens de cette alliance aussi ancienne que naturelle. Ce système a été ensuite adopté par la Russie, et ces deux cours, depuis quelque temps, ont mis en œuvre plus que jamais les mêmes manœuvres. Il faut espérer qu'on se lassera de leur faire des confidences ou des ouvertures dont elles ne se lassent point d'abuser.

Tantôt la cour de Vienne est parvenue, par cette conduite, à parer des coups dangereux que la France et l'empire ottoman auroient pu lui porter de concert, lorsque l'une de ces deux puissances, ou les deux ensemble, étoient en guerre avec l'Autriche.

---

son ambition. La position du souverain de la Russie est très-avantageuse; lorsqu'il veut être pacifique, ses États sont presque inattaquables; et les Turcs, ainsi que les Suédois, sont plus occupés de conserver que d'acquérir. La Prusse et l'Autriche briguent son alliance pour se l'enlever réciproquement. Les puissances maritimes, ayant un besoin indispensable de ses chanvres et de ses mâtures, recherchent à l'envi son amitié; et si le cabinet de Pétersbourg, renonçant à toute ambition, vouloit s'entendre avec le gouvernement français pour conserver la paix en Europe, personne n'oseroit y remuer, et ces deux puissants contre-poids tiendroient la balance de la politique dans un équilibre constant et parfait. (*S.*)

Tantôt, en pleine paix, elle a feint de se rapprocher de nous ; elle a sollicité, elle a obtenu des témoignages d'amitié, d'union et de confiance dont elle s'est servie pour en imposer à la Porte, du moins par la crainte d'être abandonnée de la France.

Enfin elle a même obtenu une fois de la générosité de Louis XIV un secours effectif qui sauva les États d'Autriche. Le passage du Raab alloit ouvrir à l'armée ottomane la Styrie et la Carinthie, et déjà les Tartares avoient porté leurs courses jusque dans ces provinces. Six mille Français arrivent au bord de cette rivière, battent les Turcs, les forcent à la repasser en désordre, et les mettent hors d'état d'agir pour tout le reste de la campagne[1].

Ce bienfait de Louis XIV fut reconnu de Léopold, comme l'indulgence et la facilité de François Ier l'avoient toujours été de Charles V, et comme le secours de Vienne par Sobieski le fut ensuite du même Léopold. Celui qu'il avoit obtenu de Louis XIV n'excita dans l'âme de cet empereur qu'un sentiment de crainte, de jalousie et de haine. Ce fut le germe des guerres longues et sanglantes au milieu desquelles il mourut[2], comme il avoit vécu, à l'aumône de l'Angleterre et de la Hollande, sans avoir acquis beaucoup de gloire personnelle, mais avec la satisfaction d'avoir triomphé à Hochstett du fond de son palais, et de laisser son bienfaiteur à deux doigts de sa perte.

L'abandon, la disette de toutes choses qu'éprouva, dans les États autrichiens, ce corps victorieux de troupes françoises qui venoit de les délivrer, les réflexions que produisit le ressentiment de la Porte, qui rejaillit sur l'ambassadeur et sur la nation, mais surtout les conseils du sage Colbert, occupé dès lors à créer nos fabriques de

---

[1] Bataille de Saint-Gothard, en 1664.
[2] En 1705.

draps et à nous en assurer le débouché dans le Levant, tout enfin concourut à ramener l'ancien système de l'union la plus intime de l'empire ottoman. On ne s'en étoit écarté en faveur de l'Autriche et des Vénitiens [1] que par un reste de l'esprit de chevalerie : on y revint par les calculs de la plus saine politique.

Ce retour à l'ancien système, au seul bon, au véritable, avoit porté et soutenu la France au plus haut degré de considération fondée sur la puissance fédérative; et ce fut à cette considération et à ses liaisons intimes avec la Porte qu'elle dut l'avantage d'être recherchée par les deux partis, et d'avoir les honneurs de la médiation dans le traité de Belgrade et dans celui de 1724, entre les cours de Pétersbourg et de Constantinople.

De ces liaisons dérivoit pour la France, relativement à une partie de l'Europe, ce crédit de considération que donnera toujours à un grand État la puissance fédérative. Il étoit fondé sur deux persuasions qui servoient à faire respecter cette couronne de toutes les puissances voisines de l'empire ottoman :

L'une, que cet empire pouvoit, dans plusieurs cas, employer ses forces au gré de la France par de puissantes diversions;

L'autre, que, dans le cas où la France voudroit bien rester neutre, elle auroit du moins à la Porte la plus grande influence pour l'engager à continuer la guerre ou à la terminer par sa médiation.

En maintenant avec la Porte cette union et cette intimité, la France étoit donc sûre de conserver une branche essentielle de sa puissance fédérative [2].

[1] Pendant le siége de Candie, où Louis XIV envoya si souvent des secours, qui reculèrent si longtemps la perte de cette île, mais qui le compromirent aussi souvent avec la Porte. (A.)

[2] Voyez t. I, p. 364 et suiv., le curieux mémoire de M. de Vergennes.

Dans les cours voisines du Turc, ces deux persuasions, sur lesquelles étoit fondée, à l'égard de la France, une partie de sa considération, ne pouvoient subsister qu'autant qu'elle se réserveroit la liberté du choix, c'est-à-dire de rester neutre et indifférente, ou de devenir partie et d'entrer en jeu directement ou indirectement par des diversions faites à propos, soit d'elle-même, soit de ses alliés et subsidiaires; ou enfin de donner du poids et de la valeur à sa neutralité, en se portant pour médiatrice, et en soutenant sa médiation d'un appareil assez imposant pour qu'elle ne fût jamais refusée.

C'est, en effet, la position glorieuse et brillante où la France étoit restée depuis la paix de Belgrade, et où elle se trouvoit encore après le traité d'Aix-la-Chapelle. Il ne tenoit qu'à elle de s'y maintenir toujours à l'égard de la Porte et des États voisins de l'empire ottoman, enfin de conserver par là son rang, sa place naturelle à la tête des grandes puissances. Il ne falloit pour cela pas de soins, de dépenses, d'intrigues, ni de négociations : tout se réduisoit à un seul moyen bien simple, *à rester comme on étoit*.

La guerre maritime que nous fit l'Angleterre en 1755 auroit été sans doute un motif de plus pour rester, relativement à la Porte et à ses voisins, dans cette position avantageuse. Respectée, redoutée dans le continent, la France n'avoit rien à craindre du côté de la terre.

Si quelque puissance voisine de ses frontières eût osé l'attaquer, on a prouvé dans les articles précédents que ce n'auroit pas été impunément.

On a, de plus, démontré que la France auroit gagné à être attaquée par ces puissances voisines.

Mais si l'on avoit craint que d'autres puissances plus éloignées se fussent liguées alors avec les ennemis de la

France, le seul moyen de leur en imposer étoit de persister dans son système d'union avec la Porte. Elle pouvoit toujours menacer par là ces cours éloignées d'une puissante diversion, et les contenir par la crainte dans la neutralité. C'étoit précisément le cas de la Russie, liée alors avec l'Angleterre par un traité de subsides.

Pour cela, il ne falloit qu'éviter de prendre aucun nouvel engagement indirect et définitif par terre, puisque de ce côté-là on n'avoit pas besoin de défense, et que tout engagement de cette nature étoit étranger à une guerre de mer et de commerce; mais se réserver seulement la liberté d'en contracter au besoin dans le Nord et dans le Midi, surtout avec la Porte, contre la Russie et la cour de Vienne; enfin partir de là pour concentrer tous ses moyens, toutes ses forces dans un système offensif contre l'Angleterre.

Malheureusement un autre système prévalut alors. Autant le premier étoit simple, économique et sûr, autant celui-ci se trouva compliqué, dispendieux et fautif. Il enfanta l'alliance avec l'Autriche, et peu après avec la Russie.

Cette alliance exclusive lioit les mains à la France, surtout à l'égard de la Porte. Le principal objet pour les cours de Vienne et de Pétersbourg, étoit d'élever entre ces deux puissances un mur de séparation. On fit plus : on se flatta même de leur mettre les armes à la main l'une contre l'autre, et peu s'en fallut qu'on n'y réussît.

On sait trop à quelle ivresse le ministère d'alors s'étoit abandonné dans la première chaleur de cette alliance soi-disant défensive, mais dont les cours de Vienne et de Pétersbourg avoient bien résolu de faire, à la charge de la France, une ligue offensive envers et contre tous. Loin de faire valoir au moins la condescendance du Roi et, tranchons le mot, la protection trop désintéressée qu'il accordoit à la cour de Vienne, il sembloit que ce fût celle-ci qui nous protégeoit, pour nous faire obtenir l'accession de la Russie à cette ligue, où la France seule n'avoit rien à gagner en Europe et tout à perdre en Amérique.

Ce n'étoit pas assez pour les deux cours de préparer par ce moyen la destruction de notre marine et de notre commerce sur l'Océan : il ne tint pas à leurs intrigues, à leurs séductions, de nous faire perdre aussi les mêmes avantages dont nous jouissions dans la Méditerranée, surtout aux Échelles du Levant ; et il faut avouer que si la ruine entière de la marine et du commerce de la France avoit été concertée dans le cabinet de Saint-James avec ceux de Vienne et de Pétersbourg, l'Angleterre même n'auroit pas pu leur suggérer des moyens plus propres à remplir cet objet.

Le ministère de Russie osa donc nous proposer d'ajouter une seconde faute capitale à la première qu'on avoit faite dans le traité du 1$^{er}$ mai, en n'exceptant point nommément la Porte du *casus fœderis*, et de la prestation d'un secours qui pour nous ne pouvoit jamais devenir réciproque.

La cour de Pétersbourg ne se contentoit point pour elle-même de cette omission : elle exigeoit de la France une déclaration formelle que la Porte n'étoit et ne seroit jamais exceptée du *casus fœderis*, ni par conséquent de la prestation du secours de la France contre toute agression ; et, selon la logique russe, ces pauvres Turcs n'auroient pas manqué d'être toujours les agresseurs.

L'ambassadeur de Vienne à Pétersbourg fut employé à séduire l'émissaire [1], devenu ministre de France dans la

---

[1] Le chevalier Douglas avoit été envoyé d'abord comme émissaire auprès de M. de Woronzow, et fut fait ensuite très-mal à propos ministre. (*A*)

même cour. Celui-ci se laissa entraîner, et signa la *convention secrétissime.*

Cet acte par lequel on accordoit à la Russie tout ce qu'elle avoit désiré sur l'inclusion expresse de la Porte dans le *casus fœderis*, n'étoit cependant pas destiné à rester dans ce profond secret. La Russie et la cour de Vienne, toujours occupées à remplir leur objet, c'est-à-dire à brouiller sans retour la France avec la Porte, ne manquèrent pas de laisser transpirer jusque dans le divan ce mystère d'iniquité. Heureusement l'ambassadeur de France [1] dans une cour voisine, et bien instruit de ce qui se passoit à celle de Pétersbourg, fit au ministère d'alors les plus fortes représentations contre cette mesure, aussi dangereuse qu'absurde. Ce ne fut pas sans peine qu'il en obtint le redressement; mais enfin, au risque d'exciter contre lui-même une personnalité qui commençoit à devenir redoutable, il fit tant que la convention ne fut point ratifiée, et que l'instrument en fut déchiré.

L'impression cependant étoit faite à la Porte; on eut bien de la peine à l'effacer, ou du moins à l'adoucir par toutes les assurances qu'on donna au ministère ottoman que la convention étoit annulée.

Il restoit d'ailleurs à calmer l'inquiétude et la défiance qu'avoit excitées le traité du 1er mai 1756; et quoi qu'on ait pu dire pour pallier l'effet qu'il avoit produit à la

---

[1] Le comte de Broglie, ambassadeur en Pologne, étoit à Versailles au moment de l'arrivée du courrier du chevalier Douglas, qui portoit cette *convention secrétissime* que lui avoit fait signer M. le comte d'Esterhazy, ambassadeur autrichien à Pétersbourg. M. Rouillé, ministre des affaires étrangères, la lui communiqua, et sentant de lui-même le danger et le faux de cette démarche, il le pria de faire un mémoire sur cet objet, qu'il porta au conseil. Ce mémoire déplut extrêmement à ceux qui étoient entièrement subordonnés aux volontés de la cour de Vienne; mais il eut l'approbation du Roi, et la *convention secrétissime* fut déchirée : il est vrai qu'on ne l'a jamais pardonné au comte de Broglie. (A.) — Voir t. I, p. 84.

Porte, on n'a pas dû ignorer le mécontentement qu'elle avoit témoigné lors de la notification que la cour de Vienne s'étoit empressée de lui faire de ce traité aussitôt qu'il avoit été conclu [1].

Cet empressement et celui de la Russie, lors de la *convention secrétissime*, n'étoit que la suite du système adopté par les deux cours de tout employer pour rompre l'alliance entre la Porte et la France, ou du moins d'inspirer à celle-ci contre l'autre tout le ressentiment le plus vif du présent, et la plus grande défiance de l'avenir. Par là on réussissoit à détruire l'ancienne influence de la France à la Porte, et à l'exclure sans retour de toute médiation, de toute négociation relative aux intérêts de l'empire ottoman.

Tel étoit le plan des deux cours dont nous épousions alors la querelle contre le Roi de Prusse, et qui depuis se sont liguées avec ce monarque contre la Pologne et contre la Porte; car l'espèce de négociation, ou plutôt d'intrigue, d'espionnage et de tracasserie, que les cours de Vienne et de Berlin entretiennent à Constantinople, n'est que la suite du complot formé avec celle de Pétersbourg pour consolider le partage de la Pologne par l'abaissement de la Turquie.

[1] Le chevalier Porter étoit alors ambassadeur d'Angleterre à Constantinople. C'est un homme de bon sens, fort instruit, et son rapport paroît croyable. Il dit qu'à cette époque le grand vizir n'étoit pas, à beaucoup près, sans esprit et sans jugement, ni aussi ignorant que le sont en général les ministres de la Porte; qu'il parloit italien, et que la facilité de s'entretenir dans cette langue avec les étrangers dans les emplois précédents l'avoit mis à portée d'acquérir quelque connoissance des affaires de l'Europe.

M. Porter ajoute que ce ministre ne fut point la dupe des explications que l'ambassadeur de France fut chargé de lui donner au sujet du traité; qu'il en avoit assez bien saisi l'esprit et les conséquences, et qu'il ne cacha point à l'ambassadeur, qu'il regardoit dès lors la France comme alliée avec la cour de Vienne contre l'empire ottoman; mais qu'en même temps, au lieu de se plaindre de cette défection, il eut soin de ne témoigner que de la hauteur et de l'indifférence sur la suite qu'elle pourroit avoir à l'égard de la Porte. (*A.*)

Tels ont été pour la Porte et pour la France les funestes effets du changement de système en 1756, et de la persévérance du ministère suivant à marcher sur les traces de celui qui avoit conclu ce traité, à renchérir même sur son dévouement aux vues, aux désirs de la cour de Vienne, à se laisser mener par elle, à n'agir qu'en sous-ordre, à s'interdire toute autre liaison en Allemagne, et consommer, par cet asservissement exclusif, la destruction de notre puissance fédérative.

Deux États seulement pouvoient balancer vers le Nord le poids énorme de la Russie et de la cour de Vienne sur l'empire ottoman; c'étoient la Suède et la Prusse. Elles y avoient toutes deux le même intérêt, les mêmes motifs à peu près que la France : rien à craindre des Turcs, beaucoup à redouter des deux puissances voisines et ennemies naturelles de l'empire ottoman, si elles parvenoient à le détruire ou à l'abaisser au point de ne pouvoir plus se mêler des affaires de l'Europe; beaucoup à espérer de son secours et de ses diversions, s'il restoit à portée de donner la main, par la Pologne, à ses alliés dans le Nord et en Allemagne.

Par toutes ces raisons, il n'est pas douteux que la Suède, toute divisée, tout épuisée qu'elle étoit, ne se fût empressée de resserrer les liens qui l'unissoient avec la Porte depuis son traité de 1740; que le Roi de Prusse, qui avoit tant intrigué, tant dépensé à Constantinople pour en négocier un pareil, ne se fût joint à la Suède pour former une triple alliance; et que la France, libre de tout engagement, sans intriguer, sans se mouvoir, n'eût vu les trois puissances venir la chercher, et la supplier d'accéder à cette ligue défensive.

Elle auroit pu bientôt être suivie et soutenue, au Midi, d'une autre ligue, également fondée sur des principes défensifs et pacifiques. La France alors seroit devenue le lien et le centre commun de ces deux ligues respectables. Elle auroit tenu dans ses mains la balance de l'Europe.

La Pologne existeroit encore libre, entière, et peut-être enfin en état de contribuer à sa propre défense. L'empire ottoman auroit conservé sa splendeur, sa puissance, et la France son influence prépondérante à la Porte, enfin tout l'éclat, tout le poids, tous les avantages réels de la puissance fédérative.

Le nouveau système de 1756 avait fait disparoître cette glorieuse perspective, et l'ascendant que la cour de Vienne avoit pris sur notre ministère nous avoit ôté jusqu'à l'espérance de l'entrevoir encore.

L'Europe entière a vu des mêmes yeux cette dépendance servile où la France s'étoit réduite si volontairement, si gratuitement. Elle avoit tout négligé, tout abandonné pour la cour de Vienne. Les uns ont perdu l'espoir de se rapprocher, les autres de se soutenir, privés de l'appui de la France. Les uns l'ont négligée à leur tour pour se jeter entre les bras de ses ennemis; les autres l'ont abandonnée par l'espoir de faire mieux leurs affaires dans un autre parti; et c'est ce qu'a fait la cour de Vienne, cette cour même pour qui la France avoit tout quitté.

Depuis deux ans, peut-être il n'auroit pas été impossible de s'arrêter au bord du précipice. Le voile étoit déchiré, et il étoit enfin permis de voir un peu plus clair dans les manœuvres de la cour de Vienne. Il ne l'est pas de pénétrer les mystères de politique, qu'un voile plus épais cache aux regards profanes; mais enfin on seroit en droit de conjecturer que le système dominant depuis 1756 a dû recevoir quelque modification dans le courant de 1771; les mêmes motifs personnels ne subsistoient plus. Eux seuls avoient pu étayer si longtemps ce système fait pour s'écrouler de son propre poids. Par quel enchantement l'illusion a-t-elle pu se soutenir jusqu'au moment de la catastrophe, où l'inertie, la léthargie durer jusqu'à l'instant de ce triste réveil? C'est, on ose le dire, un problème insoluble.

Quoi qu'il en soit, ou des principes, ou des erreurs dont l'enchaînement a conduit les affaires de la Pologne et de la Porte au point où elles se trouvent, il en résulte que la première n'est plus, et que l'autre touche à sa ruine.

Dans ces circonstances, il ne seroit pas surprenant que la Porte eût recours à la France; qu'elle lui fît valoir sa rupture avec la Russie comme une déférence qu'elle n'a pu refuser à nos sollicitations; et que, se voyant abandonnée ou trahie des autres puissances qui ont avec elle des rapports directs, elle se jetât de nouveau entre les bras de son ancienne alliée [1].

La conduite sage, adroite et soutenue des deux ambassadeurs de France, depuis l'époque de 1756 [2], a dû d'ailleurs contribuer beaucoup à faire revenir le ministère ottoman des préjugés qu'avoit fait naître l'alliance de la même année. Ce succès, s'il a été complet, leur fait d'autant plus d'honneur, qu'ils ont eu de plus à combattre la juste défiance des Turcs au sujet de l'union qui a toujours

---

[1] Si la Porte résiste jusqu'ici aux motifs qui auroient dû la ramener entièrement à la France, c'est que de notre côté nous n'avons cessé de varier dans nos démarches vis-à-vis d'elle. On prétend même qu'en dernier lieu on a eu l'imprudence de faire des ouvertures à la Russie, par lesquelles, pour obtenir de cette puissance des ménagements pour la Suède, on lui promettoit à ce prix de déterminer la Porte à accepter les conditions dures et insoutenables que Catherine II vouloit lui imposer. On assure que M. Kotinsky n'a pas manqué, suivant l'usage de sa cour, de faire part à M. d'Obrescow de cette négociation, et que ce dernier l'a communiquée aux plénipotentiaires turcs, sous les couleurs les plus désavantageuses; ce qui a renouvelé la méfiance du divan. (A.)

[2] M. de Vergennes de 1756 à 1768; M. de Saint-Priest à partir de 1769.

subsisté depuis entre nous et les Autrichiens leurs ennemis naturels. Mais si peut-être il en subsiste encore quelques impressions, elles ont dû aussi se cacher sous l'extérieur de l'amitié et de la confiance. Tel est l'effet de l'infortune et de l'abaissement [1].

Mais quelle est aujourd'hui la position respective de la Porte à l'égard de la France? C'est ce qui nous reste à examiner.

Apprécions d'abord les relations actuelles de l'empire ottoman avec les autres puissances voisines alliées, ou que l'intérêt du commerce lie plus ou moins au sort de cet empire.

De tous ces rapports et de leurs combinaisons, résulte leur degré d'utilité ou d'importance réciproque entre la France et la Porte, par conséquent la position respective de celle-ci à l'égard de celle-là. Commençons par la Russie.

On ne répétera pas ici tout ce qu'on a dit là-dessus à l'article de cette puissance. On y a traité ses intérêts, à l'égard de la Porte, dans une assez grande étendue; et le premier des deux Mémoires a développé les détails relativement au commerce de la mer Noire. On connoît donc, et les motifs de la Russie pour faire certaines demandes, et ceux de la Porte pour les refuser. Il n'est plus question que de la possibilité pour l'une de les obtenir, et de la nécessité pour l'autre de les accorder.

Tout dépend là-dessus ou de la reprise des conférences, ou des opérations de la campagne [2].

Dans le premier cas, la Russie persistera, sans doute, à demander l'indépendance de la Crimée, la cession de

[1] Voyez plus bas le mémoire de M. de Broglie à Louis XVI, en date du 16 février 1776, article Constantinople.
[2] Quoique la rupture des conférences soit confirmée, on a été bien aise de discuter la matière, comme si la chose étoit encore douteuse, afin de l'éclaircir davantage. (A.)

*Kertch* et de *Jeni-kalé*, et, par conséquent, la liberté du commerce et de la navigation dans la mer Noire. Ces deux places sont les clefs pour y déboucher de la mer de *Zabache* par le détroit de *Taman*.

Dans le second cas, que peut-on attendre de la part des Turcs que de nouvelles fautes, de nouvelles déroutes, qui les ramèneront toujours fuyant au moins jusqu'aux montagnes qui couvrent Andrinople? Car il n'est pas vraisemblable que la connivence des Autrichiens s'étende plus loin, et qu'ils laissent franchir aux Russes une barrière après laquelle rien ne pourroit plus les arrêter jusqu'aux vieilles murailles de Constantinople [1].

Mais, dans l'un ou l'autre de ces deux cas, la paix est toujours assurée, et à peu près aux mêmes conditions. Les cours de Vienne et de Berlin interviendront toujours par leur médiation ou par leurs bons offices. Elles représenteront à la Porte la nécessité de finir. Elles la lui feront peut-être sentir plus vivement par des insinuations menaçantes; et si le ministère ottoman ose courir les risques d'une campagne de plus, elles lui imposeront, pour sa peine, des conditions plus dures. La liberté du commerce russe aux Échelles du Levant, par le canal de Constantinople, au moins pour un certain nombre de vaisseaux de registre, seroit vraisemblablement une de ces conditions additionnelles, et le *divan* et l'*uléma* seroient forcés de la subir [2].

L'opposition des gens de loi, des ministres de la religion, est redoutable au Sultan même, tant que la subsistance d'un peuple lâche et fanatique n'est pas absolument coupée; mais aussitôt que les convois seront interceptés,

---

[1] On suppose que les Turcs seront aussi malheureux cette année que les précédentes, parce que cela est vraisemblable, si on ne les secourt pas par mer, comme cela est fort à craindre. (A.)

[2] Sur le divan et l'uléma, voyez t. I, p. 389.

les Dardanelles bien bloquées et les bâtiments neutres ou confisqués ou arrêtés, et forcés de rétrograder, l'uléma craindra la famine, le divan la révolte, et le Sultan une révolution. La populace même viendra demander à grands cris aux portes du sérail la paix et le pain, et la tête des généraux et celles des ministres. Enfin la paix sera signée ; et, pour sauver la dignité de l'empire ottoman, on joindra à toutes ces têtes celles des plénipotentiaires.

Le Roi de Prusse auroit alors rempli son objet en Pologne à la faveur de cette guerre ; et même, après avoir été, par ces intrigues, la première cause peut-être de la ruine des Turcs, il se feroit encore remercier de ses bons offices.

La cour de Vienne s'en est déjà payée par les sommes considérables qu'elle s'est fait donner d'avance par la Porte [1] ; et si elle n'exige pas encore le reste du subside promis, elle ne renonceroit pas à la cession stipulée de quelque territoire, du moins à la restitution de la Valachie autrichienne ; Belgrade alors resteroit à sa discrétion : car, au premier coup de tambour, le Danube seroit fermé par les places et les postes que contient ce district à la gauche du fleuve, la communication coupée ; et cette forteresse, qui a tant coûté de sang musulman et chrétien, tomberoit alors d'elle-même.

Voilà donc quelle est la position de la Porte à l'égard de trois cours : la Russie l'écrase, la Prusse la trahit, et l'Autriche, après l'avoir rançonnée, guette le partage de ses dépouilles.

[1] Il y a deux calculs différents sur les sommes données à la cour de Vienne par la Porte. L'un les fait monter à cinq millions de florins d'Empire, qui font douze millions et demi tournois ; l'autre les réduit à six mille bourses, qui en font neuf. Cette somme a été payée immédiatement après la convention du 6 ou 7 juillet 1771, qui contenoit une alliance offensive entre les deux cours, et dont, à l'étonnement de toute l'Europe, la suite a été, de la part de la cour de Vienne, de se réunir à la Russie. (A.)

La Suède ne tenoit plus guère à la Turquie, depuis que l'influence de la Russie et la cabale des *bonnets* l'avoient réduite à l'inertie. Elle conservoit encore un fil de communication avec l'empire ottoman, par la Pologne libre et ouverte ; mais ce fil est coupé par la triple barrière des puissances copartageantes. Loin de songer à la forcer par une diversion, cette monarchie renaissante et chancelante n'a que trop à faire de s'affermir au dedans et de se garantir au dehors. L'alliance de la Suède avec la Porte étoit pour elle peu de chose ; à présent ce n'est rien du tout.

Depuis vingt ans ou environ, le Danemark tient à la Porte par un traité de commerce, c'est-à-dire par des capitulations obtenues sur le même pied que les autres nations franques.

La négociation en coûta fort cher, et les bénéfices du nouveau commerce n'ont pas répondu à cette dépense. Les Turcs ne sont accoutumés à considérer les nations chrétiennes que par deux rapports les plus directs, et par conséquent, le plus à la portée de leur grossière politique : c'est la guerre et le commerce.

La peur de la guerre leur en imposa presque toujours, à l'égard des grandes puissances voisines, telles que la Russie et la cour de Vienne.

Les avantages du commerce, quoique abandonnés par l'inertie turque à l'industrie des Francs, des Juifs, des Arméniens, se font sentir aussi au Sultan, à ses peuples : à l'un, par le produit des douanes ; aux autres, par l'exportation des productions du pays, et par la circulation intérieure des caravanes.

L'établissement des Danois aux Échelles n'ayant rendu que peu de chose, relativement à ces deux objets, il est tombé dans le mépris, et conséquemment la *nation* et la légation danoise à Constantinople.

La terreur, cet autre motif de considération de la part des Turcs pour les Francs, ne pourroit pas relever celle du Danemark à la Porte. Il n'en imposoit ni par sa puissance ni par son voisinage : il fut, il est encore oublié, et presque ignoré de l'orgueil ottoman.

Qui croiroit que bientôt peut-être cette puissance si médiocre rappellera son existence au superbe Sultan, en déployant son pavillon de guerre devant les Dardanelles, et peut-être aussi en foudroyant le sérail même?

Cela n'est pourtant que trop vraisemblable. L'armement actuel du Danemark est trop considérable; il exige de trop grands efforts pour qu'on puisse le croire borné à une parade de port ou à une campagne d'observation ou d'évolution. Il ne peut cependant avoir que deux objets.

Le premier, le plus apparent, seroit d'attaquer la Suède, et pour cet été la chose n'est pas vraisemblable. La subordination du Danemark à la Russie le fait marcher du même pas ; et, puisque la première nous rassure, dit-on, par des déclarations pacifiques, l'autre sans doute a dû nous payer de la même monnoie ; et quelle qu'en puisse être la valeur intrinsèque, il est à présumer que de notre part elle aura été exigée et reçue.

L'autre objet, qui paroît d'abord moins vraisemblable, pourroit bien cependant être devenu le vrai et le seul. Il importe à la Russie de finir la guerre contre les Turcs, et cette campagne doit absolument être la dernière. Les opérations maritimes seroient les seules décisives ; elles attaquent le *cœur;* mais jusqu'à présent la flotte russe n'a pu franchir les Dardanelles, et, à moins d'un puissant renfort, elle ne le pourroit pas plus cette année que les précédentes. Il est donc très-probable que la Russie aura exigé du Danemark de joindre à sa flotte l'escadre danoise, nombreuse, toute fraîche, bien montée, bien armée, et supérieure en tout à la première.

Les avantages qu'elle aura fait envisager à la cour de Copenhague seront, sans doute, de nouvelles conventions sur l'affaire du Sleswig, plus favorables que les précédentes, et dont la majorité du grand-duc assureroit enfin la solidité [1].

A ces conditions, et peut-être aussi avec quelques secours d'argent, le Danemark a dû accepter une proposition qui va lui faire enfin *jouer un rôle*, et le mettre à portée de se venger du mépris des Turcs. Il en obtiendroit plus de considération ; et ce coup d'éclat pourroit l'affranchir du tribut humiliant qu'il paye depuis longtemps à toutes les régences barbaresques.

Rien donc n'étant plus vraisemblable que cette destination de l'escadre de Copenhague, il est apparent que le Danemark va être pour la Porte un ennemi de plus [2].

Voyons à présent si les deux *puissances maritimes*, que les liens du commerce rapprochent, malgré leur distance de l'empire ottoman, offrent à cet empire ébranlé une perspective plus consolante.

Sur l'Angleterre, tout est dit dans l'article de la Russie et dans le premier des deux mémoires qui l'accompagnent.

A l'égard de la Hollande, il est vrai que jadis elle figura

---

[1] C'est-à-dire, quant à la personne et à la postérité de ce prince, s'il en a; car cette convention ne sauroit lier en droit les agnats de la branche Holstein-Gottorp, qui n'y seroient point appelés. (*A.*)

[2] Quand on se livre aux conjectures, on ne peut parler affirmativement. Cependant on pourroit assurer qu'au moins l'escadre danoise servira à défendre les côtes de Finlande et de Russie de toute espèce d'agression, et donnera à la cour de Pétersbourg la facilité d'envoyer de ses propres vaisseaux renforcer et réparer ses escadres dans l'Archipel, si des considérations particulières l'empêchent d'y envoyer la flotte danoise. (*A.*)

avec l'Angleterre dans les deux médiations de Carlowitz et de Passarowitz ; qu'elle y joua un rôle brillant, et qu'à leur ordinaire elles firent toutes deux les fonctions d'avocats de la cour de Vienne, plutôt que d'arbitres et de médiateurs. Cet heureux temps n'est plus. L'Autriche, si longtemps soudoyée et alimentée par ces deux puissances, méprise l'une, craint peu l'autre, et semble, de concert avec le Roi de Prusse, les avoir toutes deux exclues de la médiation. L'Angleterre seule avoit d'abord paru admise et désirée par la cour de Pétersbourg. Son intérêt, sans doute, n'a pas été de s'en mêler. Sa dignité même pouvoit en souffrir. Sa partialité déclarée en faveur de la Russie la rendoit trop suspecte. Elle n'auroit pas décemment pu exiger de la Porte, en son propre nom, les avantages qu'elle pourra partager avec la Russie ; et, vraisemblablement, c'est de la main de celle-ci qu'elle recevra sa récompense.

Nous avons parcouru tous les États de l'Europe qui par le voisinage, ou par les alliances, ou par le commerce, ont quelques relations directes avec la Porte.

Le résultat de cette tournée, c'est que, parmi toutes ces puissances, la Porte a tout à craindre des unes et rien à espérer des autres.

Que lui reste-t-il donc ? La France. Que peut-elle, dans cette crise, faire pour l'empire ottoman ?

Et que doit-elle à son tour attendre, ou de l'amitié, ou de la reconnoissance de la Porte ?

La cour de Pétersbourg a toujours prétendu que notre ministère lui avoit suscité cette guerre uniquement pour la forcer de recourir à notre médiation, et par ce moyen lui faire la loi sur les affaires de Pologne. Elle ajoute même que la personnalité ministérielle avoit ourdi ces deux intrigues. Pour le prouver, elle observe que les ressorts de l'une et de l'autre ont été mis en jeu trop tard, et l'occasion manquée[1].

Cette personnalité peut bien avoir influé dans le système du ministère de ce temps-là. Elle a même trop éclaté pour douter que l'effervescence n'ait produit l'explosion ; mais la lenteur à se décider, le tâtonnement, la foiblesse, l'inconséquence dans les moyens d'agir, n'ont pas pu être dérivés de la même cause, puisqu'elle auroit dû, au contraire, donner à ses effets un degré de plus de chaleur et de rapidité.

Ce seroit donc plutôt cette malheureuse subordination de toutes nos démarches aux vues, aux désirs de la cour de Vienne, qui auroit entraîné tous ces inconvénients. Nos fautes, nos erreurs, nos vacillations, nos lenteurs, nos légèretés lui étoient nécessaires. Tout cela entroit dans son plan ; mais c'est ce que nous traiterons dans l'article suivant.

Il est, au reste, certain que nous avons désiré que les Turcs déclarassent la guerre à la Russie ; que M. de Vergennes a reçu les ordres les plus précis d'y travailler, mais qu'heureusement il n'a pas eu besoin de les exécuter. Ainsi, à la rigueur, le ministère ottoman n'a pas à nous reprocher d'être la cause des malheurs que cet empire éprouve ; ainsi il n'est pas en droit d'exiger, dans sa détresse, les secours dont il auroit besoin pour en sortir.

Cependant on désire, on doit s'efforcer de le secourir, de le soulager. Seroit-ce par des voies de fait ? Tout est dit là-dessus dans l'article précédent.

Depuis le commencement de la guerre jusqu'à présent, le moment le plus favorable pour tenter en faveur des Turcs une diversion a été celui où la flotte russe a paru

[1] Sur les causes de la guerre de 1768 entre la Porte et la Russie, voyez le mémoire de M. de Vergennes, t. I, p. 378 et suiv.

dans l'Archipel. Il est apparent que la crainte de l'Angleterre a été la cause de l'inaction de nos flottes. Ce même motif existe toujours; mais, s'il est aussi vrai qu'apparent que l'escadre danoise soit destinée à renforcer la flotte russe, ce seroit pourtant une loi bien dure pour nous que de rester les témoins de cette agression du Danemark, sans pouvoir de notre côté nous écarter aussi de la neutralité. Quel que soit l'orgueil britannique, son opposition en ce cas ne pourroit pas même être palliée du plus léger prétexte. Elle seroit l'équivalent d'une déclaration de guerre contre la Porte et contre la France.

Mais ce ne seroit pas alors par des démonstrations, moins encore par d'humbles représentations, qu'il faudroit surmonter cette opposition obstinée. Plus on verra de foiblesse et d'inconséquence dans toutes nos démarches, plus on abusera du désir sage et louable que nous avons toujours montré de conserver la paix avec toute la terre. Si donc les circonstances ne permettoient pas de franchir l'obstacle du côté de la mer, la terre offriroit plusieurs points sur lesquels on pourroit faire craindre et même diriger une forte diversion.

On répondra peut-être que cette diversion ne pourroit pas s'exécuter directement contre la Russie, mais seulement sur quelqu'un des nouveaux alliés et copartageants de cette puissance victorieuse. On dira qu'alors ce seroit une agression, une invasion, une hostilité qui ne sauroit être justifiée.

Non, sans doute, si elle n'avoit pas été précédée des plus vives instances auprès d'une cour qui prétend être encore alliée de la nôtre. Il y auroit à lui faire préliminairement quelques questions bien simples [1].

[1] Le dilemme contenu dans ces questions auroit été bien meilleur à présenter à la cour de Vienne au mois de mai 1772. Mais, pour parler ainsi, on

« Voulez-vous conserver seulement le nom, l'ombre
» d'une alliance avec nous, tant que cela vous sera
» commode; vous réserver le droit d'invoquer nos
» secours, lorsque vous serez attaquée, même après avoir
» provoqué l'agression ? Prétendez-vous, en même temps,
» pouvoir faire, de votre côté, tout ce qu'il vous plaira,
» vous lier avec qui vous jugerez à propos pour vos inté-
» rêts particuliers, sans égard ni pour notre amitié, ni
» pour notre alliance, ni pour la reconnoissance que vous
» nous devez? Nous avons nos amis, nos alliés, nos pro-
» tégés, nos affections, nos aversions; nous avions épousé
» les vôtres; et sans aucun égard pour nos propres inté-
» rêts, nous avions fait cause commune. Prétendez-vous
» aujourd'hui nous refuser la réciprocité à l'égard de la
» Porte? n'en avez-vous point tiré assez d'argent? vous en
» faut-il davantage? Nous vous en ferons donner encore :
» mais tenez vos engagements; elle remplira les siens.
» Vous nous avez déjà manqué, lorsque la Suède étoit
» menacée; nous ne l'abandonnerons pas; nous ne sacri-
» fierons point la Porte; elle ne nous a point manqué, ni
» à vous non plus. Enfin vous avez rempli votre objet, en
» partageant la Pologne : aidez-nous à remplir le nôtre,
» en tirant la Porte de ce mauvais pas; alors nous conti-
» nuerons à vous reconnoître pour notre amie, pour notre
» alliée, à vous aider, à vous servir, à vous secourir. Si,
» au contraire, vous prétendez vous jouer de ces noms
» sacrés pour remplir exclusivement vos vues ambitieuses;
» si vous persistez à vous en faire un titre pour nous tenir

ne cessera de le répéter, il faut commencer par être en état d'exécuter ce
qu'on fait entrevoir; et le préliminaire à tout est d'avoir augmenté l'armée
de cinquante mille hommes. Cette démarche, faite froidement et sans ostenta-
tion, vaut mieux que tous les raisonnements politiques; et c'est le seul
moyen de faire réfléchir les puissances copartageantes et d'attirer l'intérêt
et les ouvertures de toutes les autres. (A.)

» les mains liées pendant que vous vendrez, que vous
» livrerez à vos copartageants nos amis et nos alliés,
» croyez-vous que ce marché inégal, absurde, puisse tenir
» encore longtemps entre vous et nous? Ne voyez-vous pas
» bien qu'à la fin il faudra rompre des nœuds dont tout
» l'avantage est d'un côté, et tout le préjudice de l'autre?
» enfin que, si vos alliés, vos copartageants persistent à
» vouloir abuser de leurs avantages, nous serons en droit
» de nous en prendre à vous, qui avez pu et dû l'empê-
» cher? C'étoit pour nos amis que vous pouviez nous être
» utile. Vous êtes engagée à nous secourir, mais nous
» n'avons pas besoin de secours. Nous ne craignons point
» d'être attaqués; et si nous l'étions, nous saurions nous
» défendre. Nous vous quittons d'avance de vos secours.
» Nous vous demandons en échange vos bons offices, mais
» sincères, réels, efficaces pour ces amis, ces alliés. Vous
» en êtes à portée par les circonstances locales; vous le
» pouvez, vous le devez. Il faut opter, ou de nous servir
» à votre tour de bonne foi et sans tergiversation, ou de
» renoncer à ce vain nom d'alliance. Déclarez-vous notre
» ennemie; nous le verrons avec regret, mais sans inquié-
» tude. Une guerre ouverte vaut mieux qu'une amitié
» perfide. »

Excepté ce moyen, ou une diversion peut-être tardive dans la Méditerranée, on chercheroit en vain quelque expédient pour tirer la Porte de la crise où elle est réduite. On se propose de discuter ailleurs les moyens de la garantir d'une rechute qui pourroit devenir mortelle, de reprendre, de conserver notre influence dans le divan, et de recouvrer par là une branche principale de la puissance fédérative.

Tout autre parti qu'un des deux qu'on vient d'indiquer, ou tous les deux ensemble, seroit insuffisant, chétif, et n'aboutiroit qu'à nous compromettre en pure perte.

Exciter encore les Turcs à continuer la guerre, seroit absurde et impossible, lorsque les flottes combinées auroient passé les Dardanelles, bombardé le sérail, et joint par le canal l'escadre russe de la mer Noire.

Prévenir ces derniers malheurs, en exhortant tristement la Porte à subir la loi des vainqueurs, seroit un rôle aussi dangereux qu'humiliant.

Il seroit fort à craindre que la mauvaise humeur du ministère ottoman et la fureur du peuple ne rejaillissent d'abord sur l'ambassadeur et sur la *nation*. Quoique nous n'ayons pas influé autant qu'on le croit dans la rupture avec la Russie, on ne manqueroit pas de nous attribuer, comme on l'a déjà fait, l'origine de cette guerre. On nous imputeroit jusqu'aux malheurs qui ne sont dus qu'à l'ignorance des ministres, aux prévarications, aux rapines des préposés, à l'impéritie, à la présomption brutale ou à la pusillanimité des généraux, à l'indiscipline, à l'esprit séditieux, à la terreur panique des troupes. Qu'en arriveroit-il ? Les Anglois, alliés de la Russie, et qui ont affiché pour elle la partialité la plus scandaleuse, seroient ménagés, respectés, parce qu'on les craint. Les François, amis, et les seuls amis de la Porte, seroient sacrifiés, parce qu'on ne les craint plus.

Mais que pourroit attendre la France des Turcs, en retour des services qu'elle leur auroit rendus, s'ils étoient suffisants pour les tirer d'affaire ?

Beaucoup assurément, s'ils étoient dirigés par l'influence de la France, et ils le voudroient aussi. Ils ne sont pas à beaucoup près aussi méchants, aussi ingrats, aussi perfides qu'on s'est accoutumé à les représenter. Faut-il l'avouer, ce sont, même en politique, les plus honnêtes gens de l'Europe comme les plus malhabiles. Quoi qu'en aient dit les historiens, les ambassadeurs et les chancelleries chrétiennes dans leurs manifestes, ils ont plus rarement rompu la paix et plus scrupuleusement discuté les motifs de la guerre, qu'aucune des nations polies, savantes et philosophes. Nous les quittâmes à *Ryswyck,* et les laissâmes seuls en guerre avec l'Autriche, la Russie et la Pologne. Ils nous attendoient pour faire la paix, et ne la conclurent à Carlowitz que deux années après.

Résumons sur la position respective actuelle de la Porte à l'égard de la France.

C'est celle d'un ami, d'un allié fidèle, dont on s'étoit éloigné sans motif en 1756, qu'on a recherché depuis sans plan, sans principes, engagé sans succès, encouragé sans secours, qu'on sert encore aujourd'hui très-foiblement, et qu'il seroit peut-être aussi dangereux d'abandonner, qu'il paroît difficile de le soutenir.

### VII. *De la cour de Vienne.*

Dans l'Introduction de ces conjectures et dans les articles précédents, on a souvent rappelé l'enchaînement et le résultat des événements et des démarches qui ont amené les choses au point où elles sont aujourd'hui entre la France et la cour de Vienne. N'étant pas instruits avec certitude des affaires qui ont été traitées ni de la forme des négociations, les faits seuls, et les faits publics, peuvent nous guider dans l'examen de la situation actuelle de la cour de Vienne vis-à-vis de la France.

Ces faits nous présentent la Pologne partagée, l'empire ottoman aux abois, et la Suède menacée, sans que l'intérêt que la France prenoit à ces trois États, ses alliés ou protégés, ait pu engager la cour de Vienne à reconnoître l'utilité dont notre alliance n'avoit cessé d'être pour elle, par celle dont elle pouvoit être à nos alliés.

La position topographique des États héréditaires étoit, en effet, la plus favorable pour tenir la cour de Vienne à portée de veiller pour nous à la sûreté de ces mêmes alliés, trop éloignés de nos frontières.

Les siennes touchoient à la Pologne, à la Turquie ; et par ce double voisinage elle pouvoit toujours, de concert avec nous, en imposer à la cour de Pétersbourg, relativement à la Suède. Si celle-ci avoit été seulement menacée, la crainte d'une diversion en faveur ou des Polonois ou des Turcs auroit arrêté tout court les préparatifs de la Russie sur la Baltique. « Mais, dira-t-on (et tel, sans doute, a déjà été le langage du ministère autrichien), « le » Roi de Prusse auroit-il resté les bras croisés? N'auroit-il » pas fait, à son tour, une diversion en Bohême en faveur » de la Russie? Ou ne se seroit-il point chargé seul de l'af- » faire de la Pologne, pour laisser à la Russie les mains » libres contre la Suède et la Porte? La France n'auroit- » elle pas été alors dans le *casus fœderis,* et la cour de » Vienne dans celui de la réquisition du secours stipulé? » Engagée même par la France, n'étoit-elle pas en droit » de lui demander de plus grands efforts? Celle-ci pou- » voit-elle les lui refuser, et dès lors ne se trouvoit-elle » pas entraînée dans la guerre qu'elle vouloit éviter? »

Oui, sans doute, après qu'on avoit laissé venir les affaires de la Pologne et de la Porte au point où elles se trouvoient dans le courant de 1771 : mais, si la cour de Vienne avoit agi de bonne foi, dès le commencement de la confédération de Bar, au lieu de marchander sans cesse à Berlin et à Pétersbourg, elle eût offert à temps sa médiation entre le Roi et la république, entre la Russie et la Porte : cette médiation, puissamment armée, en auroit imposé pour tenir au moins en suspens le Roi de Prusse et la cour de Pétersbourg.

Cette démarche vigoureuse auroit engagé ou forcé la Russie à modérer son despotisme et ses prétentions en Pologne, et la France eût pu facilement alors suspendre les premières hostilités des Turcs contre les Russes, pourvu que la cour de Vienne se fût engagée de se joindre à eux dans le cas où la Russie se seroit refusée aux moyens de conciliation.

C'étoient cette démarche et cette promesse que la France auroit dû exiger alors de l'Autriche, au lieu de recourir à de petites intrigues sourdes, indécentes par les désaveux qu'elles entraînoient, à de petits moyens lents et dispendieux, sans effet, et dont le succès même n'auroit jamais pu être décisif.

A ces conditions, la France auroit pu et dû s'engager de nouveau à secourir la cour de Vienne contre le Roi de Prusse, s'il l'avoit attaquée.

Le Roi de Prusse étoit au fond très-éloigné de s'embarquer dans une nouvelle guerre contre l'Autriche et la France; et l'on a vu par toute sa manœuvre qu'il ne cherchoit qu'à balancer la cour de Pétersbourg par celle de Vienne, et à s'affermir par leur mésintelligence ou s'agrandir par leur réunion. Il avoit sans doute toujours des projets de conquêtes, mais il désiroit de les remplir, comme il l'a fait, sans guerre, sans dépense et sans risque. Il y est parvenu; mais comment? Par la connivence d'abord, et enfin par le concours déclaré de la cour de Vienne.

Cette connivence ne pouvoit être plus marquée. Pendant que la France envoyoit aux confédérés des secours d'argent, des officiers, des recruteurs, quelles facilités a-t-elle trouvées dans les États autrichiens pour rendre ses secours utiles? Le gouvernement lui a refusé des armes, des munitions, de l'artillerie qu'elle offroit de payer comptant; il n'a voulu se prêter à aucun des moyens proposés pour employer les déserteurs français, prussiens, et les siens propres, qu'on auroit ainsi ramenés sous ses drapeaux à la fin de la guerre. Il a gêné, tourmenté sans cesse les malheureux confédérés, et restreint l'asile qu'il leur accordoit à des conditions qui en faisoient plutôt des prisonniers que des réfugiés. Enfin la cour de Vienne a manifesté par la suite le but qu'elle avoit toujours eu : c'étoit d'entretenir à nos dépens le feu de la confédération, mais si petit, si foible, qu'elle n'eût pour l'éteindre qu'à souffler dessus quand il lui plairoit.

Si elle consentit à l'envoi d'un officier général accompagné d'une brigade d'officiers subalternes [1] et à leur séjour dans la haute Silésie, ce ne fut qu'un nouveau piége qu'elle nous a tendu [2]. Elle vouloit se prévaloir à Pétersbourg et à Berlin de cette parade inutile; prouver à ces deux cours qu'elle tenoit toujours la France en corps de réserve; que jusqu'alors elle l'avoit laissé sur ses derrières, mais qu'il dépendoit d'elle de le porter en avant quand elle le jugeroit à propos [3].

Si l'on fait attention à l'époque de cet envoi et à la date des conventions qu'a faites depuis la cour de Vienne avec ses deux copartageants, on verra combien et dans quelles vues elle a su tirer parti de cette dernière démonstration [4].

[1] Cet envoi de notre part a été on ne peut pas plus déplacé, et il n'a pas tenu au comte de Broglie de l'empêcher. (A.)

[2] Voir sur les secours donnés à la Pologne par la France l'Étude préliminaire, t. I, p. 155 et 156.

[3] Cela est d'autant plus vraisemblable, que, par une suite des mêmes obstacles, cet officier général a été retenu à Teschen, comme en fourrière, jusqu'au dénoûment de la pièce. (A.) — Voir les lettres de M. de Vioménil.

[4] Il s'agit ici de l'envoi de M. le baron de Vioménil. On peut voir dans les *Mémoires* de l'abbé Georgel (t. I, p. 236 et suiv.), qui était bien informé, puisqu'il était alors premier secrétaire d'ambassade à Vienne, comment M. d'Aiguillon, persuadé que la cour de Vienne désirait le concours de la

Pour suivre ainsi pied à pied la politique autrichienne dans tous ses replis, depuis l'origine de l'affaire de Pologne, il faudroit avoir sous les yeux les différentes correspondances de cette cour avec la nôtre, avec la Porte, et avec les deux autres puissances copartageantes.

On ose même présumer que la première suffiroit pour mettre en évidence, et la conduite artificieuse de cette cour à notre égard, et le dessein prémédité de nous faire servir, sans que nous le sussions, à l'exécution de ses projets sur la Pologne.

Ses procédés avec nous, relativement à la Porte, n'ont pas été de meilleure foi : sans entrer là-dessus dans l'analyse d'une négociation dont on ignore les détails, on peut du moins, d'après les faits connus, se former une idée des vues et des principes adoptés par la cour de Vienne.

Outre le système ancien et constant de saper l'influence de la France à la Porte, développé et démontré dans l'ar-

France pour s'opposer aux projets des cours de Saint-Pétersbourg et de Berlin, avait donné l'ordre à l'ambassadeur de France de se concerter sur ce point avec le cabinet autrichien. M. de Vioménil avait été envoyé par M. de Choiseul, avec plusieurs officiers et sous-officiers instruits, pour organiser militairement les palatinats confédérés. M. de Vioménil était en même temps ministre du Roi près de la Confédération. Au mois de janvier 1772, le cabinet de Versailles était convaincu que la cour de Vienne favorisait l'insurrection de la Pologne. Cependant un événement grave devait bientôt montrer quelles étaient les véritables dispositions de l'Autriche. Au mois de février 1772, M. de Choisy, brigadier des armées du Roi, sous les ordres de M. de Vioménil, avait, dans la nuit du 2 au 3, emporté, à la tête d'un corps de confédérés, le château de Cracovie dont les Russes s'étaient emparés : c'était le moment de se prononcer. L'ambassadeur de France posa la question à M. de Kaunitz, qui éluda la réponse; il déclara que l'Impératrice-Reine ne souffrirait pas que l'équilibre fût rompu par un démembrement qui donnerait trop de prépondérance à des cours voisines et rivales. On ne comprit que plus tard le sens de cette déclaration, quand le démembrement de la Pologne consommé eut assuré l'égalité des parts entre les puissances prenantes. Après un siége de deux mois, M. de Choisy et les autres officiers français furent forcés de se rendre; on les envoya prisonniers en Russie.

ticle précédent [1], on peut supposer avec fondement que le ministère autrichien a eu dans cette négociation deux objets principaux.

Il semble que le premier ait été d'abord de flatter le ministère d'alors, et de l'endormir, dans l'espoir d'être admis avec elle dans la médiation, et d'y présider conjointement à l'exclusion de l'Angleterre et du Roi de Prusse.

Ensuite, lorsqu'il n'a plus été possible à la cour de Vienne de cacher ses liaisons avec ce monarque et avec la Russie, elle a paru s'être réduite à nous persuader que, du moins, elle empêcheroit la médiation de l'Angleterre à notre préjudice [2].

La cour de Londres, de son côté, n'ayant témoigné aucun empressement pour cette médiation [3], et la Russie seule ayant insisté pour qu'elle y fût admise, afin d'en écarter la France, il étoit aisé de prévoir qu'à la fin aucune des deux ne le seroit. C'étoit précisément ce que désiroit la cour de Vienne, et celle de Russie ne demandoit pas mieux.

Pour l'Autriche, elle avoit commencé de manifester et de remplir son objet pendant le cours de toutes ces petites tracasseries politiques : elle avoit réduit la Porte à implorer son secours et à lui en payer bien cher d'avance la promesse. Il en résulta la convention du 5 ou 6 juillet 1771 [4].

[1] Voyez ci-dessus, p. 35, le chapitre intitulé *De la Russie*.
[2] Voyez, t. I, p. 422, la lettre où le comte de Broglie raconte les déclarations officieuses que vint lui faire l'ambassadeur autrichien, M. de Mercy, de la peine que se donnait sa cour pour exclure l'Angleterre de la négociation entre la Russie et la Porte.
[3] M. Murray, ambassadeur anglois à la Porte, est le seul qui désirât, pour sa gloire et son intérêt particulier, que sa cour eût cette médiation. (*A.*)
[4] En signant cette convention, la Porte paya six mille bourses à la cour de Vienne, qui ne les a pas rendues, quoique la convention n'ait pas eu lieu. (*A.*)
— L'Autriche par cette conduite mécontenta non-seulement la Turquie, mais

La cour de Vienne avoit déjà prévu ce résultat ; et pour n'être pas embarrassée de la médiation dans le nouveau rôle qu'elle alloit jouer, elle s'en étoit désistée. Il est très-apparent qu'elle aura cherché alors à se faire un mérite de n'y avoir renoncé que par égard pour la France, parce que celle-ci ne pouvoit pas y être admise conjointement.

L'accession de l'Autriche au traité de partage, et son alliance avec la Russie contre la Pologne, impliquent et entraînent de fait une pareille confédération contre la Porte, quoique de nom peut-être elle n'ait pas été encore stipulée. Le masque est levé, et la France et la Porte savent à quoi s'en tenir désormais[1].

encore la Russie et la Prusse, qui se sentirent jouées. Voici comment s'exprime Frédéric II : « Cette conduite de la cour de Vienne lui fit perdre le peu de confiance qu'on avait encore en elle. L'on s'apercevait à Pétersbourg que les Russes n'avaient gagné tant de batailles, n'avaient fait tant de conquêtes que pour l'avantage de la cour de Vienne, qui n'avait obligé les Russes à rendre aux Turcs la Moldavie et la Valachie que pour en saisir elle-même une partie. »

[1] On apprend par les gazettes que le colonel baron de Brown, neveu du maréchal de Lascy, est allé faire la campagne *volontaire* à l'armée russe. On peut bien supposer qu'il y est envoyé avec distinction et chargé d'une correspondance intéressante. Cette démarche publique annonce d'autant plus l'union et le concert intime des deux cours dans la guerre contre les Turcs.
Mais voici un fait qui doit encore plus éclairer la Porte et la France. On a dit (dans le premier Mémoire, à la suite de l'article V) *qu'on parleroit ailleurs d'une puissance qui n'est pas non plus sans projet sur le commerce de la mer Noire.* Cette puissance est la cour de Vienne. On a su par un colonel anglois, revenu de Constantinople, ce qu'il avoit apparemment appris de M. Murray, chez qui il étoit logé. L'Empereur, jeune et ambitieux, est fort occupé de projets de toute espèce : celui du commerce de la mer Noire par le Danube, et de là aux Échelles du Levant, est un des objets qu'il s'est proposés, et peut-être un des motifs les plus forts qu'il ait eus pour favoriser la Russie. Cette puissance étant une fois maîtresse absolue de la mer Noire par la supériorité qu'elle y aura sur les Turcs, l'Empereur s'est flatté (et peut-être en est-il déjà convenu avec la Russie) que la liberté du commerce sur cette mer, et même aux Échelles, sera rendue commune aux pavillons autrichiens.

Il seroit superflu de suivre plus loin la cour de Vienne dans les tours et détours de sa conduite à cet égard : elle ne peut et ne doit plus y mettre beaucoup de mystère ; l'espoir, la tentative de nous tromper davantage, approcheroit trop de la dérision.

Au milieu de nos embarras pour la Pologne et pour la Porte, la révolution de Suède en fit naître un de plus, par la nécessité de soutenir le nouveau monarque sur son trône chancelant.

Le moyen le plus simple étoit assurément d'employer pour lui auprès de la Russie et du Roi de Prusse l'intercession de la cour de Vienne. Aux termes où elle en étoit avec ces deux puissances alliées et copartageantes, il sembloit qu'elle fût en droit d'obtenir ce qu'elle auroit demandé. Dans leur position respective et leurs liaisons d'intérêts présents et futurs, le besoin et l'espoir de la réciprocité leur font une loi d'une déférence mutuelle. L'étendue des objets que peut embrasser l'ambition de cette *triple alliance* mettra les alliés dans le cas de se réserver ou de s'abandonner tour à tour plus d'une victime, et la grâce demandée pour le Roi de Suède auroit été à charge de revanche.

Cette grâce pouvoit n'être pas une reconnoissance et une garantie expresse de la *nouvelle forme du gouvernement de Suède* [1]; mais du moins la déclaration, la promesse

Pour cela, il compte obtenir ou extorquer de la Porte le droit de naviguer sur le bas Danube, d'en sortir et d'y rentrer librement, pour tous les bâtiments des sujets de l'Autriche, ainsi que les capitulations les plus favorables, sur le même pied que les autres *nations franques*.

La France peut donc regarder aussi la cour de Vienne comme entrée dans la conjuration qui semble être formée contre son commerce du Levant. Cette cour est d'autant plus intéressée à procurer les avantages de la Russie, et dans la guerre, et dans la future négociation de paix, qu'elle s'est déjà proposé d'en partager le bénéfice. (*A*.)

[1] On se sert ici de l'expression usitée par les états de Suède dans les actes

positive *de n'attaquer ni le Roi ni le royaume de Suède, directement ni indirectement, à raison de ce changement ou pour quelque autre cause que ce fût*, excepté le cas d'une agression antérieure de la part desdits Roi et royaume, *et même de ne s'immiscer directement ni indirectement dans les troubles intérieurs auxquels la révolution pourroit donner lieu ou servir de prétexte.*

A-t-on demandé à la cour de Vienne cette intercession si juste, si naturelle? A-t-on fait valoir auprès d'elle les motifs d'équité, de reconnoissance, et même de saine politique, qui devoient engager le chef de l'Empire à s'intéresser pour un membre du corps germanique, et pour l'intégrité de ses possessions?

« Si, après l'avoir *demandée*, on ne l'avoit point obtenue, l'a-t-on exigée, et cette cour a-t-elle osé la refuser?

On ne répétera point ici ce qu'on a déjà dit à ce sujet [1]; on observera seulement que si la demande n'avoit pas été faite, ce n'a pu être par la crainte d'être importun. Qu'avons-nous exigé depuis dix-sept ans de la cour de Vienne, et que n'a-t-elle pas exigé de nous? Mais remettons-en l'énumération à un autre moment [2], et suivons le troisième objet de cette discussion, c'est-à-dire la conduite de la cour de Vienne à l'égard de la France relativement à la Suède.

Si donc, pour premier et unique retour de tant de bienfaits dans le cours d'une alliance si onéreuse pour nous,

---

publics depuis la révolution. Il seroit à souhaiter qu'on eût conseillé au Roi de ne point l'adopter. Il auroit pu et dû employer celle-ci : *Rétablissement de l'ancienne forme du gouvernement.* Elle n'auroit eu rien d'odieux, et quelque chose de plus vrai, puisque cette forme avoit existé depuis Gustave Wasa jusqu'à Charles XI, *avant le despotisme et l'anarchie.* (A.)

[1] Section première, article I de ces conjectures, t. I, p. 466.
[2] A la fin du présent article, p. 107 et 108.

et dont cette cour a recueilli tout l'avantage, la France avoit demandé, exigé de l'Autriche de faire cause commune relativement à la Suède, comment et sous quel prétexte auroit-elle pu s'en défendre ?

Seroit-ce par la raison rigoureuse que, n'étant point engagée nommément avec la Suède, ni même avec nous pour le cas éventuel de la *révolution,* la cour de Vienne pouvoit *à toute force* se dispenser de prendre aucun parti, aucun intérêt à cette affaire ?

Si cette raison péremptoire étoit alléguée au barreau en faveur d'une partie qui auroit trompé l'autre par des conventions dont toutes les charges seroient d'un côté et tous les avantages de l'autre, elle seroit certainement admise dans un tribunal de rigueur, et décideroit la question : le refusant seroit déchargé. *Summum jus summa injuria,* dit un axiome de droit : *L'extrême justice est une extrême injustice,* s'écrieroit alors la partie perdante.

Mais qu'arriveroit-il même dans les règles de la plus étroite rigueur ? Cette partie engagée légèrement, imprudemment chargée par la convention de tout le fardeau d'une société, reviendroit au même tribunal réclamer contre des engagements dans lesquels la lésion seroit trop manifeste. Elle demanderoit la résiliation du contrat, parce qu'il ne seroit point synallagmatique, c'est-à-dire réciproquement obligatoire ; parce qu'il y manqueroit cette clause : *Do ut des* (je donne pour recevoir), clause toujours sous-entendue par la loi dans tout contrat civil, et censée en être l'esprit, lors même qu'elle n'y est pas exprimée *par la lettre.* Alors aussi la partie lésée gagneroit à son tour ; le contrat seroit annulé et comme non avenu.

Appliquons au cas de l'alliance d'une puissance avec une autre, ces règles universelles, éternelles, *du droit civil,* dérivées du droit naturel, et nous trouverons aussitôt la solution d'une vérité qui n'auroit jamais dû paroître embarrassante.

On nous a promis des secours ; mais il est démontré que nous n'en avons ni n'aurons besoin, que nous ne serons et ne pourrons jamais être dans le cas de les réclamer : donc cette promesse de secours est illusoire, nulle au fond et comme non avenue ; donc, en promettant, de notre côté, à l'autre partie contractante ces mêmes secours, dont le cas est possible, prochain, multiplié, et peut devenir très-fréquent, nous avons été lésés, surpris, circonvenus ; nous nous sommes engagés à donner sans recevoir : donc notre engagement n'est pas synallagmatique; donc il est nul ; donc nous sommes en droit d'en demander la résiliation.

Mais où sont les juges des rois? En existe-t-il sur la terre? Oui : *le droit des gens, le droit naturel, surtout le sens commun.* Il ne peut jamais supposer ni admettre que, dans un contrat quelconque, l'une des deux parties soit engagée à tout, l'autre à rien : son jugement est prononcé d'avance.

Lors donc qu'on veut des deux côtés laisser subsister la lettre d'un pareil contrat, d'une convention, d'un engagement qui n'est pas réciproque, il faut y suppléer par *l'esprit*, c'est-à-dire par la clause sous-entendue que la partie lésée obtiendra de l'autre un *équivalent* qui lui tiendra lieu de réciprocité.

Quel pouvoit et devoit être pour la France cet équivalent de la part de son alliée ? Nous l'avons déjà dit, il faut le répéter : c'étoit l'appui que la première étoit en droit d'attendre de l'autre pour ses alliés, pour ses protégés, dans les cas surtout où la proximité mettroit celle-ci à portée de les défendre, et dans le cas aussi où, par d'autres circonstances, elle se trouveroit en état de les garantir de toute vexation, de toute agression.

Trois cas à peu près de la même nature se sont présentés si près l'un de l'autre, qu'ils semblent n'en faire qu'un seul. Si on en excepte celui de la Porte, les deux autres sans doute sont précisément susceptibles de l'application. On a vu comment l'Autriche nous a aidés à secourir la Pologne. Cherchons à présent si, à notre considération, elle a mieux servi la Suède.

Cette recherche sera courte. Il nous manqueroit, pour l'approfondir, la lumière la plus vive, c'est-à-dire la connoissance de tous les détails de la négociation qui peut et doit avoir été entamée à ce sujet entre notre cour et celle de Vienne. C'est encore le cas de le redire, nous sommes ici réduits aux conjectures.

Si cependant il étoit permis d'en juger, au moins par les faits qui ont percé dans un certain public, la conduite de la cour de Vienne relativement à la Suède a été vraisemblablement tout opposée à ce que la France auroit été en droit d'en exiger et d'en attendre.

On ne peut guère révoquer en doute les déclarations de cette cour à celle de Pétersbourg et à plusieurs autres, que, *si la Suède étoit attaquée, Leurs Majestés Impériales étoient résolues de garder la plus exacte neutralité*. Quel autre sens peut-on donner à ces déclarations faites surtout à des puissances qui menaçoient alors la Suède, que le dessein d'encourager toute agression, toute invasion de ce royaume, au lieu de l'en défendre, ou du moins de l'en préserver ?

S'il est permis aussi de conjecturer là-dessus, au moins d'après l'événement, ce n'est point à la cour de Vienne qu'on a pu devoir depuis la déclaration pacifique de la Russie au sujet de la Suède ; le ministère autrichien ne paroît plus nous ménager assez pour être revenu sur ses pas et avoir corrigé par des insinuations ultérieures et secrètes la dureté de ses déclarations publiques. Celle de la Russie, quelle qu'elle puisse être, n'a été déterminée que par deux motifs : la rupture du congrès de Bucharest, et la nécessité absolue de terminer par une diète bloquée et jugulée l'affaire de la Pologne ; et si la cour de Vienne a fait ou paru faire quelque démarche pour obtenir cette déclaration, ce n'a été aussi que par les mêmes motifs de projets et d'intérêts communs avec les deux autres puissances copartageantes.

D'après cet exposé, que l'on ose croire fidèle, il faut en revenir à ce qu'on avoit observé au commencement de cet article, que la Pologne est partagée, l'Empire ottoman aux abois, et la Suède menacée.

On dit menacée, parce que l'on croit avoir prouvé d'avance que des assurances et déclarations quelconques de la part de la Russie et du Danemark ne peuvent ou ne doivent point nous rassurer sur le sort de la Suède, et que nous ne tenons rien, tant que ces deux puissances resteront armées sur la Baltique [1].

Voilà cependant les trois États, nos alliés ou nos protégés, en faveur desquels l'intervention ou même les secours de l'Autriche sembloient nous être acquis par la clause de réciprocité requise [2], ou au moins sous-entendue dans notre convention, et sans laquelle aucun contrat ne peut rester obligatoire. De ces trois alliés de la France, la cour de Vienne a dépouillé l'un, rançonné l'autre, et au moins abandonné le troisième.

Quel fruit la France a-t-elle donc recueilli de son alliance avec la cour de Vienne ? Quels avantages peut-elle

---

[1] Section II, article I et V de ces conjectures.

[2] Dire qu'un traité n'a pas été exécuté, ce n'est pas prouver qu'il étoit désavantageux ; c'est seulement rappeler cette triste vérité, que jamais la force ne tient ce qu'elle promet à la foiblesse. Un gouvernement sans énergie voit toujours ses alliés se dispenser de remplir les engagements qui leur coûtent. (*S.*)

espérer désormais d'en tirer ? Où est donc pour nous l'équivalent de la réciprocité ?

Ce n'est donc point sans fondement qu'on avoit déjà mis en question si, de fait, cette alliance ne subsistoit déjà plus[1]. On pourroit ajouter ici une autre question : ce seroit si, de droit, elle peut subsister encore ?

On pourroit même trancher là-dessus, et décider que, de fait et de droit, cette alliance est rompue ; et voici sur quoi cette décision sembleroit fondée.

La principale stipulation du traité de 1756 étoit celle d'un secours réciproque au cas que l'une des deux parties fût attaquée par un tiers.

Cette clause a pu subsister pendant que l'Autriche est restée ou du moins a paru étroitement unie avec la France exclusivement.

Mais aussitôt que la première s'est alliée avec la Russie et la Prusse contre la Pologne, c'est une agression de sa part exercée contre un tiers, et dont les suites peuvent ou doivent l'exposer bientôt elle-même à une ou plusieurs agressions ensemble ou successivement.

Dans tous ces cas, si l'alliance subsistoit toujours entre cette cour et la France, celle-ci pourroit donc être obligée de secourir l'Autriche contre tous les agresseurs quelconques ou ceux qu'elle prétendroit tels, amis ou alliés de la France, et cela pour raison d'une première agression d'une ligue étrangère à cette couronne, contraire à ses principes, à ses vues, à ses intérêts, à ses engagements ? cela seroit absurde.

Il seroit au contraire juste et raisonnable de regarder l'alliance de 1756 comme rompue, annulée et non avenue.

Cependant il faut être juste ; voyons si du côté de la

[1] Voyez t. I, p. 466 et suiv.

France les engagements ont été remplis, et si même elle n'a pas beaucoup plus fait pour l'Autriche qu'elle n'avoit promis et qu'elle n'y étoit obligée.

Sans répéter ici ce qu'on a déjà dit des efforts inouïs qu'a faits la France en Allemagne pendant la guerre pour le seul objet de la cour de Vienne, et de la somme immense que celle-ci a reçue de l'autre après la paix pour arrérages de subsides [1], cherchons seulement si depuis la France a manqué à la cour de Vienne.

[1] Voici d'après le Livre rouge un relevé des sommes payées par la France à la cour de Vienne :

| | | |
|---|---|---|
| 1757. | 15 juillet. 1er payement à l'Impératrice-Reine... | 5,000,000 liv. |
| — | 22 sept. Pour l'Impératrice-Reine, 2e payement.. | 2,000,000 |
| — | 12 nov. Pour l'Impératrice-Reine, 3e payement... | 2,000,000 |
| — | 20 déc. Pour l'Impératrice-Reine, 4e payement... | 2,500,000 |
| 1758. | 9 févr. Pour l'Impératrice-Reine, 5e payement.. | 2,500,000 |
| — | 26 mars. Pour l'Impératrice-Reine, 6e payement.. | 2,500,000 |
| — | 30 avril. Pour l'Impératrice-Reine, 7e payement.. | 2,500,000 |
| — | 7 juin. Pour l'Impératrice-Reine, 8e payement.. | 1,500,000 |
| — | 12 août. Pour l'Impératrice-Reine, 9e payement.. | 1,500,000 |
| — | 30 sept. Pour l'Impératrice-Reine, 10e payement. | 1,500,000 |
| — | 12 nov. Pour l'Impératrice-Reine, 11e payement. | 1,500,000 |
| 1759. | 1er janv. Pour l'Impératrice-Reine, 12e payement. | 1,000,000 |
| — | 8 janv. Subside à Vienne.............. | 625,000 |
| — | 8 févr. Subside à Vienne.............. | 625,000 |
| — | 11 mars. Subside à Vienne.............. | 625,000 |
| — | 8 avril. Subside à Vienne.............. | 625,000 |
| — | 13 mai. Subside à Vienne.............. | 625,000 |
| — | 20 mai. Subside à Vienne. Juin.......... | 625,000 |
| — | 14 juin. Subside à Vienne. Juillet......... | 625,000 |
| — | 29 juillet. Subside à Vienne. Août........ | 625,000 |
| — | 26 août. Subside à Vienne. Septembre...... | 625,000 |
| — | 23 sept. Subside à Vienne. Octobre....... | 625,000 |
| — | 28 oct. Subside à Vienne. Novembre...... | 625,000 |
| — | 17 déc. Subside à Vienne.............. | 625,000 |
| 1760. | Sans date. Vienne.................. | 625,000 |
| — | 17 mars. Pour les subsides de la cour de Vienne.. | 1,250,000 |
| | Total à reporter... | 35,375,000 liv. |

Que n'a-t-elle pas fait, au contraire, pour favoriser toutes les vues de cette cour? Ne l'a-t-on pas vue aller au-devant de ses désirs, guetter, rechercher les occasions de lui être utile? Jamais les petits soins et la cajolerie de cour à cour ont-ils été poussés si loin? Notre ministère

|  |  |  | Report... | 35,375,000 liv. |
|---|---|---|---|---|
| 1760. | 2 juin. | Subsides de Vienne............ | | 1,875,000 |
| — | 14 juillet. | Subsides de Vienne............ | | 1,875,000 |
| — | 30 sept. | Subsides de Vienne............ | | 1,875,000 |
| 1761. | 28 janv. | Subsides de Vienne............ | | 1,875,000 |
| — | 10 mai. | Subsides de Vienne, quartier d'avril... | | 1,875,000 |
| — | 13 juillet. | Subsides de Vienne............ | | 1,875,000 |
| — | 8 octobre. | Subsides de Vienne............ | | 1,875,000 |
| 1762. | 2 mai. | Subsides de Vienne............ | | 1,875,000 |
| — | — | Subsides de Vienne............ | | 1,875,000 |
| — | 4 juillet. | Subsides de Vienne............ | | 1,875,000 |
| — | 26 sept. | Subsides de Vienne............ | | 1,875,000 |
| 1764. | N° 50. | Subsides de Vienne............ | | 593,350 |
| — | N° 83. | Subsides de Vienne............ | | 875,000 |
| — | N° 126. | Subsides de Vienne............ | | 875,000 |
| 1765. | N° 1. | Subsides de Vienne............ | | 875,000 |
| — | N° 40. | Subsides de Vienne............ | | 875,000 |
| — | N° 87. | Subsides de Vienne............ | | 875,000 |
| — | N° 126. | Subsides de Vienne............ | | 875,000 |
| 1766. | N° 12. | Subsides de Vienne, quartier de janvier.. | | 875,000 |
| — | N° 47. | Subsides de Vienne, quartier d'avril... | | 875,000 |
| — | N° 96. | Subsides de Vienne, quartier de juillet.. | | 875,000 |
| — | N° 144. | Subsides de Vienne, quartier d'octobre... | | 875,000 |
| 1767. | N° 56. | ................................ | | 875,000 |
| — | N° 109. | ................................ | | 875,000 |
| — | N° 156. | ................................ | | 875,000 |
| 1768. | N° 5. | ................................ | | 875,000 |
| — | N° 57. | ................................ | | 875,000 |
| — | N° 129. | ................................ | | 875,000 |
| — | N° 182. | 28 septembre................ | | 875,000 |
| 1769. | N° 1. | ................................ | | 875,000 |
| — | N° 49. | ................................ | | 875,000 |
| — | N° 85. | ................................ | | 875,000 |
| — | N° 115. | ................................ | | 875,000 |
|  |  |  | Total... | 74,968,350 liv. |

a-t-il été retenu par aucune considération de politique? Le traité du 30 décembre 1758 ne nous engageoit-il point en faveur de la maison d'Autriche à des démarches, à des bons offices, dont l'objet ne pouvoit qu'être désagréable au Roi d'Espagne et aux autres branches de la maison de Bourbon?

Cet objet étoit de réaliser des prétentions fabuleuses, celles de l'Autriche contre ces trois branches, et d'éteindre leurs droits réels à la *charge* de la Toscane et de la Lombardie autrichienne; enfin de gêner les chefs de ces branches dans l'arrangement de leur succession, pour la faire régler et partager au gré de l'Autriche.

Si depuis elle n'a point réclamé l'exécution entière de ces clauses *inofficieuses* pour la maison de Bourbon, c'est qu'elle en a obtenu les principaux objets par des mariages qui ont affermi sa puissance et sa tranquillité en Italie. C'est toujours à la France qu'elle a dû tous ces avantages, par l'influence et les liaisons de notre précédent ministère en Espagne, et par une espèce d'admission de l'Autriche au *Pacte de famille*, qui n'est pas un des effets les moins désavantageux de ce pacte.

En effet, après avoir si longtemps combattu pour empêcher la couronne impériale de se perpétuer dans la maison d'Autriche, la France s'étoit engagée à favoriser et procurer l'élection de l'archiduc Roi des Romains. Elle a tenu parole, et c'étoit alors tout ce qu'il lui restoit de mieux à faire; car elle s'étoit laissé mettre peu à peu hors d'état de pouvoir s'y opposer.

On ne s'en est pas même tenu aux engagements exprès et précis de ce traité du 30 décembre 1758. La France ne s'étoit engagée qu'à solliciter auprès de l'Empire l'investiture éventuelle des États de Modène en faveur de l'archiduc Léopold. Elle a fait plus pour la famille impériale : celle-ci a obtenu sans limitation la même expectative en faveur des héritiers collatéraux de l'archiduc Ferdinand. Par là, si ce prince venoit à mourir sans postérité mâle, aussitôt l'Empereur, le grand-duc ou son fils aîné, ajouteroit de droit ces États voisins et considérables à la masse de sa puissance en Italie. Quel *arrondissement* pour la Lombardie autrichienne !

On ne s'étendra pas ici sur les conséquences de *ce bon office* pour la maison de Bourbon et celle de Savoie. Elles se présentent si naturellement, qu'on peut se dispenser là-dessus de tout commentaire. D'ailleurs, il trouvera sa place dans un des articles suivants[1].

Voilà donc jusqu'à présent la France en règle avec l'Autriche sur tous les engagements contractés en sa faveur. On peut même prouver que souvent ils ont été pris et remplis, sans égard pour la bienséance qu'exigeoient au moins les liens du sang et la communauté du nom de Bourbon, au détriment des trois autres branches de cette maison, au risque même de se brouiller avec l'une, et en se donnant l'apparence de vouloir semer la division entre les deux autres[2].

Nous venons d'observer aussi que les déférences de la France pour la cour de Vienne ne se sont point bornées à la lettre de ses engagements; qu'elle a fait ou laissé faire, en faveur de la maison d'Autriche, beaucoup plus qu'elle n'avoit promis et permis, et qu'il en peut, qu'il en doit même résulter un jour des conséquences dangereuses pour la maison de Bourbon. Ce seroit au ministère d'alors à nous apprendre enfin ce que la cour de Vienne a fait en retour pour la France. C'est au ministère d'aujourd'hui à

---

[1] Dans la suite de cette deuxième section, article *De l'Italie*.
[2] Par tous les traités conclus avec la cour de Vienne depuis 1756 jusqu'en 1761, et nommément celui du 30 décembre 1758. (A.)

prévoir et à discuter ce qu'elle peut et doit en espérer, surtout dans ce nouveau système de la ligue *copartageante*.

En attendant, il seroit peut-être permis de résumer, *sur la position respective actuelle de la cour de Vienne relativement à la France.*

Mais nous avons déjà démontré ailleurs [1] combien cette position est devenue avantageuse, relativement à la *puissance militaire*, à la *puissance fédérative*, et même à la *puissance pécuniaire*.

On a prouvé aussi que tous ces avantages usurpés sur nous-mêmes ne l'ont été qu'à l'ombre de notre confiance, de notre déférence, de notre connivence, et qu'ainsi c'est nous-mêmes qui avons *poussé* l'Autriche à notre place naturelle, c'est-à-dire à la tête des grandes puissances.

Nous avons ajouté (et cela n'est que trop sensible) que, par sa défection et par son alliance avec la Russie et la Prusse, l'Autriche a fait gagner aussi un rang à chacun de ces deux alliés; enfin, que l'Europe étonnée a vu et voit encore la France rangée en quatrième ligne dans l'ordre des grandes puissances [2].

Que pourroit-on opposer à ces tristes réflexions, qu'un autre tableau aussi vrai qu'il est consolant? C'est que cette supériorité de l'Autriche, celle de ses deux alliés et les avantages qu'elle a pris sur nous de la puissance militaire, de la puissance fédérative et de la puissance pécuniaire, tout cela n'est ou ne peut être que momentané, si la France sort une fois de son enchantement léthargique;

Que les éléments et les matières premières de ces trois genres de puissance existent encore chez elle en plus

---

[1] Voyez t. I, p. 451 et suiv.
[2] Voyez t. I, p. 448 et 463.

grande quantité et meilleure qualité que chez aucun de ces trois potentats;

Que ses moyens et ses ressources sont immenses et inépuisables; que si son administration intérieure vouloit ou savoit en féconder les germes et en favoriser la reproduction, au lieu de les détruire par une culture forcée, bientôt leur développement et leur maturité multiplieroient rapidement et ses moyens et ses ressources;

Que si l'usage et l'emploi en étoient réglés et modifiés par une économie noble, sage et ferme, il en résulteroit aussi pour l'État le rétablissement de son crédit, de sa considération au dehors, de son rang, de sa prééminence et de son influence dans l'*ordre politique*.

Que même dans l'état présent, à partir du point où l'on est, il reste à la France des moyens de se rapprocher de celui d'où elle est partie et de remonter au degré d'où elle est déchue;

Ces moyens consistent dans la formation d'un nouveau système de puissance militaire et de puissance fédérative;

Que les événements récents et ceux qui peuvent en dériver incessamment doivent même entraîner et nécessiter ce changement de système [1].

Mais ce sont ces *combinaisons* qu'on se propose d'analyser et de calculer dans la troisième section. Poursuivons à présent notre voyage politique.

*Nota.* On a placé à la suite de cet article l'extrait du traité de 1758, pour mettre en état de juger de tous les avantages qu'il procurait à la cour de Vienne.

[1] Cet article est un réquisitoire complet contre l'alliance autrichienne; mais il paraît qu'il ne modifia pas les convictions de Louis XV. Voyez à cet égard la déclaration explicite du Roi en date du 16 octobre 1773, et l'Étude préliminaire, t. I, p. 185.

# EXTRAIT DE LA CONVENTION,

OU TRAITÉ SECRET ENTRE LE ROI ET L'IMPÉRATRICE-REINE, SIGNÉ A VERSAILLES, LE 30 DÉCEMBRE 1758, PAR MM. LE DUC DE CHOISEUL ET LE COMTE DE STAHREMBERG.

ARTICLE PREMIER. Le traité de Versailles, du 1er mai 1756, renouvelé et confirmé[1].

ART. 2. Le secours stipulé par ledit traité de la France à la cour de Vienne sera fourni par le Roi à l'Impératrice, pendant toute la guerre, en troupes ou en argent, au choix de l'Impératrice, à déclarer par elle à la fin de chaque année.

ART. 3. Ce secours en argent évalué à 3,336,000 florins d'Empire (8,340,000 liv.) par année, en douze payements égaux de mois en mois.

ART. 4. Convention de Stockholm entre la France, la Suède et l'Impératrice, renouvelée et confirmée; les subsides promis à la Suède par ladite convention, et à payer conjointement par le Roi et l'Impératrice, seront, à l'avenir, payés en entier par la France seule, à compter du 1er juin précédent 1758.

ART. 5. Les troupes saxonnes seront aussi payées par la France seule, à la disposition de l'Impératrice.

ART. 6. Promesse et indication vague *de satisfactions et*

---

[1] Il n'est plus question ici du traité du 1er mai 1756. Quelque absurde qu'il fût, ridicule dans son plan et impossible dans son exécution, il contenoit du moins des cessions éventuelles et conditionnelles, de la part de l'Impératrice, d'une partie des Pays-Bas à l'infant don Philippe, et du reste à la France, en échange des États de l'infant, de Silésie, etc. etc., et de plusieurs autres cessions, renonciations et garanties que la France s'engageoit d'extorquer à différents princes, amis, alliés, et même de la maison de Bourbon. La cour de Vienne trouva plus commode de conserver à peu près tous les avantages qu'elle avoit stipulés par ce traité, et de s'exempter par celui-ci de tous les engagements réciproques qu'elle avoit pris. (A.)

*de dédommagements* à faire obtenir, de concert, au Roi de Pologne, électeur de Saxe.

Art. 7. Le Roi s'engage à tenir toujours, pendant toute la guerre, au moins cent mille hommes de ses troupes en Allemagne, contre le Roi de Prusse et ses alliés.

Art. 8. Dépôt d'Ostende et de Nieuport confirmé.

Art. 9. Promesse cependant de restituer ces deux places à l'Impératrice, sur sa première réquisition, même avant la paix avec l'Angleterre.

Art. 10. Tous les pays et États du bas Rhin, conquis ou à conquérir par la France sur le Roi de Prusse, cédés en souveraineté à l'Impératrice ; les revenus réservés par la France, pendant la guerre, à l'exception de 40 mille florins pour les frais d'administration.

Art. 11. Promesse d'accommoder tous les différends de limites aux Pays-Bas, l'affaire de l'abbaye de Saint-Hubert, etc., etc., par des commissaires à nommer dans l'espace de six mois : dette de la Lorraine à solder par la France.

Art. 12. *La Silésie entière*,[1] et le comté de Glatz assurés à l'Impératrice comme une condition préliminaire et *sine quâ non* de tous engagements et traités faits ou à faire.

Art. 13. Ni paix ni trêve sans le consentement réciproque des deux parties contractantes au présent traité. Le Roi exigera du Roi d'Angleterre, électeur de Hanovre, d'engager le Roi de Prusse à faire *une paix convenable* avec l'Impératrice, ou du moins d'abandonner ledit Roi de Prusse ; et l'Impératrice exigera du Roi de Prusse,

---

[1] Par le traité du 1er mai 1756, le duché de Crossen, ancienne possession de la maison de Brandebourg, et le district de Zullichau étoient adjugés au Roi de Pologne, électeur de Saxe, pour une partie de ses *dédommagements*. Cet article tenoit fort au cœur à la cour de Dresde. Il lui donnoit comme un pont sur la Silésie pour passer de Saxe en Pologne, sans toucher aucun territoire étranger ; il fut supprimé par ces deux mots : *la Silésie entière*. (A.)

*vice versâ*, la même chose, relativement au Roi d'Angleterre, électeur de Hanovre.

Art. 14. Les traités de Westphalie renouvelés et confirmés; la Suède admise à la garantie¹.

Art. 15. Renonciation de l'Impératrice, en faveur de l'infant don Philippe, à son droit de *réversion éventuelle* sur les États de ce prince, en vertu du traité d'Aix-la-Chapelle², exceptant seulement de cette renonciation le cas de l'extinction de la ligne masculine³.

Art. 16. Promesse et indication vague de *démarches à faire* auprès du Roi des Deux-Siciles, de concert entre les deux parties contractantes et l'infant don Philippe, pour des arrangements aussi vagues, afin de fixer et assurer l'ordre de succession auxdits royaumes⁴.

¹ Elle l'étoit de droit. (*A.*)
² Ce prétendu droit de *réversion éventuelle* ne pouvoit être imaginé que pour le cas où *l'infant don Philippe parviendroit au trône d'Espagne ou de Naples*. Ce cas n'a point existé depuis; il ne pouvoit pas même exister; et l'Impératrice renonce ici à un droit nul, imaginaire, pour en faire un équivalent fictif à des droits réels, existants, dont elle exige la renonciation dans les articles suivants. Le cas où *le Roi de Naples parviendroit à la couronne d'Espagne* est arrivé depuis; mais, dans ce même cas, le droit de réversion ne pouvoit pas avoir lieu pour l'Impératrice. On n'en trouve pas un mot dans son accession au traité d'Aix-la-Chapelle. Il n'y avoit qu'à le lire. Ce fut seulement dans l'accession du Roi de Sardaigne qu'on laissa glisser cette clause, qui depuis a coûté au Roi 9,000,000 l. (*A.*)
³ C'étoit le seul cas qui pût exister et qui le puisse encore; le seul où, aux termes de l'accession, le droit de réversion éventuelle pourroit avoir lieu pour la maison d'Autriche. L'Impératrice se le réservoit; ainsi, dans le fait, elle ne renonçoit à rien. (*A.*)
⁴ Cet article étoit au moins superflu et insignifiant, s'il n'étoit pas même dangereux et absurde. Personne n'avoit droit de s'immiscer dans cet ordre de succession, et moins encore la cour de Vienne. C'étoit lui en fournir des prétextes qu'elle auroit fait valoir si le Roi n'étoit pas mort pendant la guerre, et dans des circonstances où cette cour étoit trop occupée de ses affaires d'Allemagne pour empêcher le Roi don Carlos d'arranger lui-même à son gré la succession de ses royaumes. Quelques années plus tard, cet événement auroit occasionné une nouvelle guerre en Italie. Le Roi alors se seroit trouvé

Art. 17. Le Roi promet ses bons offices pour engager le Roi des Deux-Siciles à céder et à renoncer en faveur de l'Empereur, grand-duc de Toscane, à tous ses droits et prétentions sur les allodiaux de Médicis et de Farnèse, en dédommagement du droit de réversion acquis à l'Impératrice par le traité d'Aix-la-Chapelle.

Art. 18. Pareille cession et renonciation promise par le Roi, de la part de l'infant don Philippe, ainsi qu'à tous ses droits et prétentions sur Bozzolo et Subionetta, condition *sine quâ non* de la renonciation de l'Impératrice à son *prétendu* droit de réversion.

Art. 19. Le Roi s'engage à concourir, avec l'Impératrice, pour faire élire Roi des Romains l'archiduc son fils aîné : les deux parties contractantes agiront aussi de con-

---

engagé insensiblement dans des mesures concertées avec la maison d'Autriche, et vraisemblablement opposées aux intérêts de sa propre maison. L'objet de la cour de Vienne, en faisant glisser cette clause dans le présent traité, ne pouvoit être que de semer la division entre ces deux branches régnantes de la maison de Bourbon, et même dans celle d'Espagne, en poussant l'infant don Philippe sur le trône de Naples, au préjudice des enfants du Roi don Carlos. Par là, elle n'auroit plus eu à craindre l'intervention de l'Espagne dans les affaires d'Italie ; enfin elle auroit réuni la Lombardie autrichienne, les États de Parme, Plaisance et Guastalla. La renonciation vague de l'article 15 n'auroit pas empêché cette réunion. Outre qu'elle ne portoit sur rien, le droit de convenance, fondé sur l'appui que l'Impératrice auroit accordé à l'infant pour le faire monter sur le trône de Naples lui auroit fait obtenir de ce prince la cession de ses États de Lombardie. Ce droit de réversion au Roi de Sardaigne de la ville de Plaisance et du Plaisantin jusqu'à la Nura, qu'il s'étoit réservé pour son accession au traité d'Aix-la-Chapelle, n'auroit pas non plus embarrassé la cour de Vienne, surtout si la France avoit concouru à ses projets, ou lui avoit seulement permis de les exécuter. Ou elle se seroit emparée de Plaisance et l'auroit gardée ; ou, au pis aller, elle en auroit été quitte pour la restituer au Roi de Sardaigne, à condition de concourir au nouvel arrangement, d'y accéder et de le garantir ; et ce prince, ne pouvant faire mieux, auroit du moins profité de l'occasion pour ajouter à ses États une grosse ville, un grand territoire et 500,000 l. de revenu. (*A.*)

cert, en cas d'élection d'un roi de Pologne, pour la faire tomber sur un prince de Saxe.

Art. 20. Même concert et union pour faire accomplir le mariage de l'archiduc Léopold avec la princesse de Modène, et accorder par l'Empire audit archiduc l'investiture éventuelle de Modène, Reggio, etc.[1].

Art. 21. Accession à demander en temps et lieu à l'Empereur, au grand-duc de Toscane, à la Suède, à l'Impératrice de Russie, au Roi de Pologne, électeur de Saxe, et *démarches à faire de concert* pour y engager aussi le Roi des Deux-Siciles.

Art. 22. Sur *le secret*. Il sera gardé par les deux parties contractantes, nommément pour l'Impératrice de Russie et le Roi de Pologne, électeur de Saxe, jusqu'à ce qu'elles soient convenues de le déclarer en même temps aux parties intéressées.

Art. 23. Sur l'échange des ratifications.

Art. 24. Article séparé, ordinaire, sur les titres et rangs respectifs[2].

---

[1] Cet article a été plus que rempli : l'investiture a été non-seulement accordée par l'Empire, aux termes du présent traité, mais encore étendue *aux héritiers collatéraux de l'archiduc Ferdinand*, qui a pris la place de l'archiduc Léopold. Par là, dans le cas où l'archiduc Ferdinand ne laisseroit point de postérité mâle, ou même dans celui d'extinction de sa ligne masculine, les États de Modène seroient de droit réunis à la Lombardie autrichienne. On ignore s'il y a eu quelque nouvelle convention pour faire ajouter cette clause à l'investiture, et plus encore quel motif a pu avoir notre ministère de s'y prêter et d'y concourir. (A.)

[2] Si une alliance avec l'Autriche pouvoit être avantageuse en 1756, et même devoit être regardée comme nécessaire par la crainte qu'excitoient le génie conquérant et la fortune rapide de Frédéric II, par la juste méfiance qu'avoit causée son abandon de notre alliance deux fois répété pendant la guerre, par l'humeur qu'inspiroient ses liens impolitiques avec l'Angleterre, et enfin par le désir que devoit éprouver la France de se donner la certitude de ne pouvoir être attaquée chez elle, tandis qu'elle combattoit la Grande-Bretagne, il faut convenir que la manière dont le second traité de 1758 a été

VIII. *De l'Empire, ou Corps germanique.*

Pour traiter méthodiquement cette partie de l'Europe, il faut remonter aux principes et rappeler ici ce qu'on a dit ailleurs de la puissance fédérative.

C'est le résultat des rapports que l'intérêt a établis entre une cour et plusieurs autres.

De ce rapport naît le besoin réciproque, et de ce besoin les alliances, les garanties, le recours des plus foibles, le secours des plus forts, et, dans certains cas, le concours des uns et des autres.

Relativement à l'Empire, la France étoit au plus haut point de sa puissance fédérative après la paix d'Aix-la-Chapelle.

Jetons donc un coup d'œil rapide sur l'origine de cette

conclu et rédigé étoit entièrement inexcusable. Chaque article y porte l'empreinte de la passion, de l'imprévoyance et de la foiblesse; et Favier, dans ses observations critiques, a raison sur tous les points. Il se trompe cependant en regardant comme étranger au traité d'Aix-la-Chapelle un article inséré de son aveu dans l'accession du Roi de Sardaigne. Toute accession ne se fait que par un acte qui devient dès lors aussi obligatoire que le traité principal, dès qu'il est signé par les parties contractantes. La faute la plus capitale de ce traité est de s'obliger à avoir cent mille hommes en Allemagne; l'objet de l'alliance devoit être d'occuper assez les puissances germaniques pour les empêcher de se mêler de nos affaires. Nous ne devions fournir que vingt-quatre mille auxiliaires pour cet objet. Par ce moyen, nos dépenses auroient été foibles, la balance du succès se seroit maintenue plus égale entre l'Autriche et la Prusse, et il étoit véritablement absurde de faire de la guerre continentale notre objet principal, tandis que nous ne devions nous occuper que de nous mettre à l'abri de toute diversion pendant la durée de notre guerre maritime. L'auteur censure avec quelque exagération les clauses qui lui paroissent propres à semer la division entre les cours de Madrid, de Versailles et de Naples. Le pacte de famille qui fut conclu peu d'années après, prouve sans réplique combien cette crainte étoit peu fondée. Ce qui est extraordinaire, c'est que Favier fait cette critique longtemps après que l'événement l'a réfuté. (*S.*)

branche de puissance, sur ses progrès, sa décadence et son rétablissement.

Au comble de la gloire et de la prospérité, après la paix de Nimègue, Louis XIV pouvoit rester l'arbitre de l'Europe, surtout de l'Empire. Il en devint l'ennemi.

Les Chambres de réunion, établies à Metz et à Brisach, ne produisirent à la France que l'odiosité. L'occupation de Strasbourg, en pleine paix, paroissoit fort avantageuse et presque nécessaire; elle n'en révolta pas moins le corps germanique[1].

La prise de Philipsbourg, en 1688, fut à tous égards une invasion, un acte d'injustice manifeste[2].

Par cette invasion l'Empereur obtint, de la France même, tout ce qu'il désiroit. C'étoit un prétexte, un motif de faire déclarer contre elle une *guerre d'Empire*. Il se soucioit peu de laisser en proie à la France quelques cercles antérieurs, pourvu qu'il remplît ses projets aux Pays-Bas et en Italie. L'intérêt de sa maison exigeoit que le

---

[1] On paya cher cette acquisition à la paix de Riswick, par la cession de Brisach et des autres possessions au delà du Rhin, qui ouvroient à la France les cercles de Souabe et du haut Rhin, et les tenoient sans cesse à sa discrétion. L'Alsace fut arrondie, couverte; mais le Rhin, devenu barrière, diminua dans l'Empire la confiance, la sécurité des amis de la France, et augmenta l'audace de ses ennemis. (A.)

[2] Un Roi d'Angleterre attaqué par un stathouder, une république qui lui en fournissoit les moyens, l'Empereur même et l'Espagne ligués secrètement avec la Hollande, tout cela n'avoit rien de commun avec le corps germanique. Cette diversion en pure perte ne pouvoit d'ailleurs ni sauver Jacques II, ni en imposer à la Hollande, ni à l'Espagne, ni même à l'Empereur. C'étoit dans la Manche ou en Angleterre que Jacques pouvoit et devoit être secouru. La Hollande craignoit tout pour elle, et vit avec plaisir l'orage se détourner du côté de l'Allemagne. L'Espagne, complice du prince d'Orange, étoit la plus exposée au ressentiment de la France. La Flandre pouvoit être envahie dès la première campagne; l'attaque de Philipsbourg lui donnoit le temps de respirer et de se mettre en défense. L'Empire insulté alloit se réunir contre la France, et divisoit ses forces en les occupant sur le Rhin : c'étoit le salut des Pays-Bas. (A.)

corps germanique fût compromis avec la France, irrité, irréconciliable ; il falloit pour cela qu'une partie de l'Allemagne fût dévastée.

Il est triste de le rappeler : Louvois, par ses conseils injustes, on oseroit dire atroces, surpassa même l'espérance et les vues de Léopold. L'incendie du Palatinat acheva de rendre la France plus l'horreur que la terreur de l'Allemagne et de l'Europe.

Depuis cette époque jusqu'à la mort de Louis XIV, cette plaie saigna toujours. Elle ne fut entièrement refermée et consolidée que par la confiance qu'inspira enfin au corps germanique la sagesse, l'équité et la modération de son successeur.

La guerre passagère de 1733, où l'Empire entra foiblement, fut terminée par une paix dont le vainqueur dicta la condition d'après les mêmes principes[1]. Cette confiance

[1] Pour bien faire apprécier quelle était avant le développement de la puissance prussienne la position de la France vis-à-vis de la confédération germanique, nous citerons un court fragment d'un opuscule bien ignoré composé en 1736 par Frédéric II, encore prince royal, et intitulé : *Considérations sur l'état du corps politique de l'Europe ;* c'est un chef-d'œuvre de critique et d'impartialité :

« Il est évident que les vues de la cour impériale tendent à rendre l'Empire héréditaire dans la maison d'Autriche. C'est à cette fin qu'elle a fait la pragmatique sanction, qu'elle a sollicité tous les princes d'Allemagne, qu'elle a inséré un article dans la pacification, et qu'elle a fait une infinité de traités particuliers ; tant il est vrai que la maison d'Autriche souhaiteroit d'ôter avec le temps à l'Empire le droit d'élection, de cimenter la puissance arbitraire dans sa race, et de changer en monarchique le gouvernement démocratique qui de temps immémorial a été celui de l'Allemagne. Comme le système du ministère impérial est assez simple, il n'est point difficile de l'exposer au jour ; mais celui de la cour de Versailles est plus composé, et il exigera de nous plus d'étendue et plus de détail.

» Le principe permanent des princes est de s'agrandir autant que leur pouvoir le leur permet ; et quoique cet agrandissement soit sujet à des modifications différentes et variées à l'infini, ou selon la situation des États, ou selon la force des voisins, ou selon que les conjonctures sont heureuses, le

éclata surtout lorsque après l'élection de François I<sup>er</sup>, en 1745, on vit la cour de Vienne tenter pendant trois ans des efforts inutiles pour faire d'une *guerre autrichienne* une *guerre d'Empire.*

Malgré les fautes et les malheurs dont cette guerre ne fut presque qu'un enchaînement en Italie et en Allemagne,

principe n'en est pas moins invariable, et les princes ne s'en départent jamais : il y va de leur prétendue gloire ; en un mot, il faut qu'ils s'agrandissent.

» La France est bornée à l'occident par les monts Pyrénées, qui la séparent de l'Espagne, et qui forment une espèce de barrière que la nature même a posée. L'Océan sert de bornes au côté septentrional de la France, la mer Méditerranée et les Alpes au midi ; mais du côté de l'orient elle n'a d'autres limites que celles de sa modération et de sa justice. L'Alsace et la Lorraine, démembrées de l'Empire, ont reculé les bornes de la domination de la France jusqu'au Rhin. Il seroit à souhaiter que le Rhin pût continuer à faire la lisière de leur monarchie. Pour cet effet il se trouveroit un petit duché de Luxembourg à envahir, un petit électorat de Trèves à acquérir par quelque traité, un duché de Liége par droit de bienséance, les places de la Barrière, la Flandre et quelques bagatelles semblables devroient être nécessairement comprises dans cette réunion ; et il ne faudra à la France que le ministère de quelque homme modéré et doux, qui prêtant, s'il m'est permis de m'exprimer ainsi, son caractère à la politique de sa cour, et qui rejetant toutes les ruses et tous les détours de ses artifices sur le compte des ministres subalternes, conduise à l'abri de dehors respectables ses desseins à une heureuse issue.

» La France ne se précipite en rien. Constamment attachée à son plan, elle attend tout des conjonctures : il faut, pour ainsi dire, que les conquêtes viennent s'offrir à elle naturellement ; elle cache tout ce qu'il y a d'étudié dans ses desseins, et il semble, à n'en juger que par les apparences, que la fortune l'a favorisée avec un soin tout particulier. Ne nous y trompons point, la fortune, le hasard sont des mots qui ne signifient rien de réel. La véritable fortune de la France c'est la pénétration, la prévoyance de ses ministres, et les bonnes mesures qu'ils prennent. Voyez avec quel soin le Cardinal se charge de la médiation entre l'Empereur et le Turc. L'Empereur, en reconnoissance de ce service, ne peut faire moins que de céder à Louis XV ses droits sur le Luxembourg. Ce duché, selon toutes les apparences, doit être une des premières acquisitions qui suivront la Lorraine ; car comme la France a eu des égards en toutes choses pour les arrangements que l'Empereur a cru devoir prendre, il semble que la justice exige de semblables

les succès aux Pays-Bas en furent la compensation; et partout où le Roi parut, la France triompha.

Si la paix ne fut pas aussi avantageuse qu'elle auroit pu et peut-être dû l'être, elle fut du moins la plus glorieuse, et par l'héroïsme le plus pacifique du conquérant, et par la position brillante et solide où la France se vit alors dans

égards du côté de l'Empereur pour les arrangements de la France : ce n'est qu'un flux et reflux de reconnoissance que la politique de ces princes sait rendre utile à leur grandeur.

» Quant aux autres pays que la France pourroit conquérir, il est de sa prudence de ne point trop se hâter, afin de s'affermir dans ses anciennes conquêtes et de ne point effaroucher ses voisins : un trop grand fracas de succès pourroit réveiller les puissances maritimes, qui dorment à présent dans les bras de la sécurité et au sein de l'indolence.

» J'entrevois encore dans ce qui peut entrer dans le système de la France des projets plus grands et plus vastes que ceux dont j'ai parlé; et le moment que la Providence a marqué pour l'exécution de ces grands desseins semble être celui du décès de Sa Majesté Impériale. Quel temps plus propre pour donner des lois à l'Europe? quelles conjonctures plus heureuses pour pouvoir tout oser?

» Tous les électeurs se trouvent à présent désunis par les intérêts qui les partagent; les uns, cherchant des avantages particuliers, se jetteront dans les bras de la France et sacrifieront l'intérêt commun; d'autres disputeront entre eux à qui aura l'Empire; d'autres se déchireront pour la succession de l'Empereur; d'autres, enflés par les espérances que leur donnent de grandes alliances, porteront partout le flambeau de la guerre, le trouble et la confusion; et ceux qui pourroient s'opposer à la force majeure de l'ennemi commun n'entreprendront rien et abandonneront leur destinée au hasard.

» De plus, par le dernier traité de pacification, la France s'engage à la garantie de la pragmatique sanction ; cela l'oblige à se mêler indispensablement des affaires d'Allemagne après la mort de l'Empereur; et ce qui en cette occasion rendra les démarches de la France beaucoup plus dangereuses que dans d'autres, c'est qu'elles auront une apparence plausible de justice, et que leurs violences mêmes auront un dehors d'équité.

» Remarquons encore avec quel soin la France écarte les puissances maritimes de cette garantie. Croit-on que ce soit sans dessein qu'on les éloigne des affaires? Pourroit-on s'imaginer que quelque pensée frivole d'orgueil y auroit donné lieu? et seroit-il possible de se figurer qu'un ministre qui a donné jusque dans ses moindres démarches des marques d'une prudence consommée, qu'un pareil ministre, dis-je, ait des vues si peu étendues?

le continent de l'Europe. Il en résultoit le maintien et l'accroissement de sa puissance fédérative.

Celle-ci se trouvoit le mieux établie dans l'Empire. Cette guerre avoit fait éclore le système d'un équilibre en Allemagne, dont la balance auroit toujours été dans les mains de la France.

Rendons justice à la politique françoise; elle n'est jamais si bornée qu'on pourroit le croire.

» Il seroit possible qu'on fût bien aise de procurer du repos aux ministres anglois, qui sont assez occupés par les brouilleries intestines du royaume; et avec cela on est bien aise de ne point mêler les puissances maritimes dans les traités secrets des deux cours contractantes, afin que, le cas de la succession venant à exister, ces puissances n'aient aucun prétexte quelconque de se mêler des troubles d'Allemagne.

» On pousse les précautions plus loin encore. On paye des subsides aux cours de Suède et de Danemark, ou pour les contenir simplement, ou pour qu'elles soient en état de s'opposer à ceux qui voudront prendre des mesures contraires aux intentions et aux arrangements de la cour de France.

» Autant la politique de la cour de France est excellente, autant faut-il avouer aussi qu'elle est favorisée par un concours de certaines circonstances. Tous les princes dont la grandeur et la puissance pouvoient lui donner de l'ombrage se trouvent désunis. Il ne reste à la France qu'à ne point laisser éteindre le feu de la discorde et à l'attiser plutôt. Et en quoi la France a un avantage infiniment plus grand encore, c'est qu'elle n'a presque personne en tête dont la profondeur d'esprit, la hardiesse et l'habileté puissent lui être dangereuses: à cet égard elle acquiert moins de gloire que n'en acquirent les Henri IV et les Louis XIV.

» Que diroit Richelieu, que diroit Mazarin, s'ils ressuscitoient de nos jours? Ils seroient fort étonnés de ne plus trouver de Philippe III et IV en Espagne, plus de Cromwell et de roi Guillaume en Angleterre, plus de prince d'Orange en Hollande, plus d'empereur Ferdinand en Allemagne, et presque plus de vrais Allemands dans le Saint-Empire : plus d'Innocent XI à Rome, plus de Tilly, plus de Montécuculli, de Marlborough, d'Eugène à la tête des armées ennemies; de voir enfin un abâtardissement si général parmi tous ceux à qui est confiée la destinée des hommes dans la paix et à la guerre, qu'ils ne s'étonneroient point qu'on pût vaincre et tromper les successeurs de ces grands hommes. Autrefois les François étoient obligés de combattre contre toute l'Europe, liguée et conjurée contre eux, et c'étoit à la valeur seule qu'ils devoient leurs conquêtes; à présent ils doivent leurs plus beaux succès à leurs négociations, et c'est moins à leur force qu'à la foiblesse de leurs ennemis qu'on peut attribuer le cours triomphant de leur prospérité. »

Une puissance rivale s'étoit élevée presque au niveau de celle d'Autriche ; elle ne sembloit cependant ni atteindre plus haut, ni se maintenir longtemps au même degré sans l'appui de la France. Quels qu'eussent été les motifs des deux défections que la France avoit reprochées à ce nouvel allié pendant le cours de la même guerre, soit qu'il eût eu de bonnes raisons à alléguer pour sa justification, soit que les circonstances eussent obligé de l'en dispenser, il n'en est pas moins certain qu'à la paix il obtint encore de la France la garantie de ses acquisitions, et l'intérêt commun sembloit être un garant encore plus sûr de la durée de cette alliance.

Elle paroissoit, en effet, devoir être dans l'Empire la base la plus solide du crédit et de la considération de la France, fondés sur la puissance fédérative.

Quoique revêtue de la dignité impériale, la nouvelle maison d'Autriche ne pouvoit plus, comme l'ancienne, opprimer l'Empire, ni le soulever à tout propos contre la France. La nouvelle balance étoit encore fortifiée, de notre côté, par des liaisons particulières avec divers membres du corps germanique.

En partant de cette position, la France reprenoit déjà, dans les affaires de ce corps, le degré d'influence qu'elle y avoit acquis autrement par les *traités de Westphalie,* que la *Ligue du Rhin,* en 1658, lui avoit conservé et assuré jusqu'à la paix de Nimègue, et que ses hauteurs et ses vexations, après cette paix, lui avoient fait perdre.

De là, pour elle, un nouveau surcroît de crédit, de considération et même de pouvoir. Pour l'augmenter encore, elle n'avoit, on le répète, rien à faire que de *rester comme elle étoit.* La France alloit redevenir pour l'Empire un point d'appui fixe, une protection assurée dans tous les cas d'atteinte soit aux lois, aux constitutions du corps entier, soit aux droits et prérogatives de chaque membre. Garant perpétuel de la paix de Westphalie, le Roi étoit, en quelque sorte, le gardien et le protecteur-né de ces lois et constitutions.

Dans tous les cas, Sa Majesté restoit d'autant plus libre dans l'exercice de cette garantie, qu'elle n'avoit aucun engagement particulier avec la cour impériale, la seule de qui l'on peut craindre de pareilles atteintes ; et toutes les fois que la France n'auroit pas jugé à propos d'exercer sa garantie à la rigueur, dans les différends qui pourroient survenir, elle étoit sûre au moins de s'en réserver l'arbitrage.

On l'a déjà remarqué : la puissance nouvellement agrandie, et mise, dans l'Empire, en équilibre avec l'Autriche, ne sembloit pas avoir acquis une consistance assez ferme pour se maintenir elle-même, et pour soutenir sa balance sans l'appui, ou du moins sans le concours de la France.

D'autres membres puissants du corps germanique, la Saxe, la Bavière, la maison palatine, avoient un intérêt commun au maintien de cette balance et de la prépondérance de la France toutes les fois qu'il lui plairoit de la faire pencher d'un côté ou de l'autre. Par là elles étoient également à couvert des entreprises de l'une ou de l'autre des deux puissances opposées. Par là aussi elles pouvoient espérer de la France un appui solide dans leurs prétentions respectives.

A l'égard des trois électeurs ecclésiastiques et des autres princes et États du Rhin, ils tenoient déjà à la France par des liens encore plus forts. Obligés de la ménager par leur position topographique, quelques-uns d'entre eux fondoient aussi leurs liaisons avec cette couronne sur des vues d'intérêt présent et d'avantages éventuels. Quels garants plus sûrs de la foi des hommes et des princes que l'intérêt d'un côté et la crainte de l'autre !

De toutes parts donc, c'est-à-dire du corps germanique en général et de chacun de ses membres en particulier, à la France le recours du plus foible, de la France à l'Empire, à chacun de ses co-états, le secours du plus fort; ce qui fait le lien le plus fort de la puissance fédérative. De là pour la France, dans le corps germanique, le plus grand *crédit de considération.*

Et ce crédit ne bornoit point ses effets à l'étendue de l'Allemagne, il les portoit au loin, et dans le Nord, et jusqu'en Italie.

Voyons à présent s'il a pu subsister au même point depuis la diminution ou plutôt l'anéantissement de notre puissance fédérative.

Dans l'Empire, elle étoit fondée sur deux titres : la protection et l'arbitrage.

Depuis le changement de ce système, il ne faut pas croire que le corps germanique ni aucun de ses membres attende encore de la France aucune protection : s'ils pouvoient s'en flatter un jour, ce ne seroit qu'après un retour, de sa part, vers les anciens principes.

Mais l'alliance de 1756 avec la cour de Vienne étoit, dira-t-on, purement défensive ; loin d'y déroger aux engagements des traités de Westphalie, les deux cours les prenoient pour base de leur union.

Rien n'est plus vrai selon la lettre ; mais quel étoit l'esprit des nouveaux engagements? la suite l'a montré ; et tant que ces liens subsisteront entre la France et l'Autriche, on restera persuadé que celle-ci pourroit toujours attenter impunément soit aux libertés du corps germanique, soit à l'indépendance, ou même aux possessions de chacun de ses membres.

On ne compte guère plus sur l'arbitrage de la France. Il auroit été au moins très-suspect.

Mais autant la France perdit à ce changement, autant l'Autriche y gagna.

D'abord elle eut de quoi en imposer à tout l'Empire par la publicité et l'étalage de son étroite union avec la France.

Ensuite elle fit servir cette même intelligence à procurer enfin l'élection d'un roi des Romains.

Enfin elle tint par là en respect le Roi de Prusse, et se réserva les moyens de renouer avec lui, quand elle le jugeroit à propos, pour des intérêts éventuels. Aussi qu'en est-il arrivé?

Tous les princes et États de l'Empire se voyant sans appui, du côté de la France, contre la cour de Vienne, se jetèrent entre les bras de cette cour ou s'attachèrent au Roi de Prusse et à l'Électeur de Hanovre. Celui-ci, soutenu de l'argent d'Angleterre, forma dans l'Empire une troisième puissance du premier rang. La France n'y parut plus, dans la dernière guerre, que comme une puissance secondaire et auxiliaire de l'Autriche, une exécutrice aussi aveugle que zélée des décrets du conseil aulique.

Les princes et États autrefois alliés et dépendants de la France furent entraînés par elle-même dans la cause et dans la dépendance absolue de la cour de Vienne. Ils lui vouèrent l'obéissance et la soumission dont on a vu, sous Léopold, des exemples si funestes à la France. Ce fut, à la vérité, contre le Roi de Prusse; mais par l'assujettissement qui en résulta, cette cour se mit en mesure de les tourner avec plus de facilité encore contre la France même, si celle-ci lui en fournissoit le plus léger prétexte.

En attendant ils sont restés, à l'égard de cette couronne, dans l'état d'indifférence et d'indépendance où l'Autriche a toujours souhaité de les tenir en temps de paix pour en faire contre elle des instruments en temps de guerre.

L'archiduc Joseph fut élu roi des Romains. Devenu empereur [1], il a manifesté dans toutes les occasions cet esprit despotique à l'égard de l'Empire et de ses dépendances qui est en même temps exclusif de toute intervention de la part de la France. Il n'a plus entendu prononcer qu'avec peine le nom de *garantie,* ni souffert qu'avec humeur les démarches les plus mesurées de la part de cette couronne. L'heureuse distinction entre *l'Empereur* et *l'Impératrice* a mis fort à l'aise le ministère autrichien lorsqu'il a voulu se dérober à *l'intercession* de la France dans les affaires qu'il appelle *purement de l'Empire.* M. de Kaunitz s'en étoit débarrassé en nous envoyant à M. de Perghen ; et celui-ci nous insinua « que ces affaires étoient » chatouilleuses, épineuses à traiter; que l'Empereur étoit » là-dessus d'une extrême délicatesse ; qu'il regardoit » comme sacrés les droits attachés à la couronne impé- » riale ; qu'il ne souffriroit point qu'on entreprît d'y tou- » cher, et que Sa Majesté Impériale s'étoit fait là-dessus » des principes dont elle ne s'écarteroit jamais ; enfin que » si de notre part on désiroit d'entretenir avec ce prince » une parfaite intelligence, il nous conseilloit fort (lui » comte de Perghen, et c'étoit aussi l'avis de M. de Kau- » nitz) de ne pas nous mêler de ces sortes d'affaires [2]. »

Voilà donc à quoi s'est réduite peu à peu l'influence de la France dans les affaires *de l'Empereur et de l'Empire!* Nous avons parlé ailleurs de celle qui lui étoit restée dans

[1] Élu roi des Romains en 1764 : empereur l'année suivante, à la mort de son père, François de Lorraine.

[2] Tel a été, entre autres occasions, le langage tenu à M. de Durfort, ambassadeur de France, et depuis à M. Durand. Ce fut au sujet de l'affaire de *San-Remo,* qui, pour être en Italie et dans les États de Gênes, n'en est pas moins de l'Empire, suivant le protocole autrichien. Mais nous parlerons, dans un autre article de ces prétentions surannées et de leurs conséquences. (*A.*)

les négociations et les opérations de l'*Impératrice,* ou, pour mieux dire, de l'ascendant que la cour de Vienne avoit sur la nôtre jusqu'à l'époque de son alliance avec la Russie et le Roi de Prusse [1].

C'étoit le troisième objet de cette cour dans sa conduite à notre égard, ou plutôt par celle qu'on s'étoit laissé prescrire par elle. La sécurité, la confiance outrée qu'on nous avoit inspirée dans son alliance a tenu la France en sous-ordre, passive et désarmée, enfin dans l'état où il falloit qu'elle fût restée depuis la paix pour que l'Autriche pût lever le masque impunément.

Voyons à présent si, depuis la *Ligue copartageante,* la France peut et doit avoir encore quelque crédit, quelque influence dans l'Empire.

Jusqu'à cette époque, il est vrai qu'elle en avoit fort peu, parce qu'elle s'en étoit désistée en faveur de la cour de Vienne ; mais tant que celle-ci auroit été ou en froideur ou en défiance avec celles de Berlin et de Pétersbourg, le besoin qu'elle auroit de nous pouvoit au moins ramener des circonstances favorables ; et alors la France, guérie de son aveuglement, auroit profité de ces conjonctures pour reprendre sa supériorité et pour exercer dans l'Empire ses droits de garantie, de protection et d'arbitrage.

Aujourd'hui l'équilibre existe encore entre l'Autriche et la Prusse ; et c'est, dit-on, pour le maintenir que la première a dû s'agrandir à proportion de l'autre ; mais la France autrefois en tenoit la balance, et la tiendroit encore si elle l'avoit voulu. Il n'est plus temps de la reprendre ; les deux puissances principales d'Allemagne étant une fois d'accord entre elles pour y dominer de concert, celles du second ordre dans le corps germanique n'ont plus que

---

[1] Voyez t. I, p. 467 et suiv.

le choix de la servitude pour acheter à ce prix la protection de l'une ou de l'autre de ces deux puissances dominantes. Un tiers quelconque seroit fort malvenu à s'immiscer désormais dans les affaires de l'Empire ; et les Etats mêmes qui désireroient son appui n'oseroient plus le demander, de peur d'être écrasés avant de pouvoir être secourus [1].

Ce tiers fut autrefois la *Suède sous Gustave-Adolphe.* La *Ligue catholique* emportoit la balance, il la fit pencher en faveur de la *Ligue protestante.* Richelieu, Mazarin survinrent, et, par une conduite adroite et impartiale, rétablirent l'équilibre entre les deux religions. La paix de Westphalie posa des limites à l'ambition de la Suède, à celle de l'Autriche, et la France devint ce *tiers* dépositaire de la balance.

Ses malheurs et ceux de la Suède, au commencement de ce siècle, firent naître à la Russie le projet hardi de se mettre à la place qu'elles avoient occupée ; Pierre le Grand ne le perdit jamais de vue. Les mariages de sa nièce avec un duc de Mecklenbourg et de sa fille avec un duc de Holstein n'eurent point d'autre objet que de lui fournir un prétexte de s'immiscer dans les affaires d'Allemagne. On sait même toutes les tentatives qu'il fit pour acquérir par échange ou à force d'argent quelque territoire dans l'Empire.

Depuis la mort du Czar, ce projet, quoique moins suivi,

---

[1] MM. de Vergennes et Durand ont déjà annoncé qu'il existoit un traité entre les deux Impératrices et le Roi de Prusse, dans lequel la cour de Vienne étoit excitée à ne plus reconnoître l'entremise de la France dans les affaires de l'Empire, et à susciter sous main quelque affaire de ce genre pour pouvoir manifester cette déclaration. (A.) — M. de Vergennes était l'agent de la correspondance secrète à Stockholm, d'où il surveillait la Russie, et M. Durand à Vienne, l'un en qualité d'ambassadeur, l'autre en qualité de ministre résident.

ne fut jamais abandonné ; les Schouwaloff en avoient flatté l'Impératrice Élisabeth vers la fin de la dernière guerre. Ce fut pour s'approcher de l'Allemagne qu'ils lui persuadèrent enfin de *garder la Prusse,* malgré ses déclarations précédentes ; et lorsqu'il fut question du congrès d'Augsbourg, les instructions de M. Czernischeff portoient expressément cette clause : « *Que la Russie seroit garante du
» nouveau système qui résulteroit dans l'Empire des con-
» quêtes faites et à faire sur le Roi de Prusse et sur ses
» alliés; que le traité conclu en conséquence seroit une
» loi de l'Empire comme la paix de Westphalie; et que, si
» la France s'opposoit aux arrangements pris ou à prendre
» là-dessus avec la cour de Vienne, elle seroit exclue de la
» garantie.* »

Quelque disposition que cette cour eût pu laisser entrevoir là-dessus à celle de Pétersbourg, elle n'avoit jamais compté de se prêter à ses désirs par l'admission d'un troisième garant, qui deviendroit le plus formidable. Aussi le congrès d'Augsbourg ne fut-il pour le ministère autrichien qu'une parade politique à laquelle il crut devoir se prêter, bien sûr d'en prévenir la réalité.

Fidèle à son système, il a su, depuis, écarter la Russie des affaires de l'Empire; et dans le partage de la Pologne, il s'est arrangé de manière à lui fermer tout accès vers l'Allemagne.

La France, en conservant ses titres et ses droits dans l'Empire, en avoit suspendu l'exercice par sa déférence et même sa subordination aux vues, aux désirs de la cour de Vienne ; cet exercice lui est devenu plus difficile, et même à peu près impossible, par l'union des deux puissances rivales, entre lesquelles la France avoit pu et dû tenir la balance.

L'Allemagne reste donc livrée sans défense à la discré-

9.

tion de ces deux puissances réunies dans son sein; tout pouvoir étranger en est exclu.

Le corps germanique, considéré en général, n'existe donc plus que sous le bon plaisir de ces deux potentats, et n'a plus de rapport direct avec la France. Elle a donc perdu cette branche de sa *puissance fédérative*. Elle ne doit pas pour cela y renoncer; c'est un point trop capital pour sa considération, sa dignité, sa prééminence. Nous parlerons ailleurs des moyens de la recouvrer.

### DE LA SAXE.

On peut dire que cette puissance a toujours été ou contre la France, ou à charge à la France.

Le premier cas est arrivé plus souvent. Le second est arrivé deux fois.

La première, elle s'étoit unie avec nous presque par force : elle nous quitta par inclination, après nous avoir engagés, au fond de la Bohême, sur la foi périlleuse de son alliance.

La deuxième, ce fut la personnalité d'un ministre contre le Roi de Prusse qui entraîna son maître dans des engagements indirects avec la Russie et la cour de Vienne. La Saxe en devint la victime. L'Autriche et la Russie surent nous engager à partager avec elles le fardeau de sa vengeance et de sa délivrance. Ainsi, à proprement parler, la Saxe ne fut pas pour nous : ses engagements mêmes avoient été contractés originairement contre nos alliances et notre système d'alors; mais enfin nous fûmes pour elle. Il nous en coûta cher; elle n'y gagna rien.

Depuis cette époque, nous n'avons eu avec la cour de Dresde que de foibles liaisons. Le désir héréditaire du titre royal l'auroit peut-être déterminée à seconder nos vues dans les affaires de Pologne; mais il ne paroît pas que nous en ayons eu de bien décidées, ni même de suivies. Circonscrite d'ailleurs par la puissance prussienne, la Saxe ne pouvoit guère tenter aucune démarche, ni la France l'appuyer que de concert avec le Roi de Prusse, et ce concert n'a pas existé.

Du côté de la cour de Vienne, il est au moins très-douteux que la maison de Saxe ait eu dans les affaires de Pologne des espérances plus fondées. Il ne paroît pas même que cette cour eût penché pour l'électeur. Un prince cadet auroit pu lui convenir davantage; mais quelques démonstrations qu'elle ait pu faire à cet égard, on peut assurer qu'elles n'ont jamais été sincères. Elle n'a rien *voulu* en Pologne que pour elle-même; et quand elle a feint de *vouloir* autre chose, qu'elle l'a proposé à de certaines conditions, elle savoit bien qu'elle ne seroit pas *prise au mot*. Elle ne cherchoit qu'un prétexte pour faire *bande à part,* déclarer ses engagements et remplir enfin son projet réel.

La maison de Saxe n'a donc plus rien à espérer de la France pour ses intérêts en Pologne. L'électeur en a été pour quelques intrigues sourdes et beaucoup d'argent, dont la sortie a augmenté le délabrement de ses finances et l'épuisement de ses États. Cette maison n'a plus à faire valoir dans l'Empire d'autres prétentions que celles sur la *succession de Clèves,* qui, depuis deux cents ans bientôt, n'ont pas été seulement écoutées[1].

Elle est donc réduite à exister désormais dans une double dépendance : celle du Roi de Prusse, qui est sa partie adverse à l'égard de ces mêmes prétentions, et

---

[1] On en parlera cependant, lorsque, dans la section III de cet ouvrage, on traitera des *nouvelles combinaisons :* on y dira aussi un mot des droits éventuels de l'électrice douairière, sur les allodiaux et le mobilier de la maison de Bavière à son extinction. (*A.*)

dont les États, entourant et coupant les siens de tous côtés, la forcent à le ménager sans cesse; et celle de la cour de Vienne, dont la protection lui est si nécessaire auprès de ce nouvel allié. Pour la France, elle ne peut plus ni lui rien promettre, ni rien attendre d'elle, tant que la même union, le même concert subsisteront entre ces deux puissances [1].

### DE LA BAVIÈRE [2].

Les liens du sang, ceux de l'honneur, de l'intérêt et de la reconnoissance, ont tenu longtemps attachée à la France cette maison autrefois si nombreuse, et aujourd'hui prête à s'éteindre.

Ces mêmes liens avoient été quelquefois relâchés, et l'on peut dire qu'à l'époque du *traité de Fuessen* (1745) ils furent absolument rompus.

La Bavière avoit eu deux fois, dans notre alliance, le même sort qu'a eu depuis la Saxe, dans celle où nous avions été entraînés par la cour de Vienne.

Les malheurs de ces deux États avoient eu aussi les mêmes causes : une administration intérieure avide,

[1] Il faut observer que l'opinion établie ici sur le peu d'utilité dont la Saxe pouvoit être à la France est fondée sur l'intelligence qui subsiste entre les cours de Vienne et de Berlin; car, dans des circonstances différentes, la Saxe pourroit et devroit servir d'un poids à mettre dans le côté de la balance que la France voudroit faire pencher; et sa position topographique, ainsi que les ressources immenses de son sol, méritent qu'on ait pour elle des ménagements de prévoyance qui peuvent devenir bien placés. (A.)

[2] La Bavière et la maison électorale palatine avaient un auteur commun, Otton de Wittelsbach (1180). Les descendants d'Otton formèrent plusieurs branches qui se réunirent, à la fin du dix-huitième siècle, pour former la Bavière actuelle sous l'électeur Charles-Théodore. Ce prince joignit à son héritage patrimonial la Bavière (1777), non sans avoir eu à soutenir contre l'Autriche une guerre dans laquelle il fut aidé par Frédéric II, roi de Prusse. Il eut pour successeur Maximilien-Joseph de Birkenfeld-Deux-Ponts, qui, allié à la France sous Napoléon, devint le premier roi de Bavière.

inepte, infidèle, indigente et prodigue ; un état militaire mal constitué, mal régi, plus mal commandé ; des ministres sans talents, sans courage et sans probité ; des princes foibles ou incapables. Il n'est pas surprenant que tous deux aient succombé.

Cependant la Bavière s'en est toujours prise de ses calamités à l'alliance de la France ; ce fut le prétexte qu'un ministère gagné par la cour de Vienne prit pour excuser sa défection.

Depuis cette époque, la même cour a conservé dans le cabinet de Munich une influence prépondérante. Elle avoit ménagé le mariage de l'Empereur avec la princesse de Bavière comme un moyen de recueillir un jour le fruit de tant d'intrigues ; et s'il en étoit resté des enfants, il est très-apparent que la maison palatine auroit eu bien de la peine à se mettre en possession de la Bavière.

Au défaut de ce moyen, le *droit de convenance*, qui paroît s'établir pour base unique du *droit public*, pourroit bien suffire à l'Autriche, d'accord avec la Prusse, pour s'emparer de la Bavière à la mort de l'électeur. Le principe nouveau de *maintenir l'équilibre aux dépens de qui il appartiendra* doit dicter cette usurpation. La puissance prussienne est à la veille d'un nouvel agrandissement, par la réversion des deux margraviats de Bareith et d'Anspach à la branche aînée de la maison de Brandebourg[1]. Alors, en partant du même principe, la cour de Vienne seroit

[1] On se sert ici d'une expression impropre, parce qu'elle est usitée. Ces deux États, qui n'en font plus qu'un, étoient ainsi appelés parce qu'ils étoient possédés par des margraves ou puînés de Brandebourg. C'étoit proprement le burgraviat ou châtellenie de Nuremberg, le patrimoine de Frédéric de Hohenzollern, lorsqu'en 1417 il acheta, de l'empereur Sigismond, l'électorat de Brandebourg. Ce burgraviat fut partagé depuis entre deux cadets, avec la clause ordinaire de réversion ; et, de droit, elle aura lieu au décès sans enfants du margrave régnant. Si le cas arrivoit du vivant du Roi de Prusse, ce seroit sa première acquisition incontestable. (*A.*)

obligée de balancer cet agrandissement par un autre à son profit. Il n'en seroit point d'autre plus à sa bienséance *que l'acquisition de la Bavière;* son droit sur ce duché seroit aussi clair que ses prétentions sur les royaumes imaginaires de Gallicie et de Lodomérie [1].

La Bavière auroit donc tout à craindre à l'extinction de sa maison électorale, si la ligue copartageante subsistoit encore à cette époque; et pourquoi ne subsisteroit-elle plus avec des moyens si faciles et des principes si commodes? Tant que les trois copartageants trouveront de quoi partager, il n'y a pas d'apparence qu'ils s'en lassent sitôt; et si, pour arrêter les progrès de ces partages, on n'emploie point d'autres armes que celles de la raison et de la justice, la Bavière est menacée de devenir province sous une domination qui ne promet pas d'être douce [2].

Mais que peut-elle opposer au projet? que pourroit-elle dans le temps opposer à l'exécution? C'est ce qu'il n'est pas aisé de prévoir. On ne doit donc pas toujours compter sur *le chapitre des accidents.*

Nous avons déjà observé que ce calcul vague et fautif n'est pas fait pour servir de base même à un plan momentané, moins encore à un système en grand, qui doit embrasser toute l'étendue de l'Europe.

Ce n'est pourtant qu'un pareil système militaire et politique qui peut préparer les moyens de venir à temps au secours de la Bavière, et d'en assurer la possession aux héritiers légitimes. Ce sera aussi le sujet de quelques *conjectures* dans la troisième section.

A partir de l'état présent, on peut dire de la Bavière que

---

[1] C'est le nom que la cour de Vienne donne à la Pologne qu'elle s'est appropriée. (*A.*)

[2] Joseph II voulut en 1778 s'emparer de la Bavière après la mort de l'électeur Maximilien-Joseph. Il traita avec l'électeur palatin; mais Frédéric II soutint par les armes les droits du duc de Deux-Ponts, héritier présomptif.

dans cette position elle est nulle pour la France, et la France avec toute sa puissance comme nulle pour la Bavière. On doit ajouter que cette nullité réciproque subsistera toujours tant que durera le nouveau système établi dans l'Empire par la ligue copartageante.

### DE LA MAISON PALATINE [1].

Il n'en est pas de même de la maison palatine à l'égard de la France. Il ne paroît pas que, jusqu'à présent, celle-ci ait eu aucun sujet de mécontentement de la branche électorale actuellement régnante. Les liens qui la tiennent attachée à la France et doivent intéresser en sa faveur cette couronne sont l'utilité réciproque et surtout le voisinage. Cette circonstance met toujours le voisin puissant à portée de soutenir, de secourir le plus foible, ou de le contenir, même de le punir, s'il osoit mépriser son appui. Tous ces motifs sont bien puissants; il en est de plus forts encore pour la branche appelée à la succession.

Le chef en est personnellement attaché au Roi par tous les sentiments qu'inspirent la bonté, l'amitié, la société de ce monarque. Il éprouve sans cesse, pour tout ce qui lui appartient, de nouvelles marques de bienfaisance : voilà pour le présent. Mais, si l'on porte ses vues dans l'avenir, on trouvera encore d'autres raisons, pour la branche de Deux-Ponts, de ménager la France, et pour celle-ci, de cultiver et d'*arroser* cette branche naissante.

Il n'est point de plan sans défaut, point de système sans inconvénients. Celui qui sembloit affermi pour jamais après la paix d'Aix-la-Chapelle fut en partie l'ouvrage du hasard, parce qu'il résulta du concours et du choc de plusieurs événements qui n'avoient pas été prévus ou assez combi-

[1] Voyez la note page 134. L'Électeur palatin était alors Charles-Théodore, qui mourut en 1799, n'ayant d'autre héritier que Maximilien de Deux-Ponts.

nés d'avance. Ce système avoit donc un inconvénient qu'il n'avoit pas été possible d'éviter.

L'équilibre dans l'Empire étoit bien établi, mais la puissance opposée à la maison d'Autriche n'étoit ni assez dépendante ni assez voisine de la France : c'est ce que nous développerons ailleurs (section III de ces conjectures), lorsqu'il sera question de former un nouveau système de puissance fédérative.

Celui qu'on avoit *broché* à la hâte, après la mort de Charles VI, destinoit la maison de Bavière à jouer en Allemagne le rôle qu'a rempli depuis celle de Brandebourg. Les fautes et les malheurs accumulés dans cette guerre, la mort de Charles VII, la défection de son fils, les succès du Roi de Prusse, tout concourut à renverser ce premier système, et à établir celui qui subsistoit après la paix d'Aix-la-Chapelle.

La maison de Bavière sembloit d'ailleurs devoir être encore longtemps partagée en deux branches ; et alors la réunion, peut-être si prochaine, des deux électorats ne paroissoit pas même vraisemblable.

Depuis le *traité de Fuessen,* la cour de Vienne conserva, comme on l'a déjà remarqué, toute son influence sur celle de Munich ; et dès lors la branche palatine, plus voisine et plus dépendante de la France, se trouva presque isolée de celle de Bavière.

Dans cette position, ces deux maisons ne faisant point (comme elles l'auroient pu et dû) *cause et masse communes,* elles ne pouvoient plus remplir l'objet qui auroit rendu leur alliance utile et leurs intérêts précieux à la France.

Le cas arrivant de la réunion des deux électorats dans la branche de Deux-Ponts, il en naîtra un nouvel ordre de choses. Cette masse réunie fera un poids considérable dans la balance de l'Empire. La France sera toujours à portée de la placer à son gré dans l'un ou l'autre des deux bassins ; et si les possessions du nouvel électeur étoient attaquées en conséquence, il trouveroit dans la puissance et dans le voisinage de la France un appui redoutable qui bientôt lui en procureroit d'autres dans le corps germanique.

Mais pour cela il faut prévoir et prévenir de loin les obstacles certains qui ne tarderoient pas à s'élever contre cette puissance naissante. Sa position topographique, si commode pour la tenir dans notre dépendance et pour la secourir contre toute agression, l'a rendue suspecte d'avance ; et il est fort à craindre que la ligue copartageante n'ait déjà pris ou ne prenne incessamment des mesures pour la *démembrer* comme la Pologne.

De la part du Roi de Prusse, au défaut des raisons, les prétextes ne manqueront pas. La succession de Berg et de Juliers lui en fournira de reste[1]. La cour de Vienne pourroit bien s'en passer : elle paroît s'y accoutumer ; et ce ne seroit pas alors avec des raisons, des persuasions, des insinuations, par de petits moyens, des intrigues avortées et des mesures vacillantes, qu'on pourroit arrêter ce torrent d'usurpations.

La situation de la maison palatine est donc et restera toujours précaire, tant que le double pouvoir établi dans l'Empire par la ligue copartageante subsistera sur le même pied. On dit plus : la situation de la France est et sera précaire à cet égard tant que les choses resteront dans la même position, puisque sa gloire, sa sûreté, sa tranquillité, tout seroit également compromis ; ou à abandonner alors la maison palatine, ou à la soutenir sans y être préparée d'avance.

---

[1] C'est aussi une question à traiter dans la troisième section de ces Conjectures. On croit devoir y renvoyer cette discussion, pour ne pas trop couper le fil de cet article. (A.)

Nous avons dit un mot de quelques puissances du second ordre dans l'Empire : la Saxe, la Bavière, la maison palatine. On y peut ajouter la maison de Brunswick, surtout le Roi d'Angleterre comme électeur de Hanovre, la Hesse et le Wurtemberg.

### DE LA MAISON DE BRUNSWICK.
#### Le Roi d'Angleterre électeur de Hanovre.

Les rapports et les liaisons de la maison de Brunswick avec la France avoient subsisté autrefois avec plus d'intérêt et d'intimité.

Cette maison, entrée sous Ferdinand II dans la ligue protestante, étoit écrasée sous Ferdinand III. La Suède seule n'auroit pas pu la rétablir; peut-être même ne l'auroit-elle pas voulu. Les acquisitions qu'elle se ménageoit dans le cercle de la basse Saxe ne cadroient point avec les vues d'agrandissement ou plutôt de rétablissement héréditaire de cette maison.

Ces vues lui étoient assez naturelles. Elle avoit possédé jadis non-seulement ce cercle, mais encore ceux de la Bavière et de la haute Saxe. Déchue de sa grandeur et réduite au pays dont elle porte le nom, elle n'avoit rien à espérer de la Suède, et tout à craindre de la cour impériale. Elle se retourna du côté de la France; et la protection de cette couronne la fit rétablir en entier par les traités de Westphalie. Elle obtint de plus quelques dédommagements pécuniaires et l'alternative de l'évêché d'Osnabrug.

Depuis cette époque, jusque bien avant dans le règne de Louis XIV, elle fut comptée dans l'Empire parmi les maisons alliées, protégées, auxiliaires et subsidiaires de la France.

La révocation de l'édit de Nantes et la fermentation

qu'elle excita dans toute l'Europe protestante fournit à Léopold une occasion dont il profita.

Le zèle de religion, mais plus encore les subsides de l'Angleterre et de la Hollande disposèrent bientôt tous les protestants d'Allemagne à entrer dans les vues de la *Ligue d'Augsbourg*. De ce nombre furent les princes de la maison de Brunswick.

La branche de Hanovre surtout eut des motifs de plus pour persister depuis dans l'alliance et la dépendance de la cour impériale.

La succession d'Angleterre lui étoit destinée, et l'Autriche la lui avoit garantie.

Outre les deux expectatives dont elle étoit comme assurée, pour augmenter et arrondir ses possessions en Allemagne[1], elle désiroit ardemment la dignité électorale. Léopold l'en avoit flattée; elle en fut enfin revêtue. Mais cette dignité ne fut pas généralement reconnue, et, dans l'Empire même, il s'éleva beaucoup d'obstacles : la cour de Vienne prit sur elle de les surmonter; et ce fut un motif de plus qui lui dévoua sans réserve la maison de Hanovre.

La branche aînée de Brunswick ne gagnoit rien à tout cela. Elle souffroit même de l'élévation d'une branche cadette qui alloit, à double titre, prendre le pas sur elle; mais, entraînée par le torrent des circonstances et par le besoin de subsides, elle suivit avec regret le parti qu'elle avoit embrassé.

Depuis cette époque, la maison de Brunswick n'a plus eu de rapports directs avec la France, que par ceux de l'Angleterre avec cette couronne.

[1] Celle du duché de Saxe-Lauenbourg, dont elle obtint l'investiture éventuelle, et qui a eu lieu; celle de l'Oost-Frise par un *pacte de famille*, mais sur laquelle a prévalu une autre *expectative* accordée à la maison de Brandebourg. (A.)

La branche aînée, ou de Wolffenbuttel, s'étoit lassée depuis longtemps de la subordination où elle étoit réduite à l'égard de celle de Hanovre. Pour s'y soustraire enfin, elle paroissoit avoir tourné son attachement et ses espérances du côté de la maison de Brandebourg.

L'alliance du Roi de Prusse, en 1756, avec l'*électeur de Hanovre* devint aussitôt, par les circonstances, une ligue forcée avec le *Roi d'Angleterre*.

La branche de Wolffenbuttel y fut entraînée avec lui, et le mariage du prince héréditaire a enfin rapproché et renoué cette branche avec celle de Hanovre.

Dans le cas cependant où il faudroit opter, la position topographique suffiroit seule pour décider le choix de la première. Ses États sont sous la main du Roi de Prusse; et ceux de Hanovre (avec le même avantage local), loin de pouvoir garantir d'une invasion le duché de Wolffenbuttel, n'auroient aucun moyen de s'en défendre eux-mêmes.

Cette situation du Roi d'Angleterre, en sa qualité d'électeur, ne sembleroit pas propre à la rassurer sur les suites de la ligue copartageante. L'*esprit de partage* pourroit bien gagner du côté de la basse Saxe.

La cour de Vienne est restée mécontente de l'opposition qu'elle avoit éprouvée de la part d'un Roi-électeur, qu'elle regardoit comme sa créature; et, s'il s'agissoit d'*acquérir* quelque nouvelle possession à sa portée, elle ne disputeroit pas au Roi de Prusse le droit de faire aussi, de son côté, sur l'Elbe ou sur le Weser, quelque *acquisition équivalente*.

Ce monarque en auroit toujours le moyen; et, pour les prétextes, ce n'est pas une affaire : son génie fécond lui en fourniroit en abondance.

D'abord on sait qu'il a toujours eu envie de s'approcher de Hambourg ou de Bremen, aussi bien que de

Dantzig; et d'étendre ses côtes sur l'Océan comme sur la Baltique.

La possession de l'Oost-Frise et les vastes projets qu'elle avoit enfantés pour le commerce d'Embden avoient mis le Roi de Prusse en goût d'*acquisitions maritimes*. Celle des duchés de Bremen, de Werden, le rendoit le maître des embouchures du Weser et de l'Elbe. Hambourg alors et Bremen seroient à sa discrétion.

On pourroit y ajouter le comté d'Oldenbourg, par quelque arrangement avec le Danemark et la Russie. La cour de Copenhague l'a offert plus d'une fois à celle de Pétersbourg en équivalent du Sleswig.

Alors le Roi de Prusse formeroit sur l'Océan une lisière de côtes, depuis l'Elbe et le Weser jusqu'en Oost-Frise.

Il ne s'agiroit, pour cela, que de se mettre au lieu et place du Roi de Danemark, pour racheter par force, du Roi d'Angleterre, les duchés de Bremen et de Werden, que George I<sup>er</sup> avoit atrocement acquis de la dépouille de Charles XII. (Pour quatre cent mille écus de Danemark, à 4 liv. 10 s., en tout 1,800,000 liv.)

Rien de plus facile si, toujours d'accord avec la Russie (en lui procurant des avantages réciproques), le Roi de Prusse employoit pour cela, auprès du Danemark, la cour de Pétersbourg; il en obtiendroit la cession d'un droit qui n'existe point, et que d'ailleurs cette médiocre puissance n'est pas en état d'exercer.

Dans ces circonstances, on ne conçoit pas trop quel peut être le plan du Roi-électeur, ou de son ministère hanovrien, pour conserver l'intégrité de ses possessions en Allemagne.

Si on l'avoit vu faire quelques démarches à ce sujet, ou se prêter à celles qui peut-être lui ont été proposées, on croiroit qu'il s'est occupé à tracer au moins ce plan défensif : mais il ne paroît pas que cette alarme (si on l'a prise) ait produit l'effet qu'on en pouvoit attendre. C'étoit de rapprocher de nous la cour de Londres, par *l'intérêt de Hanovre*. Il avoit produit cet effet à diverses époques, sous George I*er*, et forcé quelquefois les inclinations de George II [1].

Mais les motifs qui dirigeoient la conduite de ces deux princes allemands n'existent plus pour George III. Purement Anglois, il a été élevé dans l'indifférence, et peut-être dans l'aversion nationale, pour ce qu'on appelle en anglois *continental connections,* ou les intérêts du continent. L'intérêt de Hanovre avoit toujours été le vrai principe de ces connexions, de ces liaisons (si coûteuses pour l'Angleterre) avec les puissances du continent.

On ne peut point aimer ce qu'on ne connoît pas. L'orgueil des Anglois et leurs préventions contre tout ce qui n'est point l'Angleterre avoient encore exagéré à ce jeune prince la stérilité, la misère apparente des *bruyères de Hanovre,* mises en opposition avec les *riches plaines de l'Angleterre*. Il faut bien qu'on lui ait donné de ce pays les idées les plus rebutantes, puisqu'il n'a jamais eu la curiosité si naturelle d'aller une fois voir *son héritage*. Peut-être aussi ses ministres mêmes ont craint qu'il ne s'accoutumât à être le maître ; et ce n'étoit qu'à *Herren-Hausen* qu'il auroit pu en prendre l'habitude.

Ces préjugés d'enfance peuvent bien le laisser dans l'indifférence sur le sort d'un peuple qu'il n'a jamais vu ; mais *l'esprit de propriété,* réveillé sans doute par le minis-

---

[1] La quadruple alliance en 1718, le traité de Hanovre en 1726, celui de Séville en 1729, enfin la convention de 1741. George II voyoit alors ses États menacés par le Roi de Prusse et par notre armée d'*observation* en Westphalie. Quelque répugnance qu'il eût à se prêter aux vues de la France pour l'élection de Charles VII, il fut forcé de consentir à la *suspension du suffrage de Bohême*, et de donner le sien à l'Électeur de Bavière. (*A.*)

tère hanovrien, l'auroit alarmé sur la *possession*, s'il n'avoit été rassuré par quelques motifs apparents.

Ils ne pouvoient avoir d'autres fondements que l'union intime des trois puissances copartageantes. Le ministère anglois aura donc représenté, de son côté, à George III, que la Russie étoit trop intéressée à conserver son amitié pour souffrir qu'aucun de ses alliés osât toucher à ses possessions électorales. Ce même ministère en aura obtenu les assurances les plus formelles de la cour de Pétersbourg; et celle-ci se sera chargée de lui en procurer de pareilles de la part des deux autres *copartageants*. Il est même très-apparent que toutes ces déclarations auront déjà été délivrées en forme à la cour de Londres.

Il n'y auroit peut-être pas, dans ces actes publics ou secrets, de quoi rassurer un ministère moins fier ou moins indifférent sur cet objet. Le Roi de Prusse forme encore aujourd'hui des prétentions d'argent à la charge de l'Angleterre; et, quoi qu'il puisse avoir promis ou déclaré, il auroit toujours son recours sur son débiteur en Allemagne, dès qu'il trouveroit l'occasion de pouvoir l'exercer. Cette occasion pourroit naître d'un changement dans le système de la Russie à l'égard de l'Angleterre; et ce changement peut arriver par des événements fort naturels[1].

Alors il faudroit bien, par honneur, que l'Angleterre soutînt son roi, dépouillé pour elle de ses États d'Allemagne; et, malgré toute sa répugnance à s'engager dans le continent, elle seroit forcée d'y faire la guerre avec désavantage.

Mais ce ne seroit pas pour la France l'effet le plus à

[1] Comme, par exemple, l'avénement du grand-duc au trône. Ce prince, bientôt marié avec une belle-sœur du prince royal de Prusse, pourroit être un jour entraîné plus avant encore que sa mère dans les intérêts de la cour de Berlin. (*A.*)

craindre de la ligue copartageante; au contraire, il en résulteroit de nouvelles combinaisons; et ce résultat pourroit amener aussi un nouvel ordre de choses, dans lequel la France trouveroit alors plus d'un moyen de reprendre sa place. Ce sera le sujet de quelques conjectures dans la suite de cet ouvrage.

Concluons à présent que la maison de Brunswick et le Roi d'Angleterre, en sa qualité d'électeur de Hanovre, sont également détachés, isolés de la France;

Que le dernier n'a plus, à l'égard de cette couronne, les mêmes motifs propres et personnels qui en avoient rapproché ses deux prédécesseurs, et que les motifs politiques ne peuvent nous le ramener que par des circonstances forcées;

Que pour en profiter, si le cas arrivoit, il faudroit du moins y être préparé; et qu'enfin cette préparation ne peut résulter que d'un nouveau système militaire et politique.

### DE LA HESSE.

On ne remontera point ici jusqu'à l'origine des liaisons de la maison de Hesse avec la France : elles avoient commencé sous François I$^{er}$, et continué sous son successeur.

Les guerres de religion les avoient formées; elles les rompirent et les renouèrent. Dans celle de trente ans, la fameuse landgravine de Cassel, *Amélie de Hanau*, se trouva réunie avec la France. Elle obtint par sa protection, dans les traités de Westphalie, le rétablissement en entier de sa maison, des agrandissements de territoire [1] et des sommes considérables à titre d'indemnité.

Le même zèle de religion, après la révocation de l'édit

[1] La sécularisation à son profit de l'abbaye de Hirsfeld et de plusieurs autres grands bénéfices en souveraineté. (*A.*)

de Nantes, les mêmes intrigues de Léopold et les mêmes motifs d'ambition particulière qui avoient détaché de la France la maison de Brunswick, produisirent le même effet sur celle de Hesse.

Le même désir de la dignité électorale qui avoit animé autrefois la première et qui l'avoit assujettie à la cour de Vienne domina depuis la seconde et la retint longtemps dans la même dépendance.

La couronne de Suède, mise sur la tête du landgrave Frédéric, n'avoit point passé aux princes collatéraux. Il leur paroissoit dur de rester dans un ordre subalterne et de voir au-dessus d'eux tant de nouveaux rois [1] qui s'étoient élevés dans le sein de l'Empire.

Au défaut d'une couronne, le bonnet électoral auroit dédommagé l'ambition des landgraves : ils avoient amassé pour cela des trésors immenses ; et si Charles VII eût vécu plus longtemps ou régné plus tranquille, la maison de Hesse alloit obtenir de la maison de Bavière ce que lui avoit fait attendre si longtemps celle d'Autriche.

L'élection de François I$^{er}$ ramena aussitôt le landgrave Guillaume à son premier attachement ; et sans la guerre qui survint en 1756, il auroit enfin recueilli le fruit d'une si longue attente. Entraîné alors par le torrent des affaires dans la ligue opposée aux vues de la cour de Vienne, il s'en attira le ressentiment. La France exerça sur lui les vengeances de l'Autriche : il mourut fugitif et dépouillé de ses États.

Son fils, le landgrave régnant, n'a point perdu de vue l'objet favori d'une ambition héréditaire. Il a paru longtemps rester attaché malgré lui au Roi de Prusse, et ménager toujours en même temps la cour de Vienne : mais

---

[1] D'Angleterre, de Pologne, de Prusse, de Suède, et le duc de Holstein, appelé à la succession du trône de Russie. (*A.*)

l'union de ces deux puissances sembleroit lui promettre enfin par leur concours le succès désiré.

Il est cependant fort à craindre pour le landgrave que ces deux cours ne se pressent pas de le satisfaire.

Devenu catholique, il en est resté en froideur avec toute sa famille, ainsi qu'avec les cours de Londres et de Copenhague, auxquelles il tient de plus près par les liens du sang. Il en est résulté un manque d'harmonie dans les démarches de sa famille et de ses proches qui doit au moins servir de prétexte pour en retarder l'effet.

D'ailleurs en différant toujours de lui accorder la faveur désirée, on est d'autant plus sûr de le tenir désormais dans une dépendance égale des puissances dominantes.

Enfin la création d'un dixième électorat seroit susceptible de quelques inconvénients, et l'on aura toujours l'excuse d'attendre que ceux de Bavière et Palatin n'en fassent plus qu'un. « Alors on pourroit contenter la mai-
» son de Hesse : on n'augmenteroit point le nombre des
» électeurs. Il resteroit *impair;* et l'Empire ne seroit
» point exposé tôt ou tard à une *scission.* »

Tel est vraisemblablement le système des deux puissances réunies. La France n'a point assez de raisons de compter sur le landgrave régnant ni sur sa famille pour avancer par des intrigues ou des sollicitations le moment désiré. Elle auroit bien mal pris le sien si, par l'envoi d'un ministre auprès de ce prince, elle s'étoit flattée de lui faire valoir son appui et son influence soit à la cour de Vienne, soit dans le corps germanique. Si même à cet égard elle avoit pu lui faire illusion, on ne conçoit pas quel parti elle prétendroit en tirer.

Ce prince, on le répète, est presque abandonné, isolé de l'Empire et de sa famille. Il n'a ni crédit, ni considération : son goût seroit d'avoir sur pied un grand nombre de troupes, et son calcul de les faire soudoyer par quelque grande puissance. Si la France étoit d'humeur à en faire les frais, il recevroit l'argent, il promettroit les troupes, et au besoin il les fourniroit, s'il pouvoit ou s'il vouloit; car, en supposant de sa part un peu de mauvaise foi, il lui seroit facile de s'en dispenser. Au moment de l'exécution ces mêmes troupes pourroient bien devenir tout d'un coup prisonnières du Roi de Prusse, comme à la rupture de la convention de *Closter-Seven,* et servir contre nous dans les armées copartageantes.

Quelle est donc l'utilité dont la Hesse aujourd'hui pourroit être à la France?

Quel avantage pourroit-elle recueillir de son alliance, à moins que ce ne fût pour la tromper? Aucun.

Si la France étoit en mesure avec tous les États et princes du Rhin et des cercles antérieurs; si elle bordoit ce fleuve avec une armée et qu'elle en eût une autre assez avancée entre le Rhin et la Moselle, l'accession de la Hesse à son parti ne seroit point à mépriser et pourroit donner du poids à ses opérations politiques ou militaires. Mais dans l'état présent que lui fait un landgrave de plus ou de moins? Elle ne pourroit ni le secourir à temps s'il se sacrifioit pour elle, ni le punir s'il lui manquoit.

Résumons donc et disons que la Hesse est pour la France dans le même cas que les autres États de l'Empire au delà du Rhin, c'est-à-dire contenue et subjuguée par les deux puissances prépondérantes et hors d'état de la servir quand elle en auroit la volonté. Ajoutons qu'aussi, dans l'état présent, elle est encore moins dans le cas de la craindre.

### DU WURTEMBERG.

Cette puissance subalterne n'a joué qu'un rôle court et peu brillant dans les affaires de l'Empire.

Elle n'auroit même pas pu s'en charger sans des subsides extraordinaires. Les suites nécessaires d'une administration détestable, depuis cinquante ans, lui avoient fait perdre tout le fruit qu'elle auroit pu recueillir de ses avantages naturels.

Sa proximité de la France et les enclaves que la maison de Wurtemberg possède dans sa domination la tiennent à plusieurs égards dans la dépendance de cette couronne[1]. La France pourroit donc tirer en temps et lieu quelque avantage de son alliance. Le duc de Wurtemberg est, après l'électeur palatin, le prince de l'Empire le plus considérable de ceux à qui la France peut toujours ou donner la main s'il lui reste attaché, ou présenter la certitude d'un châtiment prompt s'il l'abandonnoit.

Mais, dans l'état où il s'est réduit, il est nul pour la France, et la France n'a aucun motif de ne l'être pas pour lui. Il faut donc le compter pour rien dans les affaires de l'Empire relativement à la France.

### RÉCAPITULATION DE L'ARTICLE VIII.

D'après cet exposé de la situation actuelle du corps germanique et des principaux États dont il est composé, concluons :

1° Que la France depuis 1756 n'a point fait dans l'Em-

---

[1] Le comté de Montbéliard était passé par mariage en 1396 dans la maison de Wurtemberg : à partir de 1631 il fut possédé par la branche ducale, et plusieurs ducs établirent leur résidence à Montbéliard. Cette principauté fut réunie à la France en 1792. Les ducs de Wurtemberg avaient aussi quelques seigneuries en Alsace.

pire un pas qui ne tendît à y affoiblir son influence aussi naturelle que légitime ;

2° Que, par sa négligence, son inaction, sa subordination aux vues, aux désirs de la cour de Vienne, elle a laissé suspendre dans l'Empire l'exercice de tous ses droits de garantie, de protection et d'arbitrage ;

3° Que dans l'état présent, c'est-à-dire depuis la *ligue copartageante*, il lui seroit très-difficile, pour ne pas dire impossible, de reprendre l'exercice de ces droits si précieux pour elle, si embarrassants pour la cour de Vienne et si utiles au corps germanique ;

4° Que par conséquent il n'existe plus de l'Empire à la France le *recours du plus foible*, ni de la France à l'Empire le *secours du plus fort*, ni le *concours de tous les deux*, ce qui forme le lien de la *puissance fédérative ;*

5° Que relativement à l'Empire la France a donc perdu cette branche essentielle de sa puissance, d'où étoient dérivés en grande partie son crédit, sa considération, sa dignité, sa prééminence ;

6° Qu'enfin, pour se mettre en état de recouvrer ces avantages si glorieux, si solides (même pour conserver et affermir la paix avec l'Empire et sa propre tranquillité), il ne faut pas moins que de grandes vues et des moyens proportionnés, mais surtout préparés et combinés de loin ; *une refonte générale* du système actuel, tant politique que militaire.

A l'égard du choix des moyens à prendre, des ressources à mettre à profit et de la méthode à suivre dans l'exécution de cette refonte, c'est ce qu'on traitera dans la troisième section.

Reprenons à présent le fil de celle-ci, en suivant sur la carte de l'Europe la route que nous y avons tracée.

### IX. *De la Hollande ou des États généraux des Provinces-Unies.*

Il faut se rappeler ici ce qui a déjà été dit de la Hollande[1], à l'occasion des nouvelles acquisitions du Roi de Prusse sur la Baltique[2].

Ce fut toujours par son intérêt maritime et commercial que cette république eut des rapports directs avec les puissances du Nord, et souvent la plus grande influence dans cette partie de l'Europe.

Elle en faisoit alors presque tout le commerce, et celui-ci étoit la base et l'aliment de sa puissance maritime et la source de ses richesses. Elle tiroit, elle tire encore du Nord les matières premières de sa navigation dans les quatre parties du monde.

Ce même intérêt l'a plus d'une fois engagée, comme garante, ou auxiliaire, ou médiatrice armée dans des guerres du Nord, dont elle s'est toujours tirée avec honneur et avec le seul avantage qu'elle désiroit : c'étoit de maintenir l'équilibre et une indépendance réciproque entre ces puissances septentrionales.

C'étoit aussi le moyen le plus sûr comme le plus honorable de conserver, avec son crédit et sa considération, un ascendant utile dans les affaires du Nord.

De là dérivoit pour la république la liberté la plus entière et la plus favorisée dans le commerce de toutes les mers voisines du pôle, depuis Archangel jusqu'au fond du golfe de Finlande.

D'après ce principe sage et ferme, la Hollande sauva le

---

[1] On se conforme ici à l'usage établi de désigner par le nom seul de la Hollande *les États généraux des Provinces-Unies.* Cette expression impropre a prévalu, parce qu'elle est plus courte, comme celle de l'*Angleterre* pour désigner les trois royaumes de la *Grande-Bretagne.* (A.)

[2] Plus haut, t. II, p. 7.

Danemark aux abois, sous *Frédéric III*, et réprima l'ambition turbulente de *Charles-Gustave*. Cette diversion maritime releva la Pologne prête à succomber, garantit Dantzig du même sort qu'il éprouve aujourd'hui, et amena les circonstances qui nécessitèrent la *paix d'Oliva*.

Lorsque ensuite le Danemark voulut attaquer la Suède et la maison de Holstein-Gottorp, la Hollande sut arrêter par les mêmes moyens l'esprit d'usurpation, et rétablir l'équilibre du Nord par le traité de *Travendahl*.

Mais c'étoient alors les beaux jours de la république. Détournée depuis *par la guerre de Succession* du seul et véritable objet de sa politique, elle perdit peu à peu toute son influence dans le Nord, et n'en acquit point du tout dans le midi de l'Europe.

Ce fut le fruit et des intrigues de la maison d'Autriche, qui, alors ennemie et rivale de la France, vouloit l'écraser, et de l'adresse des Anglois, qui voyoient à regret la Hollande leur disputer encore l'empire des mers.

La cour de Vienne réussit à diriger tous les efforts de la république contre la France seule, en persuadant à deux bourgeois[1] qu'ils étoient les arbitres et les distributeurs des couronnes, les vengeurs de l'Empire, les libérateurs de l'Europe; et sans un concours imprévu d'événements fortuits, cette chimère d'orgueil alloit se réaliser. La France se voyoit réduite, d'un côté, sur le pied de la paix des Pyrénées; de l'autre, on lui laissoit à peine ce qu'elle avoit acquis par les traités de Westphalie; elle ne l'auroit pas conservé longtemps. L'Espagne, arrachée à Philippe V, alloit réunir sur la tête de Charles VI toutes les couronnes de Charles-Quint; ces prétendus libérateurs forgeoient des

---

[1] Le pensionnaire Heinsius et le greffier Fagel; le premier surtout, homme très-médiocre, avoit beaucoup de vanité et d'animosité contre la France; Marlborough et le prince Eugène lui tournèrent la tête. (*A.*)

fers à l'Europe entière; ils ne réussirent qu'à écraser de dettes cette superbe république. Elle paya bien cher le traité de barrière de 1709; elle fut à son tour payée d'ingratitude par la cour de Vienne, et réduite à celui de 1715, que cette cour a depuis foulé aux pieds.

L'Angleterre en se chargeant des deux tiers des dépenses de mer et rejetant sur la Hollande la même proportion de celles de terre, parvint à diminuer d'autant les forces maritimes de cette république, pendant qu'elle augmentoit les siennes en raison réciproque; et, depuis cette époque, sa décadence d'un côté, l'accroissement de l'autre, ont passé de beaucoup les bornes de cette première progression. Les flottes hollandoises ont disparu; les Tromp, les Ruyter, les Everssen ne se sont pas reproduits, et l'Angleterre seule a couvert de ses escadres toutes les mers connues : elle en cherche encore de nouvelles pour y établir sa domination.

Ainsi, de tous côtés, la Hollande perdit alors la plus grande partie de sa puissance et de sa considération; l'une et l'autre, depuis, sont toujours allées en déclinant. Cette république, autrefois le foyer des guerres, le centre des négociations, attend désormais en tremblant son sort de celui de l'Europe; sa sûreté, son existence dépendent à l'avenir du choc ou du concours des grandes puissances, parmi lesquelles on a cessé de la compter; et le *congrès perpétuel* des ministres étrangers, qui, du village de la Haye, ébranloit et pacifioit l'Europe, n'est plus aujourd'hui qu'une assemblée de nouvellistes.

Tel est et sera toujours le sort d'un État quelconque qui, méconnoissant les vrais principes de sa grandeur, de sa puissance, se laissera entraîner à des intérêts, à des systèmes qui leur seroient ou étrangers ou même diamétralement opposés. Il auroit travaillé, il se seroit épuisé pour élever sur ses propres ruines l'édifice d'une autre puissance. Il croiroit, comme la Hollande, se refaire, se rétablir par l'inaction, par l'inertie, par la réduction de ses forces de terre et de mer, par une fausse économie, qui suspendroit l'usage de tous ses moyens, et feroit même soupçonner qu'il ne lui en reste plus.

Que résulteroit-il de ce repos trompeur et presque léthargique? Un réveil douloureux et peut-être funeste. La puissance même que cet État auroit élevée à ses propres dépens en agiroit avec lui comme la cour de Vienne ne tarda point de le faire avec la Hollande, dès qu'elle cessa de la craindre ou d'en avoir besoin. Il auroit compté sur la reconnoissance, sur l'appui de cette puissance voisine et alliée, et dont il se seroit flatté de s'être fait une barrière; il en éprouveroit la même ingratitude: écarté une fois de son système politique, il ne pourroit plus le reprendre que par des efforts pénibles et coûteux, pour créer de nouveau un système militaire et maritime. Il en seroit détourné, comme la Hollande, par la crainte d'une dépense qui lui paroîtroit toujours au-dessus de ses moyens, et dont l'éclat pourroit attirer plutôt sur lui l'orage dont il seroit menacé. Il ne le verroit que dans une perspective fort éloignée; il nourriroit l'espoir de le conjurer par des mesures foibles qu'il appelleroit pacifiques; il perdroit par degrés ses alliances, son influence, son crédit, sa considération, sa dignité même et sa prééminence, comme la Hollande. Aussi d'actif, de prépondérant qu'il auroit été dans les affaires de l'Europe, il y deviendroit purement passif, ou ne rentreroit dans la sphère d'activité qu'entraîné, malgré lui, par le choc des autres puissances et la rapidité de leur attraction. En suivant le torrent, il n'auroit rien à espérer; en y résistant, il auroit tout à craindre.

La Hollande l'a éprouvé. Telle est aujourd'hui sa situation ; telle on l'a toujours vue depuis la paix d'Utrecht. C'est ainsi qu'elle fut obligée d'entrer, malgré elle, dans la quadruple alliance en 1718, dans la guerre de 1741 ; et que, pendant celle de 1756, elle a toujours tremblé d'y être entraînée d'un côté ou de l'autre. Si, par les bénéfices de la navigation et du commerce, elle a recueilli quelque fruit de sa neutralité, combien n'a-t-elle pas souffert d'avanies et de déprédations de la part des Anglois, essuyé de menaces, d'affronts, de violations de territoire de la part des alliés! Et cependant la France lui reprochoit hautement, et avec raison, sa partialité pour les uns et les autres.

En effet, le gouvernement connivoit avec eux par crainte, et la cour stathoudérienne les favorisoit par inclination.

Qu'en est-il résulté, après la paix, pour la république? le mépris des puissances engagées dans la guerre, le ressentiment des unes, l'audace des autres à former sur elle des prétentions, à les annoncer avec hauteur, et l'indifférence de tout le reste.

C'est encore ici qu'il faut rappeler l'endroit déjà cité de ces conjectures. On y avoit indiqué ce qu'on vient de développer et ce qui en est résulté pour la Hollande : c'est qu'elle a peur de tout, souffre tout, se plaint de tout et ne se garantit de rien. On avoit annoncé aussi qu'en parlant de ce *gouvernement, vicieux dans son principe, et vicié dans ses conséquences*, on discuteroit la seule sorte d'intérêt qu'il peut prendre aujourd'hui aux affaires du Nord; et l'on a promis de dire pourquoi la Hollande seroit et devroit être quelquefois plaignante, mais toujours passive dans les différends qui peuvent résulter des nouvelles propriétés que le Roi de Prusse s'est acquises sur la Baltique.

Le gouvernement de Hollande étoit, en effet, *vicieux dans son principe*, par les inconvénients de l'union et de l'égalité parfaite entre sept provinces, toutes souveraines, mais inégales en puissance. Les intérêts particuliers de chacune sont même souvent en opposition entre elles, ou avec l'intérêt général de la république. Enfin leur consentement unanime est également requis dans toutes les *résolutions de l'État;* ce qui est en partie équivalent au *liberum veto* de l'anarchie polonoise.

C'étoit donc une *union sans lien*, si les circonstances n'en avoient formé un, dès l'origine de la république, par le crédit et l'influence d'un gouverneur révolté, qui devint, disoit-on, le *serviteur du peuple*, après avoir été *celui du prince* [1]; mais ce serviteur alloit être le maître, lorsque Guillaume I<sup>er</sup> fut assassiné. Trois provinces l'avoient déjà nommé leur souverain; il n'auroit pas tardé à soumettre les autres.

Si ses successeurs se sont contentés d'un titre plus modeste, ils ont réellement acquis un plus grand pouvoir dans la république que n'en ont quelques rois dans les monarchies mixtes ou limitées [2], et c'est ce pouvoir même

---

[1] C'est sous ce point de vue que quelques républicains fanatiques ou visionnaires se plaisent encore à considérer le *stathouder :* il n'étoit, en effet, membre de la souveraineté qu'en Zélande, comme marquis de Tervecer et de Flessingue, et, en cette qualité, premier *et seul noble* de la province, où il représentoit un ordre entier de l'État; mais depuis le rétablissement du stathoudérat, en 1747, il jouit en Hollande de la même prérogative, ayant été reconnu *membre et chef du corps* des nobles de cette province prépondérante, ce qui lui a donné droit de suffrage et de présidence dans ce corps et dans celui des *committeer de Raaden*, ou commissaires députés. Lorsque les États de Hollande ne sont point actuellement assemblés, ces commissaires, toujours séants à la Haye, y exercent, *par intérim*, la souveraineté de la province. Le prince stathouder n'est donc plus un simple gouverneur ou officier de l'État; mais il fait partie intégrante et principale de l'État même. (A.)

[2] M. le baron Huybert de Gruyningen l'a prouvé dans son *Parallèle du*

qui a *vicié dans ses conséquences* un gouvernement déjà vicieux dans ses principes.

La raison en est simple : *le besoin d'un chef, d'un lien de l'union,* toujours allégué en faveur du stathoudérat, a fait regarder le rétablissement et l'agrandissement de cette dignité comme un correctif au vice original de la constitution ; mais de ce correctif il est résulté un autre vice plus dangereux encore, c'est l'établissement de deux pouvoirs séparés et opposés au fond, quoique liés et conciliés dans la forme. *Ce lien de l'union* est toujours un obstacle à son activité, lorsque les intérêts ou les inclinations de la *cour stathoudérienne* se trouvent en opposition avec les intérêts ou les vues de l'État, et surtout de la province de Hollande. Nous chercherons bientôt ce qu'il en doit résulter relativement aux affaires du Nord ; mais commençons par apprécier le degré d'intérêt que la république doit prendre à cette crise de l'Europe.

On sait, nous l'avons déjà dit, combien le commerce du Nord a toujours été précieux pour la Hollande. Outre les munitions et les marchandises navales, elle en tire surtout l'immense quantité de grains dont elle a établi chez elle la commission et l'entrepôt. C'est ainsi qu'un petit pays stérile et marécageux est devenu le grenier de l'Europe. C'est l'aliment de sa navigation, la pépinière de ses matelots ; enfin, après la décadence de sa marine militaire, c'est le soutien principal de sa marine marchande.

L'exportation des grains qu'elle tire du Nord se faisoit surtout par les deux ports de Dantzig et de Riga. Là viennent aboutir ceux de Pologne, de Livonie et d'une partie de la Russie.

pouvoir d'un roi d'Angleterre avec celui d'un stathouder des Provinces-Unies. (*A.*)

Le port de Riga est souvent fermé pour cette branche d'exportation. L'esprit de monopole, dirigé autrefois en Russie au profit des particuliers, est tourné aujourd'hui au bénéfice de la couronne; et on ne tire plus guère de blé de Livonie que par des concessions particulières, soit pour un gouvernement étranger, et c'est le cas avec la Suède, soit pour des négociants anglois ou autres, qui en payent la permission aux finances de l'Impératrice.

Dantzig étoit le seul port où cette exportation fût en tout temps libre et illimitée. L'importation de toutes les autres denrées et marchandises de l'univers y étoit également permise, et les Hollandois, par leur *commerce d'économie*, recueilloient la plus grosse part du bénéfice immense de cette importation. Elle se répandoit dans toute la Pologne et la Lithuanie. Le solde des objets importés faisoit, avec le prix des grains et des autres objets exportés, une balance sûre, toujours à l'avantage du commerce de la Hollande.

Tel étoit encore son état florissant pour le commerce, lorsque le partage de la Pologne est venu changer tout d'un coup la face du Nord, écraser Dantzig, gêner, asservir le commerce de l'étranger avec la Pologne, et le menacer d'une destruction totale.

Les prétentions du Roi de Prusse sur le port de Dantzig, les droits exorbitants qu'il exige en conséquence, ceux qu'il se réserve la liberté d'imposer sur le cours entier de la basse Vistule, ses menaces tantôt d'en changer l'embouchure, tantôt d'en détourner le cours ou d'en rejeter le débouché dans l'Oder par des canaux projetés et déjà commencés; les monopoles établis en même temps dans les deux Prusses, des sels, de la cire et de plusieurs autres productions de la Pologne, annoncent des projets avides et peut-être précipités, mal combinés pour les finances mêmes de ce monarque, mais toujours destructifs pour le commerce des étrangers, et surtout des Hollandois, dans une partie aussi considérable de la Baltique.

Les Anglois, sans doute, auront beaucoup moins à craindre pour le leur; et leur sécurité, leur tranquillité à cet égard semblent l'annoncer. Au milieu de l'agitation et de la consternation générale, les liaisons intimes de la cour de Londres avec celle de Pétersbourg, les bons offices qu'elle est en droit d'attendre auprès du Roi de Prusse, les raisons secrètes que ce monarque peut avoir, dans ses projets profonds et ténébreux, de ménager encore l'Angleterre, tout peut et doit faire espérer au pavillon anglois *des exceptions à la règle*, des distinctions et des faveurs particulières; mais surtout la terreur qu'inspire l'Angleterre répond à son commerce d'une prospérité constante, du moins tant qu'on ne prendra point en Europe d'autres mesures pour arrêter les progrès de son despotisme maritime.

Autrefois la même terreur s'étoit répandue dans les quatre parties du monde au seul nom de la Hollande, lorsqu'elle partageoit avec l'Angleterre l'empire des mers: mais aujourd'hui cette puissance ne peut plus être appelée maritime qu'à raison de sa position topographique et de la multitude de ses navires marchands; ce qui lui est resté de marine militaire suffit à peine pour contenir les barbaresques, et ils la respectent si peu, que ses armes ont toujours besoin d'être secondées par des présents. La France, toute déchue qu'elle est à cet égard, l'Espagne, la Russie, le Danemark, peut-être la Suède même, sont aujourd'hui plus redoutables sur mer comme sur terre.

Loin donc d'inspirer la terreur, c'est la Hollande qui l'éprouve, et c'est surtout le Roi de Prusse qui la tient sans relâche affectée de ce sentiment. Par le voisinage de ce monarque en Ost-Frise et sur le bas Rhin, la République est pour ainsi dire bloquée; et son état de guerre est si disproportionné au nombre de ses places, à l'étendue de sa barrière et à la longueur de ses frontières, qu'elle tremble toujours de se voir prise au dépourvu dans quelque point de cette circonférence.

Mais des trois puissances qu'elle craint le plus, la France, l'Autriche et le Roi de Prusse, la première n'inspire plus cette frayeur que par une suite du préjugé et de l'habitude; la seconde paroît contente de fouler aux pieds impunément le traité de Barrière, et de ne rien payer de tout ce qu'elle doit à la Hollande : du moins jusqu'à présent elle ne lui demande rien; la troisième, au contraire, lui demande sans cesse, et forme à sa charge des prétentions toujours renaissantes.

En effet, le Roi de Prusse ne se contente pas de réclamer de son chef des droits réels ou fabuleux; il protége, il exerce, il sollicite toutes sortes de prétentions particulières et individuelles, à la charge, soit de la République, soit de la Compagnie des Indes, soit des sujets hollandois. Il traite, il transige, il achète même des procès des particuliers. Enfin il n'est aucun moyen de tourmenter l'État ou les sujets, et d'en tirer de l'argent, qu'il ne mette en œuvre avec une activité infatigable.

Dans cette position, on voit déjà combien il seroit difficile d'exciter la Hollande à prendre un parti vigoureux relativement aux affaires du Nord; on peut même ajouter que des démarches à cet effet seroient pour le moins imprudentes. Les prérogatives du prince stathouder et l'influence qu'il a, de droit et de fait, dans toutes les délibérations de l'État, ne permettroient point qu'aucune de ces démarches fût un secret pour lui, ni qu'elle réussît sans son aveu. C'est ici qu'il faut revenir à ce qui a été dit plus haut des inconvénients du stathoudérat, dans tous les cas où les intérêts, les inclinations de la cour stathoudérienne se trouvent en opposition avec les intérêts ou les vues de l'État, et surtout de la province de Hollande.

Dans tous ces cas possibles, celui dont il s'agit est le plus critique et le plus embarrassant pour cette province; c'est dans son sein, c'est dans ses ports, dans ses magasins, qu'est l'entrepôt du commerce du Nord et surtout de celui des grains qu'elle tiroit de la Pologne; elle est donc la plus intéressée, et à peu près la seule, aux événements qui menacent et qui affectent déjà cette branche de commerce.

Mais, quoique la Hollande soit toujours la partie prépondérante de l'Union [1], son influence dans les délibérations est plus négative que positive, c'est-à-dire qu'elle est toujours assurée d'empêcher ce qu'elle rejette, mais non pas d'entraîner les autres provinces dans ce qu'elle propose.

C'est ainsi que le lien de l'union devient trop souvent un obstacle au bien de l'État, lorsque la cour stathoudérienne adopte des principes ou des intérêts différents de ceux de la Hollande; alors ce lien se relâche à volonté, et l'opposition du stathouder, ou même son indifférence, sa neutralité apparente, rompt en effet l'union, en laissant subsister ou même en fomentant la division entre les provinces [2]. C'est ce qui ne manqueroit pas d'arriver, si

---

[1] Elle contribue, comme on sait, à peu près de moitié dans le total des charges publiques; et cette proportion étant le résultat et la représentation de sa puissance réelle, lui donne sur chacune des autres provinces un avantage calculé. (A.)

[2] Rien n'est plus facile et ne semble plus naturel; car toutes les puissances ont entre elles des intérêts à démêler, et des différends dont quelques-uns sont interminables. Par exemple, la Zélande, qui après la Hollande prendroit le plus vif intérêt au commerce du Nord et surtout à la traite des grains,

la Hollande proposoit, dans l'assemblée des États-Généraux, de prendre des mesures vigoureuses contre les vexations et les monopoles du Roi de Prusse; elle seroit vraisemblablement seule de son avis. Les provinces de terre insisteroient à l'ordinaire sur une augmentation de troupes, et n'offriroient de consentir qu'à cette condition à une augmentation de vaisseaux; l'objet de la dépense tout à la fois d'une flotte et d'une armée ne manqueroit pas d'effrayer, et les choses en resteroient aussi à l'ordinaire toujours sur le même pied.

D'ailleurs, les intérêts et les inclinations de la cour stathoudérienne sont ici manifestement contraires aux vues, aux intérêts de l'État et de la Hollande en particulier; mais cette province, quoique bien persuadée qu'on la sacrifie, n'a plus de moyens de se dérober au sacrifice.

Il lui restoit encore quelques membres dont les principes honnêtes, le caractère ferme, l'expérience et la réputation balançoient quelquefois l'influence du *parti de la cour*. Ils avoient vu et prévu le rétablissement du stathoudérat: ils n'avoient pu l'empêcher; mais ils tenoient toujours à l'ancien gouvernement, et le nouveau étoit forcé de les ménager. La ville d'Amsterdam s'étoit ralliée à ce parti; on pouvoit l'appeler celui de la *République;* il avoit

est absolument aliénée de cette province par les suites de l'affaire d'*Issequebo*: c'est une colonie dans le continent de l'Amérique méridionale, dont la Zélande s'étoit arrogé le monopole depuis son établissement. Après des discussions et des altercations qui ont duré plus d'un siècle, *le lien, l'arbitre de l'union* (la cour stathoudérienne), a porté au dernier période l'animosité de la Zélande contre la Hollande, en donnant gain de cause à celle-ci. En conséquence, le commerce d'*Issequebo* est devenu libre et ouvert à tous les sujets des sept provinces, c'est-à-dire dans le fait à ceux de la Hollande; et la Zélande, déjà écrasée, a perdu cette ressource exclusive; elle en est restée inconciliable avec la Hollande, qu'auparavant elle secondoit toujours dans les Etats-Généraux. Cette *scission* est précisément ce que désiroit la cour stathoudérienne. (*A.*)

tenu ferme pour la neutralité, pendant la dernière guerre, malgré tous les efforts de la *princesse gouvernante,* du duc Louis de Brunswick et de l'ambassadeur d'Angleterre [1].

Ce parti n'existe plus : le pensionnaire Stein en a été le dernier; son successeur, M. Bleeswick, est la créature, l'agent du duc Louis, qui est l'âme et le mobile de la cour stathoudérienne : mais ce mobile reçoit et suit constamment une autre impulsion, c'est celle de la cour de Berlin; elle lui est communiquée par mademoiselle de Dankelman [2].

D'après cet exposé, on doit bien s'attendre qu'il y aura de la part des négociants, et peut-être même de la ville d'Amsterdam, beaucoup de réclamations et de mémoires présentés à l'assemblée de Hollande pour invoquer l'intercession, l'appui des États-Généraux auprès du Roi de Prusse et le redressement de leurs griefs. Il est même appa-

---

[1] Le chevalier York, le plus célèbre des ambassadeurs, parce qu'il en est le doyen et le plus considéré en Hollande, parce que sa nation y est la plus redoutée et la plus endettée. (A.)

[2] Dame d'honneur de la princesse d'Orange, qui l'a élevée et à qui le Roi de Prusse l'a confiée, en mariant celle-ci au prince stathouder. C'est une vieille fille de beaucoup d'esprit, élevée dans l'intrigue et les affaires; son père, ministre d'État, avoit été employé dans les plus importantes négociations, et elle ne l'avoit point quitté. Elle a un pouvoir absolu sur l'esprit de la princesse, et s'est acquis beaucoup d'ascendant sur celui du prince : le duc la craint et la ménage extrêmement; il est avec elle aux petits soins, et ne propose rien à son pupille sans l'en avoir prévenue et obtenu son approbation. De son côté, elle concerte avec lui toutes les démarches qu'elle est obligée de faire en conséquence de ses instructions de Berlin; elle est proprement le ministre secret du Roi de Prusse et l'organe de ses volontés. Le voyage de la princesse à Berlin paroît être une suite de ce système de domination si heureusement établi; les affaires présentes exigeoient trop de détails, d'explications et d'éclaircissements, pour pouvoir les traiter à fond dans une correspondance. Il est apparent que ce monarque a désiré d'avoir la princesse, et surtout mademoiselle de Dankelman, pour concerter à loisir les mesures à prendre en Hollande et la conduite qu'elle devra prescrire au duc relativement aux mêmes affaires. (A.)

rent que Leurs Hautes Puissances ne refuseront point à la province de Hollande les démarches ministérielles dont elles seront formellement requises. Mais tout aura été auparavant pesé, mesuré, concerté entre le duc, le pensionnaire et le greffier [1] : si la dépêche ministérielle, le mémoire et les autres pièces publiques adressées à M. Verelst doivent être rédigées en termes un peu forts ou vivement plaintifs, la *lettre secrète* aura lieu de les adoucir, et ce ministre de Hollande à Berlin n'aura garde de manquer à aucun ménagement [2].

Le Roi de Prusse répondra ou ne répondra point; il ira son train : nouvelles plaintes, nouvelles dépêches et nouveaux mémoires; il n'en sera ni plus ni moins : c'est ainsi qu'on traite avec la Hollande [3].

[1] M. Fagel, à qui son fils a été adjoint en survivance. Ce vieux et bas courtisan est proprement le ministre des affaires étrangères; il appartient aux États-Généraux, comme le pensionnaire à ceux de Hollande. Lorsque ces deux ministres étoient d'accord, avant le rétablissement du stathoudérat, ils gouvernoient les affaires; depuis, ils ont dû se soumettre à l'influence de ceux qui ont gouverné la cour : c'est aujourd'hui le duc. Il disposoit déjà du greffier; il trouvoit quelquefois de la résistance dans le pensionnaire Stein, homme sage, intègre, ferme et incorruptible. Le duc savoit alors se replier à propos; mais il travailloit sans relâche à le faire exclure de la première nomination qui se fait tous les cinq ans, pour y placer M. Bleeswick, pensionnaire de Delft : il y en avoit quinze que M. Stein étoit toujours continué dans sa place; il le fut encore la dernière fois : mais une apoplexie en a délivré le duc. Peu de temps après M. Bleeswick lui a succédé. (*A.*)

[2] Il n'a plus de ressources ni d'existence que dans son poste; c'est un assez bon homme, fort au-dessous du médiocre, courtisan du Roi de Prusse, qui l'a décoré du titre de comte. Il n'en est pas plus considéré à Berlin, ni dans sa patrie; mais cela n'est pas nécessaire pour conserver son emploi, non plus que la capacité, dont en général les ambassadeurs et ministres de Hollande sont toujours dispensés : au reste, il n'en est que mieux au gré du Roi de Prusse. (*A.*)

[3] C'est ainsi qu'on traitoit à la cour de Londres les plaintes de la Hollande sur les déprédations des Anglois pendant la dernière guerre. La ville d'Amsterdam y fit envoyer exprès un ambassadeur (M. Borel). L'amirauté angloise, pour abréger sa mission, déclara de bonne prise toutes les cargaisons récla-

Si la France a toujours eu pour cette république plus d'égards, de ménagements qu'aucune autre des grandes puissances, elle n'en a pas inspiré à la nation plus d'attachement pour nous ni plus de reconnoissance au gouvernement; les vieux préjugés y subsistent encore, et la cour stathoudérienne les cultive soigneusement. L'influence angloise a longtemps dominé dans cette nouvelle cour; l'influence prussienne y domine à son tour, sans que la première y ait été détruite.

L'intérêt du commerce nous attacheroit encore, en général, la province de Hollande et la ville d'Amsterdam; mais cet intérêt même pliera toujours sous le joug de la crainte qu'inspire l'Angleterre. La peur qu'on a du Roi de Prusse affecte davantage les provinces de terre; et ce motif, exagéré par la cour même, se joint au plus grand pouvoir qu'elle a dans ces provinces pour les retenir, à l'égard de cette puissance, dans un état purement passif.

Ainsi de tous côtés la République a des entraves qui la réduisent à l'inertie et rendroient inutiles toutes les démarches qu'on auroit pu tenter pour la remettre en activité.

On a déjà dit que ces tentatives seroient *au moins imprudentes,* et cela n'est pas douteux, puisque la cour sta-

mées. C'est ainsi qu'on avoit prévenu des plaintes encore plus fondées, lorsqu'au commencement de la même guerre les Anglois, sans aucune provocation, avoient attaqué et pris dans le Gange l'escadre hollandoise, les troupes qu'elle avoit mises à terre et le comptoir d'Ougly. Le chevalier York présenta aux États un mémoire fulminant pour demander satisfaction des hostilités commises au Bengale par la compagnie hollandoise contre celle d'Angleterre. Le conseil de Batavia comptoit si peu sur l'appui de la République, qu'il se hâta de conclure un accommodement honteux pour ravoir ses vaisseaux, ses troupes et son comptoir. Par cette convention, les Hollandois s'assujettirent à ne plus envoyer dans le Gange ni troupes ni vaisseaux armés en guerre, et à ne tenir dans leur comptoir d'Ougly qu'une garnison de cent cinquante hommes. Cet accommodement, dont la nouvelle vint en Europe presque aussitôt que celle de l'insulte, survint fort à propos pour tirer d'embarras le gouvernement de Hollande. (A.)

thoudérienne s'en feroit un mérite auprès des puissances copartageantes. Au moins est-il bien sûr que le duc n'y manqueroit pas à Berlin où il fait sa cour, et à Vienne où il tâche de la faire encore. Ses empressements y doivent être désormais d'autant mieux accueillis que dans les affaires présentes la Prusse et l'Autriche font cause commune.

Du tableau qu'on vient de tracer, et du gouvernement, et de la Hollande, et de sa situation actuelle relativement aux autres puissances, il résulte :

1° Que la position respective de cette république à l'égard de la France est celle d'un État purement mercantile, et qu'elle ne tient plus à cette puissance que par les avantages du commerce ;

Mais que ce même intérêt ne l'empêchera point de plier sous le joug de l'Angleterre toutes les fois qu'elle verra son commerce menacé par cette même puissance d'une destruction aussi prompte qu'inévitable[1].

2° Que la crainte de la France, fondée sur les vieux préjugés, peut bien subsister en Hollande encore dans l'esprit du peuple, assez pour y nourrir la haine nationale, mais non pas pour en imposer au gouvernement ;

3° Que dans l'état actuel des affaires cette crainte seroit

[1] Outre ce motif de crainte, il en est un qui touche de plus près les principaux membres de l'État et les différentes régences particulières : c'est la dette immense que l'Angleterre a contractée en Hollande ; elle étoit, en 1765, de quatre cents millions de florins (plus de huit cents millions tournois). Dans cette somme est comprise, en grande partie, la fortune de tous ces individus et de leurs familles ; et ceux qui n'ont point assez d'intérêt dans le commerce pour craindre par cette raison la guerre avec l'Angleterre, trembleroient alors qu'elle ne fît une banqueroute nationale. Ils ne craignent pas que ce malheur arrive tant qu'elle est en paix ; ils sont donc forcés, par cet intérêt personnel et domestique, à la ménager, à tout souffrir plutôt que de rompre avec elle ; même à faire des vœux pour sa tranquillité et sa prospérité. Il arrive donc ici, d'État à État, tout le contraire de ce qui se passe entre particuliers ; c'est que le débiteur tourmente le créancier, et que celui-ci est dans sa dépendance. (*A*.)

balancée par la frayeur qu'inspirent deux autres puissances voisines et réunies, la cour de Vienne et le Roi de Prusse;

4° Que cette frayeur même seroit dans tous les cas un motif de sécurité pour la Hollande contre le ressentiment de la France, tant que ces deux puissances resteront unies. La raison, c'est qu'alors elle seroit assurée de leur protection; et c'est le cas de tout État foible : il ne trouve sa sûreté que dans la jalousie et la division entre les plus forts;

5° Que la cour stathoudérienne n'est plus animée de cette haine vive et active contre la France qui avoit caractérisé l'administration de Guillaume III; mais qu'elle n'a et ne peut avoir jusqu'à présent aucun motif, aucun intérêt de rechercher son amitié;

6° Que l'ambition de se mêler de toutes les affaires de l'Europe, d'en diriger les négociations, d'en fixer le centre à la Haye et d'en faire le temple de la paix ou le foyer de la guerre, n'est plus comme autrefois le mobile de la cour stathoudérienne ni de la République; que le duc Louis ne s'occupe qu'à gouverner paisiblement sous le nom du stathouder et sous les auspices du Roi de Prusse, en ménageant toujours l'Angleterre et la cour de Vienne; que le prince n'a lui-même d'autre ambition que de jouir en paix de la représentation royale, dont, au titre près, il réunit tous les attributs [1];

---

[1] Ce prince a été fort mal élevé; la foiblesse de son tempérament et les maladies qu'il a eues dans son enfance ont servi de prétexte à ceux qui avoient, sans doute, d'autres raisons pour en faire un enfant gâté. Il partage son temps entre des amusements puérils et des spectacles militaires; le goût de ceux-ci lui est venu par imitation. Le duc avoit commencé de le lui faire naître pour l'occuper de quelque chose et le détourner des affaires; le Roi de Prusse l'a achevé. Ce prince est devenu, comme tant d'autres, le singe de ce monarque; il a chargé, outré l'imitation jusqu'au ridicule; et à son

Qu'enfin la République, subjuguée par la cour, intimidée par les puissances voisines, craignant pour son commerce, mais encore plus pour sa sûreté et sa tranquillité, sans énergie, sans patriotisme, désarmée par mer et à peu près par terre, n'a conservé tout au plus que la *force d'inertie;* qu'elle est réduite à un état purement passif;

7° Que de cet état il n'y auroit qu'un pas à une activité forcée, si les deux puissances voisines, toujours d'accord entre elles ou peut-être avec l'Angleterre, avoient un jour quelque intérêt à entraîner la Hollande dans une guerre contre la France;

Que cela ne pourroit que trop arriver, dans le cas surtout de la *Succession de Juliers,* lorsque la France voudroit s'opposer trop tard à cette opération du système copartageant;

8° Qu'enfin, si la France n'a pour le présent rien à redouter de la Hollande, elle n'en a aussi dans l'état actuel rien à espérer, mais beaucoup peut-être à redouter pour l'avenir dans certains cas possibles.

Donc, à l'égard de cette république, la France a aussi perdu la plus grande partie de sa considération, de son influence et de sa prépondérance dans la balance de l'Europe.

---

habillement, à sa coiffure, à son allure, on le prendroit plutôt pour un charlatan que pour un militaire. On ne peut pas dire qu'il soit sans esprit, sans talents; au contraire, il a montré toujours beaucoup de facilité à apprendre tout ce qu'on a voulu lui enseigner, comme la géométrie et les langues. Outre le hollandois, il parle le françois, l'anglois et l'allemand; il a quelque teinture de la musique et des beaux-arts, mais point d'énergie, ni de caractère, peu de jugement et de réflexion, nulle application suivie et soutenue. Au reste ce prince, quoique familier jusqu'à l'indécence et à la polissonnerie avec ses entours ordinaires, est assez fier et vain de l'étiquette presque royale dans laquelle il a été élevé. D'ailleurs il n'a ni figure, ni grâce, ni dignité, ni maintien; son air est timide, embarrassé avec les étrangers, haut avec les hommes, impoli avec les femmes. (A) — Il s'agit de Guillaume V.

Donc il est nécessaire, il peut même être très-instant de prévenir tout l'avantage que les deux puissances voisines de la Hollande pourroient prendre tôt ou tard de cette diminution de notre ascendant et de la supériorité du leur.

Donc enfin le désir même de conserver la paix et la tranquillité publique exige que l'on prenne à temps des mesures et des précautions pour empêcher que la Hollande ne soit entraînée, même par force, dans les desseins de ces deux puissances contre la France, ou ses alliés, ou ses protégés.

Mais tout cela, on ne peut trop le répéter, dépend de la formation d'un nouveau système politique et militaire. On examinera dans la section suivante quels peuvent être les moyens de rétablir et de perfectionner le premier relativement à la Hollande.

### X. *De l'Angleterre.*

Jamais ce sujet n'a été si triste, ni si épineux à traiter.

Dans les beaux jours de Louis XIV la France profita de l'animosité nationale, de la jalousie du commerce entre les Anglois et les Hollandois, pour tenir la balance entre les deux puissances maritimes. Pendant la guerre terminée par le traité de Breda en 1667, elle avoit pris parti pour la Hollande contre l'Angleterre, et cette jonction avoit fait pencher la balance en faveur de la première.

Lorsque ensuite l'ingratitude des Hollandois eut entraîné l'Angleterre dans la triple alliance en 1668, et qu'après avoir rempli par là leur objet dans le premier traité d'Aix-la-Chapelle ils manquèrent de nouveau à cette puissance, la France s'unit avec elle, et en 1672 elles fondirent de concert sur les Hollandois par mer et par terre.

Cette union ne dura guère. Les intrigues des *whigs*, des Espagnols et du prince d'Orange en rompirent le nœud et firent faire à l'Angleterre sa paix séparée dès l'année suivante.

Depuis cette époque les deux rois restèrent amis, alliés, jusqu'à la mort de Charles II[1]; mais dans les deux nations les germes de la haine commencèrent à fermenter. Jacques II lui-même en auroit hâté l'explosion s'il avoit régné plus longtemps, et cela seroit arrivé par l'effet de cette rivalité navale. Même après sa chute, réfugié en France, transporté, soutenu par elle en Irlande, il conservoit à cet égard l'enthousiasme d'un matelot anglois, et il lui en échappa souvent des saillies indiscrètes[2].

On peut donc le dire, nous voici arrivés à l'anniversaire d'un siècle de haine implacable entre les deux nations. Depuis cette paix séparée, en 1673, elles n'ont point cessé d'être en guerre ouverte, ou, en temps de paix, de

---

[1] On sait par quels moyens cette liaison fut entretenue; l'indolence et la vénalité de ce prince furent sans doute précieuses pour la France; elle ne pouvoit pas les payer trop cher, et cependant le prix n'en fut pas énorme; elle en profita pour s'élever et se soutenir au point de l'égalité maritime avec l'Angleterre. Charles II n'en fut pas plus tranquille ni plus puissant dans l'intérieur; l'Angleterre, déchirée par les factions; la cour, le ministère, divisés par les cabales, le laissèrent peu jouir des douceurs de la paix. Il lui en coûta sa gloire; et ce roi bon, aimable, plein d'esprit et de talents, n'est plus connu, dans les fastes de sa nation, que par le titre odieux de *pensionnaire de la France*. (*A*.)

[2] On trouve là-dessus des anecdotes singulières dans les *Mémoires* de Dalrymple, ouvrage nouveau et pas encore traduit, mais rédigé d'après des pièces originales et authentiques. Leur vérité incontestable a justifié ce qu'en avoit déjà dit M. Hume, et le souvenir de ces sentiments patriotiques a beaucoup adouci la haine qu'on avoit si longtemps et si soigneusement entretenue dans les esprits contre la mémoire de Jacques II. Ce prince, lorsqu'il étoit grand amiral d'Angleterre, avoit remporté des victoires sur les Hollandois. (*A*.) — Les mémoires sur Jacques II ont été depuis traduits en français.

nourrir les jalousies, les défiances, les craintes réciproques qui ont ramené quatre fois [1] de nouvelles hostilités.

Le combat de la Hogue, en 1691, rompit l'égalité maritime qui avoit subsisté jusqu'alors entre les deux puissances rivales. La France déclina, mais elle continua de lutter, et souvent avec succès, contre l'Angleterre. Dans la guerre de la succession, elle reparut formidable et balança, jusqu'en 1706, les forces unies de cette nation et de la Hollande. Trop de malheurs suivirent; mais en dominant sur les mers ces flottes combinées ne purent garantir le commerce anglois et hollandois des incursions de nos corsaires, qui soutinrent encore notre marine accablée, et de l'école desquels sortirent les Duguay-Trouin, les Cassart et tant d'autres, dignes successeurs des Bart et des Duquesne [2].

L'esprit de la marine n'étoit donc pas encore perdu en France après la paix d'Utrecht. Le ministère qui suivit sous le nouveau règne auroit pu sans doute montrer plus d'attention à soutenir et cultiver cette branche importante de la puissance militaire, et vraisemblablement le succès de ses négociations pacifiques n'en auroit été que plus assuré. On pensa autrement, ou pour mieux dire on n'y pensa point [3]. La paresse, l'indolence, ouvrirent la porte au désordre, à la fraude, à l'indiscipline, à la dissipation

---

[1] En 1688, 1702, 1743, 1755.

[2] La France étoit alors engagée à peu près contre toute l'Europe dans une guerre de terre en Flandre, en Allemagne, en Espagne, en Italie. Qu'auroit-ce donc été si elle n'avoit eu affaire qu'à l'Angleterre seule et sans alliés, comme celle-ci l'étoit depuis, au commencement de la dernière guerre? (A.)

[3] C'est peut-être le seul reproche qu'on ait eu à faire au ministère de M. le cardinal de Fleury. Il a trop craint que l'entretien d'une marine respectable ne réveillât la jalousie des Anglais; et pour jouir personnellement d'une tranquillité qui n'eût peut-être pas été troublée par une conduite plus noble et plus éclairée, il a préparé bien des embarras à ses successeurs. (A.)

et au brigandage. La faveur et les passe-droits enfantèrent les cabales et fomentèrent le mécontentement. Le patriotisme, le désintéressement, le véritable honneur des d'Estrées, des Tourville, firent place à l'orgueil exclusif d'une noblesse oisive, ignorante et énervée, à l'*esprit personnel*, au calcul mercantile. Le mérite perdit ses droits; le zèle, l'instruction, l'application, l'expérience, devinrent inutiles et souvent nuisibles aux sujets les plus distingués; et les services sans l'intrigue, sans la bassesse, sans l'appui des entours, furent enfin comptés pour rien [1].

Ce fut dans cet état qu'en 1744 l'Angleterre trouva la marine françoise. Il en résulta tout ce qui devoit en arriver: après tant de victoires, de conquêtes en Europe, où la nation, le Roi en personne avoient acquis tant de gloire, on rendit les Pays-Bas pour sauver l'Inde et l'Amérique, pour recouvrer le cap Breton, pour avoir la paix et du pain [2].

[1] Il n'y a rien d'exagéré dans ce tableau, qui est aussi très-ressemblant au temps présent, les nouveaux arrangements de la marine n'ayant fait qu'y augmenter le désordre et la confusion. (*A.*) — M. de Choiseul, qui avait eu quelque temps le ministère de la marine, avait voulu mettre notre flotte en état de résister à l'Angleterre. Ses soins se portèrent d'abord sur le matériel. A la suite de la paix honteuse de 1763, tout le monde sentit en France la nécessité d'une marine militaire puissante. Différents corps et des particuliers firent des souscriptions pour cet objet et pour aider l'État. Le clergé vota un million. On exploita les forêts des Pyrénées, qui fournirent de magnifiques mâtures; mais le ministre comprit que tous ses efforts seraient vains s'il ne réformait la constitution militaire de la flotte, en ôtant aux nobles le privilége exclusif d'être officiers, et en admettant les officiers de la marine marchande désignés sous le nom d'*officiers bleus*. Mais ce projet suscita de la part de la noblesse une telle opposition, que M. de Choiseul se voyant impuissant à faire le bien, renonça au ministère de la marine, qu'il remit au duc de Praslin.

[2] Pondichéry n'étoit pas pris, parce qu'il avoit été défendu: le cap Breton n'avoit pas eu le même bonheur; la disette étoit en partie artificielle, comme il arrive presque toujours; mais elle produisit la nécessité de recevoir de prompts secours par mer. Les Anglois qui les arrêtoient nous les apportèrent,

Le début de la guerre qui suivit cette paix fit voir ce qu'on pouvoit et ce qu'on pourra toujours attendre sur mer comme sur terre de la nation françoise, malgré ses vices capitaux invétérés, enracinés dans la marine et l'administration ; le premier combat fut gagné. Mahon ne fut point secouru ; l'esprit du corps sembloit renaître ; la confiance, l'audace éclatoient sur tous les visages : on ne demandoit qu'à combattre pour triompher encore. D'un autre côté, la nation angloise s'abandonnoit à la désolation, à la consternation, au découragement. Elle trembloit déjà pour ses foyers [1]. La marine angloise étoit avilie, et le peuple furieux rejetoit sur elle tous les malheurs qu'il se figuroit d'avance.

Il est toujours facile de rejeter sur les chefs la honte d'un mauvais succès, et toute nation se laisse persuader volontiers qu'elle ne peut pas être vaincue à moins d'être trahie. Il restoit cette ressource au gouvernement : il en profita ; Byng fut immolé : sacrifice injuste et cruel, mais le plus utile qu'ait jamais ordonné l'oracle de la politique [2].

Mais tandis que le peuple, guéri de la peur par l'atro-

et s'y enrichirent à nos dépens ; mais enfin ce furent alors les seuls prétextes plausibles qu'on pût alléguer pour justifier la négligence et la précipitation des *Préliminaires d'Aix-la-Chapelle*. Malheureusement on ne corrigea, dans le traité définitif, aucun de ces défauts, quoiqu'on eût tout le temps de le faire à loisir, et cette faute capitale amena la guerre suivante. (A.)

[1] On n'entendit qu'alarmes et faux avis de descente et d'invasion. Une terreur panique enfantoit et grossissoit les objets ; les Anglois eux-mêmes l'avouent par cette expression familière, *qu'alors on auroit mis toute l'Angleterre sous un chapeau;* et en effet, si dans cette crise dix mille hommes y avoient mis pied à terre, ils n'y auroient trouvé aucune résistance. (A.)

[2] En 1756, une escadre partit de Toulon pour opérer un débarquement à Minorque. L'amiral anglais Byng, détaché au secours de la place avec dix vaisseaux, rencontra l'escadre française ; il fut obligé de se retirer et de chercher un abri à Gibraltar. Cette conduite exaspéra la nation anglaise : Byng, auquel on n'avait à reprocher que de n'avoir pas été heureux, fut condamné à mort et exécuté. (1757.)

cité, jouissoit d'avance d'un spectacle dont il suivoit avidement les apprêts, le ministère anglois commençoit à respirer ; il voyoit la marche du nôtre, et en conséquence, les armées françoises, cessant de menacer les côtes d'Angleterre, laissoient les nôtres dégarnies pour aller chercher l'Océan et les Anglois aux embouchures de l'Elbe et du Weser. Alors, en prenant le timon des affaires, M. Pitt prononça prophétiquement que l'Angleterre étoit sauvée et la France perdue. La nation applaudit et en accepta l'augure. L'événement l'a justifié ; et ce ministre fortuné, en rappelant sa prophétie après le succès, a dit au Parlement ce mot fameux : *Que l'Amérique avoit été conquise en Allemagne.*

Tirons le rideau sur toute la suite des événements de cette guerre maritime et plus encore sur la négociation du traité qui l'a terminée. On vit alors trop clairement qu'un seul et même intérêt avoit influé dans la paix comme dans la guerre, et que celui de la France n'y étoit jamais entré qu'en sous-ordre.

On crut, sans doute, ou l'on feignit de croire qu'à l'avenir cette couronne pourroit en imposer à l'Angleterre par les alliances réunies de l'Espagne et de la cour de Vienne. Le ministère d'alors en fit une maxime. Elle lui réussit par l'appui qu'il sut trop peut-être se ménager personnellement de la part de ces deux cours. Il fit servir la première d'instrument à ses vues, à ses intrigues, à ses intérêts particuliers pour entraîner la France, malgré elle, dans une guerre toutes les fois que ce ministère ne croiroit plus avoir d'autre ressource pour se maintenir : triste expédient et pour le moins très-répréhensible !

Qu'en est-il arrivé ? l'Angleterre nous en a-t-elle ménagés davantage ? et n'a-t-on pas au contraire attiré à la France, à l'Espagne même, de nouveaux désagréments par un enchaînement trivial de petites tracasseries soi-disant politiques ? En a-t-on montré plus de vigueur lorsqu'à la nouvelle d'une flotte russe destinée pour l'Archipel, tout invitoit, tout obligeoit même à lui fermer de gré ou de force l'entrée de la Méditerranée [1] ?

Pourquoi dans un temps où l'on étoit en paix avec l'Angleterre n'auroit-on pas pu l'engager à concerter avec nous une *convention de neutralité* pour la Méditerranée afin d'y assurer la liberté du commerce des deux nations et la tranquillité publique ? Ou, si on l'avoit tenté inutilement, pourquoi ne pas montrer alors une fermeté juste et placée en déclarant que la France s'opposeroit seule à l'entreprise des Russes dans une partie qui la touchoit de trop près pour pouvoir y souffrir aucun trouble ou innovation ? Et si l'Angleterre avoit pris le parti de la Russie et se fût déterminée à la guerre, ce qui est au moins fort douteux, ce motif de rupture avec elle n'auroit-il pas été plus noble, plus décent que celui qu'on s'étoit ménagé depuis dans la chétive affaire du port Egmond ? ou vouloit-on attendre que les Turcs fussent écrasés pour les secourir trop tard avec plus de difficulté et de désavantage [2] ?

---

[1] M. le duc de Choiseul a montré à M. de Fuentes et à quelques autres ministres un mémoire qu'il avoit lu au conseil pour prouver la nécessité de couler à fond la flotte russe à son passage dans la Méditerranée, et a dit que tous les autres ministres, même M. le duc de Praslin, avoient été d'un avis opposé. Si cela est, il est bien fâcheux que son avis, ordinairement si prépondérant, ne l'ait pas emporté dans cette occasion plutôt que dans l'entreprise de Corse, qui d'abord a trouvé tant d'opposition de la part de l'Angleterre ; mais il est apparent que cette opposition n'étoit que simulée, et que le ministère anglois, mieux instruit que le nôtre, savoit bien que cette entreprise nous coûteroit beaucoup de millions, et que cette conquête ne nous seroit d'aucune utilité. (*A.*)

[2] La destruction de la flotte russe auroit relevé le courage et la réputation de notre marine, auroit vraisemblablement changé tout le sort de la guerre entre les Russes et la Porte. Cet événement nous auroit ramené la confiance

Depuis deux ans au moins il semble qu'on auroit pu et dû espérer quelque amendement dans notre système relativement à l'Angleterre. A-t-on vu plus d'habileté, de fermeté, de dignité, de tenue dans notre conduite? C'est ce qu'il n'est peut-être permis d'examiner ni de pénétrer; mais ne peut-on pas en juger du moins par les faits publics et notoires?

On a vu d'abord la France flattée de quelques attentions de la part du ministère anglois [1], bercée de la proposition vague d'un *traité de commerce* [2]; ensuite on l'a crue occupée de la négociation d'une *Triple alliance* avec l'Angleterre et l'Espagne en opposition à la *Ligue copartageante*. Le bruit en a couru même à Londres, où il a excité la plus grande fermentation. Qu'en est-il résulté pour nous? la démarche légère et l'éclat indiscret d'un armement qui n'a pas eu lieu; la nomination d'un général qui n'est point parti; la mortification de se voir arrêtés tout à coup par une opposition formelle de la part de l'Angleterre [3]; l'humiliation de souffrir en rade de Toulon une frégate angloise d'observation pour veiller au désarmement; enfin d'être réduits à l'alternative, ou de ne pas faire sortir les trois vaisseaux de ligne destinés pour le Ponant [4], ou de les en-

---

et assuré de la reconnoissance des Turcs; il auroit fait sentir à la cour de Vienne le poids de notre influence et l'utilité de notre alliance; et il est apparent que cela auroit prévenu toute la révolution du Nord. (*A.*)

[1] Telle fut l'espèce de satisfaction qu'on nous donna l'année dernière, à Londres, des voies de fait exercées contre quelques pêcheurs de morue. (*A.*)

[2] On seroit bien loin d'en désapprouver le projet, s'il pouvoit être réalisé avec la réciprocité et la bonne foi requises. (*A.*)

[3] C'est ce qui est arrivé au moment de l'ordre donné publiquement d'armer une escadre de quatorze vaisseaux à Toulon, et la nomination aussi publique de M. le comte d'Estaing pour la commander, et de tous les capitaines de vaisseaux à ses ordres. Il n'y a pas de bons François à qui le cœur n'ait saigné de cet événement. (*A.*)

[4] On appelait le Ponant les Indes occidentales.

voyer honteusement armés en flûte [1]? Est-ce là tout le fruit de cette union, de cette harmonie si vantée avec l'Angleterre, la suite de ces attentions, de ces déférences, de ces prévenances, de ces petits soins auxquels on vouloit faire croire que la cour de Londres en étoit avec la nôtre? et le dénoûment de la pièce n'a-t-il pas enfin démasqué les petits artifices qu'on avoit employés pour soutenir cette illusion? ne doit-elle pas être dissipée?

Mais laissons tomber le voile sacré qui dérobe à des yeux profanes ces redoutables mystères; et avant d'apprécier *la position respective de l'Angleterre à l'égard de la France*, jetons en passant un coup d'œil sur celle de la cour de Londres avec les autres puissances de l'Europe.

On ne répétera point ici tout ce qui a déjà été dit à ce sujet dans les articles du Nord [2], *dans ceux de la Porte et de la Hollande*. Partout nous y verrions encore la terreur du pavillon anglois ou subjuguer ou contenir toutes ces puissances. Voyons à présent quelle est la position de l'Angleterre relativement à la cour de Vienne.

Cette puissance n'est pas faite pour lui en imposer : elle n'est point maritime; deux ports en Europe sont tout son avoir [3]; elle ne possède rien dans les autres parties du monde; et toutes les fois qu'il s'élève une guerre de mer

---

[1] Plusieurs lettres de Toulon ont annoncé ces faits déplorables : s'ils sont vrais, il est apparent que le Roi les ignore; car il n'est pas possible qu'il eût permis qu'on reçût aussi servilement l'ordre de l'Angleterre, et qu'on donnât un pareil exemple de honte et de foiblesse à l'Europe. (*A.*)

[2] De la Suède, du Danemark, de la Prusse, de la Russie. (*A.*)

[3] On ne compte ici que pour un, *Trieste* et *Fiume*, dans le fond du golfe Adriatique, *Ostende* et *Nieuport*, qui, pour être si près de l'Angleterre, ne lui en imposent pas davantage : nous l'avons éprouvé pendant la dernière guerre. De quoi nous a servi le dépôt qu'on nous en fit alors? nous l'avons gardé pour la cour de Vienne; elle en a eu deux ou trois bataillons de plus à faire marcher contre le Roi de Prusse. (*A.*)

et de colonies, il est démontré que la cour de Vienne y est sans intérêt comme sans utilité.

Mais la jalousie naturelle des Anglois contre la France ne leur avoit jamais permis de voir d'un œil indifférent les divers rapports que les vieux et nouveaux systèmes ont fait éclore entre cette cour et celle de Vienne.

Ce n'est pas que l'alarme et le ressentiment du peuple de Londres contre l'Impératrice-Reine, lors de la nouvelle alliance, eût passé jusqu'au ministère ni même aux gens instruits et éclairés [1]. Cette partie de la nation vit avec joie un embarras, une charge de moins dans ce que le vulgaire appeloit une défection, une trahison de leur ancienne alliée. On se rappela ce qui étoit arrivé dans la guerre précédente, la nécessité où l'Angleterre se seroit trouvée encore dans celle-ci de défendre les Pays-Bas à forces inégales, d'y consumer ses forces et ses trésors pour les perdre un peu plus lentement, et de sacrifier enfin à la paix des conquêtes maritimes pour en obtenir la restitution.

On sut donc très-bon gré à nos négociations de l'avoir délivrée d'une alliance qui lui avoit toujours été si onéreuse. Le peuple même revint bientôt de son erreur et de

[1] Il faut aussi faire une distinction nécessaire. Le ministère anglois voyoit certainement avec plaisir Louis XV employer tous ses efforts à une guerre continentale qui affoiblissoit ses moyens maritimes : ainsi ce n'étoit point l'alliance de 1756, mais l'abus de cette alliance qui lui plaisoit. L'avantage des liens formés avec la cour de Vienne devoit être pour la France ce qu'il a été depuis, la certitude de n'être pas attaqué par terre, et la possibilité de tourner ses forces du côté de la mer sans crainte de diversion, et par le foible sacrifice de vingt-quatre mille hommes, dans le cas où l'Autriche seroit attaquée. La passion de la cour de France contre celle de Prusse fit totalement perdre de vue cet important objet. En tout, dans cet ouvrage, on cherche à tort dans les choses les causes qu'on ne trouve que dans les caractères. Il n'en est pas moins de toute vérité que dans tous les temps le ministère anglois a recherché l'alliance de l'Autriche, et a travaillé à nous brouiller avec elle. (S.)

sa terreur. L'expérience et le succès ne tardèrent point à le rassurer sur notre alliance.

Depuis la paix, on le répète, elle n'en a pas imposé davantage à l'Angleterre; et si cette alliance subsistoit encore avec une égale cordialité, une chaleur, une activité réciproque à s'entr'aider, à se sacrifier l'un pour l'autre, l'orgueil anglois n'en seroit pas plus affecté, ni la nation plus alarmée. Elle compte pour rien toute puissance qui n'est pas maritime, et le mépris accompagne toujours, dans l'idiome anglois, l'épithète d'*inland country*, pays enfermé dans les terres.

Soit donc que notre alliance avec la cour de Vienne subsiste ou plutôt se renoue par les procédés que nous sommes en droit d'en attendre et d'en exiger; soit que le nœud, déjà si relâché, se trouve enfin rompu par le fait même de cette cour, on peut assurer que l'Angleterre le verra avec une égale indifférence, pourvu que les Pays-Bas ne soient point attaqués. Elle ne se soucie pas plus du reste des États autrichiens que de la Grande Tartarie.

L'Angleterre ne tient donc à la cour de Vienne que par les Pays-Bas. La jalousie nationale ne verroit pas tranquillement qu'ils fussent en proie à la France; mais il faut avouer que la nécessité de les défendre est et sera toujours le plus grand, peut-être le seul embarras que l'Angleterre ait à craindre dans le continent. Aussi doit-on être bien persuadé que pour se l'épargner elle tenteroit auparavant tous les moyens de conciliation, et que la cour de Vienne ne l'entraîneroit ni facilement ni promptement dans une guerre contre la France, pour ce seul sujet. On est trop convaincu à Londres que la nation seroit encore obligée d'en faire tous les frais sans en tirer aucun avantage; qu'elle seroit même privée, par cette diversion, de ceux qu'elle auroit pu remporter dans une guerre purement maritime, et qu'à la paix il lui en coûteroit encore des sacrifices. Enfin l'alliance de cette cour est un fardeau dont l'Angleterre a trop senti le poids. Elle l'a secoué, et le voit avec plaisir retomber sur nos épaules. Tant qu'il y restera, elle sera toujours dégagée de ce qu'elle évite le plus, *les connexions continentales.*

Le Portugal, l'Espagne, l'Italie, lui présentent d'autres objets beaucoup plus importants, relativement au seul intérêt réel, national, celui de la marine et du commerce.

Nous n'anticiperons point ici sur les détails qu'exige à ce sujet l'article suivant (du Portugal). Nous observerons seulement qu'au milieu des démêlés continuels entre le commerce anglois et l'administration portugoise, la hauteur et la supériorité de l'Angleterre se font toujours sentir; qu'elle jouit provisionnellement des avantages qu'on lui dispute; que le besoin et la terreur sont à l'égard du Portugal les deux grands ressorts de sa prépondérance : si le jeu en est quelquefois embarrassé, ils ne se rompent ni ne se relâchent, et la plus légère condescendance de la part du ministère anglois leur rend aussitôt toute leur action. Dans l'état présent, l'Angleterre n'a donc rien à craindre du Portugal. Dans l'avenir, celui-ci peut toujours être dans le cas d'espérer et de désirer de la part de cette puissance : il est donc réduit à la ménager, et même exclusivement.

L'Espagne, plus indépendante, et appuyée de notre alliance, ne lui offre pas, à beaucoup près, une perspective aussi tranquille, aussi riante ; mais le caractère du peuple anglois (l'esprit de rapine) lui fait plus désirer que craindre une rupture avec cette couronne ; et le ministère est plus occupé à réprimer qu'à exciter dans la nation l'ardeur du butin qui l'anime sans cesse contre l'Espagne. Les troupes, la marine et les armateurs réclament sans cesse une proie aisée. C'est ainsi qu'ils regardent et les flottes des Indes et les riches côtes de l'Amérique espagnole. Les événements d'une seule campagne n'ont point démenti cette audace, fondée sur deux siècles de succès[1]. Ainsi les forces de l'Espagne, toujours exagérées par l'hyperbole nationale, n'en imposent guère plus aux Anglois que celles du Portugal. C'est la paix qui les enrichit avec l'une, en faisant passer dans leurs mains tout l'or du Brésil. La guerre contre l'autre les enrichiroit davantage, au gré de leur cupidité ; elle y feroit tomber tout l'or du Potosi. C'est leur façon de voir, et malheureusement on n'a point de faits à citer pour détruire cette prévention.

De tous les États d'Italie, Gênes et la Toscane sont les plus commerçants, et par conséquent les plus exposés aux insultes de la marine angloise ; et si l'on excepte le Pape et le Roi de Sardaigne, ils sont le moins en état de s'en défendre. Aussi les plus grands respects des Génois, l'accueil le plus flatteur de la cour grand-ducale, sont-ils acquis de droit aux officiers, aux voyageurs de cette nation. Naples la ménage, Rome la craint et la caresse ; elle est fêtée à Venise, dominante à Turin : elle donne la loi partout où il y a des mers et des côtes.

De tous côtés, donc, la position respective de l'Angleterre à l'égard des puissances de l'Europe paroît assurée, respectable aux unes, redoutable aux autres, telle enfin qu'a été et que devroit encore être celle de la France.

Mais, d'après tous les faits publics ou connus, quelle est à présent la position de l'Angleterre à l'égard de cette couronne ?

Il est triste de l'avouer ; c'est celle de l'ancienne Rome

---

[1] M. Pitt l'avoit bien prévu ; il insistoit depuis longtemps pour faire déclarer la guerre à l'Espagne : il disoit familièrement qu'on *n'en mettroit pas plus grand pot au feu, et qu'on en feroit bien meilleure chère.*

relativement à Carthage, entre la seconde et la troisième guerre punique[1].

La puissance victorieuse se fit alors un principe cruel, inique sans doute, mais excusé peut-être par la raison d'État : ce fut de ne plus consulter ni la justice ni le droit des gens dans tous les démêlés qui pourroient s'élever entre elle et la puissance vaincue, de n'admettre qu'une loi, qu'une règle invariable, c'est-à-dire la maxime atroce que ce n'étoit pas assez d'avoir abaissé Carthage, qu'il falloit la détruire. *Delenda Carthago!* s'écrioit sans cesse le plus juste des Romains, Caton le Censeur. En partant de ce principe, il ne fut plus possible aux malheureux Carthaginois de laisser entrevoir seulement le désir de rétablir leur marine. Il leur fut même défendu de l'entretenir, et de simples réparations étoient aussitôt suspendues que remarquées par les Romains : c'étoient, disoient-ils, des préparatifs d'armements redoutables. On plia d'abord, et longtemps l'orgueil des vainqueurs augmenta toujours avec l'abaissement des vaincus.

Les plaintes des uns n'obtenoient des autres que des menaces, des vexations renaissantes et redoublées. Tout périssoit; et cependant Carthage ne pouvoit subsister sans commerce, ni le protéger sans marine. Elle voulut, trop tard, tenter quelques efforts pour rétablir la sienne. Ce prétexte, heureusement, fut avidement saisi : aussitôt un autre Scipion, une flotte, une armée romaine, viennent fondre sur les côtes d'Afrique ; toutes les places maritimes sont enlevées, Carthage est assiégée, elle est prise et détruite.

L'Angleterre, sans doute, n'espère pas de prendre et de

[1] Il est superflu de faire remarquer au lecteur combien ces rapprochements, de mode au dix-huitième siècle, sont des jeux puérils de l'esprit, et combien ils deviennent faux quand on les prolonge.

brûler Paris, de détruire la monarchie françoise. Sa puissance *de terre* est aussi inférieure à la nôtre que *Rome*, à cet égard, étoit supérieure à *Carthage;* mais ses forces *de mer* ont pris sur les nôtres le même ascendant pendant et depuis la dernière guerre. Elle a plus que jamais adopté le même principe, de ne pas nous laisser relever, de veiller sans cesse sur nos ports, sur nos chantiers, sur nos arsenaux, de guetter nos projets, nos préparatifs, nos moindres mouvements, et de les arrêter tout court par des insinuations hautaines ou des démonstrations menaçantes.

Elle ne nous a pas, il est vrai, imposé littéralement des lois aussi dures que les Romains en avoient prescrit aux Carthaginois par le traité de paix qui termina la seconde guerre punique. Celui de *Paris* n'a pas réduit et fixé le nombre des vaisseaux qu'il nous seroit permis de conserver et d'entretenir[1]; nous n'avons pas été obligés de livrer ou de brûler les autres : on ne traite pas aujourd'hui avec une puissance formidable sur le continent comme on traitoit jadis avec des républiques marchandes qui n'avoient qu'une petite île ou des lisières de côtes : mais l'Angleterre n'en est que plus injuste à l'égard de la France, en voulant lui interdire un droit, une liberté dont elle ne s'est point départie. Elle n'a pas même, dans la forme, un prétexte pour justifier la contrainte où elle pré-

---

[1] Sous le règne de Louis XVI, Beaumarchais ayant, dans une brochure intitulée : *Observations sur le mémoire justificatif de la cour à Londres*, affirmé qu'un article secret du traité de 1763 limitait le nombre des vaisseaux qu'il serait permis à la France d'entretenir, il reçut immédiatement des démentis de M. de Nivernais, qui avait été envoyé en qualité de ministre plénipotentiaire à Londres pour cette paix, et des ducs de Choiseul et de Praslin; enfin une déclaration officielle du gouvernement, sous forme d'arrêt du Conseil, en date du 19 décembre 1779, vint réduire à néant cette allégation mensongère et honteuse pour le gouvernement de Louis XV.

tend nous assujettir. Aussi a-t-elle au fond bien plus de raisons pour son intérêt et sa propre conservation d'en user ainsi à notre égard, que Rome à celui de Carthage.

Supérieure en toute autre chose, la France ne le cède, même en fait de marine, qu'à l'Angleterre seule. Si celle-ci lui laissoit le loisir de rétablir la sienne, il n'y auroit bientôt plus d'égalité. Les avantages naturels de la France, ses moyens, ses ressources du sol, de la population, de l'industrie, du numéraire, l'enthousiasme patriotique dont la nation est susceptible pour peu qu'elle soit encouragée, tout cela, mis en œuvre avec intelligence, manié avec ordre, développé avec énergie, formeroit un poids, une masse, dont l'impulsion bien dirigée renverseroit enfin le colosse de la puissance angloise.

Le parlement, le ministère n'est pas ébloui, comme le peuple, d'un enchaînement de prospérités passagères, de l'étendue immense des colonies, des conquêtes en Amérique, ni de la multiplication des millions sterling en papier dans la circulation intérieure. L'administration éclairée laisse subsister dans l'esprit du peuple la confiance aveugle, la présomption brutale. Elle sait que pour lui il n'y a point de milieu entre l'ivresse et l'abattement; elle montre en public la plus grande fierté, la sécurité la plus profonde; mais dans le silence du cabinet elle apprécie à froid la fortune idéale, les ressources factices et les moyens forcés qui soutiennent encore l'édifice de cette puissance. Elle sent la *disproportion,* la *disjonction* des pièces dont il est composé, leur tendance naturelle à l'écroulement, à la dissolution; les mouvements convulsifs de l'Irlande fatiguée du joug; le danger prochain et inévitable d'une scission entre les colonies et la métropole; l'immensité de la dette nationale; l'écoulement continuel

des espèces et des matières d'or et d'argent, pour faire face aux traites étrangères ; le péril imminent d'une banqueroute, et cependant la nécessité d'augmenter cette dette, par l'impossibilité de créer de nouveaux impôts, et peut-être celle de trouver encore des fonds, si le cas arrivoit d'une nouvelle guerre contre la France mieux préparée, mieux administrée ; « et puisqu'il faudroit l'avoir tôt
» ou tard, il vaudroit mieux la commencer tout à l'heure
» avec avantage, que de l'attendre avec foiblesse et la
» soutenir à forces inégales ».

C'est ainsi que raisonne le comité secret [1], et il ne raisonne pas mal. D'après ce principe, il n'est occupé que d'entretenir la marine angloise sur un pied respectable, de tenir la nôtre dans l'inertie, dans l'avilissement, dans

---

[1] Ce comité est composé de trois ministres prépondérants : mylord Rochefort dirige les affaires étrangères ; Sandwich, la marine, qui seule peut donner du poids aux négociations ; et mylord North, les finances, au soutien de la marine. On n'a point avec eux les moyens que la France a employés si heureusement sous Louis XIV, auprès des ministres de Charles II. Tout est bien changé depuis ce temps-là ; à présent, il y va de leur tête ; ils sont incorruptibles ; des traitements immenses les mettent d'ailleurs à l'abri de la tentation. Charles II étoit corrompu le premier. George III n'a peut-être aucun des talents de ce prince, de ses qualités brillantes et séduisantes : mais aussi est-il exempt de ses foiblesses et de ses passions ; c'étoient elles qui l'entraînoient à tolérer la corruption dont il donnoit l'exemple. Mylord Rochefort est homme de plaisir, mais encore plus homme d'honneur. Mylord Sandwich, tout décrié qu'il est du côté des mœurs, a justifié la confiance d'un roi dévot et régulier, et gagné même celle du public, par l'excellente administration qu'il a établie dans la marine. Mylord North n'est pas non plus, à beaucoup près, un anachorète ; mais les talents qu'il a développés au parlement et dans la trésorerie lui ont fait la plus grande réputation dans un pays où l'on ne demande compte à un homme en place que de sa vie publique, c'est-à-dire de sa besogne. Ces trois ministres sont unis ; le Roi se repose sur eux du soin de maintenir son autorité et sa prérogative ; et en effet il est aussi absolu qu'aucun de ses prédécesseurs l'ait été depuis *la Révolution*. Ainsi, tout promet à ce ministère une durée et une stabilité dont l'Angleterre offre peu d'exemples. (*A.*) — Le mauvais succès de la guerre d'Amérique fit tomber ce ministère en 1782.

un état de dégradation insensible, et, s'il le faut, d'être toujours prêt à en achever la destruction plutôt que d'en souffrir le rétablissement. Il ne s'agit pas ici de *détruire la France,* mais de prévenir, *d'empêcher que l'Angleterre soit détruite.*

D'après cet exposé, il résulte que si l'Angleterre a adopté contre la France le principe des Romains à l'égard des Carthaginois, elle en a eu encore des motifs bien plus pressants. Rome, il est vrai, avoit vu Annibal à ses portes ; et ce souvenir seul suffisoit à tout citoyen pour le faire opiner à la destruction de Carthage. Londres n'a pas encore aperçu de si près une armée françoise ; et, au contraire, les Anglois ont insulté impunément nos côtes et nos ports ; ils en ont détruit un, fait trembler les autres, et conquis à peu près toutes nos colonies. Tant de succès, tant de motifs de confiance et d'audace, n'ont pu détruire un sentiment profond de leur foiblesse, aussitôt qu'ils seroient attaqués dans leurs propres foyers. La marine françoise, telle seulement qu'on la vit au commencement de la dernière guerre, ne leur paroissoit que trop forte pour appuyer une descente dont le succès certain auroit décidé du sort de la guerre. L'erreur, l'ivresse, l'esprit de vertige qui sembloient présider alors à nos entreprises, firent manquer le seul moment d'exécuter celle-là ; mais l'Angleterre en eut toute la peur, et l'impression en est restée.

C'est donc pour ne pas voir Annibal à ses portes qu'elle veut et doit nous couper l'unique chemin qui peut nous y conduire : la mer, toujours fermée à toute nation qui, avec des ports et des côtes, n'a pas de flottes formidables. En un mot, c'est la crainte qui rend aujourd'hui l'Angleterre si haute, si fière, si injuste même à l'égard de la France : mais c'est une crainte réfléchie, calculée, et qui fait saisir au plus foible tous les avantages que lui laisse la négligence ou l'impéritie du plus fort; qui lui fait bien choisir ses armes, les manier avec adresse et serrer la mesure pour ne pas donner à son ennemi le temps de se reconnoître. Ce n'est pas tout : bien loin de l'attaquer noblement et à découvert, il médite sans cesse quelque guet-apens contre cet ennemi trop redoutable s'il étoit averti et préparé. Il le prend au dépourvu, et, sans s'embarrasser des règles de l'honneur, il tombe sur lui plutôt en assassin qu'en brave. Tel a été le cas de l'Angleterre avec la France au commencement de la dernière guerre[1].

Dans cette position, il seroit difficile d'indiquer des moyens prompts et sûrs pour la France de se soustraire à l'ascendant qu'elle a laissé prendre sur sa marine à celle d'Angleterre. Il faudroit pour cela connoître bien à fond l'état réel, et non pas idéal, des vaisseaux de guerre et navires marchands françois en état de servir[2]; des chantiers, magasins, vivres, arsenaux, fonderies, corderies, classes de matelots, soldats de marine, troupes et fortifications, des colonies, etc., etc., etc.; celui des fonds qui y sont destinés pour le service courant, et de ceux qu'on pourroit ou voudroit fournir pour l'extraordinaire. Ce sont les éléments de tout calcul, de toute combinaison politique, relativement à l'Angleterre.

[1] Telle a toujours été la méthode de cette nation, qui prétend être généreuse et équitable. L'histoire en offre tant d'exemples, qu'il suffira d'en citer deux : l'attaque de la flotte hollandoise et de Smyrne, en 1672, et celle de la flotte espagnole sur les côtes de Sicile, en 1718. Ces deux actes d'hostilité n'avoient été précédés d'aucune déclaration de guerre, non plus que la prise du *Lys* et de *l'Alcide*, et celle de deux cents navires françois marchands, au commencement de la dernière guerre. (A.)

[2] Le Roi a cet état, tel qu'il étoit en 1765. On craint que ce tableau ne fût plus défavorable aujourd'hui; car il ne faut pas se dissimuler que notre marine et nos colonies n'ont jamais été si déplorablement administrées qu'elles le sont depuis deux ans. (A.)

On essayera cependant de présenter quelques idées sur la formation d'un nouveau système politique et militaire : ce sera l'objet de la section troisième. Il sera précédé d'un *point de vue* sur les nouvelles *combinaisons qui peuvent résulter des différents rapports des puissances de l'Europe entre elles, ainsi qu'avec la France;* et dans ce grand tableau, l'Angleterre, considérée sous ces divers rapports, formera un des groupes les plus intéressants. Ce sera un coup d'œil sur *l'avenir*, qui peut-être nous dédommagera de la sécheresse et de la tristesse que le *présent* a répandues sur cet article. Hâtons-nous de le terminer par quelques réflexions aussi vraies qu'elles doivent être consolantes.

C'est que l'Angleterre elle-même reconnoît et redoute la supériorité réelle de la France, et que celle-ci, pour en avoir manqué l'usage, ne s'est pas interdit la faculté de le reprendre.

Que si trop de mollesse, de foiblesse et d'abaissement d'un côté, ont nourri de l'autre l'orgueil, l'audace et l'arrogance, une conduite sage et mesurée, mais ferme et soutenue, loin d'attirer l'orage, seroit infiniment plus propre à le conjurer, et qu'enfin, par la formation d'un système politique et militaire, on peut se remettre en état de relever et de soutenir sur mer comme sur terre la dignité de sa couronne et la prééminence.

### XI. *Du Portugal.*

La révolution de 1640, en établissant la maison de Bragance sur le trône de Portugal, lia nécessairement cette couronne avec la France, qui donna aux autres l'exemple de la reconnoître.

La France étoit alors en guerre contre les deux branches

de la maison d'Autriche, et cet événement sembloit lui assurer pour longtemps une puissante diversion aux forces de l'Espagne; mais les Portugois, autrefois si fameux, et par leurs victoires sur les Castillans, et par leurs conquêtes dans l'Inde, s'étoient abâtardis sous un joug étranger. A l'époque de cette révolution, le Portugal n'étoit pas plus militaire que les États du Pape.

Dans cet État, l'Espagne se flatta de reconquérir aisément ce royaume, aussitôt qu'elle seroit débarrassée de la France; elle continua donc de diriger ses grands efforts contre cette puissance. Elle n'en fit que de bien foibles contre le Portugal, et pendant vingt ans *la guerre d'acclamation* [1], tant célébrée dans leur histoire, ne fut au vrai qu'une guerre de milice et de paysans ramassés, sous les ordres d'autant de *généraux* que de provinces frontières. Ces pelotons, que des deux parts on appeloit *armées,* faisoient des courses, des pillages, ou se disputoient quelques bicoques prises et reprises.

Après la paix des Pyrénées, cette guerre devint plus sérieuse. L'Espagne, occupée de ce seul objet, y porta toutes ses forces. La France craignit que le Portugal ne succombât; et, en effet, ce malheur étoit inévitable, si tantôt la présomption et l'impéritie, tantôt l'indolence et la pusillanimité des généraux espagnols, n'eussent balancé la foiblesse et l'impuissance réelle du Portugal.

Louis XIV désira de secourir cette couronne sans contrevenir formellement au traité de paix avec l'Espagne; M. de Turenne se chargea de ce soin. Il proposa au Roi le comte de Schomberg [2]; et ce général, sous la direction

[1] *A guerra d'acclamação :* c'est ainsi qu'ils appellent cette guerre, parce qu'elle commença aussitôt que le duc de Bragance, Jean IV, eut été proclamé roi. (*A.*)

[2] Depuis maréchal de France, retiré ensuite de son service après la révocation de l'édit de Nantes, et passé à celui de Guillaume III, qui le fit duc,

de ce grand homme, alla servir le Portugal avec un corps de troupes et une élite d'officiers, la plupart étrangers, sans l'aveu de la France, mais soudoyés par elle.

Il ne fallut pas moins que le zèle, la patience et la modération du comte de Schomberg, pour digérer tous les dégoûts et les désagréments qu'il eut à essuyer, en risquant tous les jours sa vie pour servir et sauver les Portugois malgré eux. Les grands et les *hidalgos*, tous, jusqu'aux derniers officiers, se croyoient en droit de commander par préférence à un général étranger. Rien n'égaloit leur vanité et leurs prétentions, que leur ignorance et quelquefois leur lâcheté, quoiqu'on raconte encore de leurs hauts faits de ce temps-là. Il surmonta une partie des obstacles, et eut la principale part aux succès du Portugal contre l'Espagne, qui amenèrent la paix en 1667[1]. Encore ne s'y seroit-elle pas faite, si le conseil de Madrid n'y avoit été forcé par la nécessité de secourir les Pays-Bas, attaqués et presque conquis par Louis XIV. Ainsi la maison de Bragance dut réellement à ce monarque la reconnoissance de son titre par l'Espagne, et le rang qu'elle occupe aujourd'hui en Europe.

Dans le cours de cette longue guerre, le Portugal avoit recherché l'appui de toutes les puissances ennemies de

---

et le combla de biens et d'honneurs : il commanda sous ce prince jusqu'à la bataille de Boyne, où il fut tué. La perte de ce grand général ne fut pas une des moindres que fit alors la France. (*A.*)

[1] A son retour en France le comte de Schomberg rendit justice aux Portugois. Une grande partie sont juifs d'origine, beaucoup le sont encore de religion intérieurement, et il y en avoit alors bien davantage. D'un autre côté, il régnoit parmi le peuple des *vieux chrétiens* une folle tradition que dom Sébastien n'étoit pas mort et qu'il reviendroit se faire reconnoître. (Ce jeune roi avoit disparu, environ cent ans auparavant, dans une bataille en Afrique.) Louis XIV fit au comte de Schomberg des questions sur le Portugal : *Que voulez-vous*, répondit-il, *que je dise à Votre Majesté d'une nation dont la moitié attend le roi dom Sébastien et l'autre le Messie ?* (*A.*)

l'Espagne. L'Angleterre fut de ce nombre, et Cromwell avoit habilement saisi cette occasion de faire avec le Portugal le traité de commerce le plus avantageux. Le mariage de Charles II avec l'infante affermit et assura tous ces avantages à l'Angleterre. A peine alors commençoit-on en France *à se douter du commerce.* Le sage Colbert étoit encore occupé à créer *l'industrie*, qui en est la base et l'aliment. La France n'étoit pas à portée d'entrer en concurrence.

Ces liens d'intérêt n'auroient peut-être pas dû attacher beaucoup le Portugal à l'Angleterre; elle y gagnoit seule. Ce fut cependant la première cause de l'éloignement dont le Portugal ne tarda point à donner des marques à la France.

Le mariage de dom Pèdre II avec la princesse de Neubourg [1] tourna aussi la cour de Lisbonne du côté de la maison d'Autriche; et l'avénement de Philippe V au trône d'Espagne acheva de livrer également le Portugal aux deux cours unies de Vienne et de Londres.

Cette grande révolution fit trembler les Portugois. Ils ne voulurent voir dans le nouveau Roi Catholique que l'héritier de Philippe II, prêt à rentrer dans un royaume détaché de sa succession, et appuyé pour cela de toute la puissance de Louis XIV. Ils croyoient au fantôme de la monarchie universelle, et leur ignorance ajoutoit encore à leurs frayeurs. Ils s'en rapportoient là-dessus aux libelles absurdes dont la Hollande inondoit l'Europe, et qui leur présentoient les chaînes de la France et de l'Espagne comme inévitables pour toute la chrétienté. La cour de

[1] Sœur de l'impératrice Éléonore, épouse de Léopold, de la seconde femme du Roi d'Espagne Charles II, et de plusieurs autres princesses, mariées dans des maisons ennemies de la France. La cour de Vienne, toujours adroite à se prévaloir des liens du sang et de l'affinité, gouvernoit ses princesses et dictoit par elles ses volontés à ces différentes cours. (*A.*)

Lisbonne croyoit encore davantage aux insinuations, aux promesses, aux assurances de celles de Vienne et de Londres, qui lui offroient leur appui; mais tout cela n'étoit pas prêt. Elle reconnut donc Philippe V, et entra aussitôt dans la grande alliance pour le renverser du trône.

Ce ne fut qu'en 1703 qu'elle osa lever le masque. Cette déclaration avoit été suivie d'un troisième traité de commerce de la même année avec l'Angleterre; celle-ci y conserva tous ses avantages; elle y en acquit même de nouveaux, et qui achevoient de mettre le Portugal dans sa dépendance. Elle lui fit beaucoup valoir un secours (dont elle n'auroit pas eu besoin, si elle n'avoit pas voulu servir d'instrument aux cours alliées) et quelques faveurs pour l'entrée des vins de son cru, à l'exclusion des vins de France.

Depuis cette époque jusqu'à celle de la dernière guerre, le même éloignement pour cette couronne, la même influence de l'Angleterre et de l'Autriche, avoient toujours subsisté à la cour de Lisbonne [1].

Celle de Vienne parut alors détachée de celle de Londres; mais la prépondérance de celle-ci n'en fut que mieux établie, elle influa seule sur le Portugal.

Telles étoient les dispositions de la cour de Lisbonne, lorsqu'en 1761 celles de Versailles et de Madrid lui proposèrent de s'unir avec elles contre l'Angleterre. On n'avoit pas apparemment espéré beaucoup de succès de cette proposition, puisqu'on l'accompagna de toutes les démonstrations les plus hostiles, et qu'elle fut suivie d'une autre aussi offensante dans la forme qu'elle étoit dans le fond

---

[1] Cette influence s'étoit même étendue, sous Ferdinand VI, jusqu'à celle de Madrid par l'ascendant d'une reine portugaise, fille d'une archiduchesse, et qui avoit conservé de son éducation un penchant décidé pour l'Angleterre. (*A.*)

déplacée et inacceptable : ce fut que le Portugal remît ses ports, ses places, ses troupes, sa marine et lui-même à la discrétion des deux couronnes. Cette prétention inouïe[1] fut articulée dans une espèce de *cartel* qu'on envoya au Roi *Très-Fidèle*.

Il le fut à son honneur, à sa dignité, à ses devoirs. Il profita du temps que lui donna la lenteur espagnole; il en avoit besoin. Jamais peut-être il n'y a eu d'exemple d'un état militaire tel qu'étoit alors celui du Portugal. Il étoit au même point qu'après la révolution de 1640.

Cinquante années de paix avoient fait disparoître le peu de militaires qui avoient pu se former dans la guerre de Succession[2].

Les troupes, peu nombreuses, mal payées, mal vêtues, mal armées, plus mal disciplinées, n'étoient qu'un ramas

---

[1] Celle du Roi de Prusse au Roi de Pologne, en 1756, seroit peut-être le seul exemple qu'on eût pu trouver dans l'histoire; mais il la fit étant déjà le maître de la Saxe, et le succès même le plus complet ne l'a pas justifiée; on avoit pour cela fait la guerre au Roi de Prusse. Si le ministère d'alors prétendoit l'imiter, il auroit dû se ménager les mêmes avantages de la célérité et de la surprise, frapper avant de menacer, c'est-à-dire engager l'Espagne à envahir le Portugal, et, sans aucune déclaration préalable, la seconder ensuite et pousser ces mêmes avantages aussi loin qu'ils pouvoient aller : on auroit du moins eu raison dans Lisbonne comme le Roi de Prusse à Dresde. Il seroit à souhaiter qu'on ne pût s'écarter jamais de la plus étroite justice; mais, lorsque la nécessité en fait une loi, il n'y a qu'une excuse à n'être pas juste : c'est d'être adroit et heureux. Après cette déclaration, l'invasion n'étoit pas au fond plus légitime qu'auparavant : ou l'Espagne y auroit consenti sans ce préambule, ou elle auroit refusé. Dans le premier cas, il falloit agir; dans le second, il ne falloit pas menacer. (*A.*)

[2] Cette guerre est encore pour les Portugois un des sujets favoris de la jactance nationale. On trouve dans leurs histoires que ce sont eux qui ont fait proclamer l'Archiduc dans Madrid, sous le nom de *Carlos Tercero*, qui en ont chassé deux fois le *duc d'Anjou*, qui ont pris les villes, gagné les batailles, enfin qui ont tout fait; il n'y est pas question des Anglois, des Allemands, mais de beaucoup de *héros* et de grands capitaines portugois d'alors, ignorés et inconnus même dans les gazettes. (*A.*)

de la lie, de l'écume de la nation ; les soldats demandoient l'aumône[1].

Les officiers, après avoir été la plupart valets des généraux et des colonels, les servoient encore à table en uniforme[2]. Les fortifications, l'artillerie, les arsenaux, les magasins, la marine même, tout étoit dans l'état le plus délabré. Enfin il sembloit qu'il auroit fallu le *faire exprès* pour manquer la conquête du Portugal[3].

On ne s'étendra pas sur les événements de cette campagne ; on n'aura que trop sujet d'en parler encore dans l'article suivant. Voyons seulement ce qui en est résulté pour le Portugal.

On vouloit, sans doute, de deux choses l'une : ou le conquérir pour en faire un otage précieux à l'Angleterre, et dont la restitution, de la part des deux couronnes, auroit entraîné de la sienne celle de ses propres conquêtes ; ou attirer en Portugal toutes ses forces par une puissante diversion, et les détourner ainsi du point d'attaque qu'elle avoit pu se proposer dans les possessions des deux couronnes en Europe et en Amérique.

[1] On ne le croira pas, il faut l'avoir vu ; les soldats de garde au palais saluoient en génuflexions, à la mode du pays, les étrangers qu'ils voyoient passer pour aller à la cour, et recevoient dans un chapeau les libéralités qu'on vouloit bien leur faire. Dans la ville et aux environs, ils guettoient le passage des voyageurs à leur arrivée et venoient demander la charité sous des qualifications pieuses. En 1760, un François étant couché dans l'hôtellerie à *Aldea Gallega* et se croyant bien enfermé, vit entrer dans sa chambre, par une autre porte, trois cavaliers, le sabre au côté, ayant un brigadier à leur tête, qui lui demandèrent très-poliment de l'argent, *afin de prier Dieu pour les âmes de ses pères*. Il ne se fit pas prier. Ces messieurs furent très-modestes, et se retirèrent en faisant force compliments et remercîments pour une bagatelle. (A.)

[2] Le comte de la Lippe, témoin pour la première fois de cette infamie, en déclara si hautement son indignation, que dès lors l'usage en fut aboli. (A.)

[3] C'est bien aussi la ressource de l'orgueil espagnol. Ce peuple s'est mis dans la tête, et le militaire le croit aussi ou en fait semblant, que la Reine

Le premier objet fut manqué; on ne réussit guère mieux dans le second. L'Angleterre, il est vrai, secourut le Portugal; mais elle n'en prit pas moins la Martinique, la Havane et Belle-Ile, et la paix qu'il fallut conclure n'en fut que plus désavantageuse, pour avoir fait cette campagne de plus [1].

En revanche, le Portugal a tout gagné à cette guerre, sans y faire aucune conquête. Il a connu ses forces, ses ressources, qu'il ignoroit. Il a développé un esprit militaire dont on ne le soupçonnoit pas. La haine nationale a fait plus de soldats peut-être que l'honneur, la valeur; mais enfin ils se sont formés sous une discipline étrangère. Persuadés, par cette expérience, qu'ils pouvoient résister aux forces combinées de la France et de l'Espagne, les Portugois ont pris une haute opinion d'eux-mêmes, et c'est l'opinion qui fait les hommes. Le ministre qui gouverne ce royaume a saisi l'occasion de perfectionner par système un plan qu'il avoit ébauché par nécessité. Il a attiré et fixé un grand nombre d'officiers étrangers, dont l'exemple a formé et formera sans cesse des officiers nationaux. Un pied de troupes réglées de trente mille hommes effectifs peut aisément être porté jusqu'à qua-

---

mère étoit d'intelligence avec celle de Portugal, sa fille chérie, pour faire manquer cette expédition; que M. Wal étoit aussi d'accord avec la Reine mère, et qu'en un mot l'Espagne a été trahie. Les Portugois, de leur côté, prétendent qu'ils se seroient bien mieux défendus s'ils n'avoient point eu de secours; que les étrangers n'avoient fait que les embarrasser ou les trahir; que le gouverneur d'Almeida avoit vendu la place. Enfin c'est entre ces deux peuples à qui sera le plus vain et le plus insensé. (A.)

[1] C'est ce qu'il seroit aisé de prouver par le parallèle des conditions exigées par M. Pitt en 1761, et de celles que l'Angleterre nous prescrivit l'année suivante dans les préliminaires de Fontainebleau. On sait bien que cela fut présenté alors très-différemment; mais les propositions et les traités sont imprimés, et la carte de l'Amérique est sous les yeux de tout le monde. (A.)

rante mille au premier coup de tambour; et vingt mille hommes de milice ont appris à manier les armes dont ils s'étoient déjà si bien servis pendant cette guerre, n'étant encore que des paysans indisciplinés [1]; des écoles d'artillerie et de génie sont établies et dirigées par des étrangers qui ne tarderont point à faire des élèves. Les fortifications ont été réparées, augmentées ; et dans les endroits foibles, on en a tracé de nouvelles. Un général allemand [2] préside en chef à tout ce système, et plusieurs autres, attirés de différents services, en dirigent sous lui toutes les parties. Enfin la marine même est sortie de l'état d'inertie et de dégradation où depuis longtemps elle étoit tombée; les Anglois en sont devenus les restaurateurs, les précepteurs; et les Portugois ne craignent plus, comme autrefois, d'apprendre quelque chose des hérétiques.

Tel a été l'effet de cette agression. Elle a réveillé le Portugal de sa léthargie et l'a forcé à se mettre en état de défense. L'Angleterre y a gagné de son côté tout ce que son allié a acquis de force et d'énergie : par là, il peut désormais lui être plus utile, et lui deviendra toujours moins à charge.

Ce n'est pas que tous ces nouveaux établissements soient déjà parvenus au point de la perfection. Le ministre avoit eu, et il aura encore des obstacles à surmonter. L'orgueil,

[1] De l'aveu des François qui ont servi dans cette campagne, ce sont les paysans portugois des provinces de *Beira*, de *Tra-los-Montes*, et d'*Entre-Douro et Minho*, qui ont fait le plus de mal aux Espagnols. Ces trois provinces montagneuses et septentrionales produisent une race d'hommes infiniment supérieure, par le courage et la force du corps, à celle des trois provinces méridionales. Le climat plus dur, les travaux de l'agriculture dans un sol moins fertile, la pauvreté même, tout contribue à leur donner cette supériorité sur les habitants de la capitale et des campagnes voisines. (A.)

[2] Le comte de la Lippe-Buckenbourg, devenu feld-maréchal de Portugal, et très-bon homme de guerre, quoique fort extraordinaire. Il est à observer qu'il a beaucoup de prévention contre la France. (A.)

la présomption, l'ignorance nationale, qui avoient tant fatigué le comte de Schomberg, ont embarrassé quelquefois le maréchal de la Lippe, et même dégoûté le lord Tirawley, qui avoit amené les secours d'Angleterre ; mais les circonstances étoient bien différentes. Ce n'étoit plus, comme en 1660, une reine régente, un roi mineur, des favoris et des cabales qui divisoient la cour de Lisbonne, des grands qui, pour avoir secoué le joug étranger, n'en étoient que plus indociles à celui de l'autorité royale : c'étoit un pouvoir absolu exercé par un premier ministre, des grands détruits ou abaissés, une noblesse soumise, un peuple policé par l'autorité et contenu par la crainte, les forces mouvantes toutes réunies et ramassées vers un seul point, les résistances nulles, ou foibles, ou divisées, la volonté du maître ferme et décidée, et par conséquent le succès infaillible.

Il a été aussi complet que la multiplicité des objets, leur complication et la rapidité nécessaire des opérations avoient pu le permettre ; ce n'est que par degrés, à force d'expériences et quelquefois de fautes, qu'on peut atteindre enfin au plus près de la perfection. C'est ce qui a dû arriver dans cette refonte ; et l'État y a déjà beaucoup gagné dans une branche la plus essentielle du gouvernement, c'est-à-dire l'administration des finances. Ce nerf de la guerre étoit relâché ; il a fallu assurer des fonds pour continuer et achever ce qu'on avoit commencé. Les impôts n'auroient pas suffi si, dans la forme de leur perception et de leur rentrée, on n'avoit remédié aux vices capitaux qui y régnoient là comme ailleurs, quoique avec beaucoup moins de rapine et de scandale. Le premier ministre a senti qu'une armée d'employés de plume dévoroit la substance du peuple destinée à payer les troupes, armer, entretenir les flottes, soutenir la grandeur du prince, la splendeur de sa cour et les opérations de sa politique ¹.

L'esprit d'ordre, d'économie et de simplification a prévalu; plus de quinze mille *oydores*, *contadores*, *veedores*, *escrivãos* et autres employés inutiles ont été supprimés en ce petit royaume ou dans ses vastes colonies ². Il en est resté trois ou quatre mille, et le service en est beaucoup mieux fait dans toutes ses parties ³.

Le Portugal a donc gagné en tout sens à une invasion qui sembloit devoir l'engloutir; et c'est de ce point que nous partirons pour examiner sa position respective à l'égard des autres puissances de l'Europe.

Il ne s'agit plus ici de celles du Nord, ni des autres États intéressés aux grands événements de la guerre présente : tout cela est absolument étranger, indifférent au Portugal.

Il n'a plus d'autres rapports avec la cour de Vienne que ceux qu'établissent entre les souverains les liens du sang et les bienséances; il est sur le même pied avec les cours d'Italie.

Il n'a pas même de correspondance avec la Porte, et n'entretient guère avec les rois du Nord que celles de

¹ Cette seule opération du ministère de M. le comte d'Oyeras suffiroit pour le rendre célèbre. Que n'auroit-il pas fait si des principes de désintéressement, d'humanité et d'amour du bien public, eussent dirigé sa conduite? (*A.*)

² M. le comte d'Oyeras, aujourd'hui marquis *de Pombal*, dit souvent en conversation, surtout aux étrangers, *que le Portugal est une petite tête qui a un grand corps*. Il a raison : le Brésil seul a douze cents lieues de côtes. (*A.*)

³ L'esprit fiscal du gouvernement portugais, celui du ministre dur et avide personnellement, son goût décidé pour les monopoles qui lui avoit fait mettre en compagnie exclusive le commerce du Maranham, de Fernambouc, et jusqu'à celui des vins de Porto, laisseroient encore beaucoup de choses à désirer dans son administration financière : on est bien loin d'en faire ici l'apologie; cela n'empêche pas de rendre justice à son zèle pour retrancher ou corriger une infinité d'abus, et l'on ne peut nier qu'il n'y ait réussi. (*A.*)

pure étiquette. La Suède, le Danemark, et surtout la Russie, pourroient l'intéresser davantage par le commerce immense de leurs productions qu'il est obligé d'en tirer pour ses bâtiments, pour ses arsenaux et pour ses chantiers [1]; mais ce commerce est entre les mains, ou des nations qui fournissent et importent directement, ou des Anglois et des Hollandois qui le font *par économie*.

La Russie avoit tenté d'en établir un direct et réciproque avec le Portugal. Il y avoit eu pour cela quelques propositions faites en 1760, et une espèce de négociation tout à fait rompue en 1767. Les Anglois, qui la firent échouer alors, en ont apparemment dégoûté les deux cours, ou peut-être les égards forcés qu'elles paroissent avoir pour eux ont-ils empêché de les renouer.

Ce n'est donc qu'avec deux puissances de l'ouest, l'Angleterre et la Hollande, qu'à proprement parler le Portugal a des liaisons suivies et des rapports directs fondés sur le commerce. Encore la dernière, depuis la paix d'Utrecht, n'y est-elle plus, comme partout ailleurs, considérée qu'en sous-ordre et toujours placée *en seconde ligne*. L'Angleterre seule est le grand objet des attentions, des empressements et des espérances, et quelquefois des craintes et des plaintes de la cour de Lisbonne.

C'est ici qu'il faut apprécier ces mécontentements, toujours exagérés, qu'on s'est peut-être trop accoutumé à regarder comme des germes de rupture prochaine entre les deux cours [2].

---

[1] On fait monter à quatre-vingts millions les bois, fers et autres matériaux que le port de Lisbonne seul a tirés du Nord dans les trois premières années après le tremblement de terre de 1755, sans tout ce qui concerne les arsenaux et la marine. (A.)

[2] On ne sauroit donner trop d'attention aux détails relatifs aux liaisons de l'Angleterre avec le Portugal; ils sont propres à détruire une foule de préjugés et d'erreurs dont la plupart des gens, même en place, sont imbus. (A.)

Les traités de commerce entre l'Angleterre et le Portugal ont été conclus dans des circonstances où la première étoit dans le cas de faire la loi : les deux premiers pendant la *guerre d'acclamation* [1], et le dernier en 1703, au commencement de la guerre de la Succession [2].

C'est de celui-ci principalement que partent sans cesse les négociants anglois établis à Lisbonne pour former des prétentions insoutenables. Elles ne tendroient pas moins qu'à faire de la *factorerie angloise* une espèce de république indépendante dans le sein du Portugal, à s'exempter des règlements de la police et de l'administration fiscale, des droits et des impôts de toute espèce qui ne se trouvent pas littéralement énoncés dans le traité, de la visite des vaisseaux marchands et des prohibitions d'exporter les espèces ou matières d'or et d'argent; enfin à exercer, exclusivement aux autres nations, aux Portugois mêmes, le monopole du commerce de ce royaume et des productions de ses colonies.

Les négociants dont est composée cette factorerie ne sont à proprement parler que des commissionnaires opulents et chers qui travaillent pour leurs commettants d'Angleterre. C'est la Cité de Londres qui fournit les fonds et retire les bénéfices, mais fort diminués par l'avidité et souvent par les fraudes et les faillites de ces maisons angloises. Le luxe et le faste qu'elles étalent, la profusion

---

[1] Alors les Portugois frappoient à toutes les portes pour obtenir des secours, ou au moins quelque appui indirect dans une double guerre au-dessus de leurs forces, c'est-à-dire en Europe contre l'Espagne et en Amérique contre les Hollandois, qui avoient déjà conquis une partie du Brésil, pendant que le Portugal étoit encore sujet de l'Espagne, et qui, loin de la vouloir restituer au nouveau roi dom Juan IV, paroissoient bien décidés à s'emparer du reste. (*A.*)

[2] On a dit plus haut combien cette circonstance fut favorable à l'Angleterre et comment elle sut en profiter. (*A.*)

qui y règne en tout genre, la magnificence et la recherche de leurs quintas [1], insultent également à la médiocrité des autres négociants étrangers, à la frugalité portugaise, et plus encore à la détresse de leurs commettants et de leurs créanciers de Londres.

Il arrive de là qu'on se plaint sans cesse en Angleterre de la décadence du commerce avec le Portugal; non qu'il soit moins considérable (puisque la masse d'exportation et d'importation augmente au lieu de diminuer), mais parce que le produit net en baisse tous les ans par la hausse des frais de commission, de *provision* et autres, pendant que le risque s'accroît à proportion de la difficulté de retirer des fonds et de la fréquence des banqueroutes.

Quoique ces causes soient connues, il est plus commode pour les membres de la factorerie de rejeter tous les inconvénients qui en résultent sur la dureté, la fiscalité, les vexations, les exactions de l'administration portugaise, et sur sa mauvaise foi dans l'interprétation et l'exécution de différentes clauses des traités de commerce [2].

Ce sont autant de sujets de plainte toujours accueillis par les négociants de Londres, parce qu'en procurant à leurs commissionnaires et débiteurs de Lisbonne l'appui du gouvernement d'Angleterre, ils se flattent d'en être plus exactement payés et plus fidèlement servis. Là-dessus, grandes assemblées des *portugueses merchants* [3], comités

---

[1] Ce sont des maisons de campagne autour de Lisbonne dont les Anglois ont les plus belles, avec les jardins les plus délicieux, où ils donnent sans cesse des bals, des fêtes et toute sorte de divertissements. (*A.*)

[2] On dit ces traités; car quand ces messieurs ne trouvent point dans celui de 1703 de quoi favoriser quelque prétention, ou pallier quelque contravention, ils remontent à celui de Charles II, ou même de Cromwell, pour y chercher quelques prétextes à leurs interprétations frauduleuses. (*A.*)

[3] C'est ainsi qu'on appelle les négociants qui font particulièrement le commerce de ce royaume. En général chaque maison en Angleterre s'attache à

d'entre eux pour dresser des pétitions, mémoires ou remontrances ; députations pour les présenter en cérémonie au Roi, aux secrétaires d'État, aux commissaires du commerce. Cela est ensuite imprimé, débité avec un extrait souvent infidèle des pièces et des procédures faites en Portugal ; et si le gouvernement n'adopte point avec chaleur les prétentions des négociants, s'il ne se brouille point pour cela avec la cour de Lisbonne, les papiers publics sont aussitôt inondés de lettres et de libelles contre le ministère ; quelque écrivain de l'*opposition* prend son texte de là pour remplir une ou deux de ses feuilles périodiques ; il déclame contre l'ignorance, la négligence des ministres ou leur foiblesse et leur pusillanimité, il les accuse de connivence avec le marquis de Pombal (qui n'est pas épargné, non plus que le roi son maître), souvent même d'être vendus aux cours étrangères, et enfin de trahir le commerce et la nation.

Mais le ministère ne s'en émeut pas : on est fait à cela. On va son train et on laisse crier ; quelquefois, cependant, on fait répondre à ces libelles par un écrivain *de la cour* qui les réfute solidement, mais qui a toujours tort aux yeux du peuple. Si l'on juge que les plaintes soient fondées, on écrit au ministre d'Angleterre à Lisbonne ; il agit en conséquence. On met l'affaire en négociation, elle traîne ; mais en attendant, cela contient le ministère portugois.

Il se radoucit, et quand les *griefs* sont fondés, il est bien rare qu'on n'en obtienne point le redressement. Si, au contraire, on est convaincu de la mauvaise foi des plaignants, de leurs contraventions et de leurs chicanes,

---

une certaine branche de commerce, et forme, avec les autres de la même partie, une espèce de corporation dont les assemblées se tiennent toujours dans une taverne attitrée. (A.)

on les abandonne ; ils sont réduits à composer avec le fisc. Le consul d'Angleterre intercède encore pour eux; et quoi qu'ils en disent, on les traite avec indulgence.

On ne cesse pas pour cela de se plaindre : c'est le génie du *commerce anglois;* partout il opprime, et partout, s'il en faut croire ses déclamations, il est opprimé. L'*esprit de rapine* est, on le répète, le caractère de ce peuple; il le développe ouvertement en temps de guerre et le déguise en temps de paix sous des prétentions exorbitantes, dont l'objet est de frauder impunément les droits des souverains, d'obtenir partout la préférence sur leurs propres sujets, ou de les associer à ses contraventions, enfin de faire à main armée la contrebande dans les quatre parties du monde. Le ministère de Saint-James protége souvent chez l'étranger ces attentats, qu'il réprimeroit, qu'il puniroit si sévèrement sur les côtes d'Angleterre; il sait que ce commerce, écrasé d'impôts au dedans, ne peut se soutenir au dehors que par des moyens forcés : mais, plus sensé que les négociants, il n'est pas toujours prêt à rompre avec toutes les cours, pour l'intérêt particulier de quelques bourgeois de la cité. Il voit l'objet en grand; il sait que la popularité, si difficile à conserver, ne pourroit être acquise qu'aux dépens de la saine politique.

Ces tracasseries ne laissent pas de fomenter entre les deux cours de Londres et de Lisbonne un esprit de dissension, qui éclate souvent par des altercations fort vives. Le ministère portugois porte à regret le joug que l'Angleterre lui a imposé; il fait de temps en temps quelques efforts pour le secouer; mais de tous ces débats il ne résultera de longtemps une rupture. Le besoin réciproque et l'intérêt commun sont des liens trop forts entre les deux nations. Lorsque ces différends sont portés à un certain point d'effervescence, les deux cours font de leur côté chacune quelques pas pour se rencontrer dans une conciliation; elle est, si l'on veut, momentanée, palliative, et ne peut être regardée que comme une espèce de trêve; mais la guerre qui recommence n'est qu'une guerre de plume. Cependant, on l'a dit ailleurs, l'Angleterre jouit toujours même des droits qu'on lui dispute; l'armée, la flotte, les places, les chantiers, les arsenaux, les écoles militaires du Portugal, tout est commandé ou dirigé par des Anglois, Écossois, Irlandois; tout prend peu à peu les mœurs, les usages, les modes d'Angleterre; les courtisans, les ministres eux-mêmes vivent avec le consul, les négociants, dans la liaison, la familiarité la plus intime, dans une société de plaisirs et de fêtes dont ceux-ci font presque toujours les frais; et l'orgueil portugois s'est enfin apprivoisé avec l'opulence angloise.

Cet orgueil a de plus un motif bien fort de se concilier avec la hauteur d'une nation exigeante, mais avec laquelle on trouve des ressources. La factorerie angloise est toujours en avance au moins de deux millions sterling avec la cour, la noblesse et les négociants portugois; et le désir de retrouver sans cesse les mêmes facilités lui sera toujours un garant des bons offices de ses débiteurs; elle en a dans toutes les branches de l'administration.

Dans cette position, il ne faut pas croire, d'après des libelles et des gazettes, ou même d'après quelques démarches d'éclat de la part des deux cours, qu'elles soient si près d'une rupture, et que d'autres nations (la nôtre par exemple) puissent de sitôt remplacer les Anglois dans le commerce du Portugal, ou en partager également le bénéfice avec eux. Pour n'être pas la dupe de ces vaines apparences, il faudroit, il est vrai, connoître à fond l'intérieur du ministère anglois et celui de la cour de Lisbonne; savoir que le premier prévient souvent celle-ci des demandes un peu fortes qu'il est obligé d'accorder à la clameur populaire, et que, de son côté, le ministère portugois a soin quelquefois d'adoucir, par des insinuations secrètes, la rigueur de ses procédures publiques; qu'enfin, lorsqu'il paroît écouter les propositions de quelque autre cour pour un traité de commerce, ou même aller au-devant de celles qu'on pourroit lui faire, son objet n'est que d'alarmer celle de Londres et de la rendre ainsi plus souple et plus conciliante sur les différends actuels, ce qui lui a souvent réussi.

On doit également apprécier, dans ces discussions, la force de l'habitude, la solidité d'une machine toute montée, et la difficulté de la détruire, pour y en substituer une autre qui n'auroit de longtemps les mêmes avantages. Supposons que notre commerce parvînt à obtenir en Portugal les mêmes faveurs que celui des Anglois, à le balancer, à le détruire, payera-t-il tout d'un coup les deux millions sterling *dus à la factorerie*, et sera-t-il en état de faire pour autant d'avances?

Mais comment lever le premier obstacle, le plus fort, le plus insurmontable, c'est-à-dire la position respective de l'Angleterre et du Portugal, dont l'un est toujours en état de protéger, et l'autre a sans cesse besoin de protection? La France, par exemple, voudroit-elle accorder hautement son appui au Portugal contre l'Espagne? ou le pourroit-elle contre l'Angleterre brouillée avec le Portugal? Mais ceci nous conduit au terme et à l'objet principal de cet article, c'est-à-dire à examiner *quelle est la position respective du Portugal à l'égard de la France.*

Indépendamment du *pacte de famille*, les liens naturels et nécessaires entre la France et l'Espagne, et la situation de celle-ci relativement au Portugal, nous font une loi de commencer par elle et d'apprécier premièrement les rapports qui subsistent entre ces deux puissances voisines. Nous partirons pour cela du point fixe de la dernière paix.

La courte guerre qui l'avoit précédée a produit des effets dont nous avons déjà présenté le tableau : il en est résulté que la crainte, ce grand ressort de la politique dans tous les États foibles, relativement aux plus forts, ne peut plus agir sur la cour de Lisbonne, comme il le faisoit avant cette guerre.

L'Espagne, par son voisinage, par sa supériorité en territoire, en population, par le nombre de ses troupes et la réputation militaire qu'elle avoit conservée dans les deux guerres précédentes, en imposoit naturellement au Portugal engourdi, abâtardi par une longue paix. Il croyoit voir encore en Espagne des armées aguerries et disciplinées, une artillerie formidable, de bons ingénieurs, des généraux habiles et expérimentés, une marine instruite et exercée, des approvisionnements faciles, abondants et bien distribués. Il n'avoit rien de tout cela, il ne se doutoit pas même qu'il pût l'avoir un jour; il trembloit au moindre mécontentement de la cour de Madrid; et alors son unique ressource étoit la protection assurée de l'Angleterre.

Mais cette protection ne pouvoit opérer que par mer; et la longue lisière que fait le Portugal à l'ouest de l'Espagne étant aussi étroite que mal défendue, sembloit pénétrable, presque dans tous ses points, à une invasion subite. La cour alors n'auroit pas été en sûreté, même dans Lisbonne. Les forts qui défendent le Tage, les places maritimes, tout auroit été pris à revers et enlevé par les Espagnols; la flotte angloise seroit arrivée trop tard [1].

---

[1] Peut-on imaginer que la France ait déterminé l'Espagne à la guerre contre le Portugal sans avoir su les moyens de l'attaquer et de lui donner la

Cette crainte, assurément très-fondée, si l'Espagne eût été ce qu'elle devoit et paroissoit être, tenoit la cour de Lisbonne dans une espèce de sujétion à l'égard de celle de Madrid. Les liens de l'affinité, sous Philippe V et sous Ferdinand VI, firent du côté de la terre la sûreté du Portugal. Sous le premier, la Reine étoit occupée du bonheur d'une fille chérie et du désir de lui donner de la considération dans sa cour et dans sa famille; elle entretint soigneusement la bonne intelligence. Sous le second, une infante du Portugal[1], maîtresse absolue des affaires, fit plier les intérêts de l'Espagne à ceux de sa maison[2]. Bien loin d'avoir quelque chose à craindre de la cour de Madrid pour sa sûreté et sa tranquillité, celle de Lisbonne y eut la plus grande influence.

Ces motifs de sécurité ne subsistoient plus vers la fin de la dernière guerre, et le Portugal se crut perdu lorsque le feu s'en étendit jusqu'à ses frontières. L'événement l'a rassuré; peut-être a-t-il passé depuis à l'extrémité opposée, c'est-à-dire au mépris d'un ennemi dont il croit avoir reconnu toute la foiblesse[3].

Cette crainte étoit cependant le seul motif qui pût influer dans la conduite du Portugal relativement à l'Espagne.

---

loi? Cet exemple, qui malheureusement n'est pas le seul, de projets légèrement conçus et par conséquent avortés, doit faire sentir la nécessité de ne pas adopter de plan sans l'avoir bien médité. (A.)

[1] Marie-Barbara, fille de Jean V, née le 4 décembre 1711, épousa en 1729 Ferdinand VI et mourut le 27 août 1758.

[2] Ce fut ce pouvoir absolu qui fit conclure le fameux *échange de la colonie du Saint-Sacrement*, annulé depuis sous Charles III. Cette princesse ne s'occupoit pas moins des intérêts de l'Angleterre; elle y étoit secondée par un habile ambassadeur: depuis la paix de 1748 ce règne fut *l'âge d'or* des Portugais et des Anglois en Espagne. (A.)

[3] *Le Portugal*, disoit le vieux lord Tirawley, qui connoissoit bien cette nation et ne la flattoit pas, *n'a plus peur de l'Espagne, parce qu'elle lui a dit son secret*. (A.)

La haine nationale a rompu ce frein qui la retenoit, et s'est envenimée par le ressentiment d'une agression injuste, par le souvenir du danger qu'a couru la partie attaquée et des dommages qu'elle a soufferts dans sa frontière. Il paroît donc plus difficile que jamais de former entre les deux cours d'autres liaisons que celles d'étiquette et de bienséance. Enfin le pacte de famille a lié aussi nécessairement, aussi étroitement le Portugal avec l'Angleterre contre l'Espagne, que celle-ci avec la France contre les deux autres.

Mais quelle est donc actuellement la position respective du Portugal à l'égard de la France? Nous venons de le dire, en parlant de l'Espagne; cette position est précisément la même, relativement aux deux couronnes alliées, au mépris, à la haine près, dont le premier n'est pas encore notre partage, et ne devroit jamais le devenir.

Le commerce, dira-t-on, est le lien des nations; il le sera toujours, et l'esprit de calcul, qui depuis longtemps dirige ou devroit diriger toutes les spéculations de la politique moderne, doit nous retourner du côté du Portugal et rapprocher enfin de nous cette puissance. Il doit aussi la détacher de l'Angleterre, puisqu'il est prouvé que les traités de commerce qui subsistent entre les deux nations sont absolument au désavantage de la première.

En résumant ici l'objet de cet article, il faut réfuter, une fois pour toutes, ce raisonnement, fondé beaucoup plus encore sur l'ignorance que sur la flatterie.

Deux motifs seulement peuvent engager un État à accorder la préférence, même l'égalité, au commerce d'un autre État quelconque : l'intérêt politique ou l'intérêt mercantile.

Sur le premier, on croit avoir tout dit : on ajoutera seulement que le Portugal, même dans le nouveau degré d'énergie qu'il a acquis depuis dix ans, n'est pas encore en état de se soutenir seul et par lui-même.

Dans cette situation, et surtout dans sa position topographique, enfermé comme il l'est entre l'Espagne et l'Océan, il ne peut désirer et attendre des secours que d'une puissance maritime ; il en existe une dont il a l'appui, et l'intérêt qu'elle prend à sa conservation est fondé sur les avantages du commerce. Pour se rapprocher de la France il faudroit d'abord qu'il osât lui accorder les mêmes avantages, et par conséquent en priver l'Angleterre en tout ou en partie. Le voulut-il dans un premier mouvement ; l'oseroit-il après celui de la réflexion ; et la France elle-même seroit-elle en état d'en profiter? On connoît la hauteur angloise et le ton exclusif de cette nation en fait de commerce : elle conserveroit celui du Portugal à main armée, malgré lui-même ; et pour l'en exclure ou le partager il faudroit lui faire la guerre ; il faudroit plus, et c'est de quoi nous sommes encore bien loin, il faudroit être sûr d'écraser l'Angleterre.

L'intérêt mercantile n'est pas moins décisif contre nous en faveur de cette puissance. L'objet de tout commerce est de vendre le plus qu'on peut pour faire pencher la balance de son côté, ou du moins pour en diminuer *le solde*[1] : pour cela il faut nécessairement traiter avec la nation qui peut le moins se passer de nos importations et qui en consomme le plus.

C'est le cas de l'Angleterre avec le Portugal. Elle n'a ni vins, ni sels, ni fruits du Midi, et elle en consomme une quantité prodigieuse ; cette consommation fait, du moins en partie, la balance du Portugal avec cette nation. Sans cet avantage et les faveurs particulières dont il jouit pour

---

[1] *Solde*, c'est-à-dire la somme qu'une partie redoit à l'autre et qu'il faut payer en espèces ou lettres de change. (A.)

les deux premiers de ces trois articles, tout l'or du Brésil, ses diamants et ses autres productions, seroient insuffisants pour payer la valeur des importations angloises.

Ce ne pourroit jamais être le cas de la France avec le Portugal. Elle a des vins, des sels, des fruits et toutes sortes de denrées à revendre; et ses manufactures fourniroient autant pour le moins que celles d'Angleterre. Que lui vendroit le Portugal? rien ou presque rien. Donc il ne pourroit la payer qu'en espèces ou matières : donc il ne lui resteroit pas au bout de vingt ans un cruzado[1], ou bien il feroit banqueroute.

Donc l'intérêt mercantile ne sauroit jamais engager le Portugal à se rapprocher de la France et à lui accorder pour son commerce la préférence ou même l'égalité avec l'Angleterre.

Donc, ou on se trompe soi-même, ou on veut nous tromper quand on parle sans cesse de traité de commerce avec le Portugal, et de renouer par ce moyen des liaisons étroites et solides avec cette couronne.

Nous avons déjà démontré que l'intérêt politique l'éloigne de nous encore davantage.

Donc enfin la position du Portugal à l'égard de la France est celle d'un État qui pour le présent ne craint rien de cette puissance, et qui dans l'avenir ne voit rien à en espérer.

Concluons que dans cette position on ne peut encore ni jeter des vues, ni former des projets sur le Portugal; que la crainte pourroit un jour lui en imposer ou le ramener à un certain point; que peut-être dans un système mieux combiné, mieux dirigé, un avenir plus heureux en feroit naître quelque occasion; mais que cet avenir dépendra surtout de la supériorité ou du moins de l'égalité maritime

[1] Monnoie d'environ cinquante sous.

de la France avec l'Angleterre ; et puisqu'il faut le répéter, que ce système mieux combiné, mieux dirigé, ne peut être que la refonte totale du système actuel, s'il en existe un, ou pour mieux dire la création d'un nouveau système de puissance militaire et de puissance fédérative.

### XII. *De l'Espagne.*

Il est des circonstances où le désir le plus sincère de conserver la paix ne suffit point pour se dispenser de faire la guerre, et où l'on ne peut pas attendre d'être attaqué directement sans prendre des mesures défensives assez vigoureuses pour faire craindre à ses voisins ou à ses rivaux d'être eux-mêmes prévenus.

C'est dans des circonstances de ce genre que se trouve une puissance liée, engagée avec une autre par des antécédents comme les traités, les alliances offensives ou défensives, les liens étroits du sang, l'unité de nom et pour ainsi dire de gloire entre deux souverains, mais plus encore par des relations qu'on peut appeler physiques, comme la position locale, l'intérêt commun d'une défense réciproque, la certitude d'être accablé à son tour si on laisse écraser son voisin ou son allié, en un mot la nécessité, cette loi impérieuse de la politique comme de la nature.

Telle est la position de la France à l'égard de l'Espagne; et tous ces différents motifs concourent également à lui faire faire désormais cause commune avec cette puissance.

Il faut donc connoître l'Espagne et bien apprécier son état actuel pour pouvoir calculer le degré d'utilité dont elle pourroit être à la France dans la première guerre, ou du moins pour bien savoir d'avance jusqu'à quel point elle pourroit lui être à charge. Cette dernière connoissance ne seroit pas un motif de l'abandonner dans aucun cas; mais elle serviroit à former, à régler un plan d'opérations éventuelles, et surtout à ne point compter pour leur exécution sur des moyens qui n'existeroient pas ou qui manqueroient au besoin; elle prépareroit d'avance à s'en assurer par soi-même de plus réels, plus efficaces et mieux administrés; enfin elle empêcheroit, ou de s'endormir, ou de s'engager trop légèrement sur la foi d'une nation romanesque et peu prévoyante.

Mais pour former un enchaînement d'idées, de faits et de conséquences qui nous conduisent au plus près qu'il sera possible de cette lumière que nous cherchons, il faut nécessairement remonter à l'origine des engagements contractés avec l'Espagne dans les deux dernières guerres.

Elle avoit été entraînée seule dans la première; et la cour de Londres, qui ne la désiroit pas non plus, s'étoit laissé emporter par le torrent de l'*opposition*. Cette cour s'étant enfin déclarée pour celle de Vienne, la France n'eut plus à choisir, et le traité de Worms, en 1743, fut le signal de la rupture.

Le combat de Toulon, en 1744, valut à l'amiral espagnol[1] le titre pompeux de *marquis de la Victoria*. Quelle qu'eût été la conduite du commandant françois et la manœuvre de son escadre, il en résulta dès lors entre notre marine et celle d'Espagne du dégoût, de l'humeur et même de l'animosité; ces deux corps ne servirent plus ensemble. Les Espagnols, fiers et contents d'eux-mêmes, ne voulurent pas compromettre leur gloire; on ne les vit presque plus en mer; les François se montrèrent encore et se

[1] Don Pedro Navarro, mort depuis peu d'années, commandant de la marine à Cadix. Deux officiers françois, MM. de l'Age et d'Auteuil, firent cette fameuse défense du *Royal-Philippe;* l'amiral espagnol, blessé d'un éclat de bois au commencement de l'affaire, ne parut plus depuis; ce vaisseau rentra dans Toulon, et il n'y en eut point de pris. Voilà le vrai de cette histoire. (A.)

firent prendre en détail. Après le traité d'Aix-la-Chapelle tout étoit changé pour la France à la cour de Madrid. Celle-ci saisit le prétexte *qu'on avoit fait la paix sans elle, et qu'on l'avoit forcée d'accéder à des conditions dont elle n'étoit pas satisfaite;* mais, au vrai, l'influence de la Reine portugaise avoit déjà opéré ce changement.

L'Espagne ne paroissoit donc pas disposée à se lier sitôt avec nous contre l'Angleterre; mais le marquis *de la Ensenada* prévit que le moment pouvoit n'en pas être si éloigné : il travailla en conséquence à rétablir la marine, fit venir des constructeurs anglois, des géomètres françois, forma des écoles, fortifia les ports, remplit les chantiers et arsenaux, et créa ou perfectionna tous les autres établissements relatifs à ce grand objet.

La disgrâce de ce ministre ne les fit pas abandonner; on continua de travailler et de construire, et il faut avouer qu'à l'avénement de Charles III la marine d'Espagne étoit au plus haut point de sa prospérité; les fonds d'ailleurs ne manquoient point; le nouveau Roi trouva dans la seule trésorerie de Cadix quinze millions de piastres fortes[1]; enfin tout concouroit à rendre croyables les états fastueux que l'Espagne publia de ses forces de mer et de terre.

On ne la crut pourtant pas sur sa parole; et dès la même année 1760 on fut assez bien instruit pour rabattre au moins le tiers de ces calculs[2]. Ils étoient moins outrés

---

[1] *Pesos gordos*, à cinq livres la pièce, soixante-quinze millions; la plus grande partie en barres et en lingots. M. d'Esquilaci ne les y laissa pas longtemps; il n'en restoit six mois après que le tiers ou environ, c'est-à-dire cinq millions et demi; le surplus avoit été voituré, partie à la monnoie de Séville et partie, disoit-on, à celle de Ségovie : mais, dans le vrai, il en passa beaucoup à Naples et ailleurs, partie de l'aveu du Roi, partie de l'ordre secret de la Reine, et partie enfin par l'escamotage du ministre, appuyé de mademoiselle de Castro-Pignano. (A.)

[2] Et souvent beaucoup davantage; on n'en citera qu'un exemple. La cour avoit fait imprimer qu'il y avoit dans les casernes de Burgos douze cents

sur l'état de la marine que sur celui des troupes. Cependant, d'une liste de soixante vaisseaux de ligne *armés, équipés*, avec les noms des officiers et le nombre des équipages, la vérité c'est qu'il en existoit dans les trois départements une trentaine au plus en état de servir; car on ne compte pas ici les quinze vaisseaux de ligne pris depuis à la Havane par les Anglois, ni une dizaine d'autres répandus dans les Indes espagnoles : avec cette addition, l'Espagne auroit eu réellement cinquante-cinq ou soixante vaisseaux de ligne prêts à mettre en mer; encore y avoit-il du rabais à faire sur les équipages, qu'on supposoit toujours complets, et qui, bien loin de l'être, n'existoient qu'en idée dans une division pendant qu'ils servoient dans une autre [1].

Mais ces petits moyens étant connus et appréciés, il sembloit qu'on eût renoncé au projet d'engager inutilement l'Espagne dans une seconde guerre. Il ne paroît pas même qu'on s'y fût beaucoup attaché. Il n'auroit jamais réussi

recrues; c'étoit dans la ville même un article de foi. Un François, qui connoissoit le pays et qui parloit la langue, avoit été envoyé en Espagne pour y apprécier bien des choses. Il pénétra dans des espèces de cachots, où ces malheureux étoient renfermés; il les compta tous, et n'en trouva que cent soixante-dix, tous mendiants et vagabonds, la plupart estropiés et infirmes. (*A.*)

[1] C'étoit, par exemple, le cas de l'escadre de Cadix en 1760; elle étoit composée de douze beaux et bons vaisseaux, auxquels il ne manquoit rien que la moitié des équipages. Pour remédier à cet inconvénient, ou plutôt pour le déguiser, on avoit annoncé que cette escadre croiseroit pendant six mois sur les côtes de Barbarie. Elle fut partagée en deux divisions, dont l'une ne sortoit qu'après que l'autre étoit rentrée; mais avant de sortir il falloit l'équiper, et pour cela on y versoit les équipages de l'autre; elle alloit croiser à son tour, pendant que les vaisseaux rentrés restoient en parade au *Puntal*. Moyennant ce petit escamotage, les douze vaisseaux figurèrent toute la saison pour une escadre complète et toujours en croisière. Enfin cet étalage ne laissoit pas d'en imposer de loin : c'étoit tout ce que prétendoit la politique espagnole. (*A.*)

du vivant de la Reine [1]. Sa mort en fit concevoir des espérances plus fondées. Des motifs personnels firent mettre plus de chaleur dans la négociation; il en résulta le pacte de famille.

Les circonstances dans lesquelles ce traité fut conclu, et l'éclat qu'on en fit produisirent d'abord l'effet particulier qu'on en avoit désiré. L'objet personnel étoit rempli; mais l'objet public fut manqué.

L'avis de M. Pitt de déclarer aussitôt la guerre à l'Espagne fut justifié même après sa démission par la rupture inévitable entre l'Espagne et l'Angleterre. Mais que produisit-elle pour la France? Un fardeau de plus dans la guerre et un surcroît d'embarras dans la négociation; une augmentation dans les troupes, les plus grands préparatifs par mer et par terre, des approvisionnements immenses, un corps de François auxiliaires, tout sembloit assurer le succès de l'expédition projetée contre le Portugal: mais les troupes mal commandées ne soutinrent pas la réputation qu'elles s'étoient acquise dans les deux guerres d'Italie; et l'on a remarqué que depuis le duc d'Albe tous les généraux espagnols ont été malheureux contre le Portugal. Les préparatifs ne servirent qu'à épuiser les finances. Les magasins mal placés, mal distribués, sans communication et sans débouchés, regorgeoient de provisions dont la plus grande partie fut gâtée ou volée sous ce prétexte, pendant que l'armée étoit arrêtée à chaque pas par le défaut de subsistances [2]. On fit avec grand appareil le siège d'Almeida, place médiocre quand même les fortifications en auroient été achevées. On se

---

[1] La *reine saxonne*, selon la coutume des Espagnols de désigner les reines par le nom de leur nation; celle-ci avoit à notre égard le péché originel. (*A.*)

[2] On attaqua le *taureau par les cornes*, c'est-à-dire par la frontière des provinces de *Tra-los-Montes* et de *Beira*, pays stérile, montagneux, et rempli de chicanes. (*A.*)

plaignit de la lenteur du premier général[1]. On le remplaça par un autre qui n'avança pas davantage[2]. A peine vit-on l'ennemi. Il n'étoit pas encore en état de se montrer. Les secours étrangers ne lui arrivoient que peu à peu. Quelques troupes légères et paysans armés chicanèrent si bien le terrain, qu'à l'époque des préliminaires on avoit fait en six mois environ vingt lieues.

Cependant la Havane étoit prise, et l'orgueil espagnol avoit eu plus de part à cette perte que la valeur angloise. Ceux qui y commandoient n'avoient voulu ni accepter les offres de M. de Blénac, ni profiter de ses conseils. Ils aimoient mieux perdre la place que d'en devoir le salut à un officier françois[3].

Tandis qu'on la perdoit les Espagnols s'occupoient surtout à nous empêcher de céder *la Mobile*[4], parce que cette cession nous auroit coupés de la Floride et entouré cette province de colonies angloises. Ils ne savoient pas que la Mobile étoit déjà cédée; et c'est, entre beaucoup d'autres, un exemple assez singulier des inconséquences de ce temps-là. Ils ne se doutoient pas non plus que la

---

[1] Le marquis de Sauria, âgé de quatre-vingts ans, et qui n'avoit d'autre titre pour commander que sa caducité. (*A*.)

[2] M. le comte d'Aranda, qui avoit voyagé et vu les camps du Roi de Prusse; ce fut aussi son titre. (*A*.)

[3] La Havane étoit dégarnie; quinze cents hommes de troupes, telles quelles, ne suffisoient pas pour la défendre; le seul moyen de la sauver étoit d'aller au-devant des Anglois dans le canal de Bahama, qu'ils passoient la sonde à la main et en défilant, ou de les attendre *au débouquement*. Quinze vaisseaux espagnols et la petite escadre de M. de Blénac auroient arrêté l'ennemi, ou l'auroient battu dans une position où il ne pouvoit pas se former en ligne, ni tirer aucun avantage de la supériorité de sa manœuvre. Cet avis fut rejeté, et la pusillanimité espagnole retint dans le port ces quinze vaisseaux pour servir de trophée à l'Angleterre. (*A*.)

[4] Partie de la Louisiane, ainsi appelée de la rivière de ce nom, et qui touchoit à *Pensacola* dans la Floride espagnole. (*A*.)

Havane seroit prise, et que pour la ravoir ils seroient trop heureux de céder la Floride même.

La paix vint mettre un terme à tant de malheurs et de fautes. L'alliance de l'Espagne et cette campagne de plus nous coûtèrent, en sus des conditions de M. Pitt, deux des quatre îles neutres [1], la Louisiane entière, et par conséquent notre expulsion totale du continent de l'Amérique [2].

Après cette expérience, on croiroit peut-être que l'Espagne, guérie de ses vieux préjugés, auroit reconnu ses erreurs et ses fautes dans toutes les branches de son administration ; qu'elle auroit quitté les sentiers trompeurs de l'habitude, pour entrer enfin dans le droit chemin du raisonnement, du calcul et de l'économie politique, déjà tracé depuis longtemps, et où d'autres nations avoient fait tant de progrès. Point du tout; il n'y a encore rien de réformé dans ce pays-là, que les capes croisées et les chapeaux rabattus [3]; et, à cela près, les Espagnols sont restés

---

[1] Ainsi appelées parce que le droit en étoit contesté; car, de fait les François étoient établis dans toutes les quatre exclusivement. M. Pitt avoit offert l'année précédente de nous en laisser deux en les tirant au sort : il est vrai que Sainte-Lucie nous resta; mais ce fut en échange de la *Grenade* et des *Grenadilles*, colonies déjà établies, et dont l'Angleterre a tiré le plus grand parti. On sait en revanche à quoi s'est réduit notre établissement de Sainte-Lucie. (*A.*)

[2] Il est vrai que l'Angleterre voulut bien nous laisser, de la Louisiane, la *Nouvelle-Orléans* et la rive droite du Mississipi. Mais que nous en est-il resté ? Il a fallu sauver la gloire de l'Espagne et l'honneur de son ministère en lui abandonnant ce débris de notre naufrage; elle avoit perdu la Floride, nous avions tout perdu nous-mêmes. N'importe : on s'est cru obligé de dédommager par ce sacrifice la vanité territoriale de cette nation; elle a cent fois plus de terrain en Amérique qu'elle n'en sauroit ni cultiver, ni défendre. Cependant on a dû non-seulement lui céder, mais lui livrer de force la *Nouvelle-Orléans*. Ces fidèles François ont subi le joug espagnol; tirons le rideau sur cette tragédie : les nouveaux maîtres y ont gagné à leur ordinaire un désert de plus. (*A.*)

[3] La paresse, la gueuserie et la malpropreté plus que le libertinage et l'air de bonne fortune avoient, comme on sait, établi en Espagne l'usage d'aller

au même point, c'est-à-dire *deux cents ans en arrière des autres nations policées*[1].

La preuve la plus forte que chez eux l'administration même est incorrigible, c'est que, après cette guerre si courte et si malheureuse, tout, à peu près, resta comme il étoit auparavant. Il faut en excepter le militaire, dans lequel il y a eu beaucoup de changements, et l'on ne peut nier qu'à cet égard tout n'ait été à peu près bouleversé.

dans les rues *tapados,* c'est-à-dire la cape croisée jusque sur le bas du visage, le chapeau rabattu en rond et couvrant le haut de manière qu'on pouvoit à peine voir les yeux; et les plus *guapos,* c'est-à-dire les plus élégants à leur manière, étoient les moins reconnoissables : mais si cet accoutrement cachoit quelquefois un galant mystérieux et discret, si même par goût les grands seigneurs le préféroient à la parure, il faut avouer que le plus souvent il servoit à couvrir des guenilles et du linge sale, et voilà tout; car on doit cette justice aux Espagnols, malgré la facilité que cet usage auroit pu donner pour des vols, des meurtres et des assassinats, on ne voyoit pas de ces crimes plus fréquemment qu'ailleurs. Il est vrai que le mécontentement du peuple et sa haine pour M. d'Esquilaci s'exhaloient, à l'abri de ce déguisement, en propos séditieux. Ce ministre craignit que la chose n'allât plus loin; il fit donc défendre d'aller *tapados.* Des soldats furent chargés de faire observer cette défense et s'en acquittèrent quelquefois durement; la fermentation augmenta, et les mesures qu'on avoit prises pour l'arrêter hâtèrent l'explosion, qui peut-être même ne seroit jamais arrivée. Le peuple une fois soulevé et se voyant le plus fort, s'avisa de former des prétentions et d'exiger des conditions auxquelles il n'avoit pas songé. On connoîtroit bien peu les hommes et les peuples si on s'amusoit à chercher des causes beaucoup plus profondes de la révolte de Madrid : cette émeute presque fortuite étant une fois calmée, l'autorité a prévalu contre les *tapados.* Cette réforme et l'expulsion de M. d'Esquilaci ont été au vrai les deux seuls effets de cette grande convulsion. (*A.*)

[1] M. Wal étoit allé autrefois en Russie avec M. le duc de Piria : il y avoit fait un long séjour, et il s'amusoit quelquefois à faire un parallèle des Espagnols et des Russes; il trouvoit en tout des ressemblances entre ces deux nations placées aux deux bouts de l'Europe. On ne voyoit pas trop à laquelle des deux il vouloit faire honneur; car, il faut l'avouer, les progrès de la Russie ont été beaucoup plus rapides depuis le commencement de ce siècle, que ceux des Espagnols depuis l'avénement de Philippe V à la même époque. (*A.*)

L'expérience, là comme ailleurs, fixera la juste valeur de ces innovations.

Le département de la marine fut laissé à don Julien Arriaga, honnête homme, il est vrai, et même dévot, mais absolument incapable.

Celui des finances resta à M. d'Esquilaci, qui continua de dévaster l'Espagne par son administration aussi inepte que fiscale[1]; et depuis son expulsion, un de ses premiers commis en est chargé et suit la routine de son *principal*. On ne pouvoit pas prendre de plus mauvais modèle. M. d'Esquilaci, sans théorie et même et sans aucunes connoissances élémentaires, n'ayant jamais rien vu hors de la sphère étroite des finances de Naples, suivit le sentier qu'il trouva frayé en Espagne; mais il renchérit sur l'absurdité de l'ancienne administration, en multipliant les impôts et les droits de toute espèce; et comme la contravention augmente toujours avec les charges, il n'y trouva d'autre remède que de multiplier les gardes, les commis et les employés de toute espèce. Il en a laissé en Espagne plus de cinquante mille, qui coûtent plus au Roi que toute son armée. Après sa disgrâce, tout est resté sur le même pied. L'ancienne dénomination de royaumes ou principautés, qu'avoient eue autrefois toutes les provinces d'Espagne, servoit, depuis longtemps, de prétextes aux

---

[1] Ce ministre a eu la réputation que donnent toujours les grandes places et une longue faveur. S'il avoit eu des talents, du génie, et qu'il eût compensé de grandes vexations par de grands moyens, on auroit pu lui pardonner son avidité, sa dureté, et même ses voleries énormes; mais, à dire vrai, il ne savoit bien que ce dernier métier. Son premier avoit été celui de munitionnaire en Italie; il voulut le faire ensuite en Espagne lors de la guerre de Portugal. S'étant chargé de la partie des vivres et des magasins, il n'y montra que son incapacité. A l'égard des finances, il ne savoit que doubler, tripler et quadrupler, il ne s'étoit jamais douté de ce principe si connu et si démontré par l'expérience, *qu'en fait d'impôts deux et deux ne font pas quatre*. (A.)

douanes intérieures, qui faisoient regarder chacune de ces provinces comme étrangère. Au lieu de réformer un abus si gênant et si destructif pour l'industrie, M. d'Esquilaci augmenta les droits [1], mit plus de rigueur dans la perception, et acheva d'étouffer le peu d'industrie et de circulation qui avoit commencé à renaître sous M. de la Ensenada [2].

Quant aux autres branches de l'économie politique, comme l'agriculture, la navigation et le commerce, qui sont les principales sources où la finance peut puiser avec proportion et modération, on ne voit pas que l'Espagne ait fait, depuis dix ans, beaucoup plus de progrès.

[1] L'Espagne est, à cet égard, bien loin encore de la Russie. Ce gouvernement nouveau n'avoit pas attendu le règne plus éclairé de Catherine II pour abolir toutes les *douanes intérieures.* Ce fut l'ouvrage de l'Impératrice Élisabeth ; et le produit des *douanes extérieures*, augmenté par cette facilité, a doublé celui des bureaux supprimés. (A.)

[2] Ce n'étoit pas la faute de ce ministre s'il n'avoit pas fait davantage. Les obstacles qu'il trouva étoient et seront toujours insurmontables : c'est l'indolence du bourgeois, la fainéantise de l'ouvrier, la haine et la jalousie nationale contre les étrangers et surtout les François, de qui ce peuple vain auroit pu le plus apprendre ; et c'est un des motifs qui doivent nous rassurer sur les projets toujours renaissants, et toujours manqués, de l'administration espagnole pour nous enlever notre industrie. On n'en citera qu'un exemple : depuis 1749 il y avoit à la manufacture royale de Valence, établie par M. de la Ensenada, un dessinateur de Lyon que ce ministre y avoit attiré à grands frais. Parmi ses engagements on y avoit stipulé celui d'avoir toujours quatre élèves espagnols et de les former gratuitement. En 1760 il ne s'en étoit pas présenté un seul et la manufacture n'avoit encore fabriqué que des étoffes unies. Celles de Talavera et de San-Fernando, établies par le même ministre et dirigées aussi par des François, sont restées dans le même état de langueur et d'inertie. C'est assurément un grand bonheur pour la France que cette nation, qui a toutes les matières premières en abondance et de la meilleure qualité, soit moralement et peut-être physiquement incapable de les mettre en œuvre ; mais par là elle manque aussi des grands moyens qui ont porté si haut les richesses et les ressources de la France et de l'Angleterre ; et dans la première guerre, si elle étoit privée deux ou trois ans des retours des Indes, elle tomberoit dans une indigence qui la rendroit bientôt à charge à la première de ces deux nations. (A.)

La première est restée toujours au même état, et peut-être lui seroit-il plus difficile d'en sortir qu'on ne le croit communément. Il subsiste, au sujet de ce royaume, un vieux préjugé, que le sol est généralement très-fertile, et que, s'il n'est pas beaucoup mieux cultivé, c'est par la faute de ses habitants. On imprime, on lit sans cesse que l'Espagne est une *terre de promission;* que la beauté du ciel, la douceur du climat en rendroient la culture facile et le produit certain; mais que l'indolence des propriétaires, la paresse des cultivateurs, la fainéantise enracinée, innée dans la nation, lui font perdre le fruit de tous ces avantages naturels. On s'est accoutumé à le dire, à le croire. On part de là comme d'un principe établi et prouvé. Rien pourtant n'est au fond plus faux que cette assertion prise en général. On pourroit, au contraire, avancer, après avoir parcouru et traversé l'Espagne en tout sens, qu'un tiers au plus de ce pays est cultivé; qu'un autre tiers pourroit, à la rigueur, l'être avec du temps, des soins et de grandes dépenses, et que le reste est et sera toujours incultivable.

Cette beauté même du ciel, qui de loin flatte si agréablement l'imagination de ceux qui vivent sous un climat dur, humide et dans un air chargé de vapeurs, est précisément une des causes physiques et insurmontables de la stérilité d'une partie de l'Espagne. Elle y produit le même effet sur un sol aride et pierreux, que dans la basse Provence et dans quelques parties du bas Languedoc. Les pluies qui, au défaut des sources, des rivières ou des canaux d'arrosement, pourroient seules féconder ces terres ingrates, y manquent régulièrement, ou n'y tombent qu'en orages et en torrents destructifs. Le peu de bonne terre qui pourroit y rester est encore entraîné au fond des ravins creusés par la rapidité bizarre de leur cours. Ils tarissent au bout de vingt-quatre heures ; le tuf, dépouillé de sa croûte légère, ne présente plus qu'une surface calcinée et blanchâtre, partagée en plusieurs mamelons, formés par les ravins : c'est ainsi que les environs mêmes de Madrid offrent de loin, à l'œil fatigué du voyageur, la perspective d'un désert sillonné par la foudre.

On trouve, il est vrai, dans les deux Castilles et dans la partie du royaume de Léon appelée *Tierra dos Campos,* de vastes plaines et peut-être les meilleurs pays de blé qu'il y eût au monde, si la pluie y tomboit régulièrement chaque année, dans un printemps beaucoup plus chaud que nos étés de France ; mais elle manque trop souvent. Alors tout est brûlé, et le laboureur, privé du fruit de ses travaux, se dégoûte de la culture, ou ne cultive plus que pour sa subsistance.

Mais, dans les plus belles récoltes et qui surpassent même ses espérances, le cultivateur a mille autres obstacles à surmonter. La demande alors diminue sur les lieux, à proportion que l'abondance augmente. Il faudroit vendre au loin ; mais, dans l'intérieur des terres, le manque de chemins pour le débouché des denrées empêche également l'acheteur de venir les chercher, et le vendeur de les porter à des marchés éloignés.

Dans les provinces plus voisines de la mer, le propriétaire est encore plus à plaindre. Il a toujours à soutenir la concurrence des blés étrangers, dont l'entrée est constamment permise [1]. Ces blés, de Barbarie, d'Angleterre ou du Nord, y sont voiturés, à peu de frais, dans tous les ports d'Espagne, par les Hollandois, Suédois, Danois, Hambourgeois et surtout par les Anglois, qui en font le plus grand

---

[1] L'incertitude des récoltes et la difficulté des communications sont les motifs assez fondés de cette liberté invariable d'importation ; mais l'effet n'en est pas moins décourageant pour l'agriculture nationale. (A.)

*cabotage.* Tel est le misérable état de l'intérieur, qu'on voit à quinze lieues de la mer un canton regorger de grains et ne pouvoir pas s'en défaire pour deux raisons :

1° Parce que le prix doit en être trop haut, même dans l'abondance, pour pouvoir payer les charges et impôts, dont une partie se prend sur la chose, au moment de la vente, et se prend encore sur les reventes successives [1] ;

2° Parce que les habitants des villes maritimes et même les entrepreneurs des vivres de terre et de mer préfèrent d'acheter, de l'étranger, des grains tout portés sur place, et de les payer un peu plus cher qu'à douze ou quinze lieues. Ils gagnent encore à cette cherté apparente [2], parce qu'ils épargnent les frais de transport; et par la même raison, les vendeurs ne sauroient les livrer, rendus sur la place, au même prix que l'étranger, parce qu'il leur faudroit supporter, en dedans du prix, ces mêmes

---

[1] *Las alcavalas* et *los cientos* sont ceux qui se perçoivent immédiatement sur la vente de la chose; ils s'étendent à toutes sortes de denrées et même d'effets mobiliers. Certains articles payent six, d'autres dix et jusqu'à quatorze pour cent. Les villes, bourgs et leurs districts sont presque tous abonnés pour celui des grains et d'autres denrées de première nécessité. Il faut toujours que chaque individu reprenne le montant de sa quotité sur le prix de sa denrée. (*A.*)

[2] Elle est rarement beaucoup au-dessus des prix de l'intérieur, parce que l'étranger a, par les traités de commerce, beaucoup plus de faveur *que le sujet.* Les droits d'alcabalas, de cientos et autres, sont abonnés, par les traités, *à tant pour cent* sur chaque article et presque toujours au-dessous de la proportion de l'intérieur. Ainsi les étrangers, et surtout les Anglois en temps de paix, font la loi *aux marchés;* quelquefois même ils savent perdre quelque chose pour soutenir la concurrence et pour conserver leurs chalands, sauf à regagner dans une autre occasion ; ils s'en refont d'ailleurs sur le prix des autres marchandises qu'ils vendent en même temps, ou de celles qu'ils chargent en retour, ressource que n'ont pas les vendeurs nationaux. Enfin la condition des sujets est en général si peu avantageuse, comparativement avec celle des étrangers, que les gens instruits ne peuvent voir sans quelque surprise l'article du pacte de famille où il est stipulé que les François seroient traités comme les propres sujets de Sa Majesté Catholique. (*A.*)

frais, que la qualité des chemins et des voitures rend nécessairement très-considérables[1].

Enfin il faut revenir à l'inspection du local; et l'on trouvera que les provinces mêmes de l'Espagne les plus vantées pour leur fertilité, comme l'Andalousie, Valence, Murcie et Grenade, sont toutes entourées et coupées, comme les autres, de *sierras*, ou chaînes de montagnes pelées, qui font bien le cinquième au moins de la surface du royaume, et que les plaines mêmes y sont arides et maigres, partout où l'on ne peut pas conduire les eaux à volonté, comme dans les huertos[2] de Murcie et de Valence;

---

[1] Excepté cinq ou six grandes routes, il n'y a que des chemins de traverse, ou plutôt des sentiers frayés à droite et à gauche dans les plaines et qui se réunissent aux montées et descentes. Celles-ci sont si fréquentes et si rudes que le charroi y est impraticable. Les paysans se servent de *jumentos*, bêtes de somme, et voiturent tout à dos de mulets, ou plus souvent de *borricos* : ces animaux sont même tout ce qu'il y a de plus petit et de plus foible dans les deux espèces, les beaux étant trop chers, surtout les mules et les mulets, pour de pauvres laboureurs. Il en faut donc un plus grand nombre pour une quantité modique. C'étoit ainsi, en 1760, qu'on transportoit des chanvres d'Andalousie et de Grenade pour les magasins de Carthagène. C'étoient des convois de cent cinquante bêtes de somme pour un poids que huit ou dix charretées à quatre chevaux enlèveroient à l'aise sur nos grands chemins; mais cela paroissoit beaucoup et faisoit, par cette raison, grand plaisir aux Espagnols, excepté aux paysans qui faisoient ce transport par corvées. Quelque peu que puisse coûter la nourriture de ces animaux et de leurs conducteurs, c'est toujours un objet pour trois ou quatre jours de marche, et autant de retour à vide. C'est pourquoi, dans le même temps, une partie de la Castille nouvelle à quinze ou vingt lieues de Carthagène et d'Alicante restoit regorgée de grains, pendant que ces bords et toute la côte étoient alimentés par le cabotage des Hollandois et autres pavillons neutres. (A.)

[2] Ou *jardins*, ainsi appelés de la variété et de l'abondance de leurs productions; ce sont des bassins ou vallons au milieu des montagnes pelées, ou de ces plaines hautes, arides et blanchâtres dont on a parlé. Les eaux des sources et des petites rivières, prises à une certaine hauteur, sont dérivées dans ces bassins qui ont rarement plus d'une demi-lieue de diamètre. Les vallons sont encore plus étroits; ce sont, en effet, plutôt des jardins que des campagnes de blé comme les plaines de la France, des Pays-Bas et de l'Angleterre. (A.)

que celles-ci ne font pas le tiers de ces deux provinces; qu'on ne les trouve souvent qu'à une ou deux lieues les unes des autres, et que tous les espaces intermédiaires sont incultes et incultivables.

Le manque d'eau n'est donc suppléé par cette industrie [1] que dans une très-petite partie de l'Espagne. Partout ailleurs ce mal est sans remède. Les rivières sont encaissées et ne débordent jamais. Les ruisseaux sont à sec, ou forment des torrents passagers. Mais ceci nous conduit à parler de la navigation de ce royaume.

Il n'y en a point d'intérieure, à proprement parler. Les quatre grands fleuves ne sont navigables qu'à quelques lieues de leur embouchure. Deux, le Tage et le Douro, sont perdus pour l'Espagne; ils vont en Portugal former les belles rades de Lisbonne et de *Porto*. Le Guadalquivir se comble tous les jours et porte à peine quelques bateaux jusqu'à Séville. L'Èbre étoit presque impraticable au-dessus de Tortose. On a beaucoup parlé, depuis quelques années, des travaux projetés et commencés, dit-on, pour le rendre navigable dans tout son cours, et d'un canal pour communiquer par Bilbao avec le golfe de Biscaye. Ce plan d'une nouvelle *jonction des deux mers* est encore bien loin de son exécution.

La navigation extérieure se réduit aux *flottes* et aux autres *embarcations* pour l'Amérique espagnole. En Europe, on voit sur l'Océan peu de bâtiments de cette nation; et dans la Méditerranée, la guerre perpétuelle contre les régences barbaresques fait préférer à l'espagnol même le pavillon étranger. Il est si gêné, jusque dans son cabotage domestique, qu'il le laisse faire presque entièrement aux autres nations commerçantes.

[1] C'est l'ouvrage des Maures qui ont autrefois possédé ces provinces. Les conquérants arabes dont ils descendoient furent alors les maîtres des nations chrétiennes pour la géométrie et les autres sciences exactes. (A.)

De là son commerce réunit à peu près tous les désavantages possibles; il est passif et indirect; il paye à l'étranger le fret, la commission et le change même dont il lui fournit la matière; il lui abandonne le bénéfice, puisque, malgré tous les trésors que l'Espagne verse continuellement en Europe, *la balance* est toujours contre ce royaume.

D'après ce tableau, dont la vérité ne peut être contestée, il résulte :

1° Que l'agriculture y est fort bas, mais qu'elle ne peut pas s'élever beaucoup au-dessus de son niveau actuel;

2° Qu'il n'y a point de navigation intérieure, point de circulation de denrées, ni par conséquent d'espèces;

3° Que, dans son commerce, le particulier, l'*individu* espagnol peut bien être en gain *sur le général,* mais que celui-ci est toujours en perte avec l'étranger.

Nous avons déjà établi que l'Espagne a peu ou point d'industrie. Il est facile de prouver qu'elle ne peut pas en avoir beaucoup davantage.

Soit le climat, les aliments ou l'éducation, les préjugés ou l'habitude, il est constant qu'après l'orgueil, la paresse est le vice le plus dominant de cette nation et qui paroît le plus incorrigible. On pourroit même dire que c'est une branche de l'orgueil, puisque le préjugé attache au travail une sorte de honte, en supposant la nécessité de *travailler pour vivre.* Ailleurs, on n'attend pas cette nécessité, on cherche à la prévenir; et lorsqu'on s'en est mis à l'abri, on a quelque idée d'aisance, et même d'un *luxe relatif, on travaille pour vivre mieux.* L'Espagnol ne se doute pas de ces *jouissances,* ou il les méprise. Il travaille tout juste pour vivre; où s'il a de quoi précisément ne pas mourir de faim, il trouve plus beau de ne rien faire.

Au reste, une preuve certaine qu'il y a quelques causes

locales et physiques toujours subsistantes de cette paresse et de presque tous les autres defauts reprochés à cette nation, c'est l'exemple journalier des enfants nés en Espagne, même de parents étrangers. S'ils y sont nourris et élevés jusqu'à un certain âge, on leur trouve bientôt le caractère des Espagnols naturels, leurs goûts, leurs mœurs et leurs manières, enfin jusqu'à la haine pour les autres nations, sans excepter celle d'où ils sont sortis [1].

Avec ces dispositions naturelles, on ne doit donc ni espérer, ni craindre que l'industrie de cette nation fasse jamais de grands progrès. Il reste un mot à dire du militaire et de la marine.

On nous disoit, il y a trois ans, que tout, à ces deux égards, étoit bien changé depuis la paix, mais tout en mieux, au point que ni la flotte ni l'armée n'étoient reconnoissables : les troupes augmentées, complètes, belles, bien tenues et bien exercées; le génie et l'artillerie sur le meilleur pied; la marine instruite, les officiers actifs et vigilants; les équipages nombreux, les vaisseaux marchant bien et manœuvrant de même; enfin tout ce qui peut inspirer la confiance aux alliés et la terreur aux ennemis.

Malheureusement on avoit dit la même chose en 1761, et ceux qui le disoient le plus étoient précisément ceux qui savoient mieux tout le contraire. On sait ce qu'il en résulta.

D'après les mêmes exagérations, la France s'est vue depuis au moment d'être embarquée, malgré elle, avec l'Espagne dans une nouvelle guerre contre l'Angleterre. Le prétexte en étoit frivole.

Parmi les parades qu'on donna au public pour lui faire

---

[1] Cet exemple est encore plus frappant dans les enfants des François lorsqu'ils restent en Espagne; les parents le remarquent, s'en plaignent; et ceux qui en ont le moyen les envoient élever en France. (*A.*)

oublier la perte de l'Amérique, on avoit fait découvrir, vers le pôle antarctique, une île déserte et inhabitable. Elle avoit été déjà découverte et nommée par les Anglois, les Hollandois et les François, mais également négligée par les trois nations.

Ce chétif établissement fut cédé aux Espagnols. Les Anglois, qui n'y auroient jamais songé, en prirent de la jalousie. Ils vinrent s'y établir. C'étoit une semence de guerre. Des gens qui croyoient en avoir besoin pour leurs intérêts particuliers, la cultivèrent soigneusement. L'instant venu, on fit envahir, par les ordres d'un gouverneur voisin, la baraque appelée *Port-Egmond*; et l'on compta si positivement sur une rupture, que les confidents du complot firent en conséquence leurs spéculations de banque et de commerce [1].

Tel fut le vrai motif des relations hyperboliques qu'on faisoit alors des forces de l'Espagne; mais, pour y croire, il falloit avoir cette foi aveugle qu'inspire l'esprit de parti, que l'ignorance nourrit, et dont les émissaires soudoyés sont les zélés propagateurs. On ne refond point en sept ans les hommes et les nations.

On ne parlera pas ici du militaire; on s'en rapporte à des observations faites sur les lieux, dans cet intervalle, par des gens du métier, attentifs, éclairés et infatigables [2]. On remarquera seulement qu'en dernier lieu encore, le gouvernement espagnol a fait tirer au sort pour les milices,

---

[1] Aussitôt après les ordres donnés pour cette invasion, M. de Laborde alla à Bruxelles; et avec l'apparat d'une spéculation scientifique, il fit des marchés à l'avance pour avoir toute la cochenille qui se trouvoit alors en Europe, et celle qu'on attendoit par le retour de la flotte. Deux autres négociants, MM. Vanneck, de Londres, et Hope, d'Amsterdam, furent associés dans l'opération et par conséquence dans la confidence. (A.)

[2] On sauroit au besoin où prendre ces mémoires qui réduisent à leur juste valeur les exagérations débitées sur la refonte du militaire en Espagne. (A.)

et a levé le quatrième sur les jeunes gens en état de porter les armes; qu'il y a eu pour cela quelques émeutes, entre autres à Barcelone, et que cette démarche précipitée achève de manifester le *secret* de l'Espagne, c'est-à-dire son extrême dépopulation.

Quant à la marine, on ne voit pas que depuis la paix il y ait eu de nouvelles constructions fort considérables. Les officiers existent, ce sont les mêmes qu'à l'époque de la dernière paix. Pour les équipages, on ne croira pas non plus qu'ils puissent être beaucoup plus nombreux. On a observé qu'il y en avoit à peine la moitié du complet. Sept ans n'ont pas suffi pour réparer la brèche. Si des enfants d'alors sont devenus des hommes, et si l'on en a fait de nouveaux matelots, beaucoup d'anciens à proportion sont ou morts ou hors de service; et lors des derniers préparatifs commencés et suspendus, on a vu employer pour les équipages les mêmes moyens que pour les recrues.

Mais cette discussion nous ramène au sujet que peut-être nous aurions dû traiter le premier, les causes de la dépopulation de l'Espagne.

Ce mal est sans remède, quoi qu'en aient écrit ou rêvé *nos voyageurs de cabinet*. Le climat, le sol, les mœurs plus corrompues sous le manteau de la gravité et de l'hypocrisie, que sous les étendards du luxe et de la frivolité; une maladie cruelle, universelle, héréditaire, qui attaque les sources de la génération, et dont l'indolence et l'habitude ne laissent pas même désirer la guérison; le nombre prodigieux de célibataires forcés de l'un et l'autre sexe; les possessions immenses des grands et des gens de mainmorte; la multiplication énorme des majorats[1] sont autant

---

[1] Ou *majorasgos*: ce sont des substitutions ou *fidéi-commis* perpétuels, établis d'abord en faveur des grands et des *titulados*, permis ensuite à la petite noblesse, à la robe, à la petite bourgeoisie, et prostitués enfin au peu-

de causes constantes et permanentes de cette dépopulation[1].

Les moyens d'ailleurs qu'on a pris pour y remédier ont été mal choisis, mal administrés, et le résultat toujours fort au-dessous des espérances qu'on en avoit conçues.

En dernier lieu, on a fait grand bruit de la colonie établie dans la *Sierra-Morena*. Le vice primitif de cette entreprise consistoit dans le choix des colons. On étoit allé les chercher en Allemagne, d'où ils ont dû être conduits par terre à grands frais au lieu de leur embarquement : élevés dans un climat généralement froid, ils ont été transportés dans la partie de l'Espagne où peut-être la chaleur est la plus insupportable; la lassitude et l'abattement qu'elle produit sur les Espagnols mêmes se sont fait sentir bien davantage à ces pauvres Allemands transplantés, et ils n'en ont pas été quittes pour cela. Les maladies en ont emporté une grande partie, et cela devoit arriver nécessairement.

En fait de colonies, le premier principe est d'éviter autant qu'on peut le contraste trop fort du climat que l'on quitte, à celui où l'on va s'établir; faute de cette précaution indiquée par la nature et par le sens commun, on a sacrifié en pure perte des peuplades entières[2]; les mesu-

ple. Le plus vil artisan peut faire aujourd'hui un majorat de ses immeubles réels, ou même fictifs, en faveur des aînés, filles ou garçons, de sa race future. Cet abus, qui empêche les partages et réduit les cadets au célibat, fait entrer quelque argent dans les coffres du Roi par le produit des droits considérables qu'il faut payer pour obtenir l'érection d'un majorat; mais c'est aux dépens des droits sur les mutations et surtout de la population et de l'agriculture. (*A.*)

[1] On peut répondre à cela que la plupart de ces causes de dépopulation existent en France, et l'on ne peut nier que l'effet n'en soit très-sensible; mais aussi beaucoup de causes contraires existent en France, et n'existeront jamais en Espagne. (*A.*)

[2] Telle fut la transplantation du reste des *Acadiens* à Saint-Domingue et à la Cayenne, après la perte du Canada. (*A.*)

res, d'ailleurs, avoient été si mal prises pour faire trouver à ces *émigrants* des maisons, des meubles et des ustensiles, que l'influence du climat en devint doublement funeste.

Cet établissement a donc coûté beaucoup à l'Espagne, et n'en a guère augmenté la population : cela ne seroit pas arrivé, si, au lieu de l'Allemagne, on avoit tiré les colons de l'Italie et de la Grèce et des autres pays chauds, tous situés sur la Méditerranée ; le transport en auroit été plus prompt, moins coûteux, et le succès certain [1].

Il n'y auroit donc qu'un moyen sûr de remédier à l'inconvénient de la dépopulation pour la guerre et pour la marine.

Ce seroit pour la première d'augmenter considérablement le nombre des troupes étrangères, de mettre dans les régiments nationaux, comme on a fait en Portugal, quelques officiers et chefs étrangers ; car l'espèce de l'officier est encore plus rare que celle du soldat naturellement patient, soumis et brave, quoique sans chaleur et sans gaieté.

Pour la seconde, il ne suffiroit pas d'attirer sans cesse au service d'Espagne des matelots de toutes nations, surtout de la Méditerranée ; il faudroit encore engager à grands frais les meilleurs officiers étrangers, corsaires et marchands, pour les mêler parmi les Espagnols, surtout dans les voyages de long cours, et sans distinction de nation ni de religion ; attirer aussi les commandants les plus habiles.

Tout cela ne seroit pas à beaucoup près impraticable ;

---

[1] Si on ose le dire, c'étoit plutôt à l'Espagne à conquérir la Corse pour en importer chez elle tous les habitants. Ils n'auroient trouvé dans le sol ni dans le climat aucune différence. C'étoit là une richesse réelle, une acquisition utile ; et les Corses de leur côté y auroient gagné à beaucoup d'égards. Il n'auroit même pas été impossible de rendre cette émigration volontaire. S'il avoit fallu y employer la force, ce moyen violent a souvent été pratiqué, et presque toujours avec succès. (A.)

mais la jalousie nationale contre les étrangers est encore plus enracinée en Espagne qu'en Portugal ; l'autorité, quoique absolue, n'y est pas si concentrée dans les mains d'un seul ministre, et ce partage en embarrasse le développement. Quelque goût que le Roi Catholique ait montré lui-même pour les étrangers, il trouve sans cesse, dans les représentations de son ministère, des obstacles aux innovations utiles qu'il auroit déjà faites à cet égard, s'il avoit toujours suivi son penchant.

Par exemple, il manque de généraux. Il n'est que trop vrai qu'il n'en a pas un seul capable de commander en chef ; sans doute, ils sont rares partout, mais il s'en trouve : il faudroit donc en tirer d'ailleurs, et c'est à quoi Sa Majesté Catholique auroit bien moins de répugnance que tout son conseil.

Ajoutons que si elle étoit une fois résolue de prendre à son service un ou deux généraux étrangers, on obéiroit sans réplique, mais avec moins de peine à des Allemands, des Wallons ou de toute autre nation, qu'à des Français ou des Italiens. Ceux-ci sont devenus encore plus odieux depuis M. d'Esquilaci.

Malgré tous ces défauts du gouvernement espagnol, le plus grand spécifique aux maux d'une nation, quand il est bien administré, existe encore actuellement en Espagne : c'est un trésor considérable. Différents moyens, dont on n'a garde d'entamer ici la discussion, ont fait rentrer dans les coffres du Roi le double au moins de ce qui en étoit sorti dans l'intervalle de 1759 à 1763 ; et si ces richesses ne peuvent pas créer en dépit de la nature tout ce qui manque dans le pays et dans la nation, au moral et au physique, elles pourroient du moins servir à faire avec succès les plus grands efforts pour deux ou trois campagnes.

Il n'en faudroit pas davantage avec une conduite aussi bonne qu'elle a été mauvaise, pour rétablir enfin l'équilibre maritime, et réduire l'Angleterre tout au plus à l'égalité avec les *deux couronnes*.

On ne doit donc pas désespérer de l'Espagne, en cas d'une rupture des deux cours avec l'Angleterre ; mais cette rupture ne devroit pas être précipitée, mal combinée et produite par un caprice du moment ou par quelque intrigue subalterne. Il seroit nécessaire que tout eût été concerté et préparé d'avance. Enfin, comme on suppose que notre ministère n'auroit plus d'intérêt à faire influer sur nous celui de Madrid, le point essentiel seroit qu'au contraire la France influât sur l'Espagne[1].

Tout l'exige : les liens du sang, la supériorité réelle du chef de la maison ; le danger de l'Espagne, si, toujours obstinée à se conduire d'après des notions outrées de sa puissance et de ses ressources, elle nous engageoit avec elle dans un mauvais pas, d'où on ne pourroit plus se tirer ; enfin les avantages qu'elle peut espérer de cette *harmonie préétablie*.

Mais, pour engager l'Espagne à se mettre en quelque sorte sous la direction de la France, il faudroit avant tout que celle-ci lui donnât l'exemple des mesures et des moyens à prendre pour leur intérêt commun. Le premier pas à faire, c'est de lui inspirer de la confiance ; car, d'État à État, comme entre particuliers, celui dont la conduite ne peut pas servir de modèle ne seroit pas bien reçu à ré-

---

[1] Sa Majesté n'a sans doute pas oublié que, dès l'année 1763, elle avoit donné ordre de faire des reconnoissances de l'Angleterre, et des plans relatifs à la formation d'un concert utile entre la France et l'Espagne contre cette première puissance. Si cet ouvrage avoit été suivi jusqu'à son exécution, il est très-apparent que la révolution du Nord ne seroit pas arrivée et que les deux couronnes auroient repris la place qui leur est due parmi les puissances de l'Europe. (*A.*)

former celle d'un autre. C'est donc dans la refonte totale de notre système politique et militaire qu'il faut chercher les seuls moyens d'acquérir et de conserver la confiance de l'Espagne.

Le système militaire, une fois rétabli sur un pied respectable, encourageroit les amis communs, contiendroit les puissances dont l'amitié et la bonne foi sont devenues si problématiques à l'égard de l'Espagne comme de la France, et en imposeroit aux ennemis déclarés et perpétuels des deux couronnes.

Le système politique, également ramené à ses vrais principes, nous rendroit tous les avantages de la puissance fédérative. Nos alliances seroient mieux combinées pour notre avantage, et mieux affermies par l'intérêt même de nos alliés. Elles ne seroient ni exclusives ni oppressives, et par conséquent n'exciteroient ni alarmes ni défiances ; et l'Espagne, liée avec nous par des nœuds indissolubles, participeroit également à tous ces avantages de la puissance fédérative.

Les rapports qui la constituent seroient absolument les mêmes pour les deux couronnes, et l'Espagne n'auroit pas besoin d'intriguer pour en établir qui lui fussent particuliers. Sa position topographique lui en épargne la peine [1]. C'est ce qui doit simplifier beaucoup sa politique, et réduit à bien peu de chose ce qui nous reste à dire sur la position respective de l'Espagne, relativement aux autres puissances.

Elle n'a aujourd'hui de rapports directs, à proprement parler, qu'avec l'Italie, l'Angleterre, le Portugal et la France.

[1] L'Espagne est toujours à l'abri d'une agression par terre, excepté par la frontière ou plutôt lisière du Portugal. Celui-ci ne l'attaquera pas le premier ; et partout ailleurs elle est environnée des deux mers et couverte par la France, qui lui fait barrière contre toute l'Europe. (A.)

Autrefois, la première entroit pour beaucoup dans l'objet de ses vues, de ses projets d'ambition et d'agrandissement. Elle en a rempli une partie en faveur des infants. L'autre, pour en avoir manqué le moment de l'exécution, est devenu impraticable. Il paroît qu'elle y a renoncé ; et dans l'état présent des choses, et dans les nouvelles combinaisons qu'amèneroit un avenir peut-être trop prochain, elle devra se contenter d'y soutenir sur le même pied les deux branches qu'elle y a établies.

On ne répétera point ici ce qu'on a dit de l'Angleterre, relativement à l'Espagne, et dans l'article de la première de ces deux puissances, et dans celui du Portugal et dans celui-ci même. Le résultat de ces trois articles donne la position respective de l'Espagne à l'égard de l'Angleterre.

Relativement au Portugal, la même position a été appréciée, en traitant des rapports de cette cour avec l'Espagne. Il ne reste qu'à résumer sur les liaisons subsistantes entre celle-ci et la France.

Ce sont des liaisons naturelles, nécessaires et indissolubles, fondées sur l'intérêt commun et invariable des deux puissances, d'où dépend réciproquement leur sûreté extérieure et maritime, ou sûreté de commerce. Ajoutons que la sûreté intérieure ou territoriale de l'Espagne, et dans ses immenses possessions en Amérique, dépend également de la durée de ses liaisons, et qu'à cet égard elle auroit beaucoup plus à perdre que la France.

Mais cet intérêt, ce besoin commun, devroit être aussi pour l'administration espagnole un motif de traiter le *commerce français* avec plus de douceur et même d'équité qu'elle n'en a mis dans toute sa conduite à cet égard depuis deux ou trois ans.

Elle s'est livrée sans réserve à l'esprit jaloux et prohibitif qui la caractérise[1]; et sous prétexte d'envelopper toutes les nations étrangères dans les règlements minutieux et inexécutables qui sont sortis de ses bureaux, elle a trop laissé voir qu'elle en vouloit principalement à la France.

C'est l'effet de cette haine populaire et incurable qui circule dans le sang espagnol. Dès que l'administration peut saisir le moindre prétexte plausible, ou profiter de quelque circonstance favorable[2], elle ne manque pas de surprendre la religion du souverain, pour donner carrière à cette animosité toujours renaissante.

La position respective de l'Espagne à l'égard de la France est donc celle d'un état intimement uni avec un autre par les liens les plus étroits du sang, l'unité de nom, et pour ainsi dire de gloire entre les deux maisons régnantes par l'intérêt, le besoin et la sûreté réciproques.

Donc aussi, les vues, les démarches, toutes les opérations politiques et militaires de ces deux cours doivent toujours être concertées ensemble, en un mot uniformément, dans le plan et dans l'exécution.

Donc, à ces deux conditions, l'Espagne peut devenir réellement utile à la France; celle-ci pourroit en tirer parti, et elle le fera certainement toutes les fois qu'elle

---

[1] C'est-à-dire relativement au commerce et à la navigation *des Indes*. Les François en fournissent la plus grande partie des fonds à des prête-noms espagnols, qui, sans ce secours, ne pourroient ni ne sauroient rien entreprendre. Cependant c'est l'objet éternel de la jalousie et des plaintes de l'administration. (*A.*)

[2] Il s'en est présenté, dans ces deux ou trois dernières années, qui n'ont pas pu être aperçues de tout le monde, mais qui n'ont pas échappé aux gens instruits qui connoissoient, à cette époque, les dispositions de la cour de Madrid. Il falloit savoir le *dessous des cartes*, pour découvrir et apprécier la connexion qu'il y avoit alors entre certaines intrigues dans les deux cours, et les tracasseries que le commerce françois a essuyées coup sur coup de la part de l'administration espagnole. (*A.*)

Pagination incorrecte — date incorrecte
**NF Z 43-120-12**

LIRE PAGE (S)
AU LIEU DE PAGE (S)

établira sur sa propre conduite la confiance et la déférence de l'Espagne.

Donc enfin, en prescrivant à l'Espagne tout ce qui pourroit lui être avantageux, ce seroit à la France à lui en donner l'exemple et à lui en assurer les moyens, en créant et perfectionnant un nouveau système de puissance militaire et de puissance fédérative.

OBSERVATIONS ADDITIONNELLES SUR L'ARTICLE XII, DE L'ESPAGNE.

I. DE LA HAINE NATIONALE.

Lorsqu'on a parlé plus d'une fois, dans cet article, de la *haine nationale* contre les François, on n'a pas prétendu dire que ce sentiment soit commun, sans exception, à toute la nation espagnole.

A Madrid, comme à Londres, ce sentiment, ou plutôt ce préjugé d'éducation, réside principalement dans le peuple; et le peuple peut être partagé en deux classes.

Celle des bourgeois, marchands et autres citadins qui composent à proprement parler le peuple d'une ville, à laquelle on ajoute les artisans, ouvriers, manœuvres et autres ordres inférieurs qui en sont la populace.

Ensuite un très-grand nombre d'hommes de tout rang et de tout état, qui par incapacité, mauvaise éducation ou paresse d'esprit, n'ont été à portée ni de s'instruire dans la jeunesse, ni de réfléchir dans l'âge mûr, ni de se guérir des erreurs et des préjugés populaires par l'observation et par l'expérience, et qui, comme le peuple, ne pensant guère que d'après autrui, n'ont point à proprement parler d'idée qui leur appartienne; qui louent ou blâment, estiment ou méprisent, aiment ou haïssent toujours *sur parole;* enfin qui sont appelés *peuple,* parce que la sphère de leur esprit est circonscrite à peu près dans les mêmes limites.

Dans la première de ces deux classes, le peuple espagnol est véritablement animé d'une haine aveugle et stupide contre les François, parce que de père en fils il y a près de trois cents ans qu'il en entend dire du mal [1].

Mais cette haine est plus forte dans les provinces intérieures ou reculées que dans la capitale ou dans les ports de mer, où l'on est accoutumé à voir les François répandre l'argent et l'abondance [2].

Dans les villes de commerce, et surtout à Cadix, ils sont plus aimés et considérés que les négociants espagnols, parce qu'ils vivent mieux et font circuler plus d'argent.

La seconde classe du peuple est nombreuse en Espagne, par l'ignorance universelle des mœurs et des usages des autres nations et les préjugés grossiers qui y subsistent, même dans les rangs élevés, faute d'avoir lu, réfléchi, voyagé et observé. Ces préjugés règnent surtout parmi les ecclésiastiques, les moines, les gens de robe qu'on appelle

---

[1] On croiroit peut-être que l'avénement d'une maison françoise à la couronne d'Espagne a dû changer à cet égard les affections du peuple : point du tout. Il aima Philippe V à cause de sa gravité et de son immobilité en public qui leur retraçoit celle de Philippe IV, son bisaïeul. Ils disoient, pour son éloge, qu'il auroit mérité d'être né Castillan. Il est triste de penser que peut-être ce seroit un jour un mérite au Roi d'Espagne de ne savoir pas le françois. Ce qui est certain, c'est qu'en 1759, à l'arrivée du Roi régnant, les jeunes infants n'en savoient pas encore un mot; et M. le duc de Béjar qu'on leur donna pour *ayo* n'étoit pas fort en état de le leur apprendre. (*A.*)

[2] Le peuple de Madrid leur rendoit cette justice lors *de la révolte*. Quelques François que la curiosité avoit attirés dans la foule ayant été reconnus et au moment d'être insultés, il s'éleva un cri général *qu'il falloit les laisser tranquilles, parce que, s'ils gagnoient de l'argent en Espagne, ils le dépensoient et ne l'emportoient pas chez eux comme les Italiens.* En effet, pendant tout le temps que l'émeute dura aucun François ne fut insulté. (*A.*)

*letrados* et qui partout ailleurs seroient des gens très-illettrés.

Ceux-ci sont répandus dans tous les conseils, *juntas* et autres branches de l'administration. Ce sont presque tous gens de fortune qui ont été envoyés à pied aux universités où ils n'ont pu apprendre que les mêmes inepties qu'on y enseigne depuis trois cents ans. Ils y ont presque vieilli dans un long cours d'études avant de parvenir au sublime degré de *licenciado*; et d'emploi en emploi, ils parviennent souvent aux premières places de l'administration sans aucun mérite que la gravité et les lunettes.

C'est dans cette classe de peuple que la haine nationale contre les François est véritablement dangereuse, parce que ces hommes, sortis de la poussière scolastique, sans éducation, sans usage du monde et sans aucunes connoissances pratiques, se trouvent tout d'un coup les juges des nations dont ils savoient à peine le nom et qu'ils haïssent sans savoir pourquoi. Le commerce françois n'a pas de plus grands ennemis, même en Angleterre.

D'ailleurs tout ce qui n'est point peuple, la cour, la noblesse et le militaire, ou ne hait point les François, ou tempère cette haine par l'extérieur de la politesse et des bienséances. Tout François même qui a l'avantage de parler la langue, qui se fait aux mœurs, aux usages du pays, qui ne les fronde point et n'en fait pas sans cesse des comparaisons désavantageuses avec ceux de sa patrie, est sûr d'être accueilli, même recherché de la bonne compagnie, à Madrid et en province. Alors le front se déride, la gravité disparoît; on s'ouvre, on se communique peu à peu : il trouve assez souvent des gens instruits qui cherchent à l'être davantage et qui l'instruisent à leur tour.

### II. DE LA MARINE.

En Espagne, comme en France, la marine est divisée en trois départements : de Cadix, du Ferrol et de Carthagène.

On n'a parlé, dans l'article XII, que de ces trois divisions ; et quand on a dit qu'en 1760 il n'y avoit au plus que trente vaisseaux de ligne en état de servir, c'étoit dans ces trois départements d'Europe et sans y comprendre les ports de l'Amérique, où la cour fait construire des vaisseaux de guerre comme à la Havane, et où elle en a toujours en station, comme à *Carthagène des Indes.*

Dans ces différents ports il y en avoit bien vingt-cinq en état de mettre en mer, dont quinze furent pris par les Anglois à la Havane. On y en a fait construire depuis avec chaleur, et il est très-vraisemblable que l'Espagne en a aujourd'hui le même nombre au moins dans cette partie du monde.

Mais on doit observer que ces vaisseaux, de construction américaine, sont plus propres à la défense par la solidité de leurs matériaux [1] qu'à l'attaque, et *à donner ou prendre chasse*, parce qu'ils marchent mal et manœuvrent pesamment. Cela est au point que les meilleurs marins espagnols en font peu de cas et les regardent plutôt comme un embarras que comme un renfort dans une escadre de vaisseaux d'Europe, parce que pour aller de conserve avec eux il faut que les autres ralentissent leur marche, ce qui a souvent causé de très-grands inconvénients [2].

---

[1] Ils sont construits de bois d'acajou, de gaïac et autres, tous pesants, durs, résineux, compactes ; ce qui les rend presque impénétrables à l'eau, à la pourriture et même aux boulets de canon, qui n'y font guère que leur trou, sans éclater ni percer de part en part. En un mot, ce sont des citadelles flottantes ; le *Royal-Philippe* qui fit cette fameuse défense au combat de Toulon, avoit été construit aux Indes. (*A.*)

[2] *Don Guttiere Dehevia*, marquis de *Real-Transport*, parce qu'il avoit commandé sous le marquis *de la Victoria*, son beau-père, le vaisseau le *Phénix*, qui transporta le Roi régnant de Naples à Barcelone, et qui a été perdu depuis à l'affaire de la Havane, étoit un Biscayen franc et sincère. En

Il se peut donc qu'en comptant les vaisseaux de ligne stationnés ou construits en Amérique l'Espagne en ait aujourd'hui une soixantaine, et même qu'en prenant d'avance ses mesures, et répandant l'argent dont elle ne manque pas, elle soit en état de les équiper avec de fortes recrues de matelots de toutes nations; et pour cela elle trouveroit de grandes facilités dans la Méditerranée.

Mais encore une fois tous ces arrangements et ces préparatifs doivent être combinés, calculés d'avance, faits avec précaution, peut-être même avec lenteur, pour éviter l'éclat; et malheureusement les Espagnols, si lents à agir, ne le sont point à célébrer et même exagérer leurs armements et leurs moyens. C'est la vieille politique du temps de Philippe II. L'Angleterre, plus redoutable que sous Élisabeth, n'attendroit pas aujourd'hui la *flotte invincible*[1]; elle enverroit au-devant d'elle des escadres nombreuses, et toujours plus tôt prêtes, qui bloqueroient chacune des trois divisions dans leurs ports, tandis que deux autres escadres iroient attaquer, en Amérique, deux places principales qui peuvent être regardées comme les deux départements de la marine espagnole dans cette partie du monde, c'est-à-dire *la Havane* et *Carthagène des Indes*. C'est la méthode que les Anglois ont suivie dans les deux dernières guerres contre l'Espagne, et qui, à l'exception du siége de Carthagène, leur a toujours réussi.

Ce ne seroit donc qu'insensiblement et avec les plus grandes précautions, pour éviter l'éclat, que les préparatifs de l'Espagne devroient être faits, toujours de concert avec la France.

montrant l'escadre de Cadix à un François, en 1760, il fit cette remarque sur le magnifique vaisseau *le Ferme*, construit aux Indes, *qu'il étoit bien nommé, car il étoit si ferme qu'il ne pouvoit pas se remuer.* (A.)

[1] C'étoit ainsi qu'ils appeloient celle qui devoit envahir l'Angleterre en 1588, et qui périt presque tout entière sur les côtes des trois royaumes. (A.)

Ceci nous conduit à la discussion des motifs les plus apparents d'une rupture éventuelle entre l'Espagne et l'Angleterre; ce sera le sujet de l'observation suivante.

III. DES DÉMÊLÉS QUI PEUVENT NAITRE ENTRE L'ESPAGNE ET L'ANGLETERRE, A L'OCCASION DES ÉTABLISSEMENTS FAITS PAR LES ANGLOIS SUR LES CÔTES ESPAGNOLES DU CONTINENT DE L'AMÉRIQUE.

Ces démêlés ont toujours eu un double objet :

1° Les anciens établissements des Anglois dans la baie de *Campêche* pour la coupe des bois de teinture;

2° Les nouveaux établissements de la même nation dans le golfe de *Honduras* et dans quelques autres parties plus méridionales des côtes espagnoles.

Après avoir joui des premiers pendant longtemps, malgré l'Espagne, les Anglois en obtinrent le droit, ou du moins la tolérance expresse et indéfinie, par le traité de *Breda* en 1667; et elle leur a été confirmée depuis par tous les traités subséquents. Ils joignent donc depuis longtemps le droit à la possession dans cette partie.

Quant à la seconde, c'est-à-dire le golfe de Honduras, ils n'ont obtenu ce droit que par le traité de Paris du 10 février 1763.

Ce n'est donc point sur l'exercice légal de ce droit acquis dans les deux parties que peuvent s'élever de nouveaux différends entre l'Espagne et l'Angleterre, mais sur l'abus continuel et scandaleux que les Anglois font de ce droit, sous le prétexte de la coupe des bois de teinture, pour faire impunément et à main armée la contrebande [1] sur toutes les côtes du golfe de Mexique, des îles adjacentes et de la baie de Honduras.

Ils ont particulièrement dans cette dernière partie un

---

[1] C'est cette contrebande sur les côtes espagnoles qui est généralement connue sous le nom d'*interlope*. (A.)

prétexte de plus. C'est la *chasse* et les établissements qu'elle autorise pour la préparation des cuirs. C'étoient autrefois de simples hangars ou *boucans* [1] amovibles et transportables à proportion que la chasse ou la coupe des bois étoit épuisée dans chaque canton ; et ce ne devroit être rien de plus, selon la lettre et l'esprit des traités ; mais peu à peu on en fit des établissements fixes et des magasins remplis et vidés sans cesse par l'*interlope*.

Les oppositions qu'on trouvoit souvent à cette contrebande, malgré la connivence fréquente des préposés espagnols, firent naître bientôt, même en pleine paix, un état de guerre entre les garde-côtes et les coupeurs de bois. Ceux-ci jugèrent à propos de se fortifier dans les postes les plus commodes pour exercer la contrebande. Ils y eurent constamment une espèce de garnison et même du canon. C'étoit assez pour en imposer aux chétives milices créoles et mulâtres des côtes d'*Yucatan*, de *Honduras* et de *Nicaragua*.

Tel étoit l'état des choses pendant l'intervalle entre les deux guerres. L'Espagne s'en plaignit longtemps inutilement. Elle rompit enfin avec l'Angleterre, et le fruit, pour elle, de cette rupture fut d'être obligée de céder et de reconnoître aux Anglois le même droit dans cette seconde partie que dans la première.

Il est à propos de connoître la situation de ces établissements nouvellement concédés par le traité de Paris. On en verra mieux l'importance de cette cession et le nouveau germe de discussions et d'altercations qui en est résulté entre l'Espagne et l'Angleterre.

[1] Les coupeurs de bois sont aussi *boucaniers*, c'est-à-dire chasseurs de sangliers et de bœufs sauvages. Ces animaux étrangers au climat de l'Amérique, mais importés par les Espagnols depuis deux ou trois siècles, y ont tellement peuplé, qu'ils remplissent aujourd'hui les vastes forêts du continent et des grandes îles. C'étoit la subsistance ordinaire des *flibustiers;* c'est celle des *boucaniers* et coupeurs de bois. Les cuirs font partie de leur commerce. (A.)

On peut réduire à trois les principaux de ces établissements fixes dans le golfe de Honduras.

Le premier, en partant du nord, est situé vers le 73° degré de longitude [1], et entre le 17° et le 18° de latitude septentrionale, sur la côte, au sud-est de la péninsule d'*Yucatan,* au sud de la baie de l'*Ascension* et au nord du cap de *Tres-Puntas;* sur le lac, ou *Laguna-Azul,* entre les embouchures de la rivière de *Nolukan* ou *Rio-Grande,* non loin d'une ville espagnole appelée *Salamana de Bacalar* (et le débouquement du lac salé de *Los Remedios*), au fond d'un petit archipel qui, par ses bas-fonds et ses anses fréquentes, favorise [2] les excursions et fournit des retraites sûres.

[1] Il est entendu, une fois pour toutes, que c'est la longitude occidentale du méridien de l'île de Fer dans les Canaries. (*A.*)

[2] La contrebande qui fait un si grand tort à l'Espagne ne vient pas seulement des Anglois; les Hollandois l'exercent sur toute la côte de l'Amérique espagnole, et, quoiqu'en paix, ils la font à main armée. Ce malheur ne doit être attribué qu'aux vices de l'administration espagnole. Pendant la dernière guerre j'ai traversé le gouvernement de Carraque et j'ai vu dans cette fertile province le mécontentement porté au plus haut degré. Don Joseph d'Avalos en étoit intendant. Tous les propriétaires étoient forcés de porter leur indigo et leur cacao à Laguerra et à Porto-Cavcilho; les marchands espagnols étoient contraints aussi de débarquer les marchandises d'Europe dans ces deux ports : les unes et les autres ne se vendoient qu'au prix fixé par don Joseph; ce qui enrichissoit l'intendant, ruinoit la province et tuoit le commerce. Il en résultoit que pour échapper à ces vexations, les habitants du pays favorisoient les contrebandiers hollandois et leur portoient la nuit sur la côte les denrées pour les vendre furtivement.

Telle est la vraie cause de la richesse de Curaçao, qui n'est qu'une île aride, qu'enrichissent de concert l'activité hollandoise et l'avarice espagnole. J'ai vu aussi, dans l'intérieur de la province, de nombreuses hordes d'Indiens civilisés qui vivoient d'une chasse incertaine au lieu de se livrer à une culture facile : lorsque je leur demandois ce qui les empêchoit de semer, j'apprenois par mon interprète que dès qu'ils faisoient croître un peu de maïs, on les chargeoit d'une taxe en argent qu'ils ne pouvoient payer, et que, faute de payement, ils étoient mis en esclavage et employés à tirer du sable d'or des rivières. Ainsi cette injuste politique arrêtoit à la fois l'agriculture, la

Le second est précisément au sud de l'île *Ruatan*, entre le 69° et le 70° degré de longitude et vers le 16° degré de latitude septentrionale, à l'est du petit cap du *Morrochier* et à l'embouchure du *Rio-Seco* ou, selon les Anglois, *River-Wallis*.

Le troisième établissement des Anglois, et le plus considérable sur la côte de *Honduras*, est situé vers le 66° degré de longitude et le 15° degré de latitude septentrionale, entre le cap *Gratias à Dios* et le faux cap du même nom dans le *Rincon de Mosquitos*, au fond d'un petit golfe qui forme l'embouchure de la rivière de *Niencsa* ou *Rio-Tinto*, appelée par les Anglois *Black-Water*.

Ce dernier établissement deviendra d'autant plus à craindre qu'il met les Anglois à portée des différents *desaguaderos* ou débouquements du grand lac de *Nicaragua*. Celui-ci communique avec la mer du Sud par le *Rio-Partido*; c'est une route que les flibustiers ont bien connue et que les Anglois n'ont point oubliée : aussi cet établissement de *Mosquitos* est-il le plus important pour l'Angleterre et le plus dangereux pour l'Espagne.

Nous avons déjà parlé du grand commerce d'interlope que les Anglois y font avec les provinces de *Honduras*, de *Nicaragua*, de *Costa-Rica* et même de *Veraguas*. Ils en avoient senti toute l'importance; et pendant plus d'un an de rupture avec l'Espagne, ils y avoient déjà fait de bons retranchements bien garnis d'artillerie.

Les établissements dans la baie de Campêche intéressent

population et la civilisation. Ayant communiqué ces réflexions à un moine inquisiteur fort considéré, le père me répondit : « La province est bien comme elle est et rend assez d'argent au Roi; si, en laissant plus de liberté à ces gens-là, la prospérité et la population croissoient, bientôt la colonie secoueroit le joug de la métropole, comme les colonies angloises. » Révolté de cette réponse, je lui répliquai en le quittant : « Mon père, je ne vois qu'un moyen à ajouter à ceux qu'approuve votre prévoyante politique; ce sera de tuer les enfants nouveau-nés, si par malheur la fécondité devient trop grande et l'accroissement de la population trop dangereux. » (*S.*)

moins le commerce de l'Espagne. Les Anglois n'y peuvent guère que couper du bois : le pays est pauvre.

Le seul avantage qu'ils en peuvent tirer pour l'interlope, c'est d'y avoir un entrepôt de navires et de marchandises pour la contrebande qu'ils exercent déjà dans le golfe du Mexique, et principalement sur les côtes de l'île de Cuba, d'où ces marchandises pénètrent par différentes voies jusque dans la Havane.

Mais cette contrebande exige une assez grande traversée; et ceux qui la font n'ayant pas d'établissement, ni de prétexte pour en former sur la côte de Cuba, il en résulte beaucoup plus de frais, de difficultés et de dangers que dans la partie de *Honduras*, où l'interlope se fait pour ainsi dire de plain-pied avec les provinces qu'on vient de nommer.

Il résultera donc de cette nouvelle cession plusieurs inconvénients inévitables :

1° Ce grand commerce d'interlope;

2° Des nids de corsaires ou même de pirates qui, en temps de guerre, renouvelleroient sur ces côtes les brigandages et les ravages affreux des anciens flibustiers;

3° En temps de paix, de nouveaux empiètements qui naîtront certainement de la facilité locale et de la connivence vénale des préposés espagnols : de là nouvelles discussions et nouveaux sujets de rupture.

D'après cet exposé topographique on voit clairement combien l'article seul de la contrebande, et seulement dans cette partie, peut et doit faire naître de nouveaux différends entre l'Espagne et l'Angleterre. Le peuple anglois se plaint déjà de quelques actes de justice exercés par les garde-côtes sur les contrebandiers qui depuis la paix n'ont point cessé d'infester les côtes de l'Amérique espagnole : car l'interlope ne se borne point aux deux parties que nous venons d'indiquer; il s'étend aussi sur les côtes méridionales, comme aux *Carraques, Santa-Fé,* la *Nouvelle-Grenade* et jusqu'à *Carthagène,* par les îles de la *Trinité,* la *Marguerite* et autres qui avoisinent celles de *Tabago* et la *Dominique* que nous avons cédées à l'Angleterre. Celles-ci avoient pour l'interlope le même avantage local que les îles hollandoises de *Curaçao* et *Saint-Eustache;* les Anglois ont bien résolu d'en partager le bénéfice, et c'est pour cela qu'à l'envi des Hollandois ils ont établi un port franc à la Dominique, c'est-à-dire un entrepôt général pour toutes sortes de marchandises qu'on verse de là incessamment, soit à la *Trinité* ou à la *Marguerite,* d'où les Espagnols les passent eux-mêmes en terre ferme, soit directement *à la côte,* dans ces différentes provinces de l'Amérique méridionale.

### IV. DE L'ÉTAT ACTUEL DES POSSESSIONS ESPAGNOLES EN AMÉRIQUE.

Ce qu'on vient de dire au sujet de l'interlope nous conduiroit nécessairement à rechercher et à apprécier l'état au vrai des ports et places de l'Espagne dans le vaste continent de l'Amérique, sur les deux mers du *Nord* et du *Sud.* D'après le résultat de cette recherche on pourroit calculer le danger d'une rupture entre cette couronne et l'Angleterre, ainsi que l'avantage et le désavantage réciproque dans la guerre qui s'ensuivroit.

Mais on ne peut guère se flatter d'avoir là-dessus des notions exactes et certaines. Le plus profond secret tient toujours couverte d'un voile sacré cette partie de l'administration espagnole; et ce qui transpire en Europe des événements de ce pays-là est ordinairement dénué de certitude, souvent même de vraisemblance [1].

---

[1] La navigation et le commerce direct étant interdits à tout étranger, l'intérieur du pays fermé à la curiosité des voyageurs et les autres nations ne pouvant avoir dans cette partie ni agents ni consuls, il est tout simple qu'on

Par exemple, les gazettes angloises et autres sont remplies de nouvelles d'une révolte au Chili, de l'invasion des *Indiens Araucas,* et des autres événements fâcheux qui ont nécessité l'Espagne à faire passer au Pérou des convois de troupes, d'artillerie et de munitions. Ces faits sont vraisemblablement ou faux, ou fort exagérés : car il ne paroît point que ces secours jusqu'à présent aient été proportionnés à des besoins aussi grands et aussi pressants.

Peut-être même ne seroit-ce qu'un stratagème de la cour de Madrid pour faire filer quelques renforts en Amérique, sans donner trop d'ombrage à l'Angleterre. Il est bien à souhaiter que cette conjecture se vérifie, mais surtout que l'Espagne puisse soutenir ces bruits assez longtemps pour se mettre ainsi peu à peu en état de défense.

Ce vaste continent présentera toujours dans la circonférence immense de ses côtes trop d'endroits foibles, si l'état en étoit mieux connu. Cette étendue même en est la cause physique. L'Espagne n'a point assez de troupes ni de vaisseaux pour faire face de tous les côtés à une nation dont la marine est formidable, et dont la population (quoique exagérée par l'anglomanie) fournira cependant toujours des recrues surabondantes quand il sera question d'un si riche butin.

L'esprit de rapine qui anime le peuple anglois à ces expéditions lointaines et périlleuses[1], est précisément le même des *Cortès,* des *Pizarre,* de ces deux poignées d'aventuriers qui avoient défait et massacré des millions

---

ignore en Europe tout ce que l'Espagne ne juge pas à propos de communiquer elle-même et qu'on n'en soit instruit que par les gazettes, c'est-à-dire mal, peu ou point du tout : témoin toutes les absurdités qui ont été débitées sérieusement sur la guerre du Paraguay. (*A.*)

[1] Le climat seul y combat pour les Espagnols et y détruit plus d'ennemis que le fer ou le feu. (*A.*)

d'hommes, et conquis les deux grands empires du Pérou et du Mexique.

L'audace et l'activité des Anglois diffèrent peu aujourd'hui de l'orgueil et de l'avarice des premiers conquérants. Ils ne font guère plus de cas des Espagnols abâtardis qui habitent ces riches contrées, que les ancêtres de ceux-ci n'en faisoient alors des vils troupeaux qu'ils avoient à combattre.

Cette persuasion sembleroit au premier coup d'œil téméraire, insensée, puisqu'il n'y auroit plus aujourd'hui entre les combattants aucune différence dans les armes, qui sont à présent les mêmes des deux côtés[1]; mais elle est en quelque sorte justifiée par l'expérience de deux siècles. On a vu souvent, dans cet intervalle, des pelotons de flibustiers, la plupart anglois ou françois, parcourir et traverser en tous sens cette vaste étendue de pays, piller, ravager et brûler ou rançonner les plus riches villes et les plus fortes places, pénétrer par terre de la mer du Nord dans celle du Sud, et s'y rembarquer pour aller exercer les mêmes déprédations sur les côtes de celle-ci. Des armées entières de créoles et d'Indiens, ou n'osoient se présenter sur leur passage, ou ne se montroient que pour être aussitôt dispersées.

C'est donc dans les secours d'Europe que l'Amérique espagnole met toute sa confiance pour la défense de ses foyers; c'est d'eux aussi que les Anglois ont éprouvé quelquefois de la résistance, mais pas si vigoureuse qu'on auroit pu et dû l'attendre. Dans les deux dernières guerres, elle n'a été heureuse qu'une seule fois, à la défense de *Carthagène.*

---

[1] On sait que les Américains ne connoissoient alors ni les armes à feu ni même le fer, et que leurs armes étoient des bâtons durcis au feu et armés de pierres tranchantes ou d'os de poissons, dont ils se servoient au lieu de haches, de piques et d'épées. (A.)

Les doutes raisonnés qu'on vient d'exposer sur l'état actuel des possessions espagnoles dans cette partie du monde n'encouragent point à prononcer là-dessus. On dira seulement qu'il seroit à souhaiter que la cour de Madrid eût dans la nôtre assez de confiance[1] pour lui parler à cœur ouvert : ce seroit l'intérêt commun de toutes deux ; et si l'on pouvoit être une fois assuré de sa sincérité à cet égard, on pourroit combiner et calculer de concert avec elle un plan d'opérations offensives et défensives au moins par *approximation :* car il ne faut point se flatter que la cour de Madrid puisse nous instruire plus exactement sur cet article qu'elle ne l'est et ne peut l'être elle-même. On ne sauroit se dissimuler qu'à une si grande distance elle ne soit trompée la première.

Nous parlerons ailleurs[2] des moyens qu'il ne seroit pas impossible de prendre pour établir cette confiance et pour engager l'Espagne à nous mettre à portée d'en avoir une mieux fondée aux états qu'elle nous donneroit de ses forces de terre et de mer en Amérique.

Il seroit sans doute difficile de lui faire adopter ce dernier genre de moyens ; car, soit orgueil ou défiance, l'administration n'aime point à être éclairée de trop près.

---

[1] Cette confiance seroit d'autant plus nécessaire qu'il existe dans les colonies méridionales de l'Espagne des germes d'insurrection que les Anglois entretiennent et dont ils espèrent profiter. Lorsque j'étois en Amérique, j'appris à Carraque que l'activité du gouverneur venoit d'y étouffer une révolte assez considérable. Vingt mille Indiens armés avoient pris pour chef un descendant de leurs anciens caciques, nommé *Tapac-amaro.* Ils avoient déjà des fusils et quelques canons, et l'opinion générale étoit qu'ils leur avoient été fournis par l'Angleterre. Les créoles eux-mêmes paroissent peu attachés à la métropole. J'en ai entendu plusieurs qui en parlant des Espagnols les appeloient *forestiers étrangers.* Il est donc d'un très-grand intérêt pour le gouvernement espagnol de s'entendre parfaitement avec la France, pour veiller à la sûreté de ces colonies si vastes et si menacées. (S.)

[2] Section troisième. (A.) Cette section n'a pas été rédigée.

Mais, on le répète, la mode doit être passée de laisser influer l'Espagne sur la France; le besoin et l'infériorité réelle de puissance font une loi à la branche cadette de se remettre à sa place. C'est à l'autre à diriger en lui donnant l'exemple, et à reprendre en quelque sorte son *droit d'aînesse*.

### V. DE LA FERTILITÉ, LA POPULATION ET L'INDUSTRIE DE QUELQUES PROVINCES D'ESPAGNE.

Ce que nous avons dit (article 12) de la paresse, de l'indolence et d'une espèce d'apathie qui règne en général dans le peuple espagnol, ainsi que de la stérilité naturelle et insurmontable de ce pays, se trouve pourtant susceptible de quelques exceptions.

Il est constant que les provinces de cette monarchie les plus voisines de la France participent aux avantages de son sol et de son climat, et leurs habitants au naturel actif et laborieux de notre nation.

La Biscaye et la Catalogne en sont deux exemples frappants. Les montagnes de la première, loin d'être arides et pelées comme les *sierras* à peu près du reste de l'Espagne, sont couvertes jusqu'à leur sommet de bois de chauffage, de charpente et même de construction. Les riches mines qu'elles renferment y sont exploitées par ce moyen avec facilité, et les vallons étroits qu'elles forment dans leurs différentes directions sont arrosés d'autant de gros ruisseaux, sur lesquels on trouve à chaque pas des forges, moulins et autres *usines*, dont le travail, le produit, vivifie l'industrie et entretient la circulation. Leurs eaux, dérivées d'une certaine hauteur, arrosent et fertilisent dans les petites plaines des pâturages couverts de bestiaux; et le bas des montagnes donne, à force de travail, des récoltes assez abondantes. Rien dans ce pays ne ressemble au reste de l'Espagne [1].

La Catalogne, à peu près aussi montagneuse, mais mieux exposée, réunit tous les avantages et toutes les productions des meilleures et plus belles provinces de France. Ses habitants sont en général actifs, industrieux, laborieux, et jusqu'au sommet des montagnes, tout est cultivé. Les eaux, plus rares qu'en Biscaye, y sont dirigées avec plus d'art encore pour les arrosements ; et Barcelone offre aux voyageurs le tableau d'une ville de France pleine d'ouvriers et d'artisans dans le mouvement le plus animé. Si tout le reste de l'Espagne ressembloit à ces deux provinces, ce royaume n'auroit rien à désirer ni à envier relativement à l'industrie et à l'agriculture.

La population y est proportionnée aux avantages qui résultent de ces deux sources de l'aisance publique. L'espèce d'hommes est meilleure à tous égards que dans les autres provinces, soit pour la mer, soit pour la terre.

Les matelots biscayens sont reconnus sur l'Océan pour d'excellents et intrépides marins. Les ports de ces pays sont bons, les chantiers pleins d'ouvriers et de constructeurs, la navigation florissante et le commerce très-animé. Les Catalans ne sont pas moins distingués dans la Méditerranée ; ce ne sont véritablement qu'eux et les Majorquins qui font la course contre les Barbaresques.

Les soldats de ces deux provinces réunissent les qualités communes du soldat espagnol : ils sont sages, sobres,

---

[1] La Biscaye et le Guipuscoa, autrefois habités par les Cantabres, nation guerrière et indomptable, n'ont jamais été parfaitement soumis aux Romains ; les Maures n'y ont jamais pénétré et les Juifs en ont toujours été exclus : aussi les Biscayens ne sont-ils point *une race mêlée* comme les Castillans, les Andalous et tout le reste à peu près de la nation espagnole ; ils ont conservé la stature, la couleur, la force et en général la beauté. C'est un peuple tout différent et qui ne le cède ni aux Allemands ni aux François. (*A.*)

patients et braves, mais avec plus de feu, d'audace et de gaieté. Les officiers de terre et de mer sont de tout point bien supérieurs aux autres : ils joignent à la valeur la plus déterminée beaucoup d'activité, de goût pour le métier, avec l'ambition louable de percer et de faire fortune.

### PACTE DE FAMILLE ENTRE LA FRANCE ET L'ESPAGNE
#### du 15 août 1761.

Au nom de la très-sainte et indivisible Trinité, Père, Fils et Saint-Esprit. Ainsi soit-il.

Les liens du sang qui unissent les deux monarques qui règnent en France et en Espagne, et les sentiments particuliers dont ils sont animés l'un pour l'autre et dont ils ont donné tant de preuves, ont engagé Sa Majesté Très-Chrétienne et Sa Majesté Catholique à arrêter et conclure entre elles un traité d'amitié et d'union, sous la dénomination de *Pacte de famille*, et dont l'objet principal est de rendre permanents et indissolubles, tant pour Leurs dites Majestés que pour leurs descendants et successeurs, les devoirs qui sont une suite naturelle de la parenté et de l'amitié. L'intention de Sa Majesté Très-Chrétienne et de Sa Majesté Catholique, en contractant les engagements qu'elles prennent par ce traité, est de perpétuer dans leur postérité les sentiments de Louis XIV, de glorieuse mémoire, leur commun bisaïeul, et de faire subsister à jamais un monument solennel de l'intérêt réciproque qui doit être la base des désirs de leurs cœurs et de la prospérité de leurs familles royales.

Dans cette vue, et pour parvenir à un but si convenable et si salutaire, Leurs Majestés Très-Chrétienne et Catholique ont donné leurs pleins pouvoirs; savoir, Sa Majesté Très-Chrétienne au duc de Choiseul, pair de France chevalier de ses ordres, lieutenant général des armées de Sa Majesté, gouverneur de Touraine, grand maître et surintendant général des courriers, postes et relais de France, ministre et secrétaire d'État ayant le département des affaires étrangères et de la guerre ; et Sa Majesté Catholique au marquis de Grimaldi, gentilhomme de sa chambre avec exercice, et son ambassadeur extraordinaire auprès du Roi Très-Chrétien ; et après s'être communiqué leurs pleins pouvoirs, sont convenus des articles suivants :

Article 1er. Le Roi Très-Chrétien et le Roi Catholique déclarent qu'en vertu de leurs intimes liaisons de parenté et d'amitié, et par l'union qu'ils contractent par le présent traité, ils déclareront à l'avenir comme leur ennemie toute puissance qui le deviendra de l'une ou de l'autre des deux couronnes.

Art. 2. Les deux Rois contractants se garantissent réciproquement, de la manière la plus absolue et la plus authentique, tous les États, terres, îles et places qu'ils possèdent dans quelque partie du monde que ce soit, sans aucune réserve ni exception ; et les possessions objet de leur garantie seront constatées suivant l'état actuel où elles seront au premier moment où l'une et l'autre couronne se trouveront en paix avec toutes les autres puissances.

Art. 3. Sa Majesté Très-Chrétienne et Sa Majesté Catholique accordent la même garantie absolue et authentique au Roi des Deux-Siciles et à l'infant don Philippe, duc de Parme, pour tous les États, places et pays qu'ils possèdent actuellement ; bien entendu que Sa Majesté Sicilienne et le don infant duc de Parme garantiront aussi de leur part tous les États et domaines de Sa Majesté Très-Chrétienne et de Sa Majesté Catholique.

Art. 4. Quoique la garantie inviolable et mutuelle à laquelle Leurs Majestés Très-Chrétienne et Catholique s'engagent, doive être soutenue de toute leur puissance, et que Leurs Majestés l'entendent ainsi, d'après le principe qui est le fondement de ce traité, que qui attaque une couronne attaque l'autre, cependant les deux parties contractantes ont jugé à propos de fixer les premiers secours que la puissance requise sera tenue de fournir à la puissance requérante.

Art. 5. Il est convenu entre les deux Rois que la couronne qui sera requise de fournir le secours aura dans un ou plusieurs de ses ports, trois mois après la réquisition, douze vaisseaux de ligne et six frégates armés à la disposition entière de la couronne requérante.

Art. 6. La puissance requise tiendra, dans le même espace de trois mois, à la disposition de la puissance requérante, dix-huit mille hommes d'infanterie et six mille hommes de cavalerie, si la France est la puissance requise ; et l'Espagne, dans le cas où elle seroit la puissance requise, dix mille hommes d'infanterie et deux mille hommes de cavalerie. Dans cette différence de nombre, on a eu égard à celle qui se trouve entre les troupes que la France a actuellement sur pied, et celles qui sont entretenues par l'Espagne ; mais s'il arrivoit dans la suite que le nombre des troupes sur pied fût égal de part et d'autre, l'obligation seroit dès lors pareillement égale de se fournir réciproquement le même nombre. La puissance requise s'engage à assembler celui qu'elle devra fournir, et à le mettre à portée de sa destination, sans cependant le faire d'abord sortir de ses États, mais de le placer dans la partie desdits États qui sera indiquée par la partie requérante, afin qu'il y soit plus à portée de l'entreprise ou objet pour lequel elle demandera lesdites troupes ; et comme cet emplacement devra être précédé de quelque embarquement, navigation ou marche de troupes par terre, le tout s'exécutera aux frais de la puissance requise, à qui ledit secours appartiendra en propriété.

Art. 7. Quant à ce qui regarde la différence dudit nombre de troupes à fournir, Sa Majesté Catholique excepte les cas où elles seroient nécessaires pour défendre les domaines du Roi des Deux-Siciles, son fils, ou ceux de l'infant duc de Parme, son frère; de sorte que, reconnoissant l'obligation de préférence, quoique volontaire, que les liens du sang et de la proche parenté lui imposeroient alors, le Roi Catholique, dans ces deux cas, promet de fournir un secours de dix-huit mille hommes d'infanterie et six mille hommes de cavalerie, et même toutes ses forces, sans rien exiger de Sa Majesté Très-Chrétienne que le nombre de troupes ci-dessus stipulé, et les efforts que sa tendre amitié pour les princes de son sang pourra lui inspirer en leur faveur.

Art. 8. Sa Majesté Très-Chrétienne excepte aussi, de son côté, les guerres dans lesquelles elle pourroit entrer ou prendre part, en conséquence des engagements qu'elle a contractés par les traités de Westphalie et autres alliances avec les puissances d'Allemagne et du Nord; et, considérant que lesdites guerres ne peuvent intéresser en rien la couronne d'Espagne, Sa Majesté Très-Chrétienne promet de ne point exiger aucun secours du Roi Catholique, à moins cependant que quelque puissance maritime ne prît part auxdites guerres, ou que les événements ne fussent si contraires à la France, qu'elle se vît attaquée dans son propre pays par terre; et dans ce dernier cas, Sa Majesté Catholique offre au Roi Très-Chrétien de lui fournir, sans aucune exception, non-seulement les susdits dix mille hommes d'infanterie, et deux mille de cavalerie, mais aussi de porter, en cas de besoin, ce secours jusqu'à dix-huit mille hommes d'infanterie et six mille de cavalerie, ainsi qu'il a été stipulé par rapport au nombre à fournir au Roi Catholique par Sa Majesté Très-Chrétienne ; Sa Majesté Catholique s'engageant, si le cas arrive, de n'avoir aucun égard à la disproportion qui se trouve entre les forces de terre de la France et celles de l'Espagne.

Art. 9. Il sera libre à la puissance requérante d'envoyer un ou plusieurs commissaires choisis parmi les sujets pour s'assurer par eux-mêmes que la puissance requise a rassemblé dans les trois mois, à compter de la réquisition, et tient dans un ou plusieurs de ses ports les douze vaisseaux de ligne et les six frégates armés en guerre, ainsi que le nombre stipulé de troupes de terre, le tout prêt à marcher.

Art. 10. Lesdits vaisseaux, frégates et troupes, agiront selon la volonté de la puissance qui en aura besoin et qui les aura demandés, sans que sur les motifs ou sur les objets indiqués pour l'emploi desdites forces de terre et de mer, la puissance requise puisse faire plus d'une seule et unique représentation.

Art. 11. Ce qui vient d'être convenu aura lieu toutes les fois que la puissance requérante demandera le secours pour quelque entreprise offensive ou défensive de terre ou de mer, d'une exécution immédiate, et ne doit pas s'entendre pour le cas où les vaisseaux ou frégates de la puissance requise iroient s'établir dans quelque port de ses États, puisqu'il suffira alors qu'elle tienne ses forces de terre et de mer prêtes dans les endroits de ses domaines qui seront indiqués par la puissance requérante.

Art. 12. La demande que l'un des deux souverains fera à l'autre des secours stipulés par le présent traité, suffira pour constater le besoin d'une part, et l'obligation de l'autre, de fournir lesdits secours, sans qu'il soit nécessaire d'entrer dans aucune explication, de quelque espèce que ce soit, pour éluder la plus prompte et la plus parfaite exécution de cet engagement.

Art. 13. En conséquence de l'article précédent, la discussion du cas offensif ou défensif ne pourra point avoir lieu, par rapport aux douze vaisseaux, aux six frégates et aux troupes de terre à fournir, ces forces devant être regardées dans tous les cas, et trois mois après la réquisition, comme appartenant en propriété à la puissance qui les aura requises.

Art. 14. La puissance qui fournira le secours, soit en vaisseaux et frégates, soit en troupes, les payera partout où son allié les fera agir, comme si ces forces étoient employées directement par elle-même ; et la puissance requérante sera obligée, soit que lesdits vaisseaux, frégates et troupes, restent peu ou longtemps dans ses ports, de les faire pourvoir de tout ce dont elles auront besoin, au même prix que si elles lui appartenoient en propriété, et à les faire jouir des mêmes prérogatives et priviléges dont jouissent ses propres troupes. Il a été convenu que, dans aucun cas, lesdites troupes ou vaisseaux ne pourront être à la charge de la puissance à qui elles seront envoyées, et qu'elles subsisteront à sa disposition, pendant toute la durée de la guerre dans laquelle elle se trouve engagée.

Art. 15. Le Roi Très-Chrétien et le Roi Catholique s'obligent à tenir complets et bien armés les vaisseaux, frégates et troupes, que Leurs Majestés se fourniront réciproquement ; de sorte qu'aussitôt que la puissance requise aura fourni les secours stipulés par les articles 5 et 6 du présent traité, elle fera armer dans ses ports un nombre suffisant de vaisseaux, pour remplacer sur-le-champ ceux qui pourroient être perdus par les événements de la guerre ou de la mer. Cette même puissance tiendra également prêtes les recrues et les réparations nécessaires, pour les troupes de terre qu'elle aura fournies.

Art. 16. Les secours stipulés dans les articles précédents, selon le temps et la manière qui a été expliquée, doivent être considérés comme une obligation inséparable des liens de parenté, d'amitié et de l'union intime que les deux monarques contractants désirent de perpétuer entre leurs descendants; et ces secours stipulés seront ce que la puissance requise pourra faire de moins pour la puissance qui en aura besoin : mais comme l'intention des deux Rois est que la guerre, commençant pour ou contre l'une des deux couronnes, doit devenir propre et personnelle à l'autre, il est convenu que dès que les deux Rois se trouveront en guerre déclarée contre le même ou les mêmes ennemis, l'obligation desdits secours stipulés cessera, et à sa place succédera, pour les deux couronnes, l'obligation de faire la guerre conjointement en y employant toutes leurs forces; et pour cet effet, les deux hautes parties contractantes feront alors entre elles des conventions particulières, relatives aux circonstances de la guerre dans laquelle elles se trouveront engagées, concerteront et détermineront leurs efforts et leurs avantages respectifs et réciproques, comme aussi leurs plans et opérations militaires et politiques; et les conventions étant faites, les deux Rois les exécuteront ensemble et d'un commun et parfait concert.

Art. 17. Leurs Majestés Très-Chrétienne et Catholique s'engagent et se promettent, pour le cas où elles se trouveront en guerre, de n'écouter ni faire aucune proposition de paix, de ne la traiter ni conclure avec l'ennemi ou les ennemis qu'elles auront, que d'un accord et consentement mutuel et commun, et de se communiquer réciproquement tout ce qui pourroit venir à leur connoissance, qui intéresseroit les deux couronnes, et en particulier sur l'objet de la pacification; de sorte qu'en guerre comme en paix, chacune des deux couronnes regardera comme ses propres intérêts ceux de la couronne son alliée.

Art. 18. En conformité de ce principe et de l'engagement contracté en conséquence, Leurs Majestés Très-Chrétienne et Catholique sont convenues que, lorsqu'il s'agira de terminer par la paix la guerre qu'elles auront soutenue en commun, elles compenseront les avantages que l'une des deux puissances pourroit avoir eus, avec les pertes que l'autre auroit pu faire, de manière que, sur les conditions de la paix, ainsi que sur les opérations de la guerre, les deux monarchies de France et d'Espagne, dans toute l'étendue de leur domination, seront regardées et agiront comme si elles ne formoient qu'une seule et même puissance.

Art. 19. Sa Majesté le Roi des Deux-Siciles ayant les mêmes liaisons de parenté et d'amitié et les mêmes intérêts qui unissent intimement Leurs Majestés Très-Chrétienne et Catholique, Sa Majesté Catholique stipule pour le Roi des Deux-Siciles, son fils, et s'oblige à lui faire ratifier, tant pour lui que pour ses descendants à perpétuité, tous les articles du présent traité; bien entendu que, pour ce qui regarde la proportion des secours à fournir par Sa Majesté Sicilienne, ils seront déterminés dans son acte d'accession audit traité, suivant l'étendue de sa puissance.

Art. 20. Leurs Majestés Très-Chrétienne, Catholique et Sicilienne s'engagent non-seulement à concourir au maintien et à la splendeur de leurs royaumes, dans l'état où ils se trouvent actuellement, mais encore à soutenir, sur tous les objets sans exception, la dignité et les droits de leur maison; de sorte que chaque prince qui aura l'honneur d'être issu du même sang pourra être assuré en toute occasion de la protection et de l'assistance des trois couronnes.

Art. 21. Le présent traité devant être regardé, ainsi qu'il a été annoncé dans le préambule, comme un pacte de famille entre toutes les branches de l'auguste maison de Bourbon, nulle autre puissance que celles qui seront de cette maison ne pourra être invitée ni admise à y accéder.

Art. 22. L'amitié étroite qui unit les monarques contractants, et les engagements qu'ils prennent par ce traité, les déterminent aussi à stipuler que leurs États et sujets respectifs participeront aux avantages et à la liaison établis entre les souverains; et Leurs Majestés se promettent de ne pas souffrir qu'en aucun cas, ni sous aucun prétexte que ce soit, leursdits États et sujets puissent rien faire ou entreprendre de contraire à la parfaite correspondance qui doit subsister inviolablement entre les trois couronnes.

Art. 23. Pour cimenter d'autant plus cette intelligence et ces avantages réciproques entre les sujets des deux couronnes, il a été convenu que les Espagnols ne seront plus réputés aubains en France; et en conséquence Sa Majesté Très-Chrétienne s'engage à abolir en leur faveur le droit d'aubaine, en sorte qu'ils pourront disposer par testament, donation ou autrement, de tous les biens, sans exception, de quelque nature qu'ils soient, qu'ils posséderont dans son royaume, et que leurs héritiers, sujets de Sa Majesté Catholique, demeurant tant en France qu'ailleurs, pourront recueillir leurs successions, même *ab intestat*, soit par eux-mêmes, soit par leurs procureurs ou mandataires, quoiqu'ils n'aient point obtenu de lettres de naturalité, et les transporter hors des États de Sa Majesté Très-Chrétienne, nonobstant toutes lois, édits, statuts, coutumes ou droits à ce contraires, auxquels Sa Majesté Très-

Chrétienne déroge, en tant que besoin seroit : Sa Majesté Catholique s'engage, de son côté, à faire jouir des mêmes priviléges et de la même manière, dans tous les États et pays de sa domination, tous les François et sujets de Sa Majesté Très-Chrétienne, par rapport à la libre disposition des biens qu'ils posséderont dans toute l'étendue de la monarchie espagnole; de sorte que les sujets des deux couronnes seront généralement traités en tout et pour tout ce qui regarde cet article, dans les pays des deux dominations, comme les propres et naturels sujets de la puissance dans les États de laquelle ils résideront. Tout ce qui est dit ci-dessus par rapport à l'abolition du droit d'aubaine, et aux avantages dont les François doivent jouir dans les États du Roi d'Espagne en Europe, et les Espagnols en France, est accordé aux sujets du Roi des Deux-Siciles, qui sont compris aux mêmes conditions dans cet article, et réciproquement les sujets de Leurs Majestés Très-Chrétienne et Catholique jouiront des mêmes exemptions et avantages dans les États de Sa Majesté Sicilienne.

Art. 24. Les sujets des hautes parties contractantes seront traités, relativement au commerce et aux impositions dans chacun des deux royaumes en Europe, comme les propres sujets du pays où ils aborderont ou résideront; de sorte que le pavillon espagnol jouira en France des mêmes droits et prérogatives que le pavillon françois, et pareillement que le pavillon françois sera traité en Espagne avec la même faveur que le pavillon espagnol. Les sujets des deux monarchies, en déclarant leurs marchandises, payeront les mêmes droits qui seront payés par les nationaux.

L'importation et l'exportation leur sera également libre, comme aux sujets naturels, et il n'y aura des droits à payer de part et d'autre que ceux qui seront perçus sur les propres sujets du souverain, ni de matières sujettes à confiscation que celles qui seront prohibées aux nationaux eux-mêmes; et pour ce qui regarde ces objets, tous traités, conventions ou engagements antérieurs entre les deux monarchies resteront abolis; bien entendu que nulle autre puissance étrangère ne jouira en Espagne, non plus qu'en France, d'aucun privilége plus avantageux que celui des deux nations, en observant les mêmes règles en France et en Espagne à l'égard du pavillon et des sujets du Roi des Deux-Siciles; et Sa Majesté Sicilienne les fera réciproquement observer à l'égard du pavillon et des sujets des couronnes de France et d'Espagne.

Art. 25. Si les hautes parties contractantes font dans la suite quelque traité de commerce avec d'autres puissances et leur accordent ou leur ont déjà accordé dans leurs ports ou États le traitement de la nation la plus favorisée, on préviendra lesdites puissances que le traitement des Espagnols en France et dans les Deux-Siciles, et des Français en Espagne, et pareillement dans les Deux-Siciles, et des Napolitains et Siciliens en France et en Espagne, sur le même objet, est excepté à cet égard et ne doit point être cité ni servir d'exemple; Leurs Majestés Très-Chrétienne, Catholique et Sicilienne ne voulant faire participer aucune autre nation aux priviléges dont elles jugent convenable de faire jouir réciproquement leurs sujets respectifs.

Art. 26. Les hautes parties contractantes se confieront réciproquement toutes les alliances qu'elles pourront former dans la suite, et les négociations qu'elles pourront suivre, surtout lorsqu'elles auront quelque rapport avec leurs intérêts communs; et en conséquence, Leurs Majestés Très-Chrétienne, Catholique et Sicilienne ordonneront à tous les ministres respectifs qu'elles entretiennent dans les autres cours de l'Europe, de vivre entre eux dans

l'intelligence la plus parfaite et avec la plus entière confiance, afin que toutes les demandes faites au nom de quelqu'une des trois couronnes tendent à leur gloire et à leurs avantages communs et soient un gage constant de l'intimité que Leurs Majestés veulent établir à perpétuité entre elles.

Art. 27. L'objet délicat de la préséance dans les actes, fonctions et cérémonies publiques, est souvent un obstacle à la bonne harmonie et à l'entière confiance qu'on veut entretenir entre les ministres respectifs de France et d'Espagne, parce que ces sortes de discussions, quelque tournure que l'on prenne pour les faire cesser, indisposent les esprits. Elles étoient naturelles quand les deux couronnes appartenoient à des princes de deux différentes maisons; mais actuellement et pour tout le temps pendant lequel la Providence a déterminé de maintenir sur les deux trônes des souverains de la même maison, il n'est pas convenable qu'il subsiste entre eux une occasion continuelle d'altercation et de mécontentement; Leurs Majestés Très-Chrétienne et Catholique sont convenues, en conséquence, de faire entièrement cesser cette occasion, en fixant pour règle invariable à leurs ministres, revêtus du même caractère dans les cours étrangères que dans les cours de famille, comme sont présentement celles de Naples et Parme, les ministres du monarque chef de la maison auront toujours la préséance dans tel acte, fonction ou cérémonie que ce soit, laquelle préséance sera regardée comme une suite de l'avantage de la naissance; et que dans toutes les autres cours, le ministre, soit de France, soit d'Espagne, qui sera arrivé le dernier, ou dont la résidence sera plus récente, cédera au ministre de l'autre couronne, et de même caractère, qui sera arrivé le premier, ou dont la résidence sera plus ancienne, de façon qu'il y aura désormais à cet égard une alternative constante et fraternelle, à laquelle aucune autre puissance ne devra ni ne pourra être admise, attendu que cet arrangement, qui est uniquement une suite du présent pacte de famille, cesseroit, si des princes de la même maison n'occupoient plus les trônes des deux monarchies, et qu'alors chaque couronne rentreroit dans les droits ou prétentions à la préséance. Il a été convenu aussi que si, par quelque cas fortuit, des ministres des deux couronnes arrivoient précisément en même temps dans une cour autre que celles de famille, le ministre du souverain chef de la maison précédera à ce titre le ministre du souverain cadet de la même maison.

Art. 28. Le présent traité ou pacte de famille sera ratifié, et les ratifications en seront échangées dans le terme d'un mois, ou plus tôt si faire se peut, à compter du jour de la signature de ce traité.

En foi de quoi, nous, ministres plénipotentiaires de Sa Majesté Très-Chrétienne et de Sa Majesté Catholique, soussignés, en vertu des pleins pouvoirs qui sont transcrits littéralement et fidèlement au bas de ce présent traité, nous l'avons signé et y avons apposé les cachets de nos armes.

Fait à Paris le 15 août 1761.

Le duc DE CHOISEUL;  le marquis DE GRIMALDI.
(L. S.)  (L. S.)

*Ratifié par le Roi d'Espagne à Saint-Ildefonse, le 25 août* 1761.

### XIII. *De l'Italie.*

Ce pays, autrefois le berceau des conquérants du monde connu, a bien changé de face depuis la décadence de l'empire romain. Conquis ou ravagé sans cesse par un déluge de barbares, il devint à son tour la proie des nations.

Deux des plus puissantes se le disputèrent longtemps;

le sort de la guerre, ou plutôt de l'intrigue et des négociations, décida la question en faveur de l'Espagne. La France y perdit tout ; l'Italie resta partagée entre quelques petits souverains, deux ou trois républiques et la monarchie espagnole.

Cette consistance dura environ cent cinquante ans, jusqu'à l'ouverture de la succession d'Espagne.

Les malheurs de la France, dans cette longue guerre, livrèrent l'Italie sans défense à la maison d'Autriche. Elle y prit la place de l'Espagne dans ses anciennes possessions, et commença d'y faire valoir les droits de l'Empire romain.

Joseph Ier s'en prévalut pour confisquer à son profit les États de Mantoue, de la Mirandole et de Carpi [1], pour lever des contributions et prendre des quartiers d'hiver sur ceux des autres princes, sans respecter le Pape, qui fut obligé de plier, par le traité de 1709, sous les volontés absolues du prétendu représentant de Charlemagne [2].

[1] Ces deux derniers furent vendus au duc de Modène et rentrèrent encore à la nouvelle maison d'Autriche avec la masse des États de la maison d'Este, par l'investiture éventuelle accordée à l'archiduc Ferdinand et à ses héritiers collatéraux. (*A.*)

[2] L'observation n'est pas exacte. La guerre de succession avoit été entreprise pour empêcher la maison de Bourbon de posséder les trônes de France et d'Espagne ; mais la mort du prince autrichien dont on soutenoit les prétentions changea la face des affaires, et l'Angleterre se décida à la paix parce qu'elle aimoit mieux voir le petit-fils de Louis XIV roi d'Espagne que de voir la même tête porter les couronnes autrichienne et espagnole et ressusciter la puissance redoutable de Charles-Quint. Il résulta de ce changement de politique, et des traités subséquents, qu'après plusieurs alternatives la maison d'Autriche, loin de s'agrandir, comme elle l'espéroit, vit ses plus belles espérances détruites ; qu'elle ne conserva de ses prétentions sur l'Espagne que celle de faire des chevaliers de la Toison d'or, ce qui ne faisoit de mal à personne, et qu'elle n'acquit par la suite en Italie que le Milanois et la Toscane, foibles compensations de l'accroissement important que reçut la maison de France par la possession de Parme, de Naples, d'Espagne, du Mexique et du Pérou. (*S.*)

Ce fut à ce titre que la cour de Vienne continua de mettre en avant les prétentions surannées de l'Empire contre tous les princes et États d'Italie. Après la mort de Joseph Ier, Charles VI avoit adopté son système ; mais les liaisons entre la France, l'Espagne et l'Angleterre firent naître des obstacles à l'exécution de ses projets. Il y gagna pourtant la suzeraineté de Parme et de Plaisance, qui fut reconnue de ces trois puissances, au préjudice de la cour de Rome.

Les deux guerres de 1733 et 1741, et les deux traités qui les avoient terminées, sembloient avoir posé de nouvelles barrières à l'ambition autrichienne, toujours étayée des droits de l'Empire. On n'en avoit plus entendu parler tant que la France avoit conservé dans l'ordre politique son crédit, sa considération, sa prééminence, en un mot sa place à la tête des grandes puissances.

Mais le nouveau système de 1756 ayant ouvert la porte aux prétentions de toute espèce que la cour de Vienne avoit accumulées, elle ne tarda point à les remettre en avant ; la crise d'une guerre en Allemagne, où l'on s'étoit engagé pour elle si gratuitement, nous avoit mis dans le cas d'exiger tout de cette cour : elle exigea de nous et on voulut bien s'y prêter.

Par tous les traités [1] qui suivirent celui du 1er mai de cette année, la France s'engagea à faire valoir ces prétentions chimériques aux dépens de qui il appartiendroit (même des autres branches de la maison de Bourbon). Ainsi cette grande et première puissance devint peu à peu l'instrument des vues et des projets d'une autre, exclusivement aux intérêts de ses alliés, même aux siens propres :

[1] On vit éclore successivement ceux du 1er mai 1757 et du 30 décembre 1758 ; ce dernier enchérit sur les précédents. Voyez article VII ; *de la cour de Vienne,* à la fin de cet article. (*A.*)

et par une conséquence naturelle et nécessaire, elle a été enfin regardée comme n'ayant plus de mouvement propre, recevant l'impulsion au lieu de la donner, enfin comme une puissance secondaire et subordonnée.

Dès lors elle éprouva en Italie aussi bien qu'en Allemagne une rapide dégradation de son crédit, de sa considération et de sa prééminence.

Les circonstances étoient pourtant bien favorables alors pour y conserver et même y augmenter tous ces avantages.

La cour de Rome a toujours craint depuis Joseph Ier d'être encore exposée aux mêmes avanies de la part de ses successeurs.

Naples étoit une conquête récente de l'Espagne sur la maison d'Autriche, et cela ne se pardonne point.

Le Roi de Sardaigne venoit de lui arracher, par le besoin qu'elle avoit eu de lui, une partie du Milanois; et cela ne se pardonne pas davantage.

Parme et Plaisance, donnés à don Philippe, sembloient encore à cette cour une usurpation sur elle, parce que ce petit État venoit d'être démembré aussi de ses usurpations précédentes.

Des deux républiques [1], la plus foible venoit d'échapper à ses fers, et elle ne devoit qu'à la France le bonheur d'en avoir été entièrement délivrée.

La plus puissante avoit été le triste témoin de cette oppression. Elle avoit inutilement intercédé en faveur de cette sœur infortunée auprès d'un vainqueur inflexible, qui la menaçoit du même sort à la première occasion.

Que de motifs pour tous ces princes et États de recourir uniquement à la protection de la France! Celle de l'Espagne avoit été suspecte; elle étoit alors devenue presque

---

[1] Venise et Gênes : on ne parle pas plus ici de Lucques que de Saint-Marin; on en dira pourtant un mot au sujet de Modène et de la Toscane. (*A*.)

nulle. Le traité d'Aranjuez[1] ne l'annonçoit que foiblement; et sans procurer aucune sûreté de plus aux deux infantes qu'elle y avoit établies, il laissoit en proie à l'Autriche tout le reste de l'Italie.

Le Roi de Sardaigne, partie contractante dans ce traité, y auroit gagné seul par la garantie de l'Espagne pour ses nouvelles possessions. Mais la prestation de cette garantie auroit dépendu principalement de la liberté du passage par la France; et celle-ci n'étoit engagée à rien.

La France restoit alors libre d'accorder ou de refuser aux trois parties contractantes et à tous les autres États son appui contre tout agresseur, tout infracteur de la paix publique, en Italie aussi bien qu'en Allemagne.

Pour avoir le droit d'accorder il ne lui fallait point d'autres engagements, d'autres titres que ceux qu'elle avoit déjà contractés ou acquis par le traité d'Aix-la-Chapelle, par ses alliances toujours subsistantes avec les deux républiques, enfin par le droit de protection qu'elle a de tout temps été en possession d'exercer en faveur du Saint-Siége.

Donc, dans tous les cas possibles, il pouvoit et devoit alors exister, des États d'Italie à l'égard de la France, le recours du plus foible; de la France à eux, le secours du plus fort; enfin le concours de l'un et de l'autre. Ce sont ces trois espèces de rapports qui constituent essentiellement la puissance fédérative.

---

[1] Conclu, en 1752, entre les cours de Vienne, de Madrid et de Turin. Il sembloit n'avoir été négocié que pour débarrasser entièrement l'Espagne des affaires d'Italie sous le prétexte spécieux d'en assurer la tranquillité; mais il ne contenoit rien de plus que le traité d'Aix-la-Chapelle. A l'égard des cours de Vienne et de Turin, l'une avoit le plaisir de traiter avec l'Espagne sans la France et l'avantage d'assurer de plus en plus ses possessions sans compromettre ses prétentions; l'autre obtint enfin, par ce même traité, l'alternative si désirée. (A.)

La France avoit de plus la liberté du choix entre la médiation, l'arbitrage et la protection ; il lui restoit la faculté d'exercer chacune de ces trois fonctions au gré de ses intérêts, sans négliger sa gloire ni manquer à la justice.

Donc elle étoit alors, relativement à l'Italie aussi bien qu'à l'Empire, au plus haut degré de sa puissance fédérative.

Donc aussi elle y jouissoit de tous les avantages que donne à un État ce genre de puissance lorsqu'il est soutenu de la puissance militaire. Elle y avoit conservé son crédit, sa considération, sa prééminence. Elle étoit d'autant plus sûre de les y maintenir, qu'en espérant de son secours on ne craignoit plus rien de son ambition. Le désintéressement, la modération du Roi et son amour pour la paix avoient trop éclaté dans les deux derniers traités pour que l'Italie eût pu conserver là-dessus le moindre soupçon. Elle célébroit la sagesse et la générosité du monarque, sans redouter comme autrefois la politique du cabinet [1].

Telle étoit alors la situation de la France dans l'ordre politique relativement à l'Italie. Voyons à présent quelle est aujourd'hui la position respective de l'Italie à l'égard de la France.

---

[1] *Gran gabinetto di Francia!* C'étoit encore, il y a vingt ans, l'exclamation familière aux Italiens lorsqu'ils apprenoient quelque événement où la France avoit eu part. Cette admiration étoit fort ancienne ; elle avoit commencé du temps de Henri IV (Sully, Villeroy, Jeannin, d'Ossat, l'avoient établie) ; elle s'étoit toujours soutenue depuis, mais non pas sans être mêlée de crainte. Cette nation avoit la même opinion de notre puissance que de notre politique : témoin le mot du marquis d'Ormea, sous le feu Roi de Sardaigne. Ce ministre étoit en conférence, à la cour de Turin, avec ceux de Vienne et de Londres, qui lui parloient sans cesse de *l'équilibre de l'Europe* : il étoit fatigué de ces *lieux communs* de la vieille politique. *C'est une chimère*, leur répondit-il ; *cet équilibre n'existe point, et il ne sauroit exister que dans le cabinet de Versailles; car tant que celui-ci ne fera point de fautes, il n'y aura et ne peut jamais y avoir d'équilibre en Europe.* (A.)

Mais cette partie de l'Europe étant partagée entre plusieurs dominations différentes, il résulte de ce partage autant de rapports divers de ces dominations entre elles, et respectivement à l'égard des autres puissances. Ces rapports doivent être discutés et appréciés séparément. Ce seront les sujets d'autant de sous-divisions qu'il y a d'États à parcourir; et en commençant par le midi, on suivra toujours l'ordre topographique [1].

### NAPLES ET SICILE.

Ces deux royaumes, si longtemps disputés entre les deux maisons d'Anjou et d'Aragon, entre les François et les Espagnols, étoient enfin restés à la maison d'Autriche. Elle les a perdus en 1734, et depuis elle n'a point cessé de les regretter. Son entreprise, en 1744, pour en chasser don Carlos, ne réussit pas, il est vrai : le traité d'Aix-la-Chapelle lui en ôta l'espoir; mais ceux qu'elle fit depuis avec la France, et les clauses vagues, ambiguës, qu'on y laissa glisser, donnent à cette cour des prétextes de s'immiscer dans les arrangements éventuels relatifs à la succession de ces deux royaumes. Elle s'étoit flattée de faire passer l'infant don Philippe au trône de Naples, à l'exclusion des fils du Roi régnant, lorsqu'il monteroit sur celui d'Espagne; et dans ce cas la réversion de Parme et de Plaisance lui étoit assurée [1].

La fermeté de don Carlos à la mort de Ferdinand VI, et l'usage qu'il fit de ses droits naturels en faveur d'un de ses enfants, déconcerta heureusement toutes les mesures de la cour de Vienne, et ceux qui paroissoient lui avoir

[1] L'étendue de l'objet nous obligera de le partager en deux numéros; le premier contiendra le sud et l'est de l'Italie et le second tout le reste. (A.)

[2] Voyez plus haut les extraits de la convention ou traité secret de Versailles, du 30 décembre 1758.

promis leurs services dans cette occasion furent obligés de les lui dépromettre.

Il ne resta donc à la cour de Vienne que l'espoir de dominer un jour par l'intrigue dans un royaume que la force n'avoit pu lui soumettre.

Elle a pu et dû s'en flatter aussitôt qu'elle a réussi à donner pour épouse une archiduchesse au nouveau Roi des Deux-Siciles.

On n'est pas à portée de juger à quel point l'influence de la Reine peut être prépondérante. Mais, d'après le génie, le caractère et l'éducation de toute la branche espagnole, on peut du moins prévoir que cette prépondérance doit même augmenter avec le temps au lieu de diminuer.

Tel est aussi l'usage heureux et adroit que la cour de Vienne a toujours su faire de ses archiduchesses; et sous l'Impératrice régnante on oseroit ajouter que cette méthode a été encore perfectionnée.

Le Roi de Naples n'a pas été élevé dans des principes d'amitié et d'attachement pour la France. Son gouverneur, le prince de *San-Nicandro*, n'avoit eu soin de lui inspirer aucun des sentiments, des goûts et des affections qui auroient été le mieux à leur place dans un prince cadet de cette première maison de l'univers[1]. Loin d'aimer, de connoître la France et les François, ce jeune monarque, non plus que les infants ses frères, n'en parloit pas même la langue[2].

---

[1] Ceci n'est point un trait d'enthousiasme ni de fanatisme. Tout étranger qui aura bien étudié l'histoire conviendra qu'aucune autre maison n'a eu tant de rois, ni régné sur tant de royaumes différents, et ne remonte incontestablement si haut dans les temps les plus reculés; enfin, que les maisons *royales* aujourd'hui régnantes en Europe, et même en Asie, sont en cette qualité toutes très-modernes, relativement à celle de France. (A.)

[2] Voyez plus haut les *Éclaircissements et Observations* sur l'article XII, *De l'Espagne*, n° 1, *De la haine nationale*, t. II, p. 239, note 1.

Ce ne seroit donc que pendant la vie du Roi son père, et d'après l'autorité qu'il conserve encore sur la cour de Naples, qu'on pourroit compter sur l'union intime de cette cour avec la nôtre.

Il seroit même très-possible qu'à la naissance d'un prince héritier du trône, la jeune Reine, qui n'a encore donné à son époux que des princesses, prît sur lui bien plus d'ascendant, et même assez dans certains cas pour lui faire secouer le joug de l'autorité paternelle.

Enfin, en supposant qu'il ne s'écarte jamais à cet égard de ses devoirs, il peut perdre le Roi son père, et tout jeune qu'il est ne lui survivre que peu de temps. Si, à cette époque il ne laissoit point d'enfants mâles, il n'est pas douteux que l'infante aînée ne devînt le partage d'un des princes de Toscane [1]; et quelques arrangements que Charles III eût pu faire de son vivant en faveur de sa ligne masculine, on sauroit élever cette princesse sur le trône et lui en assurer la possession ainsi qu'à son époux actuel ou futur.

Alors il seroit aussi très-possible que l'Empereur mourût sans enfants, et que le fils du grand-duc devînt l'héritier des États d'Autriche.

Il réuniroit à lui seul ceux que Charles-Quint avoit possédés en Italie et augmentés de la Toscane entière.

Que deviendroient alors et la liberté de l'Italie, et celle d'Europe, *et la maison de Bourbon?* On ne pourroit pas se flatter que l'Angleterre voulût bien s'unir et se concerter encore avec elle pour maintenir ou rétablir en Italie une espèce d'équilibre. Nous l'avons déjà dit [2]; les motifs

---

[1] La cour de Vienne prendroit de loin pour cela de bonnes mesures, comme elle a fait pour le mariage de l'héritière des États de Modène. (*A.*)

[2] Article VIII, *De l'Empire*, sur la maison de Brunswick, et X, *De l'Angleterre*, t. II, p. 144 et 175.

qui, sous les deux George premier et second, ont pu décider ces alliances, ne subsisteroient plus ni sous le troisième, ni sous ses successeurs; les *continental connections* n'influeroient plus dans le cabinet de Saint-James. Il ne verroit alors que de deux choses l'une :

Ou la plus belle occasion de mettre aux mains deux maisons dont il craint l'une et dont l'autre a paru enfin détachée de l'Angleterre;

Ou une circonstance heureuse pour bannir à jamais la première de l'Italie, y établir exclusivement une puissance ennemie naturelle de la France, renfermer ainsi la maison de Bourbon dans les limites de la France et de l'Espagne [1], vendre cher son secours par mer à celle d'Autriche, et s'assurer par ce moyen une supériorité privative dans les ports d'Italie soumis à la même domination.

Mais supposons que le Roi des Deux-Siciles ait bientôt un ou plusieurs enfants mâles (cela est assurément très-possible et très-vraisemblable), voilà donc en Italie une nouvelle branche de la maison de Bourbon qui peut et doit y devenir puissante et florissante. Reste à savoir si, ayant tiré de la France son origine et son appui, elle lui en sera désormais plus attachée.

On ne peut guère se flatter que Ferdinand IV gouvernera un jour par lui-même. Toujours soumis à une direction, une impulsion quelconque, une nouvelle influence devra succéder à celle qui subsiste encore de la cour de Madrid sur celle de Naples. Quelle sera cette influence? Nous l'avons déjà dit, tout paroît annoncer celle de la Reine et par conséquent de la maison d'Autriche.

[1] On ne parle point de la branche établie à Parme. Un détachement de hussards parti de Casal-Maggiore, vis-à-vis de Colorno, peut et pourra toujours passer le Pô la nuit et enlever de ce château l'infant duc avec sa cour et sa famille. (*A.*)

Si celle-ci donc jugeoit à propos de détourner un jour ce monarque des affections et des liaisons qui auroient subsisté entre sa maison et lui du vivant de Charles III; si même, par des circonstances qu'il ne seroit pas impossible de prévoir, l'Autriche de nouveau s'unissoit avec l'Angleterre, et que le penchant naturel des cours d'Italie pour cette puissance maritime entraînât celle de Naples dans des mesures opposées à celles de la France¹ et de l'Espagne, que n'auroit-on point à se reprocher? On auroit manqué aux premiers éléments, aux règles les plus triviales de la politique.

En effet, si dès à présent, et de concert avec l'Espagne, on ne prenoit pas des mesures pour affermir entre cette cour, celle de Naples et la nôtre, un système indissoluble de puissance fédérative, il ne seroit plus temps d'y penser lorsque le besoin, la crise des affaires nous forceroient de nous en occuper.

On ne parlera pas ici des moyens et des ressources que ces deux royaumes bien administrés pourroient fournir ou préparer à cette triple alliance de la maison de Bourbon : ce seroit le sujet d'un mémoire particulier où il faudroit entrer en détail sur la cour, le ministère, les troupes, la marine, les finances, le commerce, l'industrie, l'agriculture, et en général tous les objets, toutes les branches de l'administration. On dira seulement que ces moyens et ces ressources pourroient devenir très-considérables et mettre un grand poids dans la balance de l'Italie et de l'Europe.

---

[1] On a vu don Carlos lui-même céder un moment à la terreur qui avoit subjugué son conseil en 1748; le capitaine Martin donner, montre sur table, la loi au monarque dans son palais, dans sa capitale, et l'obliger à rappeler ses troupes de l'armée espagnole en Italie. (*A.*)

Le penchant naturel influeroit désormais encore plus que la crainte dans une pareille démarche, si l'occasion s'en présentoit de nouveau : ce penchant n'est que trop manifeste à tous ceux qui connoissent et Naples et l'Italie. (*A.*)

En effet, aucun pays du monde n'est situé plus avantageusement pour réunir en abondance presque tous les genres divers de productions du sol et de bénéfices de l'industrie, qui se trouvent partagés entre les autres États de l'Europe.

Il n'est pas moins bien placé pour jouir de tous les avantages du commerce d'exportation et d'importation. Entouré de mers et de ports, il semble fait pour dominer sur la Méditerranée.

Sa position topographique lui donne d'ailleurs le plus grand avantage pour influer militairement dans les affaires d'Italie. Isolé de trois côtés, il ne touche au continent que par la frontière de l'État ecclésiastique. S'il est attaqué (ce que pourtant il ne doit jamais attendre), ce ne peut être ni de près ni subitement; il a toujours le temps de se préparer, n'ayant rien à craindre de ses plus proches voisins, et l'ennemi étant obligé de partir de fort loin pour traverser leur territoire avant d'arriver jusqu'à lui. Sa frontière est aisée à défendre de quelque côté que cet ennemi se présente, ou sur le *Tronto*, ou sur le *Garigliano*.

S'il attaque, il a devant lui un vaste champ de bataille. Outre l'État ecclésiastique, les deux autres les plus voisins, la Toscane et l'État de Venise, ne sont guère mieux armés. Ouverts aux amis et aux ennemis, ils offriroient toujours à une armée napolitaine, et pour les subsistances, et même pour les besoins pécuniaires, ces ressources un peu forcées, et contre lesquelles on réclame peut-être avec justice, mais que la raison d'État, les lois de la guerre, la nécessité surtout, autorisent du moins et que le succès justifie.

Les royaumes de Naples et de Sicile forment donc par eux-mêmes l'État le plus considérable, le plus important de l'Italie et le plus fait pour y être prépondérant.

Quant à sa position respective à l'égard des autres puissances de l'Europe, elle ne peut consister que dans les rapports directs de cette cour avec celle de Vienne, par les liaisons étroites et peut-être trop intimes que la nouvelle affinité a établies entre les deux familles, ou dans ceux que les liens du sang et de l'intérêt commun lui rendent essentiels et nécessaires avec la France et l'Espagne. C'est par ces deux puissances qu'elle peut se trouver impliquée, engagée dans les affaires générales de l'Europe; c'est pour elle aussi que les deux monarques, parents et alliés, doivent veiller sans cesse, non-seulement à sa sûreté, à sa conservation, mais aussi à l'accroissement de ses forces, de ses moyens, et à l'usage que dans plusieurs cas elle en pourra et devra faire.

La position de cette nouvelle monarchie, respectivement à la France, est donc et doit être un des objets les plus intéressants des spéculations de celle-ci. C'est la position d'un État que tout semble attacher à la France, qui l'est encore, au moins par le lien commun de l'Espagne, mais qui pourroit s'en détacher si ce lien venoit à se rompre ou à se relâcher, ce qui n'est rien moins qu'impossible.

Donc on ne sauroit s'y prendre trop tôt pour établir et affermir l'union et la communauté d'intérêts entre ces deux puissances et la monarchie napolitaine, toujours aussi de concert avec l'Espagne; pour l'allier fortement et solidement au nouveau système de puissance fédérative qu'il est si nécessaire de former, non-seulement en Italie, mais en Europe.

Donc aussi la France doit à la cour de Naples, ainsi qu'à celle de Madrid, l'exemple des mesures sages, fermes et bien combinées qui peuvent amener et consolider la formation de ce système.

Donc enfin, c'est de la France même que ces deux puissances doivent apprendre, en l'imitant, à soutenir et vivifier ce système politique par le concours indispensable d'un bon système militaire.

Ce moyen seul, mis en usage tout à la fois par les trois couronnes de la maison de Bourbon, pourroit assurer d'avance le succès complet de leurs opérations politiques.

### L'ÉTAT ECCLÉSIASTIQUE.

La considération à la cour de Rome seroit au fond peu importante, si l'usage n'en avoit fait une prérogative essentielle des grandes couronnes [1].

Dès lors elle fait partie de ce crédit ou réputation si nécessaire à conserver.

Depuis Joseph I$^{er}$, cette cour a toujours tremblé que la maison d'Autriche n'établît en Italie une trop grande puissance, et ne prétendît y faire revivre, pour son propre compte, les droits surannés de l'*Empire romain*.

Cette crainte seroit encore plus fondée sous un empereur qui joindroit du côté paternel les États de Toscane à la Lombardie autrichienne : le cas peut arriver; il peut exister tout à l'heure.

Ce seroit encore bien pis, si, d'un autre côté, l'héritier de la maison d'Este (par un mariage et par une investiture) venoit à réclamer la totalité des États autrefois possédés par cette maison, et par conséquent le duché de Ferrare. Ceci est encore très-possible, peut-être même assez prochain, et cet héritier est un archiduc.

[1] Quoique l'importance réelle de cette considération ne consiste que dans le crédit à la cour de Rome, relativement au siége et au conseil permanent du chef de l'Église, observons qu'ici l'État ecclésiastique n'est et ne sera considéré que sous le rapport d'un État séculier et souverain avec d'autres États de la même classe. (*A.*)

Depuis soixante ans la cour de Rome et les autres princes d'Italie n'avoient eu d'autre ressource pour s'empêcher de subir le joug que la protection de la France et de l'Espagne.

La cour de Rome pourroit-elle y compter? Et cette protection seroit-elle, au besoin, prompte, suffisante, efficace, dans l'état actuel des choses, c'est-à-dire après que la France a perdu, relativement à l'Italie comme à l'Empire, beaucoup de son crédit, de sa considération, de sa prépondérance?

Tout cela se trouvoit fondé sur la sagesse et la solidité de son système ancien de puissance fédérative.

Ce système est détruit; un autre a succédé, qui avoit placé la France en seconde ligne, qui l'avoit subordonnée aux vues, aux désirs d'une autre puissance; et c'est précisément la seule dont tous les États d'Italie, surtout la cour de Rome, redoutent l'ambition et l'oppression.

Un troisième système vient d'éclore, également destructif des précédents : c'est le *système copartageant*. Il ne sembleroit affecter que le Nord et l'Allemagne; il menace cependant et la cour de Rome et toute l'Italie.

Le premier étant détruit, le second déjà ébranlé et prêt à s'écrouler de son propre poids, c'est le troisième qui domine en Italie tout comme ailleurs.

Une branche de ce système, c'est le principe de l'égalité et de la proportion dans les *acquisitions* des trois *copartageants*.

La Russie et le Roi de Prusse peuvent *acquérir* beaucoup dans le Nord et en Allemagne; rien en Italie.

Pour maintenir donc cette proportion, cette égalité entre les *acquisitions* réciproques, il faudroit chaque fois un *équivalent* à la cour de Vienne. Où le prendroit-elle, sans achever d'envahir la Pologne et l'Empire? ce seroit en Italie.

Les États du Pape, donnés jadis par deux rois de France [1], et longtemps avant que le second fût empereur, sont toujours cependant, au gré des publicistes autrichiens, un démembrement scandaleux de l'empire *romano-germanique*.

Joseph II paroît déjà fort impatient d'adopter leur jurisprudence ; ce ne seroit à ses yeux qu'une *réunion des biens de l'Église :* genre d'acquisition facile, commode, pacifique, et pour lequel ce prince laisse entrevoir un penchant décidé.

S'il croyoit avoir des raisons pour ne pas consommer d'abord cette *opération de finance*, il en feroit du moins l'essai par la réunion du duché de Ferrare aux États de Modène en faveur de l'archiduc Ferdinand, et par la réclamation de *Comachio* (qui n'est qu'assoupie), contre le Saint-Siége, au profit de l'Empire.

La France, politiquement, pourroit-elle permettre toutes ces vexations; et sa considération à la cour de Rome, en Europe, dans l'univers entier, n'y seroit-elle pas compromise? En honneur même, voudroit-elle les souffrir?

Mais comment les empêcher dans l'état actuel, et moins encore dans celui qui doit nécessairement résulter du système copartageant, si on le laisse subsister?

La position respective de la cour de Rome, relativement à la France, est donc celle d'un état foible, créé depuis

[1] Pépin et Charlemagne, des dépouilles du royaume de Lombardie et de l'empire grec. C'est un fait notoire et prouvé incontestablement par les époques de ces donations, telles quelles, antérieures de beaucoup à celle du couronnement de Charlemagne à Rome comme empereur d'Occident. Cette cérémonie ne donnoit pas au Roi de France un pouce de terrain ni un droit de plus à tout ce qu'il possédoit déjà; elle n'eut lieu qu'en 800, et quatorze ans seulement avant la mort de ce conquérant. (*A.*)

mille ans révolus par la piété, la libéralité, la bienfaisance d'un souverain d'un autre état puissant et redoutable, constamment protégé par les successeurs de ce grand monarque pendant une longue suite de siècles, et qui a toujours reconnu cette protection comme un droit inséparable et inaliénable de leur couronne.

La position de la France à l'égard de la même cour est celle d'une puissance qui a daigné s'honorer des titres et des distinctions que cette protection constante lui a fait donner par le Saint-Siége au-dessus de toutes les autres monarchies, et qui, par l'usage établi entre les têtes couronnées [1], s'en est à son tour prévalue pour maintenir sa dignité et sa prééminence.

Mais un motif bien plus solide d'intérêt réel, actuel, qui doit, sans doute, intéresser la France en faveur de cette cour, c'est que les vexations dont elle est menacée ne peuvent avoir lieu sans que la paix de l'Italie, et par contre-coup de l'Europe, n'en soit troublée au point d'engager peut-être la France dans une guerre générale, qu'elle doit prévenir.

Donc l'amour même de la paix et le désir de maintenir la tranquillité publique exigent de la France des mesures nobles, sages, fermes, bien concertées, et surtout prises à temps, pour aller au-devant de ce torrent d'usurpations : donc l'Italie même, surtout la cour de Rome, se trouve menacée, et par le système ancien et constant de la cour de Vienne, et par celui qu'a fait éclore la *ligue copartageante*.

---

[1] Cet usage étoit si constant et si invétéré en Europe, que, depuis la *réformation*, les rois d'Angleterre ont toujours conservé précieusement le titre de *défenseurs de la foi*. Il avoit été conféré par Léon X à Henri VIII pour avoir soutenu des dogmes tout contraires à ceux dont ses successeurs et lui-même ont fait profession depuis cette époque. (*A.*)

Donc aussi la France ne doit pas attendre que le feu s'allume dans cette partie de l'Europe; elle doit, au contraire, travailler sans délai, sans relâche, à la formation d'un nouveau système politique et militaire, dont la solidité puisse en imposer à l'ambition et à l'avidité des infracteurs de la paix. Par ce moyen, seul digne d'elle, cette monarchie *protectrice née de l'Église,* et arbitre naturelle de l'Italie, comme de l'Allemagne, conservera tout à la fois et la paix et sa propre gloire, et commencera dès lors de recouvrer son crédit, sa considération et sa prééminence.

### LA RÉPUBLIQUE DE VENISE.

Cet état est si nul, relativement à l'Europe et à l'Italie même, depuis deux siècles, que, dans ce long intervalle, on n'a, pour ainsi dire, entendu parler des Vénitiens que trois ou quatre fois.

La première, lors du démêlé de la République avec la cour de Rome; elle en sortit avec honneur par la médiation, et plus encore par la protection de Henri IV.

Ensuite elle perdit Candie, et cette perte fut célèbre par la longueur du siége, et par les secours de la chrétienté, mais surtout de la France.

Engagée dans la guerre qui précéda la paix de Carlowitz (en 1699), la République y joua un rôle plus heureux et assez brillant. Le dernier de ses héros y conquit la Morée[1], elle la retint par le même traité.

Enfin, dans le cours d'une autre guerre contre les Turcs (heureuse pour tous les alliés, excepté pour elle-même), Venise reperdit cette importante conquête, et fut obligée d'y renoncer par le traité de Passarowitz, en 1719.

[1] Le doge Morosini : à l'imitation des généraux de l'ancienne Rome, il remporta de cette conquête le surnom de *Peloponesiaco*. (A.)

Depuis cette époque, la République est restée purement passive dans les deux dernières guerres d'Italie (de 1733 et 1741). Ses États ont servi de passage et de champ de bataille aux armées françaises, autrichiennes, espagnoles, comme ils l'avoient toujours fait dans les précédentes, depuis deux cents ans.

Elle suit encore actuellement ce système d'inertie dans la guerre de l'Archipel entre la Porte et la Russie. Cela, jusqu'à présent, ne lui a produit que ce qui arrive toujours aux États trop longtemps neutres et craintifs sur ce qui se passe, pour ainsi dire, à leur porte : elle n'a contenté personne; et des deux parties belligérantes, celle qui reste à portée de cette République lui fera éprouver tôt ou tard son ressentiment.

Elle ne doit pas espérer plus d'égards de la cour de Vienne, aussitôt que celle-ci aura pu remplir en partie ses vastes projets sur l'Italie; elle ne tarderoit point alors à mettre en avant les prétentions de Maximilien I*er* sur *l'État de terre ferme.*

Cet État, composé de la dépouille de plusieurs petits tyrans et des empiétements atroces et frauduleux que la République avoit faits en différents temps sur les États voisins, n'étoit rien moins alors que légitimement acquis ; mais une prescription de trois siècles de plus en doit avoir enfin légitimé la possession : sans cela, il n'y en auroit plus aucune d'assurée dans l'Europe entière.

Mais quel droit peut tenir contre une prétention escortée de deux cent mille hommes? Telles sont aujourd'hui celles de la maison d'Autriche. On ne peut plus les réfuter qu'avec des arguments de la même force.

La République de Venise touche peut-être de bien près au moment d'éprouver les effets lents, mais sûrs, et toujours funestes, d'un système passif.

Dès à présent, elle n'existe plus que sous l'abri ordinaire des États foibles, c'est-à-dire la défiance et la jalousie réciproque des États plus puissants dont ils sont entourés. Aucun d'eux, dit-on, ne voudroit permettre qu'un d'entre eux s'en emparât au préjudice de tous les autres.

Mais cette existence, toujours humiliante et précaire, est bien peu de chose pour la superbe République de Venise, cette ancienne rivale des rois, des empereurs, et qui a tenu jadis pendant si longtemps la balance de l'Italie[1].

Elle pourroit même éprouver qu'il ne seroit plus temps de recourir à cette honteuse ressource des gouvernements foibles et pusillanimes; elle n'a plus d'autres voisins que le seul qui pourra et voudra l'accabler. C'est lui qui l'entoure et l'enferme de tous les côtés, excepté de la mer et du Pô. Le golfe Adriatique, dont elle affecte encore la souveraineté chimérique, ne lui fourniroit point de défenseurs contre une puissance dont elle s'est laissé circonscrire par terre[2]. Le Pô ne l'avoisine qu'à un État plus foible[3] encore, et non moins exposé aux usurpations du plus fort.

On s'étonne, sans doute, que cette République, si célèbre pour sa sagesse et sa fermeté, se soit laissé réduire insensiblement à un état qui diffère si peu de l'esclavage, et qui en est toujours le préliminaire certain.

Cela est pourtant bien simple et bien naturel au gouvernement de nos républiques modernes. Il est défiant et pusillanime par essence. Qu'on daigne seulement se rap-

---

[1] En 1755, les forces maritimes de Venise consistoient en quatorze vaisseaux de ligne, six frégates, vingt galéasses et vingt galères, le tout en mauvais état. (*A.*)

[2] La partie autrichienne de l'Istrie et du Frioul, le comté de Goritz, la Carniole, le Tyrol, le Milanès, le Mantouan, font les trois quarts et demi des frontières de Venise, et tout cela appartient à la maison d'Autriche. (*A.*)

[3] L'État ecclésiastique, dont on vient de parler. (*A.*)

peler ce qui a été dit (article IX) de la Hollande; on verra que celle-ci, après avoir beaucoup plus agi, remué, intrigué, dépensé que Venise, s'est réduite à peu près au même point d'asservissement ou de nullité.

Cette défiance et cette pusillanimité républicaine est bien plus enracinée dans le gouvernement de Venise; il craint également, et les secours des étrangers, et les services de ses sujets, de ses citoyens. Une basse jalousie lui a toujours fait envier la gloire de ses généraux, et redouter jusqu'à leurs succès. Enfin, plutôt que de risquer sa précieuse tranquillité et son autorité despotique, de s'abandonner à l'appui de ses amis les plus fidèles et les plus désintéressés (tels que la France l'a toujours été pour la République), ce sénat orgueilleux et tremblant s'est lâchement borné à prêter son territoire.

Qu'en est-il résulté? c'est que, même à présent, plus tard peut-être encore, à la veille d'être attaquée, cette République n'oseroit réclamer les secours des puissances amies, mais éloignées. Elles ne pourroient, en effet, arriver à temps à son aide.

Presque entièrement désarmée et entourée de toutes parts, que pourroit-elle opposer à une armée qui peut-être ne se déclareroit et n'entreroit en action qu'au milieu de son territoire, par lequel cette armée auroit demandé ou pris passage selon la coutume[1]?

*L'État de terre ferme* est semé, de loin en loin, de quelques vieilles bicoques, appelées *châteaux* ou *forteresses*[2], asiles paisibles d'autant de *podestats* ou *castellans*.

---

[1] Elle seroit en même temps ou jointe ou secondée par les troupes du Milanès, du Mantouan et par celles de Modène; car la maison d'Est a aussi des *arrière-prétentions* sur le *Polésin*, qui jadis a été démembré du duché de Ferrare. (A.)

[2] *Castello-Rocca* dit *Brescia, Bergamo, Crema*, etc. Ces trois villes et leurs districts (dont la première est vaste et riche) ont autrefois appartenu

Ceux-ci sont toujours étonnés qu'on puisse arriver par terre jusqu'à leurs remparts[1], et cet inconvénient les détermineroit bientôt à rendre leurs places. Celles-ci d'ailleurs ne sont plus tenables contre les armées de nos jours. Le premier usage de ces *donjons* a été de tenir en sujétion les villes de *terre ferme,* qui étoient encore alors indociles et remuantes.

La République de Venise est donc, dès à présent, à la discrétion, à la merci de la cour de Vienne. Elle le sent bien ; mais elle se borne à éloigner sa perte, sans prendre aucune mesure vigoureuse pour la prévenir.

Elle se contente d'avoir toujours à Vienne un ambassadeur qui y joue auprès des ministres le rôle de courtisan, qui flatte, qui cajole, qui rampe, et qui répand l'argent pour être bien instruit[2]. Aussi regarde-t-elle les autres

au Milanès, raison de plus pour s'en emparer sans autre forme de procès. (*A.*)

[1] Ceci n'est pas une plaisanterie ; c'est, à leur gré, un grand défaut dans les fortifications et qui leur fait mépriser beaucoup ce genre de dépense, quoiqu'ils aient souvent été dans le cas de l'employer ; mais ils ne savent par eux-mêmes en tirer aucun parti. Pour défendre une place il leur faut toujours un gouverneur étranger, comme à Corfou, en 1715, le maréchal de Schullembourg. Ils se plaignent encore de lui, parce que, disent-ils, ce général a tant fortifié la place, qu'il y faudroit une armée pour la défendre. Enfin les Vénitiens n'en savent pas là-dessus plus que les Turcs ; mais ceux-ci sont plus braves. Aussi les moins ignorants d'entre les Vénitiens ont-ils une grande vénération pour la Hollande, parce qu'ils croient *qu'elle est toute dans l'eau comme Venise.* Ils ne comprennent point la barbarie des autres peuples *qui n'ont pas eu l'esprit* de choisir de pareilles situations. Ceux qui ne sont pas si savants ont si peu d'idée de tout ce qui n'est pas les Lagunes ou la Brenta, qu'un jeune noble disoit d'amitié à un voyageur hollandois, M. Heerkens, auteur vivant, qui a fait imprimer son Voyage d'Italie : *Ah! vous êtes à présent bien de nos amis; mais vous ne songerez plus à nous sitôt que vous serez retourné dans vos montagnes de Hollande.* Beaucoup de gens se sont récriés sur ce trait comme fabuleux et controuvé ; mais ces gens n'ont pas été à Venise ou n'y ont guère vu de Vénitiens. (*A.*)

[2] Malgré la parcimonie républicaine, il est constant que les ambassadeurs

ambassades comme de *parade,* et celle-ci comme la seule de politique et d'affaires.

Cette espèce de routine lui a réussi jusqu'à présent, et il ne lui est plus guère permis de prendre un autre parti.

Dans l'état actuel des choses, il n'est pas possible à la République de se mettre par elle-même en état de défense; les efforts pénibles et lents qu'elle tenteroit pour cela, serviroient vraisemblablement de prétexte à l'agression qu'on auroit méditée; elle crieroit en vain au secours. Si la France, par exemple, vouloit alors lui en donner, la distance qui nous sépare, et les intermédiaires qu'il y auroit à gagner ou à surmonter, ne permettroient de la secourir, en effet, que par la voie des diversions : avant qu'on eût pu en faire une, l'État seroit conquis, et la République abîmée.

Il ne lui reste donc, pour se fortifier, que la voie des négociations; mais deux obstacles arrêteront toujours ses premières démarches : l'orgueil et la peur.

Ces deux choses, qui devroient être toujours incompatibles, vont trop souvent de compagnie; l'un sert à cacher l'autre, et c'est ici le cas.

Les Vénitiens ont une si haute opinion de leur propre sagesse, qu'ils s'imaginent bonnement d'en imposer par leur contenance, et de se faire rechercher de toutes les puissances intéressées aux affaires d'Italie. Ils ne peuvent donc se résoudre à faire les premiers pas, et attendent toujours que ces puissances viennent, comme autrefois,

de Venise à Vienne n'épargnent rien pour fureter partout et découvrir ce qui se passe : aussi ont-ils toujours été avertis les premiers de tous les événements qui pourroient intéresser cette cour. C'est ainsi qu'en 1735, lorsque M. du Theil fut dépêché secrètement à Vienne pour traiter de la paix, l'ambassadeur de Venise sut tout et en instruisit, jour par jour, ses maîtres depuis l'arrivée de ce ministre secret jusqu'à son départ; et ce fut par eux que la cour de Turin eut le premier avis de la négociation. (*A.*)

mendier leur alliance; ils attendront longtemps : voilà l'orgueil.

D'un autre côté, ils sentent si bien leur situation, qu'ils tremblent toujours de se compromettre; et dans le cas où quelque puissance voudroit les engager à se mettre en défense et en état de prendre des mesures vigoureuses, en leur promettant de les seconder, ils trembleroient encore de donner de l'ombrage à l'ennemi même dont on voudroit les garantir : voilà la peur.

Pour les guérir de ce dernier défaut (car le premier au fond est assez indifférent, et ne peut produire que du ridicule), il n'existeroit qu'un moyen : ce seroit de se porter sur eux, ou d'avoir si bien pris d'avance toutes ses dimensions pour être sûr d'y arriver à temps, que cette certitude leur inspirât enfin le courage et la confiance.

Résumons sur la position respective de cette République à l'égard de la France.

C'est celle d'un État foible, passif et nul, relativement à un autre État puissant, ami, ancien allié, dont il a toujours éprouvé la bienveillance et reçu de bons offices; mais dans cette position il y a deux inconvénients fort graves.

L'un, que l'État puissant avoit perdu de vue, pendant quelque temps, les principes d'après lesquels il auroit dû veiller, influer sur l'État foible, ainsi que sur tout le reste de l'Italie.

L'autre, que la situation locale de chacun de ces deux États les tient trop éloignés et trop séparés l'un de l'autre, pour que le plus foible puisse compter avec certitude sur les secours du plus fort.

Concluons seulement, 1° que la France ne devroit pas refuser son secours à la République de Venise, dans le cas où celle-ci seroit enfin réduite à le réclamer contre toute puissance qui voudroit envahir son territoire et renverser sa constitution.

2° Que dans l'état actuel des choses, la France ne pourroit pas accorder ce secours, ou du moins l'effectuer, attendu la distance et les intermédiaires;

3° Qu'il seroit, pour la France, plus prudent, plus noble, plus grand, plus conforme au désir de la paix, de n'être dans le cas ni d'accorder ni de refuser ce secours;

4° Que, pour éviter cette alternative, il n'y a qu'un moyen : c'est de la prévenir, en mettant d'avance les choses au point que le cas de la demande ne puisse pas avoir lieu;

5° Enfin que pour cela il faut toujours en revenir à ce qu'on ne peut trop répéter, c'est-à-dire à la formation d'un nouveau système de puissance fédérative et de puissance militaire.

### LA TOSCANE.

Ce grand-duché jusqu'à présent a été seul exempt des malheurs de la guerre, quoique la succession de Jean Gaston[1] eût été le germe des deux dernières en Italie.

Le feu Empereur, devenu son héritier par l'échange de la Lorraine, se conduisit fort adroitement pendant la dernière de ces deux guerres. Il obtint la neutralité, et jouit tranquillement de la Toscane, pendant que son épouse l'Impératrice-Reine et son frère le prince Charles attaquoient la Lorraine et réclamoient la possession d'un État dont François I<sup>er</sup> avoit reçu au moins l'équivalent.

Cette conduite auroit pu et dû être pour les trois couronnes de la maison de Bourbon un juste motif de ne plus respecter cette neutralité : on auroit évité par là tous

---

[1] Dernier grand-duc de la maison de Médicis.

les malheurs de cette guerre en Italie. Il est constant que leur première cause fut, pour les Espagnols et les Napolitains, d'avoir tourné deux ans autour de la Toscane au lieu d'y entrer et de s'y établir, à quoi ils n'auroient trouvé aucune difficulté.

Lors enfin qu'en 1745 les trois armées se réunirent, qu'on fut maître de Nice et de Villefranche, que Gênes se déclara, et qu'il ne restoit aux Anglois qu'une seule *relâche* sur toutes les côtes de l'Italie, c'est-à-dire le port de Livourne, c'étoit le moment d'ôter aux alliés cette unique communication avec l'ennemi commun. Ils auroient été privés des secours de toute espèce, surtout de vivres, d'armes et de munitions, qu'ils en tiroient sans cesse par cette voie et par la connivence du gouvernement de Toscane. Ils auroient même éprouvé beaucoup plus de difficultés et de retards pour les remises d'argent que leur faisoient aussi, par le même canal, les deux *puissances maritimes*. On pourroit démontrer que ces deux fautes *d'omission* ont entraîné toutes les autres, et décidé en faveur des alliés le sort de la guerre d'Italie.

Cette observation ne peut pas être superflue : elle indique du moins de pareilles fautes à éviter pour l'avenir; et la conséquence nécessaire qui se présente, c'est que, dans le cas d'une guerre future en Italie, on ne doit jamais permettre que la Toscane reste neutre.

Jetons à présent un coup d'œil sur son état actuel, et voyons de quel poids cet État, soumis aujourd'hui à un archiduc, peut et doit être, à l'avenir, dans le système politique de la maison d'Autriche.

Elle possède en propre le Milanès et le Mantouan; de là, par l'État de Modène dont elle dispose déjà, et qui lui appartiendra bientôt, elle donne la main à la Toscane[1].

---

[1] C'est pour mieux assurer et faciliter cette communication que les deux

Dès à présent donc, depuis le Tessin jusqu'à l'entrée de l'État ecclésiastique, ouvert au premier occupant, cette chaîne de cent lieues de longueur est soumise à la domination autrichienne.

La Toscane en fait une des extrémités, et cette partie, la plus foible en apparence, en est cependant la plus importante. C'est une espèce d'avant-poste qui menace sans cesse l'État ecclésiastique, et qui le serre d'un côté, tandis que le Mantouan et le Modénois le touchent de l'autre.

Ce même avant-poste, le plus voisin du royaume de Naples, ne lui en imposeroit pas moins, en cas de rupture avec la cour de Vienne. Il faut observer que la chaîne dont nous venons de parler coupe l'Italie en diagonale, depuis les Alpes jusque par delà les Apennins, et qu'elle sépare dans sa longueur les États de Piémont, de Gênes et de Parme, de ceux de Venise, de Rome, et par conséquent du royaume de Naples.

Trois États d'un côté et trois de l'autre restent donc désormais sans communication entre eux : elle leur est coupée par la domination autrichienne; elle est interdite aussi par terre à la France et par conséquent à l'Espagne, dans le cas où l'une des deux branches italiennes de la maison de Bourbon seroit obligée de réclamer leur appui[1].

cours de Modène et de Florence ont fait percer de concert un grand chemin au travers des montagnes de la *Grafignance*. Une armée peut marcher par là directement et à travers la Toscane jusqu'à la frontière de l'État ecclésiastique. (A.)

[1] C'est précisément cette position de la Toscane qui nous a, dans toutes les guerres, garanti son système de tranquillité et de neutralité. Trop loin de l'Autriche pour être promptement secourue et exposée sans défense aux attaques des François et des Napolitains, la cour de Florence, quoique autrichienne, étoit forcée pour conserver son existence de se ménager la protection et la bienveillance du gouvernement françois. Si, comme Favier le souhaitoit, les rois d'Espagne ou de Naples eussent possédé la Toscane, peut-être

La Toscane, il est vrai, présente au premier coup d'œil toutes les apparences d'un État pacifique, et même désarmé. Son intérêt, dit-on, son système fondamental est de conserver sa tranquillité, de cultiver les arts, d'encourager sans cesse l'agriculture, d'animer l'industrie et de favoriser le commerce. Ces principes étoient ceux des Médicis. Le feu Empereur les avoit adoptés, et le grand-duc régnant semble les avoir pris pour l'unique règle de sa conduite.

Oui, sans doute, et c'est celle que la cour de Vienne a dû lui prescrire. Cette cour a trop éprouvé combien il étoit utile pour elle que la Toscane fût tranquille et neutre, en apparence, dans toutes les querelles de l'Italie et de l'Europe. Par là ce petit État riche et florissant étoit devenu pour la nouvelle maison d'Autriche une mine d'or dans laquelle on sait combien elle a puisé. Quel autre usage auroit-elle pu en faire, qui n'eût compromis toutes les ressources qu'elle en tiroit; et encore à présent, qu'a-t-elle besoin que la Toscane soit un État militaire?

Nous l'avons déjà dit, ce n'est qu'un avant-poste; il n'est point garni, mais il peut toujours l'être à temps, au moyen de la communication nouvellement établie, et qui n'existoit point avant la paix d'Aix-la-Chapelle.

Le projet ne pouvoit pas même en être formé alors. Ce ne fut qu'en 1752 qu'il commença d'éclore[1]. A présent qu'il est rempli, on ne doit plus partir des foibles et paisibles *Médicis,* pour apprécier les vues et le système particulier de la nouvelle maison grand-ducale.

alors la nécessité de protéger le reste de l'Italie contre leur ambition auroit brouillé la France avec ces deux puissances. La division de l'Allemagne et de l'Italie en petits États a toujours été la vraie cause de la grandeur de la France : ainsi le changement le plus favorable pour elle auroit été celui qui auroit fait de la Toscane un État indépendant de toutes les grandes monarchies. (*S.*)

[1] On en parlera lorsqu'il sera question des États de Modène.

Ce n'est pas que jusqu'à présent, elle ait paru s'écarter de leurs principes pacifiques; mais, encore une fois, le système général, l'ensemble des vues et des projets de la cour de Vienne sur l'Italie, n'a pris toute sa consistance que depuis le mariage de l'archiduc Ferdinand avec la princesse de Modène; et même depuis, elle n'auroit eu aucun motif de faire jouer au grand-duc un rôle différent. On ne doit pas s'attendre qu'elle le mette en frais de troupes ni de places. Il est à l'abri de toute attaque par terre, tant que l'union subsistera entre les deux cours et les deux familles de Florence et de Naples, et plus encore entre les deux maisons de Bourbon et d'Autriche. Si les choses changeoient, il seroit bientôt plus à redouter que dans le cas de craindre lui-même; et toute la puissance autrichienne en Italie se porteroit à son secours, aussitôt qu'il seroit seulement menacé.

Ce ne seroit pas non plus par l'*État des Présides*[1] que la Toscane pourroit être prise au dépourvu. Cette expédition maritime ne seroit pas plus subite qu'une attaque par terre. Les préparatifs militaires, les armements des vaisseaux de guerre, l'*embargo* d'un grand nombre de vaisseaux de transport, les approvisionnements considérables qu'exige une telle entreprise, tout cela s'annonce avec trop d'éclat; et plus on est près de l'ennemi, plus tôt il en est averti. Si la cour de Naples faisoit mine seulement d'augmenter les garnisons de ces places ou d'y former des magasins, le grand-duc, on le répète, seroit aussitôt en mesure et pour se défendre et pour attaquer. Il n'a pas besoin pour cela de rester armé; sa maison

---

[1] *Stato degli Presidii*, c'est-à-dire les places d'*Orbitello*, *Piombino*, *Porto-Ercole*, *Monte-Filippo* et *Porto-Longone* sur la côte de la Toscane et dans l'île d'Elbe. Cet *État des garnisons* qui avoit appartenu à l'Espagne, et qui fut repris sur les Autrichiens en même temps que le royaume de Naples, est resté annexé à cette couronne. (*A.*)

l'est pour lui, et si puissamment, qu'elle en impose à l'Italie encore plus qu'à l'Allemagne.

Il pourroit d'ailleurs arriver tout naturellement que l'Empereur ne laissât point de postérité, puisque ce prince ne paroît pas encore disposé à se remarier; alors le grand-duc, héritier de tous les États autrichiens, ajouteroit vraisemblablement la Toscane à cette masse de puissance[1]; alors il ne seroit plus question d'un système particulier et personnel au grand-duc, mais du système général de la maison d'Autriche.

Nous avons déjà exposé quel il peut et doit être à l'égard de l'Italie, et nous n'insisterons pas davantage sur les conséquences qui en découleroient naturellement dans le cas de cette réunion du grand-duché à la monarchie autrichienne. Il nous reste à examiner quelle est la position respective de la Toscane à l'égard de la France.

Cela sera court. Elle se réduit et se renferme entièrement dans la position de la cour de Vienne, respectivement à la même couronne.

Les liens de l'affinité, les tendresses du sang, peuvent bien nourrir entre la cour de Florence et celles de Madrid et de Naples ces amitiés personnelles, que le vulgaire est accoutumé à regarder comme autant de nœuds indissolubles et de garants d'une éternelle paix.

De là, peut-être, on prétendroit inférer que cette position de la cour grand-ducale seroit aussi subordonnée aux dispositions naturelles des deux autres cours à l'égard de la nôtre, et par conséquent que leur influence y balanceroit celle du cabinet de Vienne.

[1] Qui sait en effet s'il penseroit à cet égard comme le feu Empereur, et si, à la place de Joseph II, il n'adopteroit pas ses principes? On sait que celui-ci a vu avec regret la Toscane détachée de la *primogenitura*, et qu'il tient fortement au principe d'*indivisibilité* établi par la *pragmatique sanction*. (A.) — Lorsque Léopold devint empereur en 1790, il céda la Toscane à Ferdinand III.

Mais ces nœuds rompus tous les jours par l'intérêt, même entre les particuliers qui les comptent pour quelque chose, ne sont, aux yeux des cours et des princes ambitieux, que des instruments qu'ils savent briser après s'en être servis.

Il ne faut donc pas se flatter que la cour de Vienne fût arrêtée dans ses projets par toutes ces considérations personnelles, ni qu'elles eussent assez de poids sur celle de Toscane pour la dérober à son influence. La première fera tant qu'on voudra; elle recherchera même et sollicitera des mariages et des alliances; mais cette cour a toujours su faire servir à ses intérêts les liens du sang, sans en être jamais arrêtée lorsqu'ils peuvent l'embarrasser [1].

On ne seroit pas même en droit de s'en plaindre, si par hasard on avoit compté pour leur durée sur ces nouvelles affinités. L'usage à cet égard est trop établi pour qu'on puisse ou doive s'y méprendre.

Donc, quels que soient les liens du sang et de l'affinité entre les familles royales d'Espagne, de Naples et de Florence, et les amitiés personnelles qui en peuvent résulter, la cour grand-ducale n'a et ne peut avoir de vues, de projets, d'intérêts que ceux de la cour impériale; elle ne pourra ni ne voudra se soustraire à son influence ou à sa direction.

Donc la position respective de la Toscane, considérée comme État d'Italie, relativement à la France, n'est aucunement différente de celle d'un archiduc puîné, mais qui a fait souche, et qui déjà peut être regardé comme chef de la branche aînée de la maison d'Autriche.

---

[1] On pourroit faire un recueil curieux d'observations historiques sur les différentes archiduchesses ou proches parentes que la maison d'Autriche a mariées depuis plus de deux cents ans à divers souverains, et du parti avantageux qu'elle a eu l'habileté d'en tirer dans toutes les occasions. (A.)

Donc sa position politique à l'égard de la France est comprise et renfermée dans celle de la cour de Vienne, relativement à cette couronne. Elle est topographiquement aussi la même avec celles de la Lombardie et les États de cette maison en Italie.

Donc enfin, pour apprécier cette position respective dans tous ses points et dans toutes ses conséquences, il faut remonter à celle déjà définie de la cour de Vienne, respectivement à la France.

### LES ÉTATS DE MODÈNE.

Sans remonter plus haut que la dernière guerre d'Italie, nous voyons le duc de Modène attaché aux trois couronnes, joindre à leurs armées ses petites troupes, et par une suite de nos mauvais succès, perdre tout son pays et ses deux citadelles de Modène et de la Mirandole.

Il obtint à la paix la restitution de ses États sans aucune indemnité, pour tous les dommages que son pays avoit soufferts. Sa personne, il est vrai, coûta beaucoup à ses amis ; c'étoit la seule chose que ses ennemis ne s'étoient pas souciés de prendre ni de garder [1].

---

[1] En 1743, avant le combat de *Campo-Santo*, les alliés postés sur la Lenza et prêts à entrer dans l'État de Modène pressèrent vivement le duc de se déclarer. Il n'en étoit pas fort pressé, mais on ne lui laissa que l'option. Il avoit des engagements avec les *trois couronnes*. Il vouloit d'autant moins y manquer que les *alliés* lui demandoient en dépôt ses deux places et vouloient désarmer ses troupes. Il résolut donc de se retirer d'abord à Venise et de laisser aux Espagnols qui s'approchoient du Tanaro le soin de défendre ses États. Le baron de Carpène avoit dans l'armée du Roi de Sardaigne le département des espions et des correspondances secrètes. Il fut instruit des desseins du duc et en avertit aussitôt le Roi, qui délibéroit en ce moment avec son ministre, le marquis d'Orméa, sur les tergiversations du duc et sur le parti qu'il y auroit à prendre. Le baron de Carpène rendit compte de tous les détails, même du déguisement et du chemin détourné que le duc devoit prendre. Les alliés avoient poussé au delà du *Pô*, dans le *Ferrarais*, des

On ne recueillit point le seul fruit possible de tant de dépenses et des sacrifices qu'il avoit fallu faire pour procurer à ce prince la restitution de ses États.

Ce fruit auroit été de ménager le duc, de gagner sa confiance par quelque émissaire habile qu'on auroit glissé à sa cour sans aucun titre, et même qui auroit eu l'air de lui appartenir. Cela n'auroit pas donné d'ombrage au gouvernement de Milan, toujours attentif à veiller sur les moindres démarches de cet ennemi réconcilié[1].

L'espèce d'abandon que le duc éprouvoit alors de la part des deux couronnes ajouta beaucoup au regret et au dégoût qu'il avoit de notre alliance. Il désiroit de l'agrément et de la considération. Il se flatta d'en éprouver davantage de la part de nos ennemis; il voyagea et reçut à Londres, du Roi d'Angleterre, toutes les marques d'amitié qu'il pouvoit attendre d'une tête couronnée qui se faisoit honneur d'être de la maison d'Este[2]. Il vécut avec George III dans la société la plus intime.

---

détachements qui auroient pu lui couper la retraite et s'emparer de sa personne. Ce fut l'avis du baron, et le premier mouvement du Roi fut de l'adopter. Mais le marquis d'Orméa lui représenta que s'il faisoit le duc prisonnier il faudroit l'entretenir, lui et toute sa maison (ce qui, disoit-il, coûteroit aussi cher que le plus beau régiment de l'armée); qu'au contraire, si on le laissoit échapper avant d'avoir donné sa réponse aux dernières propositions, cette fuite prouveroit sa mauvaise foi dans la négociation et ses engagements antérieurs avec les ennemis : on seroit en droit de la regarder comme une déclaration de guerre et de traiter ses États en conséquence; et pendant qu'on en tireroit l'impossible ce seroit aux rois de France et d'Espagne à le *nourrir* : enfin, s'il joignoit une de leurs armées, sa personne et sa suite ne feroient qu'un embarras de plus. Cet avis prévalut, et le duc se retira fort tranquillement à Venise, d'où il se rendit ensuite à l'armée *combinée*, et resta tout le temps de la guerre à la charge des deux couronnes. (*A.*)

[1] Au lieu de cela on fit passer de Parme à Modène une espèce de secrétaire chargé des affaires du Roi. Il y fut observé de près par les Autrichiens et bafoué par le ministre Sabbatini. (*A.*)

[2] La maison de Brunswick a, en effet, une tige commune avec les ducs de

A son passage en France pour retourner dans ses États, il témoigna un désir très-vif d'éprouver à la Cour des agréments du même genre; soit ignorance, soit négligence ou légèreté, le ministère d'alors ne vit ou ne voulut pas voir à quoi cela pourroit être bon, et le duc partit mécontent.

Cependant il étoit né une fille au prince héréditaire, en 1750; et d'après des conjectures que la suite a confirmées, on prévit dès lors que la jeune princesse resteroit héritière de Massa-Carrara [1] et des allodiaux de la maison d'Este. Le premier duc de Modène [2] avoit payé cher à la cour de Vienne l'investiture de ce duché. Le dernier en avoit aussi obtenu, à prix d'argent, la dépouille du duc de la Mirandole et du prince de Carpi [3]. Cet arrondissement avoit formé un état assez considérable pour attirer l'attention des couronnes intéressées au système de l'Italie.

La France et l'Espagne étoient, sans contredit, les premières en droit d'y exercer la plus grande influence. Elles venoient de rendre la tranquillité à cette belle partie de l'Europe. Elles y avoient établi deux branches cadettes de leur maison, et la modération des deux rois, leur amour pour la paix, s'étoient manifestés par les sacrifices qu'ils avoient faits des prétentions les mieux fondées.

Ferrare, et leur branche étoit l'aînée. Celle de Modène a quelques alliances plus récentes avec celle de Hanovre, et quoique bâtarde, elle avoit toujours été fort considérée de la branche allemande. (*A.*)

[1] Du chef de sa mère, qui étoit elle-même souveraine de ce petit État. (*A.*)

[2] César d'Este, fils naturel de l'avant-dernier duc de Ferrare : après la mort de son oncle il prétendit lui succéder; mais il fut obligé d'évacuer le duché de Ferrare, qui fut incaméré par Clément VIII, et il ne conserva que Modène et Reggio, fiefs de l'Empire, au moyen du trésor de ce dernier duc, dont il s'étoit emparé. Cela lui servit à payer son investiture. (*A.*)

[3] Des maisons *Pico* et *Pio*, tous deux engagés dans le parti de l'Espagne pendant la guerre de succession, réfugiés, mais fort bien traités, au service de la cour de Madrid, où ils sont morts et leurs maisons éteintes. (*A.*)

Il étoit né aussi un héritier des États de Parme et de Plaisance[1], petit-fils de l'un et neveu de l'autre de ces deux puissants monarques. L'étendue de ce petit État répondoit peu à la grandeur de sa naissance et aux auspices sous lesquels ses augustes parents avoient passé en Italie.

Une circonstance heureuse et facile à saisir offroit la plus belle occasion d'étendre et d'assurer, dans la personne du prince nouveau-né, l'établissement de la maison de Bourbon en Lombardie. Le voisinage des États de Modène et de Parme, l'intérêt commun des deux familles et la protection des trois couronnes, qui paroissoit et devoit être assurée, l'âge enfin des deux enfants, tout sembloit annoncer que le ciel même les avoit formés l'un pour l'autre.

Ces deux États réunis en auroient fait un très-considérable ; et, bien administré, il auroit été d'un grand poids dans la balance de l'Italie[2].

Rien n'étoit si frappant ; et d'ailleurs il y eut sur les lieux de bons serviteurs, qui ne manquèrent point de le faire remarquer. On n'en parut point affecté. La cour de Madrid, gouvernée par la Reine portugaise[3], s'occupoit peu de ces objets, et ce fut dans cet esprit d'indifférence qu'elle conclut en 1752 le traité d'Aranjuez.

D'un autre côté, le ministère de France parut là-dessus tout de glace ; on ne prit aucune mesure éventuelle[4].

[1] L'Infant-duc, aujourd'hui régnant, né en 1751. Il n'y avoit qu'une année de différence entre lui et la princesse de Modène. (A.)

[2] On auroit éprouvé quelques difficultés pour l'investiture ; mais les exemples récents de Parme et de Plaisance et du grand-duché de Toscane prouvoient assez qu'on auroit pu ou forcer l'Empereur à la donner, ou même se passer de cette cérémonie. (A.)

[3] Cette princesse, fille d'une archiduchesse et Angloise d'inclination, étoit plutôt contraire à tous les avantages de la maison de Bourbon. Les infants du second lit de Philippe V avoient de plus, auprès d'elle, le péché originel comme fils de la reine douairière. (A.)

[4] Le duc de Modène indiquoit lui-même l'importance de cette négocia-

Cependant la cour de Vienne ne s'endormoit pas. Outre qu'elle a été toujours été fort alerte sur tous les moyens d'accroître sa puissance, elle avoit en Italie de bons serviteurs, aussi habiles que zélés, et qui veilloient sans cesse pour elle sur tous les objets intéressants.

C'étoient le maréchal Pallavicini, gouverneur de la Lombardie autrichienne, et le comte Christiani, chancelier de Milan [1].

Ces deux hommes d'État avoient bien senti toute l'importance de la crise politique qui devoit décider du sort de l'héritière d'Este. Le comte Christiani saisit l'occasion de quelques intérêts à discuter avec la cour de Modène pour s'y rendre auprès du duc, et flatter d'abord sa vanité par une démarche d'éclat. Le duc ne s'attendoit qu'à la députation d'un commissaire pour travailler avec son ministre; il vit arriver le chancelier de Milan.

Les affaires, comme on peut croire, furent traitées fort à l'amiable. S'il y eut des longueurs, ce fut pour donner au ministre autrichien un prétexte de prolonger son séjour et de venir de temps en temps en faire de nouveaux auprès de Son Altesse.

tion; car il en avoit alors entamé une avec l'Angleterre, pour attirer quelque commerce dans le petit port de Lavenza. C'eût été la moindre utilité de ce port s'il avoit un jour appartenu à l'Infant-duc; par là ce prince auroit eu enfin un débouché dans la Méditerranée; et les trois couronnes un moyen prompt et sûr de lui porter directement des secours en cas de besoin. (*A*.)

[1] Il ne faut pas dérober aux grands hommes, de quelque parti qu'ils aient été, la louange qui leur est due pour avoir bien servi leurs maîtres, ni à ceux-ci la gloire qu'ils méritent pour les avoir écoutés, encouragés et récompensés. Les deux ministres qu'on vient de nommer, et l'Impératrice leur souveraine, ont bien justifié, chacun de leur côté, ce tribut d'éloges. Heureux les princes qui ont de tels serviteurs! Il s'en trouve et aucun n'en manque, chacun dans sa proportion; mais il faut les connoître, les employer, et faire rejaillir jusque sur leur postérité l'éclat et la récompense de leurs services: c'est ce que l'Impératrice-Reine a fait pour le comte Christiani. (*A*.)

Il sut en profiter pour sonder à loisir les dispositions de ce prince à l'égard de la France et de ses alliés, et lui faire naître sans affectation des vues différentes sur le rôle qu'il croyoit devoir jouer en Italie, et sur les moyens de le rendre brillant.

Le comte Christiani découvrit bientôt que la manie du duc étoit de se faire compter parmi les puissances belligérantes. Il désiroit en conséquence d'avoir beaucoup de troupes sur pied, de fortifier ses places et de se rendre par là assez important pour être recherché des couronnes, et faire avec elles des conditions avantageuses.

Le plus grand embarras du duc étoit de vaincre la résistance de ses propres sujets à l'importance belliqueuse qu'il vouloit se donner. Ruinés par la dernière guerre, réduits à la disette et presque à la famine dans le meilleur pays du monde, ils avoient encore à fournir des recrues, et de plus ils étoient soumis à la milice et aux corvées pour les travaux excessifs des fortifications et des chemins que le duc vouloit tous ériger en voies militaires[1]. Ce peuple au désespoir avoit été au point d'une révolte générale, et les milices enfermées dans la citadelle de Modène en avoient donné le signal; mais quelques officiers étrangers, secondés d'un bataillon étranger aussi, ayant dompté les mutins et apaisé l'émeute, le duc fit des exemples de sévérité qui achevèrent d'aliéner les esprits de ses sujets.

Il n'étoit donc pas fort tranquille, et cherchoit un appui voisin et puissant pour les tenir en bride. Il n'y avoit

[1] Nous avons déjà dit un mot de celui que les cours de Modène et de Florence ont fait ouvrir de concert dans la Graflgnance; c'étoit un des projets du duc et il l'avoit déjà commencé : mais la régence de Toscane ne s'y étoit prêtée avec la même chaleur que depuis le traité de mariage. Ce chemin pouvoit être alors très-commode pour pénétrer des États de Modène dans le grand-duché avec une armée ennemie. (A.)

point à choisir. On lui offrit le seul qui fût à sa portée, c'est-à-dire celui du gouvernement autrichien en Italie. Son ministre fut aisé à gagner; il partageoit avec le duc la haine publique, et la redoutoit bien plus pour lui-même.

Assuré ainsi des dispositions de ce prince, le comte Christiani se vit en état d'exécuter son projet. Il ne lui manquoit plus que d'instruire sa cour et d'en être pleinement autorisé dans les propositions qu'il vouloit faire au duc, et qui ne pourroient manquer d'éblouir son ambition. Le comte Christiani fit pour cela un voyage à Vienne. Son plan fut saisi, approuvé, applaudi; on lui donna carte blanche, et l'Impératrice lui prodigua les distinctions les plus flatteuses.

De retour à Milan, il ne tarda point de se rendre à Modène; il y développa ses propositions et ses conditions: elles consistoient principalement dans le mariage de la princesse Béatrix avec l'archiduc Léopold, la nomination de ce prince pour gouverneur général de la Lombardie autrichienne, et l'administration de ce gouvernement pour le duc de Modène, jusqu'à la majorité de ce jeune prince.

Le duc, fort ennuyé de sa cour, peu flatté de n'avoir à commander que cinq ou six mille hommes, tant troupes que milices [1], saisit avidement l'occasion d'aller briller à Milan sur un plus grand théâtre, et d'y remplir toute la représentation d'un gouverneur général, car il n'en a

[1] Il a joui quelque temps des attributs d'une puissance pendant la dernière guerre; ses troupes ont eu l'honneur de faire garnison dans les places de la Lombardie autrichienne. Il est vrai que, depuis le traité de Versailles du 1er mai 1756, la protection du Roi, et en conséquence l'inaction forcée du Roi de Sardaigne, rendoient ce pays facile à garder. Sans cela on ne l'auroit point confié à l'armée de Modène; mais la cour de Vienne n'a pas laissé d'en tirer un avantage réel: par là elle s'est mise en état de tirer d'Italie jusqu'au dernier homme, et de tout porter en Allemagne contre le Roi de Prusse. (A.)

jamais eu le pouvoir[1]. Il consentit à tout ; le traité fut signé et le mariage conclu.

Le père ni la mère de la future archiduchesse n'avoient pas été consultés. Ce fut la source de beaucoup d'humeur et de tracasseries domestiques. Le prince héréditaire fut quelque temps prisonnier d'État ; mais après tout, il se soumit. Enfin, pour prévenir toute difficulté, si le duc venoit à mourir avant le mariage, la cour de Vienne demanda l'extradition de la princesse, et l'obtint.

Le mariage projeté n'ayant pas pu avoir lieu avec l'archiduc Léopold, devenu grand-duc de Toscane, l'archiduc Ferdinand a pris sa place ; l'investiture éventuelle de tous les États de Modène a été accordée à ce jeune prince et à ses héritiers collatéraux : le mariage est consommé, et tout y annonce déjà la plus heureuse fécondité.

Tel est l'état présent de la nouvelle maison de Modène, et il n'y a aucune apparence que cet état puisse changer. Le duc est avancé en âge ; mais le prince héréditaire, en succédant à ses États, seroit aussi forcé de succéder à ses engagements. Si la princesse son épouse venoit à mourir, il n'en seroit pas plus le maître de se remarier que de rompre le mariage de la princesse sa fille. Il a déjà été une fois prisonnier de son père, il le deviendroit de son gendre[2].

On peut et doit donc, dès à présent, regarder les États

[1] Il a toujours été exercé par l'habile Christiani tant qu'il a vécu, et depuis par son successeur, M. le comte de Firmian. (A.)

[2] On a d'ailleurs eu soin de mettre des obstacles à ce mariage éventuel. Il faudroit, en ce cas, que le nouveau duc donnât sur-le-champ une dot à sa fille, de cinq cent mille sequins (de cinq à six millions), et c'est l'article que le prince héréditaire a eu le plus de peine à signer. La somme seroit impayable, et ses États mis en séquestre en répondroient à l'archiduc. Le duché de Massa-Carrara passeroit alors de droit à l'archiduchesse, et ce droit seul seroit le prétexte de beaucoup de répétitions à la charge du duc son père. (A.

de Modène comme une nouvelle province de la domination autrichienne, soit que la ligne masculine de l'archiduc Ferdinand se perpétue ou vienne à s'éteindre. Cet accroissement ne peut plus en être détaché. La clause insérée dans l'investiture en faveur des héritiers collatéraux assure à la maison d'Autriche, dans tous les cas possibles, la possession de ses nouveaux États; et à la branche aînée sur les deux cadettes toute l'influence et la prépondérance imaginables.

Ce ne sera peut-être point à cette possession que se borneront les vues de la cour de Vienne.

La petite république de Lucques se trouve malheureusement placée entre les États de Modène et de Toscane.

Cette situation lui étoit autrefois fort avantageuse. Entourée de deux princes qui, par comparaison avec son exiguïté, étoient pour elle deux grands monarques, elle existoit encore sous l'abri des droits de l'Empire, dont elle reconnoissoit la suzeraineté à titre de protection.

Tout est changé depuis l'établissement de ces deux branches qui l'entourent. Elle avoit toujours eu des différends de limites et de juridiction avec les anciens souverains, et même de petites guerres avec les ducs de Modène pour la Grafignance, dont elle possède aussi une partie. A présent, de tous côtés, c'est à elle à plier et à se soumettre. L'Empereur et l'Empire, dont elle reconnoissoit et invoquoit la protection, ne la lui accorderoient plus contre des archiducs : heureuse si elle peut échapper au joug de l'un ou de l'autre, ou à l'esprit de partage[1] !

[1] La ville de Lucques et son territoire vaudroient bien la peine de les réunir au grand-duché de Toscane, comme l'ont été successivement les petites républiques de Pise, de Sienne et de Pistoja. A Lucques, l'État est pauvre, mais le pays très-beau et bon; et l'esprit de commerce, naturel à toutes les républiques modernes, a fait faire aux nobles lucquois d'assez grandes fortunes. Ce pays une fois travaillé en finance comme la Toscane,

Voilà donc et le coup d'œil actuel des États de Modène, et la perspective qu'ils présentent pour l'avenir. D'après ce tableau, il ne reste plus qu'à examiner quelle est la position respective de ces États à l'égard de la France.

Pour ne pas tomber ici dans des répétitions qui deviendroient fastidieuses, appliquons au duc régnant, au prince son fils et à l'archiduc, héritier désigné, la même conclusion que nous avons tirée ci-dessus au sujet du grand-duc son frère.

C'est que leur position présente et future, topographique et politique, relativement à la France, est aussi comprise et renfermée nécessairement dans la position respective de la cour de Vienne relativement à la même couronne.

Nous n'ajouterons à cela qu'une triste réflexion, c'est que la France peut et doit regarder cette position comme son propre ouvrage. Elle l'avoit commencée par sa négligence et son indifférence sur un objet si intéressant. Elle y a mis la dernière main par ses négociations avec la cour de Vienne, nommément par le traité du 30 décembre 1758 (article XX), et par sa complaisance à tenir plus encore qu'elle n'avoit promis [1].

### PARME ET PLAISANCE.

Les deux derniers sujets qu'on vient de traiter nous laissent peu à dire sur celui-ci.

rendroit beaucoup plus à un souverain absolu qu'à un petit gouvernement républicain et désarmé qui n'ose pas mettre d'impôts. Les particuliers riches et vains se laisseroient facilement attirer à la cour du grand-duc pour y figurer comme les autres nobles des défuntes républiques. D'un autre côté, la partie montagneuse de ce petit État avoisine ceux de Modène; elle conviendroit à l'archiduc, surtout la Grafignance lucquoise, pour établir plus directement la communication avec la Toscane. Ainsi chacun pourroit trouver son compte à ce partage. (A.)

[1] C'est-à-dire en faisant ou laissant étendre l'investiture éventuelle aux héritiers collatéraux de l'archiduc. (A.)

Il se trouve si nécessairement lié avec ses deux antécédents, qu'on n'a pu se dispenser d'en parler d'avance, relativement aux États de Toscane et de Modène.

Ces nouveaux rapports ne prouvent que trop, et la foiblesse et la situation précaire des États de Parme et de Plaisance enclavés presque dans les États présents ou futurs de la maison impériale. Dominés surtout par la Lombardie autrichienne, ils n'existent plus qu'à la discrétion et sous le bon plaisir de la cour de Vienne.

Cette position doit assurément faire regretter à la France les neuf millions qu'il lui en a coûté pour solder une prétention du Roi de Sardaigne sur le Plaisantin, prétention dérivée d'une faute grossière des négociations d'Aix-la-Chapelle, ou du ministère qui dirigeoit la négociation [1].

Qu'on ajoute à cela le sang et les trésors qu'a coûté la dernière guerre d'Italie, on ne pourra que redoubler de regrets sur le prix énorme d'une si chétive acquisition.

Elle seroit aujourd'hui moins assurée que jamais, sans les liens du sang et de l'affinité avec la maison d'Autriche. Peut-être vaudront-ils à l'infant-duc la conservation de l'état médiocre dont il jouit.

On croit avoir déjà établi un principe; mais il faut ici le rappeler : c'est que, *dans l'ordre politique ainsi que dans l'ordre social, l'infériorité entraîne toujours la dépendance.* La chimère d'un État foible qui resteroit indépendant vis-à-vis des plus forts, est démentie et par l'histoire et par l'expérience. S'il n'est pas conquis, il est

---

[1] Ces neuf millions ont été payés immédiatement après la dernière paix ; et la stipulation de ce payement a fait en quelque sorte partie du traité, quoique la prétention du Roi de Sardaigne n'eût rien de commun avec aucune des puissances belligérantes. On peut et on doit encore ignorer, et les vrais motifs de cet engagement précipité, et ceux des intrigues antérieures qui avoient pu amener les choses à ce point de précision. (*A.*)

subjugué; et cette vérité est encore mieux démontrée lorsqu'un de ces États puissants entoure presque l'État foible, lorsqu'il ne reste à celui-ci aucune communication directe avec les seuls qui soient intéressés à défendre son indépendance.

C'est malheureusement le cas de l'État dont il s'agit. Les pensions des *deux couronnes* pour suppléer à la modicité de ses revenus ne peuvent plus avoir d'autre objet que de donner plus de représentation et d'éclat à un vassal de la cour de Vienne [1].

Heureusement l'intérêt tendre que l'Impératrice-Reine prend à toute sa famille garantit à l'archiduchesse, épouse de ce prince, une vie douce et tranquille tant que le ciel lui conservera cette bonne mère, et l'infant-duc partagera cette tranquillité. Après la mort de l'Impératrice, le joug pourroit bien n'être plus si léger à porter; mais en attendant il semble que la cour de Vienne ait pris à l'égard de celle de Parme une méthode assez adroite pour se la concilier aussi par les liens de l'attachement et de la reconnoissance.

On n'examinera pas ici les motifs qui ont déterminé les démonstrations rigoureuses des cours de Versailles et de Madrid à l'égard de celle de Parme, auxquelles la première vraisemblablement ne s'est laissé entraîner que par déférence pour la seconde.

La cour de Vienne s'est conduite bien différemment;

---

[1] Cette expression n'est pas outrée, et Joseph II n'en admet point d'autre relativement aux princes d'Italie. La France elle-même avoit reconnu, par la quadruple alliance, la suzeraineté de l'Empire sur les duchés de Parme et de Plaisance. Cette clause n'a jamais été abrogée par aucun traité subséquent. Les droits de l'Empire sur l'Italie, c'est-à-dire ceux de l'Empereur, dont ce prince est déjà si jaloux, lui fourniront un jour le prétexte de demander l'hommage à l'infant-duc et de le forcer comme tous les autres feudataires à prendre son investiture. (*A.*)

elle n'a paru se prêter qu'à regret aux démarches qu'elle n'a pu refuser; et à proprement parler, la disgrâce du *jeune couple* s'est bornée, de ce côté-là, à ne plus recevoir de lettres de l'Impératrice, au moins publiquement : comme elle ne donnoit rien, elle n'a eu rien à retrancher, et par cela même sa conduite dans cette occasion a paru douce et modérée. La *nature a ses droits*, et l'heureux accouchement de l'archiduchesse infante a fourni à la cour de Vienne un motif légitime de rendre à celle de Parme toute *la plénitude de ses bonnes grâces*.

Cet événement produira sans doute le même effet auprès des *deux couronnes*. Il en résultera pour cette cour un état désormais plus aisé, plus tranquille, mais jamais aucune importance dans les affaires d'Italie. Partons de là pour apprécier sa position relativement à la France.

C'est celle d'un État qui tient à deux grandes puissances, surtout à la France par les liens du sang, de l'affinité, du besoin, et qui doit y rester attaché par ceux de la reconnoissance. Mais cet État foible, subordonné, entouré par d'autres puissances, est sans communication avec les deux grandes monarchies dont il devroit attendre des secours. Il a du moins leur protection auprès du voisin redoutable qui pourroit l'engloutir.

C'est donc réellement des dispositions de ce puissant voisin que son sort peut et doit dépendre. De là nécessairement l'influence de la cour de Vienne sera toujours prépondérante à celle de Parme. Celle-ci ne dépendra plus, à certains égards, de la nôtre, qu'autant que les deux maisons de Bourbon et d'Autriche vivront au moins politiquement ensemble.

S'il arrivoit entre elles une rupture, la cour de Parme seroit toujours entraînée par le torrent de la puissance autrichienne, ainsi que celle de Modène; et si le théâtre de la guerre étoit un jour transporté en Italie, la *raison d'État* et les lois de la guerre fourniroient à la cour de Vienne un prétexte plus plausible pour s'emparer d'avance du pays, des places, des troupes, incorporer celles-ci dans ses armées, faire garder en séquestre les forteresses ducales, enfin tourner à son profit tous les moyens, et de tout genre, que ce pays pourroit fournir.

Donc la cour de Parme, à charge en temps de paix à celle de France, seroit en temps de guerre nulle au moins pour cette couronne; et si l'Italie en étoit le théâtre, ce petit État deviendroit pour elle l'équivalent d'un ennemi de plus [1].

## LA RÉPUBLIQUE DE GÊNES.

La dernière guerre d'Italie a produit un grand changement dans le système et les affections de cette république.

Depuis le châtiment qu'elle avoit éprouvé de la part de Louis XIV [2], elle n'avoit point cessé de haïr et de craindre la France.

Le traité de Worms, en 1743, fut l'époque de cette révolution.

---

[1] On ne peut contester la vérité de tout ce qu'on vient de lire sur la position du duc de Modène et du prince de Parme. Mais malgré l'adresse et l'activité de l'Autriche pour placer partout des archiduchesses, il n'en est pas moins vrai que les souverains de ces petits États étoient portés par leur propre intérêt, plus fort que tous les nœuds du mariage, et par la crainte de l'ambition de Joseph II, à s'assurer la protection des couronnes de Naples, de Madrid et de Versailles, et que le pacte de famille réparoit sur ce point en partie les fautes du traité de 1758. Cette protection n'a pas été illusoire; et Joseph II, malgré son amour pour les conquêtes, a plus éprouvé pendant son règne la crainte de perdre ses États que le plaisir de les étendre. ( .)

[2] Le bombardement de Gênes en 1684.

La cour de Vienne avoit vendu autrefois Finale à la République ; le prix en étoit payé ; jamais acquisition n'avoit paru plus légitime ni plus solide.

La nécessité, cette loi si dure de la politique, fit taire la justice. Le Roi de Sardaigne vouloit avoir Finale ; il mettoit ce prix à son alliance : l'héritière de Charles VI lui céda par ce traité ce qui ne lui appartenoit plus, et que son père avoit vendu.

Cette même nécessité jeta la République dans les bras de la France et de l'Espagne, pour conserver ce qu'elle avoit acquis des dépouilles de celle-ci.

On sait combien cette démarche lui coûta cher : livré aux Autrichiens, aux Piémontais, l'État de Gênes souffrit tous les malheurs de la guerre ; et sa capitale, quoique délivrée, voyoit encore de ses remparts l'ennemi obstiné à reprendre sa proie.

Les victoires du Roi en Flandre et la conquête des Pays-Bas firent la balance de nos malheurs et de nos fautes en Italie.

Le traité d'Aix-la-Chapelle remit à cet égard toutes choses dans leur premier état. Gênes fut sauvée, et le Roi de Sardaigne, pour ravoir la Savoie et le comté de Nice, fut trop heureux sans doute de renoncer à Finale.

Depuis cette paix, la bonne harmonie a toujours subsisté entre la France et la République. Peut-être celle-ci croyait-elle d'abord avoir fait à l'autre un sacrifice, en lui abandonnant ses droits sur la Corse : mais ce gouvernement économe et calculateur a dû sentir depuis que la France lui avoit rendu à grands frais un service réel en le débarrassant d'un prétendu royaume.

Exempte désormais des dépenses sans fin qu'elle faisoit pour garder quelques places plutôt que pour reconquérir une île perdue sans ressource, la République est d'autant plus en situation de conserver son territoire dans le continent et de mettre ses côtes en état de défense.

Ce seroit désormais son unique soin, si elle n'avoit plus rien à craindre du côté de la terre. Il sembloit d'abord que le traité d'Aix-la-Chapelle eût posé entre ses États et la Lombardie autrichienne une barrière qui en feroit désormais la sûreté.

Mais d'un côté le voisinage du Roi de Sardaigne ne lui présente qu'un ennemi mal réconcilié, qui menace de près la *rivière du Ponant*.

De l'autre côté les États de Parme et de Modène, l'un ouvert et l'autre livré à la maison d'Autriche, offrent toujours à celle-ci un libre passage pour pénétrer dans la *rivière du Levant*.

C'est de ce côté, dira-t-on peut-être, que le danger paroît le plus éloigné. Mais si l'on fait attention aux principes constants de la cour de Vienne *sur la suzeraineté de l'Empire en Italie;* si l'on suit de près la marche du conseil aulique dans l'affaire de *San-Remo*, et si l'on étudie un peu les dispositions que l'Empereur a laissé voir, on n'aura pas de peine à rapprocher l'objet des craintes de la République.

Elles sont d'autant plus fondées, que si le principe étoit une fois admis à l'égard de *San-Remo*, l'application auroit lieu de suite à la plus grande partie de l'État de Gênes. Presque toutes les villes et ports situés sur les deux rivières ont autrefois, comme *San-Remo,* relevé immédiatement de l'Empire, et *Savone* même, dont la possession est si importante à la République, pourroit à son tour réclamer l'*immédiateté,* par conséquent la liberté et tous les droits de ville *impériale*.

Si Gênes acquiesçoit une fois à ces prétentions surannées, elle seroit bientôt réduite presque à son enceinte ; si elle y résistoit, les troupes autrichiennes entreroient par l'État de Parme sur son territoire, et y exerceroient toutes les rigueurs d'une *armée d'exécution.*

La situation de la République reste donc toujours dangereuse et précaire, tant qu'elle ne sera pas à portée d'être puissamment et promptement secourue par les deux couronnes qui s'intéressent à peu près seules à sa conservation.

La proximité de la France pourroit bien rassurer cet État foible et menacé, s'il avoit avec elle une communication par terre : mais l'espace qui les sépare [1], tout petit qu'il paroît, n'est point du tout aisé à franchir; et à moins d'un traité avec le Roi de Sardaigne, on ne pourroit porter du secours que par mer à la République. Malheureusement on n'est pas toujours prêt. Une invasion subite par terre pourroit avoir un plein succès avant que le convoi de secours eût mis à la voile.

L'Espagne se trouve, à l'égard de Gênes, dans le même cas et à une plus grande distance. Ainsi, des deux côtés, le mal peut devenir pressant, le remède tardif, et la guerre qui s'ensuivroit commencer pour la République et pour ses alliés avec beaucoup de désavantage.

La France cependant ni l'Espagne même ne sauroient se dispenser de soutenir cette République, et de la garantir d'une chute inévitable si elle n'étoit point secourue. La gloire, l'honneur, l'intérêt commun de la maison de Bourbon, ne permettroient pas de l'abandonner à celle d'Autriche; le système de *réunion à l'Empire romain* fourniroit de nouveaux prétextes pour étendre les prétentions de

[1] Le comté de Nice, où l'on trouve pour première difficulté le passage du *Var*, ensuite les retranchements de Montalban, les places de Nice et de Villefranche : ces obstacles ont coûté quelquefois pour les surmonter une campagne entière. (*A.*)

proche en proche ; et de l'Italie réunie il n'y auroit qu'un pas jusqu'à des provinces de France qui ont été aussi de l'*Empire*.

Le système copartageant auroit aussi de quoi se développer aux dépens de la République, si la cour de Vienne le faisoit adopter à celle de Turin ; il en avoit déjà été question pendant la dernière guerre.

Depuis Charles-Emmanuel Ier, la maison de Savoie avoit toujours eu pour objet de pénétrer par la rivière du Ponant jusqu'à la Méditerranée, de s'y emparer d'un bon port, et de former de là une chaîne de possessions maritimes qui rejoindroient le comté de Nice. Les guerres qui suivirent avoient fait abandonner ce projet pour d'autres plus heureux, et pour un agrandissement plus solide du côté de la terre.

La première occasion de revenir à ce projet ne s'étoit présentée qu'en 1746, après la soumission de Gênes.

Il s'étendoit plus loin que celui de Charles-Emmanuel Ier, aussi les circonstances étoient-elles plus favorables. Il s'agissoit d'anéantir la République et de partager son territoire entre l'Impératrice et le Roi de Sardaigne, moyennant quelques échanges et restitutions.

Le soulèvement de Gênes, en 1747, limita ce projet trop vaste. Le Roi de Sardaigne avoit borné depuis ses prétentions et ses espérances à garder *Savone*, qu'il venoit de prendre, et *Finale* qu'on lui avoit cédé. La paix le réduisit à son ancienne et unique possession *sur la rivière du Ponant*, c'est-à-dire le petit port et le territoire d'Oneille.

Si l'esprit de partage venoit donc à gagner aussi la cour de Turin, il ne seroit pas impossible que ce projet abandonné fût remis sur le tapis ; alors, après avoir démembré la Pologne et disposé de l'*Allemagne*, le système copartageant s'étendroit sans obstacle jusqu'au territoire de Gênes.

En effet, si les affaires générales ne changeoient point de face, en fort peu de temps rien ne sembleroit pouvoir arrêter ce torrent d'usurpation, et le nouveau Roi de Sardaigne ne verroit plus d'autre moyen pour n'en être pas entraîné lui-même, que de partager avec le plus fort la dépouille du plus foible.

Tels sont les dangers éloignés ou prochains, mais réels et peut-être inévitables, auxquels la République est encore exposée avec la protection isolée de la France.

Il résulte de ce tableau la position respective de cette république à l'égard de la France. Elle en espère du secours si elle étoit attaquée ; elle l'obtiendroit vraisemblablement, mais l'attaque seroit prompte et le secours tardif ; du moins peut-on le craindre en partant de l'état actuel.

Elle doit donc regarder la France comme son appui ; mais pour pouvoir s'y reposer avec confiance et certitude, il lui reste deux choses à désirer, et ce ne sont pas des choses impossibles :

1° Que la France soit touchée aussi de ce qu'on appelle une crainte salutaire, et que la perspective d'un péril, peut-être très-prochain, la frappe assez pour lui inspirer la résolution de le prévenir.

Ce péril est celui de se trouver enfin engagée malgré elle dans une guerre nécessaire. Tel seroit le cas où la République attaquée auroit besoin de son secours. L'unique moyen de s'en garantir, c'est d'en imposer à tout agresseur par la formation d'un bon système militaire.

2° Que, par un autre effet de cette crainte salutaire, la France prît d'avance dans ses négociations des mesures bien calculées, pour n'avoir pas tout à la fois à combattre plus d'un ennemi ou agresseur de la République, et pour lui assurer même de nouveaux défenseurs.

Mais pour arriver à un point quelconque, il faut partir

d'un autre; et pour y arriver le premier, il faut partir à temps : ce doit être au moins le commencement d'un bon système politique.

### LA COUR DE TURIN.

Aussitôt qu'un État cesse d'en craindre un autre, la haine, l'animosité s'apaisent peu à peu; les personnalités s'éteignent à mesure que les personnes disparoissent, et la génération suivante ne produit plus que des amis.

C'est ce que l'Europe a vu arriver entre les deux maisons de France et de Savoie. Les hauteurs de la France, la dureté et la violence d'un ministre prépondérant[1], avoient de part et d'autre poussé les deux souverains aux dernières extrémités : le plus foible eut enfin la gloire de triompher du plus fort. Après avoir joué trente ans de suite *le tout pour le tout*, il réussit, bien plus par la négociation que par les armes, à rejeter les François au delà des Alpes et à reprendre pour toujours les clefs de l'Italie[2]. Victor-Amédée ne craignit plus la France, mais il étoit trop tard pour commencer à l'aimer.

Ce fut donc sous Charles-Emmanuel III que les liens de l'amitié s'unirent à ceux du sang pour cimenter entre les deux Rois de France et de Sardaigne une amitié personnelle, fondée de part et d'autre sur l'estime et sur la confiance; l'alliance qu'elle avoit produite seroit restée indis-

---

[1] Le marquis de Louvois, toujours occupé à faire craindre son maître; il n'y réussissoit que trop bien. On a donné depuis dans l'extrémité opposée; mais tous les extrêmes sont vicieux, et ce dernier seroit le pire. (A.)

[2] Le cardinal de Richelieu s'en étoit saisi par l'acquisition de Pignerol et des vallées adjacentes; après avoir longtemps combattu en vain, le traité de mariage, en 1696, valut à Victor-Amédée cette restitution; et par le traité d'Utrecht il obtint la cession de toutes les autres vallées, cols et gorges que la France possédoit encore de l'autre côté des Alpes. (A.)

soluble, si des événements qu'on n'auroit pu ni dû prévoir n'avoient pas jeté entre les deux ministères des semences de refroidissement.

Les préliminaires de Vienne, en 1735, arrêtoient le Roi de Sardaigne au milieu de la plus belle carrière. Il poussoit au delà des Alpes les Autrichiens chassés de toute l'Italie. Mantoue, la seule place qui leur étoit restée, alloit tomber d'elle-même. Ces succès, sans doute, étoient dus principalement à la force et à la valeur des armées françoises, ainsi qu'aux talents de leurs généraux; mais Charles-Emmanuel y avoit trop contribué de ses troupes, de ses conseils, surtout de sa personne, pour n'avoir pas dû se flatter d'en recueillir des fruits proportionnés à ses efforts [1].

La France eut la Lorraine; l'Espagne, Naples et la Sicile; le Roi de Sardaigne avoit lieu de croire qu'on mettroit au moins quelque égalité dans son traitement; il resta fixé au point où l'avoit mis *la négociation secrète* de Vienne. Ce prince n'eut donc, pour sa part d'une si riche dépouille, que le Tortonois et le Novarois [2].

Ce fut en vain qu'il témoigna son mécontentement: on n'eut aucun égard à ses représentations; on lui fixa un terme pour accepter ou refuser. Il fallut céder; et dans les discussions qu'il eut avec la cour de Vienne, la France ne montra que de la partialité contre son allié, en faveur de l'ennemi qu'ils venoient de combattre et de terrasser ensemble.

---

[1] Le plus grand de tous, dans sa position, avoit été, sans doute, d'ouvrir le passage des Alpes à des armées françoises, et de les introduire en Italie pour y donner la loi; c'étoit s'exposer à subir ensuite celle du plus fort. (A.)

[2] Il faut l'avouer, ces deux petites provinces n'indemnisoient pas le Roi de Sardaigne des dépenses énormes qu'il avoit faites dans cette guerre: il resta à la paix endetté de trente-cinq millions. (A.)

On peut juger par là des dispositions où la cour de Turin se trouvoit en 1741, après la mort de Charles VI.

De nouveaux sujets de crainte et de défiance vinrent encore l'alarmer. L'Espagne réclamoit toute la succession autrichienne en Italie. Élisabeth Farnèse ajoutoit aux droits du Roi son époux ses prétentions toujours renaissantes du chef de sa maison et de celle de Médicis; des infants ses fils, un seul étoit déjà établi à Naples; deux autres arrivoient sur la scène, et l'on ne doutoit point que le Milanès, pour le moins, ne fût destiné à don Philippe. Tout sembloit l'annoncer, et déjà cette reine ambitieuse avoit laissé entrevoir le projet de rétablir en sa faveur *le royaume de Lombardie.*

Cependant la France négocioit déjà pour engager le Roi de Sardaigne dans une triple alliance avec les maisons de Bourbon et de Bavière. L'expérience du passé n'étoit pas propre à le rassurer; il se rappeloit tout ce qu'il en avoit coûté à Victor-Amédée pour se donner enfin une position sûre et indépendante entre les deux maisons de Bourbon et d'Autriche; il étoit menacé de perdre en un moment le fruit de tant de dangers, de sang et de travaux. L'infant, une fois établi dans le Milanès, auroit pu tôt ou tard en réclamer les démembrements; ou s'il en eût laissé jouir Charles-Emmanuel, cette possession, celle même de ses anciens États, seroient toujours restées précaires et à la merci des Bourbons, dont elles seroient entourées en deçà et au delà des Alpes. Dans cette position, de quoi lui auroient servi tous les avantages qu'on pourroit lui offrir? Aucun n'auroit pu balancer ni sa sûreté, ni son indépendance, ni la situation respectable où il se trouvoit déjà entre les deux maisons rivales : elle le mettroit toujours dans le cas d'en être également recherché [1].

---

[1] C'étoient les représentations que lui faisoit sans cesse le marquis d'Or-

On ne suivra pas ici le fil des intrigues et des négociations qui amenèrent enfin *le traité de Worms*. Le chevalier *Osorio* le conclut d'après des principes qui devroient à jamais servir de base à toutes les négociations de ce genre [1].

Engagé dès lors sans retour dans la cause de *Marie-Thérèse*, il se vit au commencement de 1746 à deux doigts de sa ruine; mais si dans cette crise il parut se prêter à une négociation secrète, ce fut pour amuser, pour endormir l'ennemi victorieux et prêt à l'écraser : le réveil fut la prise d'Asti, et le torrent de revers qui fondit tout d'un coup sur *l'armée combinée*.

Charles-Emmanuel eut le bonheur d'en délivrer ses États d'Italie, et de porter à son tour le feu de la guerre dans celui de Gênes; mais il ne partagea que foiblement avec les Autrichiens la gloire assez vaine *d'entrer en Provence*. Depuis Charles-Quint jusqu'à Victor-Amédée, cette expédition, plusieurs fois tentée, avoit toujours été malheureuse. Il ne l'approuvoit point, et il en avoit prédit le succès.

méa; ce grand ministre avoit conservé peut-être plus de ressentiment que le Roi son maître de la conduite de la France lors des préliminaires de Vienne. Tel est l'effet du zèle qui anime un bon serviteur; et on ne peut pas l'être si l'on ne met point naturellement plus de chaleur et d'application à tout ce qui concerne la grandeur de l'État et la gloire du souverain qu'à des intérêts personnels et de petites intrigues. (A.)

[1] Il s'agissoit de la cession au Roi de Sardaigne de plusieurs provinces et districts dans le Milanès. Les ministres autrichiens se débattoient sur les limites. Le chevalier Osorio en traça de bien claires entre les deux dominations; c'étoient le Pô et le Tessin. Cela s'appelle voir et travailler en grand. Si ces principes avoient été connus des plénipotentiaires d'Utrecht, ou du moins adoptés depuis par les commissaires du Canada, nous n'aurions pas perdu l'Amérique pour une question de limites. On ne sauroit trop admirer le bonheur et le discernement de Charles-Emmanuel. Avec peu de moyens et beaucoup d'économie, ce prince a été mieux servi que les plus grands monarques. (A.)

La paix que le Roi donna à l'Europe fut très-avantageuse pour le Roi de Sardaigne. Outre la restitution des États de Savoie et du comté de Nice, il resta en possession de la partie du Milanès qui lui avoit été cédée par le traité de Worms. Cette acquisition, ajoutée aux deux précédentes[1], soumit à sa domination la moitié de ce beau pays, arrondit ses États, et ne leur donna pour limites que les Alpes, l'Apennin, le lac Majeur et deux grands fleuves.

Le chevalier Osorio, cet habile ministre, avoit encore un grand service à lui rendre ; c'étoit de glisser dans son *accession* quelque clause propre à favoriser de nouvelles prétentions sur Plaisance. Cette ville et son territoire entrèrent dans le partage de l'infant don Philippe. L'Impératrice-Reine, en accédant au traité pour la cession de Parme, avoit fait insérer quelques clauses de réversion à son profit[2].

Le chevalier Osorio ne les trouva point suffisantes pour remplir son objet. En accédant de son côté pour le Plaisantin, il y en ajouta une dont le cas devoit nécessairement arriver dans quelques années : c'étoit l'avénement du Roi des Deux-Siciles à la couronne d'Espagne[3].

---

[1] De l'*Alexandrin* et du *Vigévanasque*, par le traité de 1703, de Tortone et du Novarois, par celui de 1738 ; et de tout ce qui restoit du Milanès en deçà du Pô et du Tessin, par le traité de Worms, en 1743 ; et le Plaisantin jusqu'à la *Mera*. C'étoit ainsi que, suivant toujours son système de simplification en fait de limites, le chevalier Osorio avoit fait rédiger l'article du traité de Worms par lequel la ville de Plaisance et la plus grande partie de son territoire étoit cédée au Roi de Sardaigne : ce dernier article du traité n'ayant pas eu lieu (car le tout fut donné à l'infant don Philippe), le Roi de Sardaigne sut se réserver du moins la réversion dans certains cas qui furent spécifiés et admis par le traité d'Aix-la-Chapelle. (A.)

[2] La cour de Vienne s'en est prévalue depuis pour établir, par le traité du 30 décembre 1758, des prétentions chimériques ; il falloit pour les admettre n'avoir pas lu celui d'Aix-la-Chapelle. (A.)

[3] On voit bien pourquoi le plénipotentiaire sicilien du Roi de Sardaigne avoit tenté de faire passer cette addition ; mais on est encore à deviner par

La clause fut admise : ainsi, quelques mots, subtilement glissés dans cette accession, ont fait revivre en temps et lieu une prétention qu'apparemment on avoit crue éteinte.

Le cas arrivé (de la mort de Ferdinand VI et de l'avénement de Charles III), la cour de Turin ne manqua pas de faire sa réclamation. Elle étoit fondée en rigueur, et même en droit, puisque la clause avoit été ratifiée. Le Roi se chargea seul de satisfaire à cette prétention; elle fut liquidée à neuf millions pour la valeur du territoire réclamé à l'époque de la paix, dans le moment le plus critique, par l'épuisement des finances ; Sa Majesté voulut bien faire payer comptant cette somme au Roi de Sardaigne.

Un procédé si grand, si noble, ajoutoit encore à tous les liens d'union et d'intimité que l'estime et l'amitié avoient renoués entre les deux monarques depuis la dernière guerre d'Italie. Deux mariages encore en ont serré les nœuds, et l'oncle de Louis XV est mort son meilleur ami.

Tout promet, tout annonce sous le nouveau Roi de Sardaigne des liaisons encore plus étroites entre les deux cours; jamais la circonstance ne fut si favorable pour les former et les établir sur la seule base solide de ces engagements politiques, c'est-à-dire sur l'intérêt commun et réciproque. Mais avant de chercher et de discuter les divers rapports directs ou indirects qui en doivent résulter

---

quelle raison le plénipotentiaire italien du Roi de France l'avoit laissée passer, et enfin par quel motif le ministre françois des affaires étrangères avoit pu (s'il en fut instruit avant la signature) approuver ou tolérer cette *inadvertance* si répréhensible. On ne comprend pas mieux comment il fut assez bon pour en faire expédier la ratification \*. (A.)

\* Je ne regarde pas la clause relative à Plaisance, insérée dans le traité d'accession, comme une inadvertance du cabinet françois, mais comme un moyen propre, dans de certaines circonstances, à faire naître des sujets de rivalité entre la cour de Turin et d'autres cours, et à lui faire une nécessité de se ménager l'appui de la France. (S.)

entre les deux puissances, il faut apprécier les principes d'après lesquels on peut les calculer d'avance. Commençons par le *système de la maison de Savoie*.

Quoique l'origine de cette maison se perde dans l'antiquité la plus reculée, et que depuis sept cents ans elle règne sur le pays dont elle porte le nom, ses commencements ont été obscurs, ses progrès lents, et sa grandeur n'a commencé à se développer que dans le quatorzième siècle. Les marquisats d'Ivrée et de Suse ne lui avoient donné qu'une entrée en Italie; elle n'y fut solidement établie qu'après avoir enfin posé dans le Piémont les fondements de sa puissance.

A peine avoit-elle achevé cet ouvrage long et pénible, qu'une des grandes crises qui ont ébranlé l'Europe entière vint presque renverser le nouvel édifice.

La guerre s'alluma entre Charles-Quint et François I$^{er}$. L'Italie en devint bientôt le plus grand théâtre. Le passage par le Piémont, ouvert jusqu'alors aux armées françaises, commença de leur être disputé. Le duc de Savoie auroit bien voulu rester toujours neutre; cela ne lui fut plus permis; il fallut opter. Sa situation étoit embarrassante; Charles I$^{er}$ se trouva à la fois proche parent[1] des deux monarques, et malheureusement ses États offroient pour eux de tous côtés des points de rencontre.

L'événement le décida, et il en fut la dupe. Les mauvais succès de François I$^{er}$ en Italie aigrirent ce prince et lui donnèrent sur la conduite du duc des soupçons que celui-ci justifia en se déclarant *pour le plus fort*. La chance tourna; François I$^{er}$ ne recouvra point le Milanès; mais il s'empara de la Savoie, conquit le Piémont et le garda.

Ce pays, devenu le théâtre de la guerre, fut ravagé trente ans de suite par les François et les Espagnols jus-

[1] Beau-frère de Charles-Quint et oncle de François I$^{er}$. (A.)

qu'à la paix de *Cateau-Cambrésis;* alors Henri II restitua au duc de Savoie ses États, et lui donna sa sœur.

C'est à cette époque que commence une suite de princes telle que l'histoire n'en offre point de père en fils, tous ambitieux, mais courageux, adroits, habiles, et qui ont toujours suivi pied à pied le système d'agrandissement qui semble avoir caractérisé dès son origine la maison de Savoie; et c'est ici que ce système commence à se développer en grand.

Mais avant de s'agrandir il falloit d'abord s'affranchir. La France s'étoit réservé en Piémont des *places de sûreté,* pour lui répondre de la conduite du duc Emmanuel-Philibert [1]; elle les avoit encore à l'avénement de Henri III. Ce monarque, à son retour de Pologne, passa par Turin. Il y fut sensible à l'accueil du duc et aux tendres caresses de la duchesse sa tante; elle obtint de lui la restitution des places de sûreté.

Il restoit à la France le marquisat de Saluces, beau et bon pays, qui par ses enclaves, ses dépendances et ses places fortes, s'étendoit presque depuis le Dauphiné jusqu'aux portes de Turin [2].

Charles-Emmanuel I<sup>er</sup> saisit les circonstances heureuses de la *Ligue* et de la confusion qui régnoit dans le gouver-

---

[1] Ce prince avoit gagné la bataille de Saint-Quentin, fait prisonnier le connétable, pénétré en France et porté la terreur jusque dans Paris. La paix qui lui rendit ses États fut la suite de cette victoire. (A.)

[2] Charles-Emmanuel III regardoit ce voisinage comme un joug insupportable; son âme grande et haute, son génie illimité souffroient déjà trop d'avoir en Italie des voisins puissants, mais plus éloignés; c'étoient les Espagnols. Gendre de Philippe II, il les en haïssoit davantage; et du chef de sa femme, petite-fille des Valois, il se flattoit de faire un jour revivre les prétentions de cette maison sur le Milanès. (C'étoient les mêmes dont le feu Roi de Sardaigne se prévalut, en 1741, pour établir par un manifeste ses droits sur ce duché.) Mais le moment n'en étoit pas encore venu; le duc se rejeta sur la France aux abois et déchirée par les guerres de religion. (A.)

nement de France : il s'empara du marquisat. Sa politique adroite le mit en état de conserver ce qu'il avoit usurpé. La valeur, la puissance, la fermeté, l'habileté de Henri IV, échouèrent contre les talents du duc pour la négociation. Il séduisit enfin la cour, les ministres, le Roi lui-même, et conclut, en 1600, le *traité de Lyon*. Le marquisat lui fut cédé, et la France reçut en échange la Bresse, le Bugey, le Valromey et le pays de Gex. Ces provinces dès lors donnoient beaucoup plus de revenu que le marquisat de Saluces; mais elles étoient en deçà des monts, et n'ajoutoient rien de réel à la puissance françoise.

Au contraire, le marquisat lui tenoit une porte ouverte en Italie, et par cette acquisition le duc en mit pour ainsi dire *la clef dans sa poche :* cela fit dire *que le Roi avoit traité en marchand, et le duc en roi.*

Ce succès politique ne fut pas secondé dans la suite par des succès militaires. Charles-Emmanuel échoua dans les entreprises sans nombre que son génie ardent et vaste lui suggéroit sans cesse. Il osa tour à tour se mesurer seul avec les deux puissances de France et d'Espagne; il changea souvent de parti, et malgré ses défaites il y gagna souvent quelque chose [1]. Enfin, *il perdit la partie* contre le cardinal de Richelieu. Il mourut avec la douleur d'avoir vu prendre *Pignerol*. Victor-Amédée Ier céda cette place à la France; mais il s'unit avec elle contre l'Espagne pour se dédommager d'un autre côté.

Ses talents, son courage, n'étoient pas inférieurs aux grandes qualités de son père. Une fin prématurée vint l'arrêter dans sa carrière. Deux de ses fils, encore enfants, se succédèrent sous une régente, fille de Henri IV. Toujours liguée avec la France, elle soutint et continua la

---

[1] Entre autres une partie du Montferrat dont la maison de Savoie a depuis obtenu le reste pendant la *guerre de succession*. (A.)

guerre contre l'Espagne, jusqu'à la paix des Pyrénées. Les intérêts de sa maison n'y furent pas ménagés avec beaucoup de zèle par le cardinal Mazarin ; mais elle ne laissa pas d'en tirer aussi quelques avantages.

Cette paix dura, du moins en Italie, pendant tout le règne de Charles-Emmanuel II. Elle ne lui permit point de développer ses talents militaires et cette valeur héréditaire que le sang des Bourbons avoit encore exaltée dans celui de Savoie ; mais il déploya dans ce règne si court toutes les vertus et les qualités royales, aimables et sociales.

C'étoit à Amédée II à courir toute sa vie l'épineuse carrière de la guerre et de la politique, à fermer les Alpes à la France, depuis le lac de Genève jusqu'à la Méditerranée, à réaliser le titre royal[1] dont sa maison n'avoit que les honneurs, à élever rapidement l'édifice de grandeur et de puissance commencé par ses ancêtres, et auquel son fils a su mettre le comble.

Nous avons jusqu'à présent suivi pied à pied le système de la maison de Savoie. Il en résulte que, depuis deux cents ans, la cour de Turin a eu constamment pour base de sa politique deux maximes fondamentales :

1° D'acquérir et de conserver la possession exclusive de tous les passages des Alpes dans cette longue chaîne qui borde la Provence et le Dauphiné ; de fortifier ces passages de manière à pouvoir les défendre avec peu de monde contre des armées entières ; d'assurer par là son indépendance ; de se faire également rechercher de la France et des puissances d'Italie, soit pour en ouvrir, soit pour en fermer le chemin, afin d'établir et de maintenir

---

[1] Celui de roi de Chypre, que portoient les ducs de Savoie ; ce qui leur fit donner avant tous les autres souverains du second ordre, le titre d'*altesse royale*. (A.)

par ce moyen son crédit, sa considération et son influence dans les affaires de l'Europe ;

2° De faire servir cet avantage local à tenir la balance entre les deux maisons de Bourbon et l'Autriche ; de se liguer tour à tour avec l'une et l'autre, selon qu'elle y trouveroit plus ou moins de moyens de facilité et de sûreté pour son agrandissement. Par cette dernière raison, c'est-à-dire de la sûreté, elle a toujours voulu et dû empêcher qu'aucune branche de la maison de Bourbon ne s'établît en Italie trop puissamment ni trop près de ses États[1]. Pour l'éviter, elle a cru devoir plutôt défendre ceux de la maison d'Autriche, sauf à lui vendre cher son secours, comme elle a fait dans la dernière guerre d'Italie.

Voilà le système de la cour de Turin ; il est fondé, comme on le voit, sur *sa position topographique*. Examinons à présent cette position, relativement à la France.

Il faut l'avouer, le Roi de Sardaigne est de tous nos voisins le plus avantageusement situé pour nous attaquer comme pour se défendre. Tous ceux qui connoissent les Alpes et les directions de leurs *cols* ou *gorges* conviennent de cette vérité.

---

[1] On compte ici pour rien l'établissement de don Philippe : cependant il donnoit de l'ombrage à la cour de Turin ; elle eut de la peine à y consentir\*. (*A.*)

\* La maison de Savoie devait plus redouter la France que l'Autriche, parce que les François avoient plus de facilité à pénétrer dans ses États que les Autrichiens. Je ne pense point que le Roi de Sardaigne fût le prince le plus avantageusement placé pour nous attaquer et pour se défendre. Les progrès dans cet immense royaume étoient impossibles ; et toutes les fois que les troupes françoises l'ont voulu, elles ont pénétré sans peine en Savoie. La vraie défense de la cour de Turin contre la France, c'étoit l'Autriche, et contre l'Autriche, c'étoit la France. Aussi cette position explique les différents changements d'alliance des rois de Sardaigne, suivant qu'ils étoient plus ou moins menacés ou rassurés par ces deux puissants voisins. Il n'existoit que deux manières de fixer la politique de la cour de Turin : c'étoit, ou l'alliance de la cour de France avec l'Autriche, ce qui la condamnoit au repos, comme l'événement l'a démontré ; ou, en cas de guerre et de succès, de donner au Roi de Sardaigne les possessions de l'Empereur en Italie, parce qu'alors ce prince se seroit vu forcé pour conserver ses conquêtes d'unir indissolublement ses intérêts à ceux de la France. (*S.*)

Cependant le succès d'une agression de sa part ne répondroit pas au début. « Rien de si facile que d'entrer en » France ; rien de si difficile que d'y subsister. Engagé » trop avant, rien de plus impossible que d'en sortir », disoit le Roi Victor-Amédée. Ce sont des vérités historiques, géographiques, et presque géométriques, mille fois démontrées.

Ce qui n'est pas moins vrai, c'est qu'un roi de Sardaigne ne sauroit jamais avoir plus l'envie que les moyens d'attaquer seul la France. S'il cherchoit pour cela des alliés puissants, aucun ne seroit à portée de lui fournir des troupes que la cour de Vienne, mais jamais assez pour prendre des quartiers d'hiver en France.

L'expérience du passé avoit préservé le feu Roi de Sardaigne de cette tentation. On l'a déjà dit : ce prince n'approuvoit point du tout la dernière expédition des alliés en Provence. Son fils, son élève, est trop sage pour risquer ainsi son armée, peut-être ses États, sur la foi d'un secours autrichien.

Il ne compteroit pas davantage sur les subsides autrefois si abondants de l'Angleterre et de la Hollande.

La première paroît absolument dégagée de toutes les connexions continentales, et l'état de ses finances ne lui permet plus de les prodiguer.

L'impuissance de la seconde, ou son économie, laisseroient à peine espérer des subsides de sa part à quelques princes voisins qui lui vendroient leurs troupes.

Enfin, si le Roi de Sardaigne avoit à son tour des vues de conquête et d'agrandissement, ce ne seroit assurément pas du côté de la France.

Celui de l'Italie lui offre un champ trop vaste et trop beau ; il est ouvert à son ambition ; trois places seulement sont restées à la Lombardie autrichienne, Mantoue, Pizzighitone et le château de Milan. Toutes les autres forteresses étoient tombées dans le partage des deux derniers rois de Sardaigne. Ils les ont toutes augmentées et perfectionnées, et la frontière du Piémont présente aujourd'hui aux Autrichiens une chaîne formidable. Telle est la position topographique de la cour de Turin.

Ajoutons-y les avantages et les moyens que le nouveau Roi de Sardaigne recueille en montant sur le trône, de l'économie et de la bonne administration de son prédécesseur. Un État libéré, un crédit établi par des remboursements des dettes précédentes, ouvert chez l'étranger, surtout en Suisse et à Genève ; un trésor qui n'est pas immense, mais proportionné aux besoins extraordinaires qui pourroient survenir ; un revenu courant et liquide d'environ vingt-cinq millions ; vingt-deux mille hommes de troupes réglées qui peuvent aisément et promptement être augmentées d'un tiers ; douze bataillons nationaux[1], faisant six mille hommes en tout, mais qui peuvent être doublés au premier coup de tambour par autant de surnuméraires : voilà le tableau riant et brillant que présente aujourd'hui la puissance piémontaise.

Du système donc de la cour de Turin, de sa position topographique, de ses moyens, de ses ressources, dérivent nécessairement ses rapports avec la France. Ils se présentent ici d'eux-mêmes ; il suffit de les indiquer.

Le premier de ces rapports est celui qui doit résulter des derniers antécédents entre la France et la cour de Turin.

On l'a déjà dit : l'amitié, l'estime, tous les biens personnels n'avoient rien perdu de leur force entre les deux

---

[1] Espèce de milices provinciales enrégimentées, aussi belles pour le moins que tout le reste, qui avoient acquis dans la dernière guerre autant de réputation que nos grenadiers royaux. (A.)

monarques ; mais la confiance politique ne pouvoit pas encore être bien établie entre les deux États.

Elle avoit à peine commencé de renaître après la dernière guerre, qu'un événement imprévu, et qui n'avoit pas dû paroître vraisemblable, sema la défiance, la crainte, les soupçons dans tous les États d'Italie, et surtout à la cour de Turin.

Ce fut l'alliance de 1756 avec celle de Vienne. Le Roi de Sardaigne ne pouvoit pas se dissimuler que cette cour étoit intérieurement animée contre lui des mêmes sentiments qui l'excitoient alors contre le Roi de Prusse.

Ces deux monarques étoient tous deux dans le même cas : ils avoient démembré la succession de Charles VI. Charles-Emmanuel l'avoit entamée d'avance par les armes, en 1733. Il l'avoit achevée dix ans après par la négociation ; mais enfin la moitié du Milanès lui étoit restée, comme la Silésie au Roi de Prusse : cela ne se pardonne point.

Charles-Emmanuel voyoit, il est vrai, le torrent se porter vers l'Allemagne ; et de quelque temps il ne pouvoit craindre de le voir retomber sur ses États. Mais un prince éclairé, prudent, qui spécule et combine, compte pour rien une sûreté présente et précaire ; c'est sur l'avenir, qu'il faut le rassurer.

Cela auroit été difficile. Tout sembloit annoncer la ruine prochaine et inévitable du Roi de Prusse ; le même esprit de réunion auroit porté l'Autriche triomphante à recouvrer aussi tous les démembrements de ses États en Italie.

Elle auroit aussitôt fait en Lombardie contre ce prince des préparatifs aussi menaçants qu'elle en avoit fait en Bohême contre le Roi de Prusse, et porté en Italie ses armes victorieuses. Peut-être alors Charles-Emmanuel auroit-il été forcé, comme Frédéric, de prévenir une attaque certaine, de frapper les premiers coups, et de se faire en avant un champ de bataille pour éloigner d'autant l'ennemi, pour vivre à ses dépens dans le meilleur pays du monde, pour se donner les positions les plus avantageuses, avant que l'ennemi fût arrivé en force; enfin, pour se ménager une retraite lente et sûre, lorsqu'il seroit réduit à la défensive. Cette manœuvre, nécessitée par la *raison de guerre*, auroit eu l'air de ce qu'on appelle les *premières hostilités*. Alors aussi la cour de Vienne n'auroit pas manqué de crier à l'agression, de réclamer contre l'agresseur le *casus fœderis*, et de sommer hautement la France de lui fournir les secours stipulés. Quelle auroit été la situation du Roi de Sardaigne, et ne seroit-on pas en droit de conjecturer que la ruine du Roi de Prusse auroit été suivie de la sienne?

On répondroit peut-être que cela ne seroit point arrivé; « que si la cour de Vienne, après avoir écrasé le Roi de » Prusse, avoit été tentée d'attaquer le Roi de Sardaigne, » la France l'auroit empêché, soit par son intercession, » sa médiation, soit par une déclaration en forme; et que » même elle en avoit d'avance donné et fait donner par cette » cour à celle de Turin des assurances suffisantes ». Mais, en admettant cette supposition, n'étoit-ce pas assez pour aliéner de nous la maison de Savoie, que de lui avoir lié les mains par une alliance qui renfermeroit désormais son ambition dans les limites du traité d'Aix-la-Chapelle; d'avoir aussi arrêté tout court les nouveaux projets d'agrandissement qu'elle avoit pu former pour le cas éventuel d'une nouvelle rupture entre les deux maisons de France et d'Autriche; de nous être liés si étroitement avec celle-ci, que, dans les affaires d'Italie surtout, nous nous étions engagés à favoriser toutes ses prétentions[1]? Notre condes-

---

[1] Voyez les deux traités du 1er mai 1757 et du 30 décembre 1758, tome II, article II, *De la cour de Vienne*, à la fin de cet article*.

* L'état de rivalité entre la France et l'Autriche étoit au contraire ce qui causoit les

cendance, notre déférence, notre partialité pour elle n'étoient-elles pas déclarées? et tant que ce système auroit duré, que pouvoit attendre de nous la cour de Turin qui fût contraire aux vues, aux projets de celle de Vienne?

Qu'a-t-on fait depuis pour rassurer la première? Et ses inquiétudes sur l'avenir n'ont-elles pas dû augmenter, quand elle a vu la France réduite à l'inaction et devenue purement passive sous cette ombre d'alliance, tandis que la cour de Vienne se liguoit avec la Russie et le Roi de Prusse, et qu'en livrant les Turcs à l'une de ces deux puissances, elle partageoit avec tous deux les dépouilles de la Pologne?

Quelle confiance politique auroit pu prendre en nous la cour de Turin, jusqu'à la mort de Charles-Emmanuel, et quel degré de plus tout ce qui est arrivé depuis pourroit-il lui en inspirer? Mais aussi de quelle importance, de quelle nécessité ne seroit-il pas, et pour elle, et pour nous, de former ensemble des liaisons qui rétabliroient mutuellement cette confiance sur la base solide de l'intérêt *commun et réciproque?*

Jamais, on le répète, les circonstances n'ont été si favorables pour assurer par ce moyen la tranquillité de l'Italie, et pour y reprendre cet ascendant, cette influence que donnent toujours à un grand État sur plusieurs petits, un voisinage paisible, une médiation impartiale, une protection désintéressée.

C'est surtout de concert et avec le concours du nouveau Roi de Sardaigne que la France peut et doit y réussir;

---

embarras et les perplexités de la politique du cabinet de Turin; et les conséquences du traité de 1756 ont été une tranquillité absolue de plus de trente ans pour le Roi de Sardaigne. Ce résultat étoit facile à prévoir; car, quelle que fût la foiblesse de Louis XV, elle pouvoit aller jusqu'à laisser démembrer un pays éloigné comme la Pologne; mais elle ne l'auroit jamais assez aveuglé pour le rendre témoin indifférent de la conquête du Piémont par les Autrichiens. Ce sont de ces vérités que la raison voit avec évidence, et dont la passion seule pouvoit faire douter. (S.)

son intérêt propre l'exige. L'esprit de réunion et le système copartageant ont répandu partout une égale terreur, et les États d'Italie ne peuvent pas en être exempts. Ce prince voit de près les moyens employés par la cour de Vienne pour s'ouvrir un chemin plus court du Tyrol dans le Milanès par la Valteline.

Si le prétexte du commerce et de la circulation séduit assez les Grisons pour les faire consentir à cette innovation, bientôt ils sentiront eux-mêmes qu'une porte une fois ouverte ne peut plus être refermée *quand on veut*, et que le *transitus innocuus* devient tôt ou tard très-nuisible : bientôt la Valteline ne seroit plus qu'*un pays d'étape,* par où les armées autrichiennes viendroient en Italie déboucher directement de la *tête du lac de Côme* par le *fort de Fuentes*. De là s'ouvrent deux grandes routes par où l'on peut se rejeter à volonté sur l'État de Piémont, comme le plus proche, ou sur celui de Venise, comme le plus dégarni ; on auroit de plus évité le grand détour qu'il faut faire encore pour entrer par ce dernier pays en Italie.

Dans cette conjoncture, quel motif pourroit donc rassurer le Roi de Sardaigne et la France même sur une tentative réitérée par la maison d'Autriche au bout de cent cinquante ans, et contre laquelle toute l'Italie, l'Europe entière se souleva dès lors ? On implora la protection de la France ; elle négocia, *vacilla* et *mollit,* parce qu'elle n'avoit point encore un système, que les divisions intestines, les intrigues de cour, la foiblesse et l'ignorance des ministres d'alors donnoient à toutes les démarches de la cour de France une *teinte* de pusillanimité.

Richelieu parut, et l'affaire de la Valteline fut la première qu'il eut à traiter ; il ferma, du moins pour un siècle et demi, ce passage à la maison d'Autriche.

On ne peut pas nous objecter « que les circonstances

» étoient différentes, que les temps sont changés, et
» qu'aujourd'hui la France n'a plus les mêmes raisons pour
» s'alarmer de ce projet ». La réponse est bien simple. Le
Tyrol et le Milanès appartiennent encore à la maison d'Autriche ; mais s'il y a une différence, c'est à l'avantage de
notre observation. Cette maison étoit divisée en deux
branches : l'une pouvoit secourir l'autre par ce nouveau
chemin ; c'est ce qu'on vouloit empêcher. Aujourd'hui
une seule peut tout envahir avec bien plus de facilité.
Seroit-ce là ce qu'on voudroit permettre ?

Ce ne peut pas du moins être l'intention du Roi de Sardaigne ; et c'est d'après cet exposé du système de sa maison, de sa position topographique et politique actuelle,
qu'on peut déduire les rapports de la cour de Turin avec
celle de Versailles.

Reste seulement à dire un mot de ce qu'on peut conjecturer sur les dispositions personnelles de ce prince à
l'égard de la France. On croit assez généralement qu'elles
ne peuvent pas être encore des plus favorables, et voici sur
quoi l'on se fonde.

Il est trop vrai que les premières impressions reçues dès
l'enfance et répétées dans la jeunesse peuvent beaucoup
influer sur les affections des princes parvenus à un âge
mûr, et que celles-ci doivent plus ou moins influer sur
tout le reste de la vie.

Ces affections, il faut l'avouer, n'ont pas été tournées
dans l'esprit du duc de Savoie, aujourd'hui Roi de Sardaigne, du côté de la France. Trop jeune encore lorsqu'elle étoit liguée, en 1733, avec le Roi son père, s'il a
pu deux ans après comprendre et retenir quelques réflexions politiques, elles n'étoient plus à l'avantage de cette
couronne. Les préliminaires de Vienne avoient aliéné la
cour de Turin ; et dans son adolescence jusqu'à la der-

nière guerre d'Italie, il a été nourri dans des principes beaucoup plus favorables à l'Angleterre. Parfaitement bien élevé, il n'a eu auprès de lui que des hommes du plus grand mérite; mais chacun a ses affections, et les deux chefs de son éducation [1] penchoient pour l'Angleterre.

La guerre survint en 1743. Cette guerre étoit défensive pour la cour de Turin et la France. Il eut au moins l'*air de l'agression*. Le duc de Savoie fit ses premières armes sous le Roi son père; et la passion qu'il montra dès lors pour la guerre eut pour premier objet de repousser une invasion et de sauver les États sur lesquels il étoit destiné à régner. D'autres circonstances ont depuis contribué à nourrir le goût qu'il avoit déjà pour la nation angloise [2].

On ne doit cependant tirer de là aucune conséquence pour l'avenir. L'ascendant de cette nation et la cour de Turin étoient pour ainsi dire achetés par les subsides abondants qu'elle en avoit reçus et qu'elle en espéroit encore. Nous l'avons déjà dit, cette espérance est désormais éva-

[1] Le marquis de Solar de Broglio, son gouverneur, depuis grand écuyer, et le marquis de Fleury, son instituteur, ensuite chevalier d'honneur de la duchesse aujourd'hui reine. C'étoit dans ce dernier un préjugé d'habitude. Il avoit été élevé, pour ainsi dire, à Londres où son père avoit été longtemps ambassadeur; et quoiqu'il n'eût point adopté les *mœurs angloises*, il n'avoit pu se défendre d'un goût décidé pour cette nation. Ceci nous rappelle une observation singulière : c'est que les étrangers (ministres et voyageurs) qui ont passé beaucoup de temps à Paris et qui s'y sont fort amusés, en partent rarement contents et conservent peu d'inclination pour la France. Ceux qui ont fait de longs séjours à Londres, où ils ne sauroient nier qu'ils ne se soient souvent ennuyés, restent presque toujours enthousiastes de l'Angleterre. (A.)

[2] Le roi Victor-Amédée avoit fondé à Turin une *académie royale* d'instruction et d'exercices; il y avoit mis pour gouverneur un homme de qualité. Cet usage a été suivi et l'objet du fondateur a été rempli : c'étoit moins d'y élever sa jeune noblesse, peu riche en général, que d'y attirer des princes, des grands seigneurs étrangers, et surtout des Anglois opulents. Les distinctions et les agréments à la cour accordés aux élèves de cette académie avoient flatté la vanité de ces derniers. Sans aucune difficulté sur le rang ou la naissance, ils étoient et sont encore présentés de droit par le ministre national, de là mis

nouie ; les connexions continentales sont abandonnées [1], et l'idée même de les renouer n'entrera plus dans la tête d'aucun ministre anglois. Elle a été proscrite d'avance par le vœu national. A peine le gouvernement britannique mettroit-il encore quelque degré de chaleur dans les affaires qui pourroient intéresser directement les États de Hanovre. Tout ce que le Roi de Sardaigne peut et paroît en espérer, c'est le concours de cette puissance maritime aux mesures qu'il prend pour l'amélioration et pour le commerce de son port de Nice.

Peut-être à cet égard pourroit-il encore compter sur la protection de l'Angleterre. La rivalité nationale et le motif du gain suffiroient pour intéresser un peuple *mercantile* à s'ouvrir et à se conserver un débouché de plus, surtout aussi près de la France. C'est autant de gagné pour l'Angleterre, autant de perdu pour nos ports de Provence, pour notre navigation et pour nos fabriques de draps et de toiles. Voilà donc à peu près le but et le terme de l'intérêt

à l'académie ; et, en cette qualité, ils ont toujours partagé ces mêmes agréments et distinctions avec les princes et les plus grands seigneurs étrangers. On y voyoit les fils des marchands de Londres danser au bal paré de la cour avec les princesses royales. Turin étoit donc devenu un séminaire d'Anglois courtisans ; et ceux même qui n'étoient pas nés pour jouer ce rôle en soutenoient par leur dépense l'éclat et la représentation. Les académistes et les voyageurs de cette nation avoient l'honneur de faire leurs exercices avec les ducs de Savoie et de Chablais et de les accompagner à la chasse et dans leurs promenades à cheval ; enfin, ils vivoient avec eux dans une sorte de familiarité qui n'étoit pas permise à la noblesse piémontaise. (A.)

[1] Ce passage prouve combien les politiques les plus habiles doivent se défendre de la manie de faire les prophètes. Favier prédit que le cabinet anglois, consultant le vœu national, renoncera aux connexions continentales, et ne donnera plus de subsides aux puissances étrangères ; et nous voyons aujourd'hui tous les rois de l'Europe successivement payés par l'Angleterre pour prolonger la guerre contre la France. Il seroit certainement de l'intérêt du peuple anglois de jouir avec sagesse de son heureuse position insulaire, de ne point se mêler des querelles sanglantes du continent, et de se contenter de faire de leur île le temple de la liberté, l'asile du malheur, et l'entrepôt

réel et solide que prendroit désormais la cour de Londres à celle de Turin. L'objet n'en est pas assez important pour déterminer la première à faire des efforts pécuniaires à l'appui de la seconde. Elle ne prendroit même le parti de celle-ci par un armement maritime, que dans le cas de quelques difficultés entre les deux cours de Versailles et de Turin, au sujet de ce commerce de Nice. Alors peut-être, si le cabinet de Saint-James cherchoit quelque prétexte de tracasser la France, celui-là pourroit servir au besoin tout comme un autre ; mais ce seroit toujours à titre de *protection* ou de médiation armée, et non d'alliance offensive ou défensive, *ni de traité de subsides*.

C'est à ce titre seul que les liaisons de la cour de Turin

général du commerce du monde. Mais la politique suit les passions des gouvernants et non l'intérêt des peuples. Le ministère britannique veut être le tyran des mers ; et comme il craint la rivalité, les richesses et la puissance des François, il veut les appauvrir par des guerres fréquentes qui les empêchent de porter leurs efforts et leur activité sur l'Océan. D'après ce système, il excitera tant qu'il le pourra des troubles sur le continent et soldera, toutes les fois qu'il en trouvera le moyen, des gladiateurs couronnés pour ensanglanter la terre et rendre sa domination sur la mer plus paisible. Il est à souhaiter qu'un jour toutes les puissances maritimes ouvrent les yeux sur ces projets funestes et réunissent leurs moyens pour condamner au repos cette puissance ambitieuse. On doit être étonné que Favier avec tant de lumières fasse une prédiction si improbable, et dont tous les événements démontrent la fausseté. Mais tel est l'esprit de système et de parti : il fausse l'esprit le plus juste, et lui fait adopter tous les paradoxes qu'il croit utiles pour établir ses opinions.

Un des avantages de l'alliance de 1756 étoit de mettre la France à l'abri de toute diversion continentale par l'Autriche, dans le cas où elle seroit en guerre avec l'Angleterre. Favier, qui combat cette alliance, veut établir en principe que l'Angleterre a décidément renoncé au système des connexions continentales, et il prédit qu'elle ne donnera plus de subsides. Si cette prédiction eût été vraie, il est certain que l'alliance de 1756 auroit été inutile ; car l'Autriche n'est pas en état de faire la guerre à la France sans l'argent de l'Angleterre. Ainsi son erreur n'a d'autre cause que le désir passionné de prouver par tous les moyens possibles le danger et l'inutilité de l'alliance des cours de Vienne et de Versailles. (*S.*)

avec celle de Londres ont été longtemps aussi fructueuses pour l'une qu'onéreuses pour l'autre ; et sans ce motif d'intérêt, l'influence et la prépondérance de l'Angleterre à la cour de Turin ne tiendront plus qu'à bien peu de chose.

Ces liaisons autrefois si étroites ne subsistent donc plus par l'unique lien qui les avoit rendues indissolubles presque depuis un siècle. C'étoit le besoin, l'espoir même, la certitude d'un puissant secours pécuniaire dans les guerres longues, fréquentes et animées qu'elle avoit à soutenir contre la France, de concert avec une multitude d'ennemis également ligués contre cette couronne. Ce cas ne doit et ne peut plus arriver : donc l'alliance de l'Angleterre est désormais à peu près nulle à l'égard de la cour de Turin.

En partant de cette assertion aisée à démontrer, on peut et doit se flatter aussi que les préjugés de l'éducation et les penchants de la jeunesse n'influeroient pas longtemps sur l'âge mûr et la conduite politique du nouveau Roi de Sardaigne. Ce monarque est sage et habile. De nouveaux liens plus forts doivent tourner ses inclinations du côté de la seule puissance dont il aura toujours, s'il veut, *beaucoup à espérer et rien du tout à craindre.*

C'est dans ce nouveau point de vue qu'il faut désormais envisager sa position relativement à la maison de Bourbon ; et ce seroit aussi la mesure des rapports respectifs du chef et de toutes les branches de cette auguste maison avec celle de Savoie. Réduisons-nous donc à un simple résumé de la position réciproque de la France et de la puissance piémontaise dans l'ordre politique actuel. Il en résulte :

1° Que le système ancien et constant de la maison de Savoie a été un système d'agrandissement ;

2° Qu'il n'y a aucune raison de penser qu'elle ait volontairement abandonné ce système naturel, primitif et fondamental ;

3° Que si elle a paru depuis quelque temps y renoncer ou s'en écarter, cette inertie apparente a été l'effet d'une situation forcée, aussi gênante que nouvelle pour la cour de Turin ;

4° Que le nouveau système de la cour de France, depuis 1756, a produit cette gêne et cette inertie apparente ;

5° Que la cour de Turin peut se flatter encore de voir un jour changer cette situation par quelque révolution préméditée, ou peut-être nécessitée dans le nouveau système ;

6° Que le deuxième principe constant de la cour de Turin est de se maintenir surtout dans l'état de sûreté et d'indépendance qui résulte de sa position topographique ;

7° Qu'elle tient à ce principe local plus encore qu'à son système d'agrandissement, de sorte qu'elle n'accepteroit jamais aucune offre de nouvelles possessions, quelque avantageuse qu'elle parût au premier coup d'œil, si de l'acceptation il pouvoit résulter la moindre altération à cette sûreté, cette indépendance si précieuse ;

8° Que pour l'engager sans retour dans les intérêts de la France, il faut cependant que cette cour y trouve aussi les siens, ce qui est le seul nœud indissoluble de toute alliance ; et que de plus cet intérêt d'ambition puisse se concilier avec la sûreté et l'indépendance locale ;

9° Que pour y parvenir, le premier pas à faire est de rétablir la confiance intime entre les deux cours, sentiment qui n'a pu ni dû subsister bien réellement depuis la paix de 1738, moins encore depuis notre traité de 1756 et des années suivantes ;

10° Que cette confiance réciproque ne doit pas être fondée seulement sur les liens du sang, sur l'estime et l'amitié mutuelles des deux souverains, mais aussi sur la vigueur et la stabilité de leurs mesures politiques, et sur les moyens assurés de les soutenir de part et d'autre jusqu'à la pleine et entière exécution de leurs engagements respectifs. Cette certitude dépendra toujours du système motivé, calculé, constant, que chacune des deux cours auroit adopté.

De tout cela, il résulte encore pour la France à l'égard de la cour de Turin, autant et plus que de tout autre État d'Italie, la nécessité indispensable et qui peut devenir pressante, de former incessamment un nouveau système politique et militaire.

### RÉCAPITULATION GÉNÉRALE DE L'ARTICLE XIII.

Nous avons retracé : 1° la position de la France à la paix de 1748, et le haut rang qu'elle tenoit dans l'ordre politique, relativement à l'Italie comme à l'Empire ;

2° Les titres et les droits qu'elle avoit conservés jusqu'alors à la protection, à la défense même des libertés et des possessions respectives de tous les princes et États d'Italie ;

3° Les puissants motifs pour chacun d'eux de rechercher ou de conserver cette protection imposante ;

4° Le haut degré de considération dont, en conséquence de tous ces avantages, la France jouissoit alors en Italie, considération qui faisoit partie de sa grandeur et de sa prééminence.

5° Les facilités qui en résultoient pour elle d'élever au plus haut point dans cette partie de l'Europe sa puissance fédérative ;

6° L'enchaînement inconcevable de mesures fausses, foibles ou inconsidérées, d'engagements précipités, onéreux, et, en un mot, de toutes les disparates politiques qui ont fait perdre à la France, en Italie comme dans le reste de l'Europe, son rang à la tête des grandes puissances;

7° Nous avons présenté l'Italie comme un composé de différents États, coupés et séparés les uns des autres par une ligne d'environ cent lieues de pays possédés, gouvernés ou subjugués par une puissance étrangère. D'après cette interposition locale et continue d'une domination puissamment armée, nous avons prouvé le danger qui en résulte pour chacun des autres États séparés, d'être engloutis ou subjugués à leur tour par cette puissance prépondérante. Nous avons démontré que leur liberté, leur indépendance, leur existence même seroient au moins précaires, s'ils n'étoient constamment et puissamment protégés par quelque autre grande puissance.

8° La France étant la seule des puissances de cet ordre à portée de défendre l'Italie contre la seule aussi à portée de l'opprimer, on a discuté la position actuelle de chacun des États d'Italie relativement à la France, et respectivement celle de la France à leur égard dans le nouveau système de l'Europe.

9° Ce nouveau système étant résulté en partie de l'altération, ou plutôt du renversement arrivé dans l'ancien système de la France, nous avons exposé les inconvénients et les difficultés qui l'arrêteroient aujourd'hui dans l'exercice de cette protection et de cet arbitrage qui lui appartenoient autrefois à l'égard de l'Italie comme de l'Empire. Nous avons prouvé aussi qu'en honneur et même en saine politique, il pourroit arriver des cas où cependant la France ne sauroit se dispenser de faire revivre cette protection et cet arbitrage, ce qui l'entraîneroit dans une guerre forcée, et par conséquent désavantageuse.

10° Ces inconvénients et ces difficultés devant nécessairement subsister et même augmenter successivement, tant que le système actuel de l'Europe, et surtout celui de la France, restera établi ou plutôt chancelant sur le même pied, nous avons, d'après chaque article particulier, conclu à la refonte de ce système.

Résumons donc et disons encore, redisons toujours : Que *l'amour même de la paix* exige de la France pour son honneur, sa gloire et sa tranquillité, de voir et de prévenir de loin tout ce qui pourroit l'entraîner dans une guerre nécessitée ;

Que ce cas *de la nécessité* peut et doit arriver par la réclamation d'un État d'Italie, allié ou protégé de la France, qui seroit opprimé ou menacé par la puissance dominante ;

Qu'il ne seroit alors ni glorieux ni prudent de l'abandonner à une invasion, parce que la première qui auroit réussi seroit suivie de plusieurs autres, et que de proche en proche la France se trouveroit bientôt discréditée et investie par cet enchaînement d'usurpations qu'elle auroit honteusement souffertes ;

Que le seul moyen de les prévenir ou d'en arrêter le cours seroit pour cette couronne de travailler à rétablir, relativement à l'Italie comme à l'Empire, *sa puissance fédérative ;*

Que cette puissance ne pouvant être fondée que sur le recours du plus foible, le secours du plus fort, le concours de tous les deux, elle doit avoir pour base la confiance de l'un, la fermeté de l'autre, mais surtout la combinaison et la certitude des moyens de communication et de la liberté des secours ;

Que ces moyens et cette liberté dépendent, 1° des *intermédiaires ;* 2° des engagements antérieurs, favorables ou contraires à la prestation de ces secours ;

Que dans l'état présent de notre système on n'est rien

moins qu'assuré des intermédiaires dont le principal peut et doit être bien disposé à certains égards, mais ne peut être encore *engagé*, tant que la France conservera de son côté des engagements exclusifs et diamétralement opposés;

Que la liberté des secours est également gênée, restreinte, et à peu près annulée par ces mêmes engagements, puisqu'ils seroient contradictoires avec cette liberté : pour être réelle, nous l'avons prouvé ailleurs, elle doit être indéfinie ;

Que sans cette double certitude des moyens de communication et de la liberté des secours, l'État opprimé ou menacé et la puissance protectrice craindroient également, l'un de faire une réclamation inutile, et l'autre de tenter une entreprise difficile ou même dangereuse ;

Que de ces craintes réciproques suit nécessairement la défiance, ou du moins le découragement d'un côté et le discrédit de l'autre ;

Que de cette situation respective de l'État menacé et de la puissance protectrice, il doit résulter pour la puissance menaçante le plus grand encouragement à opprimer l'une et à se jouer impunément de l'autre ;

Que de cet encouragement doit naître l'exécution successive de tous les projets ambitieux et destructifs de la puissance menaçante, et par conséquent le danger inévitable pour la puissance protectrice d'être nécessitée à des mesures tardives, fautives et insuffisantes, c'est-à-dire à tous les inconvénients d'une guerre forcée.

Donc, relativement à l'Italie comme à l'Empire, *l'amour même de la paix,* ainsi que l'honneur, la prudence, la gloire, tout fait une loi à la France de changer ou du moins de modifier très-différemment son système politique.

Mais, dira-t-on, « toute modification détruiroit ce sys-

» tème puisqu'il est absolu, exclusif et contradictoire à
» tout autre engagement que celui de rester *purement*
» *passif* dans le bouleversement déjà commencé du sys-
» tème de l'Europe. »

C'est ce qu'on se réserve de discuter dans la troisième section. On observera seulement ici que la refonte ou la formation d'un système politique qui ne seroit pas purement passif ne sauroit s'accomplir ou du moins subsister sans l'appui du nouveau système militaire.

### XIV. *De la Suisse ou du corps helvétique.*

C'est uniquement pour rentrer en France, en achevant le tour de l'Europe, que nous nous arrêterons un moment sur cette république fédérative.

La Suisse a joué jadis un grand rôle dans les affaires d'Italie, lorsque la cour de Rome y représentoit elle-même. L'influence de cette cour, tombée en même temps que sa puissance temporelle, fut presque anéantie en Suisse à l'époque de la réformation : ce qu'elle en a conservé dans les cantons catholiques est soigneusement surveillé et sans cesse combattu par la vigilance et la supériorité des cantons protestants.

Le corps helvétique cessa dès lors d'être pour la France un allié très-important ou un ennemi redoutable. Bornée avec lui aux engagements du traité de 1512, elle s'accoutuma à ne considérer la Suisse que comme un dépôt de recrues, dont les partis, dans les guerres de religion, tiroient en payant des ressources promptes et assurées.

La paix rendue à l'État, au dedans et au dehors, sous Henri IV, ne fit pas négliger ce dépôt étranger, mais voisin et d'autant plus précieux, qu'en épargnant par ce moyen la population nationale, ces troupes mercenaires soulageroient l'agriculture et les arts utiles.

Ce grand roi, occupé d'ailleurs de l'abaissement d'une maison alors ennemie, et surtout du projet de rendre la liberté à l'Italie et à l'Allemagne, ne pouvoit pas se dispenser de ménager une nation guerrière placée entre la France et ces deux parties de l'Europe.

Tel fut le motif de la grande alliance, jurée solennellement par ce monarque en 1602, avec les députés de tout le corps helvétique, et de la même cérémonie renouvelée par Louis XIV en 1660. De là aussi le soin qu'avoit pris la France dans les traités de Westphalie, d'assurer à cette république le même avantage qu'à celle des Provinces-Unies, c'est-à-dire de faire enfin reconnoître le corps helvétique par la maison d'Autriche pour un État libre, souverain et indépendant.

Mais bientôt le système noble et généreux de Henri IV, et les apparences mêmes de ce désintéressement, conservées encore sous Louis XIII, relativement à l'Empire, firent place à des vues ouvertement ambitieuses et despotiques.

Les hauteurs, les prétentions surannées ou même fabuleuses et inouïes de la France après la paix de Nimègue, les vexations, les usurpations manifestes de cette couronne, répandirent l'alarme dans le corps germanique. Il ne vit plus dans le Roi Très-Chrétien l'arbitre de ses différends, le garant de sa constitution, le protecteur de sa liberté. Il ne l'envisagea que comme un voisin formidable et trop ambitieux [1].

[1] Rien ne ressemble plus aux prétentions formées par les chambres de réunion de Metz et de Brisach sur tant d'États de l'Empire que les réclamations du Roi de Prusse et de l'Impératrice-Reine sur l'extension imaginaire de l'ancienne Poméranie, et sur les royaumes de Lodomérie et de Hallicie ou Gallicie. La Suisse avoit fait autrefois partie de l'Empire, et s'étoit trouvée fort

La Suisse trembla pour l'Empire et pour elle-même. Le voisinage pouvoit faire rejaillir sur ses possessions quelques étincelles de l'embrasement. La révocation de l'édit de Nantes et l'odieuse persécution qui s'ensuivit aliénèrent de la France les cantons protestants, sans inspirer aux catholiques plus de confiance et de sécurité. Dès lors ce dépôt de recrues, réservé précédemment à la France, qui en avoit eu presque l'usage exclusif, devint commun à ses ennemis. L'Angleterre, la Hollande, la cour de Turin, y puisèrent abondamment; et celle de Vienne, sans prendre des Suisses à sa solde, se prévalut de leurs services dans les armées des alliés. Par là elle put diminuer son contingent, et se servit de ses propres troupes pour des objets de préférence.

Telle étoit la guerre d'Italie, dont tous les avantages devoient être uniquement pour son propre compte.

Devenus dès lors amis *de tout le monde,* les Suisses ne le furent plus de personne, et peut-être moins de la France que d'aucune autre puissance. Ils le prouvèrent assez par le jugement rendu au sujet de la succession de Neufchâtel. La guerre civile de 1712, et l'alliance particulière renouvelée en 1715, entre cette couronne et les cantons catholiques, avoit un peu resserré les liens de l'amitié entre eux et la France; mais aussi les mêmes circonstances avoient achevé de les rompre entre elle et les cantons protestants.

Les efforts qu'on a faits depuis pour ramener un peu ces derniers, n'ont pas été absolument sans succès; mais leur conduite dans la médiation de Genève et le dénoûment

entremêlée, par les bizarreries du droit féodal, avec l'Alsace et le Brisgaw, où étoit établi l'un des foyers de réunion. En suivant les mêmes principes, adoptés depuis par d'autres puissances, on auroit pu faire dépendre du seul *comté de Férette* une grande partie des possessions helvétiques. (A.)

de cette scène politique si peu convenable à la dignité et à la prépondérance naturelle du principal médiateur, ont trop montré le peu de fond qu'il y auroit désormais à faire sur les démonstrations de Berne et de Zurich.

L'affaire de Versoix, née du mauvais succès de cette médiation, les tracasseries dont notre ministère a été soupçonné dans les derniers troubles de Neufchâtel, l'espèce de punition (à notre préjudice) infligée aux cantons voisins, en les privant des sels de France, les arrangements et refontes arbitraires faites dans la constitution du militaire suisse au service de France, mais surtout les démêlés encore subsistants au sujet des priviléges, exemptions et franchises des Suisses établis dans le royaume, tout ce concours de circonstances et d'opérations fâcheuses n'a servi qu'à nourrir et augmenter de part et d'autre la défiance et le refroidissement.

Les voies de rigueur employées contre Genève n'ont point réussi. L'établissement de Versoix reste abandonné [1]; les sels du Tyrol ont pris la place de ceux de France, et ce débouché de notre superflu paroît désormais fermé pour toujours. Le Roi de Prusse a pris et montré dans cette dernière affaire de Neufchâtel un ascendant qui peut-être auroit été à désirer pour nous dans les temps d'union avec la cour de Berlin, mais qui depuis l'époque de 1756 n'a pu s'accroître en Suisse qu'au détriment de notre influence. Les arrangements militaires n'ont satisfait personne, que quelques individus comblés de bienfaits dans notre service, tandis que collectivement chaque canton a été mécontent. Si quelques-uns ont accédé avec répugnance et de mauvaise grâce, d'autres, et les plus foibles, tels que

---

[1] Il l'étoit du moins à peu près vers la fin de 1771, faute de cent mille écus fournis à propos; il en a coûté deux ou trois cent mille en pure perte, et une grande consommation d'hommes par les travaux et les maladies. (A.)

celui de Schwitz, ont osé tenir tête à un roi de France. Enfin, les démêlés au sujet des exemptions, traités tantôt avec noblesse et indifférence, tantôt avec une hauteur dirigée par l'esprit fiscal, sont restés dans le même état, à l'aigreur près qui s'y est mêlée de part et d'autre. Tout enfin paroît s'être réuni pour éloigner de plus en plus le renouvellement de la grande alliance.

Dans ce point de vue peu riant, il nous reste à examiner quelle est la position respective du corps helvétique à l'égard de la France. Pour en bien juger, il faudroit d'abord apprécier les dispositions et les intérêts des cantons catholiques d'un côté, et des protestants de l'autre.

La guerre civile de 1712 et le traité qui la termina au grand désavantage des cantons catholiques, a semé entre eux et les protestants un germe de haine et d'animosité plus fécond en discordes que ne pourroit l'être désormais la différence de religion. Un demi-siècle écoulé depuis n'a point adouci ce souvenir amer. Les premiers seroient disposés sans doute à s'unir étroitement avec la France, et à suivre ses directions dans les affaires nationales, s'ils pouvoient se flatter d'en obtenir une protection efficace et des secours réels pour les aider à recouvrer ce qu'ils ont perdu; mais ce seroit acheter trop cher la dépendance du plus foible, que de s'exposer à faire pour lui la guerre au plus fort, et à risquer des troupes et dépenser de l'argent sans avoir aucune possibilité de bénéfice; enfin, à rompre les liens du corps helvétique, et dissoudre sa constitution en pure perte.

Cet espoir n'est donc pas permis aux cantons catholiques; et sur tous les autres points contestés entre la France et cette république, les intérêts sont à peu près communs entre les deux partis. On ne peut donc pas non plus se flatter de les diviser en accordant à l'un ce qu'on refuseroit à l'autre ; il seroit plus prudent et plus avantageux de les gagner tous ensemble.

Mais combien de difficultés ne présente point ce double projet! Berne et Zurich, surtout le premier, trop fier de sa puissance, ne se prêteroient jamais à l'unique moyen de rétablir l'équilibre, et par conséquent l'union, la confiance et la concorde : ce seroit de restituer leurs conquêtes. La division sur ce seul point existera toujours intérieurement, mais sans aucun effet dont nous puissions tirer quelque avantage. Au contraire, sur tous les points d'intérêt commun, et principalement sur les exemptions, on verra toujours régner dans les diètes la plus parfaite unanimité.

Ajoutons à ces considérations l'attachement inaltérable des cantons protestants pour les puissances maritimes, et l'influence du Roi de Prusse sur ceux de Berne et de Zurich [1] ; mais recherchons-en les motifs.

Outre les liens formés jadis par la religion, et que la politique conserve autant que l'habitude, les cantons protestants sont attachés à la Hollande par les avantages d'un service lucratif; à l'Angleterre par l'intérêt que celui de Berne surtout est obligé de prendre à la conservation et à la prospérité de cette puissance. Des fonds immenses de l'État et des particuliers sont embarqués sur le vaisseau politique de la Grande-Bretagne, et son naufrage entraîneroit dans la Suisse protestante celui des fortunes publiques et privées [2]. Pour le Roi de Prusse on ne lui a rien prêté ;

[1] Surtout dans le premier, par son général Lentulus. Ce général est une espèce de favori à la cour de Potsdam; gouverneur de Neufchâtel, après avoir été plénipotentiaire en Suisse pour la négociation au sujet des derniers troubles de cette principauté; toujours accrédité de la part du Roi de Prusse auprès des cantons, et en même temps sénateur à Berne, où il a par lui-même la plus grande influence dans le gouvernement. (A.)

[2] Le voyageur Burnet comptoit, en 1714, au delà d'un million et demi sterling placé par la régence de Berne dans les fonds publics d'Angleterre.

mais on voit en lui un voisin, un allié puissant, et qui peut être utile sans devenir jamais dangereux. Protégé par les cantons dans son petit État de Neufchâtel, soulagé par là de toute dépense et de toute inquiétude, il leur a fait envisager en grand la réciprocité de cette protection ; et le rang qu'il tient entre les puissances, son influence dans le système politique, son poids dans la balance de l'Europe, tout, jusqu'à son alliance avec la cour de Vienne, ont dû inspirer et fortifier de jour en jour cette confiance. Les cantons protestants au moins en ont le garant le plus sûr : c'est *l'intérêt d'un prince éclairé;* il ne peut en avoir aucun à leur nuire, mais beaucoup à les protéger.

A l'égard des cantons catholiques, on n'a que trop vu combien depuis quelques années l'influence de la cour de Vienne s'y est accrue aux dépens de la nôtre. Il seroit inutile de rechercher ici les causes et de retracer toutes les nuances de cette dégradation successive. Nous en avons déjà indiqué les unes en général ; il seroit aussi minutieux que désagréable de s'appesantir sur les autres.

Nous ne parlerons point ici de l'Espagne ; elle avoit autrefois le plus grand intérêt à cultiver les Suisses, et ceux-là à la ménager. Elle possédoit le Milanès et dominoit en Italie ; aujourd'hui le seul lien entre ces deux États consiste dans les avantages que les cantons catholiques trouvent à vendre au Roi d'Espagne des troupes dont il ne peut se passer. Naples est respectivement dans le même cas pour ses régiments suisses.

Depuis cette époque, le gouvernement, dont les dépenses ordinaires sont fort inférieures à ses revenus, n'a point cessé d'accumuler et de placer toujours en Angleterre. Les particuliers ont, en général, suivi l'exemple de l'État. Qu'on juge par là combien, depuis soixante ans, la masse de ces capitaux doit avoir grossi; on comprendra l'attachement et même le fanatisme des Bernois pour la nation britannique. (*A.*)

Mais jetons avant de finir un coup d'œil rapide sur quelques membres accessoires du corps helvétique.

La république des Grisons possède encore *la Valteline*. La situation de ce petit pays entre le Tyrol et le Milanès en a fait depuis deux cents ans un objet d'attention pour toutes les puissances intéressées au sort de l'Italie. Nous avons traité dans l'article de cette partie de l'Europe [1] les nouveaux sujets d'inquiétude qu'auroit pu donner le projet repris en dernier lieu d'un chemin de communication par la Valteline, depuis les gorges du Tyrol jusqu'au lac de Côme. Nous nous bornerons à observer que, de la facilité des Grisons à y consentir, on pourroit inférer aussi la prépondérance du parti autrichien dans cette république. Comme en ce cas la cour de Vienne devroit cet avantage à notre alliance, on doit espérer que nous le partagerons toujours avec elle; ce qui seroit un dédommagement foible, à la vérité, de l'ancienne considération dont la France jouissoit exclusivement dans cette république.

Une autre petite république (le Valais), et qui fait également partie du corps helvétique, paroît aussi se détacher insensiblement de la France. Elle avoit adopté, ainsi que les Grisons, l'usage des sels du Tyrol, que la cour de Vienne s'étoit empressée de leur offrir, lors des dernières tracasseries entre eux et notre ministère [2].

Ce petit pays forme aussi, par les deux passages du Simplon et du mont Saint-Bernard, une ligne de communication et une espèce de contiguïté entre le Roi de Sardaigne et les cantons catholiques, tandis que la Savoie le rend le plus proche voisin de ceux de Berne et de Zurich.

---

[1] Art. XIII, *De l'Italie, de la cour de Turin.* Voyez plus haut, p. 332.

[2] Nous ignorons si cette branche de commerce a été rétablie en tout ou en partie, et même si l'on y a seulement pensé. Peut-être aussi après l'avantage qu'on avoit laissé prendre là-dessus à l'administration autrichienne, toute démarche de notre part auroit-elle été tardive et infructueuse. (*A.*)

Ceux-ci depuis longtemps ont oublié, ainsi que Genève, les anciens sujets de guerre avec la maison de Savoie, qui, de son côté, a perdu de bonne grâce jusqu'au souvenir de ses pertes et de ses prétentions. Il en est résulté la meilleure intelligence et la plus parfaite harmonie entre la cour de Turin et les deux cantons protecteurs de Genève, ainsi qu'avec cette petite république elle-même.

Le feu Roi de Sardaigne en a éprouvé constamment les effets avantageux ; il en a obtenu troupes, argent et crédit, quand il en a eu besoin, et même après les réformes et les réductions d'intérêts qu'il a faites. Il a conservé ce crédit au point de pouvoir trouver encore quand il voudra trente-cinq ou quarante millions dans la Suisse protestante. Il les a dus, les a payés ; et à cet égard personne ne se plaint que d'avoir été remboursé. Le traitement des troupes helvétiques dans le service piémontais est presque aussi avantageux qu'en Hollande. La vie plus agréable et beaucoup moins dispendieuse, le climat plus doux, le voisinage plus commode pour les officiers et pour les recrues, enfin, tout concourt à rendre ce service le plus flatteur pour la jeunesse du pays ; elle s'y jette à l'envi.

On peut donc regarder aussi la cour de Turin comme une des puissances intéressées à ménager les Suisses, à cultiver leur amitié, à les protéger au besoin ; et réciproquement le corps helvétique, comme attaché à cette cour par des liens d'autant plus étroits qu'il n'en a rien à craindre, qu'il se trouve bien de son amitié, et qu'il en espère encore davantage.

A l'égard de la cour de Vienne, les Suisses ne semblent avoir aucun de ces motifs d'attachement et de confiance. Il est arrivé cependant depuis quelques années, par je ne sais quelle fatalité, tout le contraire de ce qui devoit, disoit-on, résulter de nos mesures politiques.

S'il faut en croire leurs auteurs, « la France en devoit
» recueillir, outre la certitude d'une sûreté et d'une tran-
» quillité inébranlables, un surcroît de crédit, de considé-
» ration dans le système de l'Europe. »

Nous laissons à juger si elle a conservé partout ce qu'elle
en avoit auparavant. Il est trop vrai qu'elle paroît en avoir
perdu en Suisse, autant que la cour de Vienne a su s'en
acquérir. L'union intime de celle-ci avec les deux autres
puissances copartageantes, surtout avec le Roi de Prusse,
a moins effrayé les Suisses par la possibilité du danger,
qu'elle ne les a rassurés par l'intérêt que ce dernier a sûrement de les en garantir. Ainsi cette nation, remplie
d'ailleurs d'une opinion, peut-être exagérée, de ses propres forces et des avantages de sa position locale, n'a pas
seulement soupçonné qu'elle dût jamais prendre le plus
léger intérêt aux affaires du nord et de l'est de l'Europe.
Elle a vu d'un œil indifférent la spoliation d'une autre
république, qui n'avoit avec elle rien de commun que
le nom.

Peut-être ne verroit-elle pas de même les effets du système copartageant se rapprocher de son territoire, s'il
s'étendoit un jour jusqu'au midi de l'Allemagne ; mais alors
même il seroit difficile, peut-être impossible aux plus
grandes puissances, de donner à la Suisse aucune impulsion. Il ne faut lui supposer qu'une *force d'inertie ;* et c'est
cette force inébranlable, selon son opinion, qui lui paroîtra toujours le plus sûr garant de sa liberté et de l'intégrité de son territoire.

Le même titre cependant qu'avoit la république de
Pologne à la possession du comté de Zips et des duchés
de Zator et Ozwiegin, est précisément celui des cantons
pour la propriété des quatre bailliages d'Italie. Ils sont
démembrés du Milanès depuis deux cent cinquante ans

pour tenir lieu aux Suisses des sommes à eux dues par les ducs Maximilien et François Sforce ; et si le chemin par la Valteline étoit une fois ouvert aux armées autrichiennes, les propriétaires ou engagistes de ces quatre bailliages n'auroient plus avec eux aucune communication. Sans places, sans troupes et sans aucun espoir de secours, ils seroient enfin réunis au Milanès.

L'offre du remboursement pourroit être faite sans risques ; on seroit bien sûr qu'elle ne seroit point acceptée, et l'on ne se mettroit pas plus avec la Suisse qu'avec la Pologne dans le cas d'éprouver un second refus.

A l'égard des petits États, fiefs et seigneuries, qui formoient l'ancien patrimoine de la maison de Habsbourg, même le comté de ce nom, qui n'est plus qu'un bailliage de Suisse, les titres de possession sont encore plus équivoques, ou, pour mieux dire, il n'y en a point d'autres que la possession même, et la prescription de quatre ou cinq cents ans. Mais qu'est-ce que cela pour des publicistes de ce siècle ? Les royaumes de Lodomérie et de Gallicie, au moins inconnus depuis autant de temps, ont bien reparu sur le parchemin. Il falloit, il est vrai, les chercher sur le globe ; on les a trouvés dans la partie de la Pologne qui convenoit le mieux à la cour de Vienne, et vingt traités renouvelés jusqu'en 1736 n'ont pas pu éteindre une prétention qui n'avoit jamais été formée. Cette cour ne seroit pas aussi embarrassée à placer les siennes sur les possessions des cantons : les noms et les lieux n'ont jamais été perdus de vue ; on peut bien disputer du droit, mais non pas de l'existence.

Peut-être à cet égard les cantons se croient-ils hors de danger par des raisons assez plausibles : l'une, que ces possessions exiguës ne sont pas d'assez grande importance pour engager la cour de Vienne à une agression qui pourroit ou devroit la compromettre avec toutes les puissances alliées, ou protectrices du corps helvétique ; l'autre, qu'étant situées au centre de la Suisse, entourées de montagnes et de gorges aisées à défendre, il faudroit pour s'en emparer avoir battu la nation entière et faire la conquête de tout le pays, entreprise où les avantages du succès seroient trop disproportionnés aux risques et aux dépenses de la tentative ; la troisième, c'est que l'union intime subsistera ou se rompra entre les cours de Vienne et de Berlin. Dans le premier cas, la considération d'un allié tel que le Roi de Prusse garantira seul la Suisse : dans le second, sa puissance toujours en équilibre avec celle de la cour rivale la tiendra du moins en respect et l'empêchera de rien entreprendre [1].

La crainte donc, ce grand mobile de la politique (et qui lorsqu'elle est raisonnée lui fait prendre souvent la marche la plus audacieuse), ne sauroit agir assez efficacement sur le corps helvétique pour le tirer de son inertie. Il voit de tout côté autour de lui des amis et des protecteurs dont la plupart ont un besoin réciproque de ses secours et de ses moyens. Le seul qu'il pourroit craindre pourroit avoir gagné sa confiance, et beaucoup influer dans ses délibérations directement ou indirectement. Cette république n'a

---

[1] Pourquoi l'auteur, si disposé à approuver tout ce que fait la Prusse, jusqu'à son union avec l'Autriche, ne conçoit-il pas qu'on ait pu faire en faveur du traité de 1756 le même raisonnement qu'il fait ici, et qu'on ait dit au sujet des États germaniques ou italiens protégés par la France : Si l'union entre la France et l'Autriche subsiste, la cour de Vienne par considération pour son alliée respectera le repos des princes qu'elle a mis sous sa protection ; si cette union se dissout, ces princes trouveront dans les armes françoises un appui formidable?

Mais lorsqu'on est partial on porte des jugements contradictoires sur les causes qui se ressemblent le plus, et on soutient également, par exemple, que la Prusse augmente son influence et que la France diminue la sienne en s'alliant à l'Autriche. (S.)

plus aucun démêlé subsistant avec aucun d'eux qu'avec la France seule ; et malheureusement le sujet à peu près de tous ces différends est l'*intérêt pécuniaire*.

Ce gouvernement est peu susceptible d'orgueil, d'ambition et de gloire. Sans désir, ou du moins sans espoir de conquêtes, sans éclat, sans activité au dehors, sans inquiétude au dedans, il ne forme de prétentions, de projets, il ne rend de services que *pour de l'argent*. Cela est passé en proverbe; et c'est, en effet, l'unique but, le grand objet de sa politique.

Concluons que la position du corps helvétique relativement à la France est celle d'un État très-inférieur, mais formé par une nation belliqueuse, défendu par la nature, garanti par l'intérêt commun de toutes les puissances voisines, à empêcher qu'il ne soit opprimé, et auquel par conséquent la France ne sauroit en imposer beaucoup par la crainte [1].

Que les différends toujours subsistants entre la France et lui, le mettent constamment en opposition avec elle seule du côté de l'intérêt.

Que les liens primitifs de l'amitié, de la confiance, du besoin réciproque, sont beaucoup relâchés, et que s'ils ne sont point encore tout à fait brisés, c'est uniquement parce que ce même intérêt qui divise les deux États ne leur a pas permis de les rompre.

Que de notre part le désir peut-être trop marqué de parvenir enfin au renouvellement de la *grande alliance*, et du côté des Suisses les avantages considérables pour l'État et pour les particuliers qu'ils trouvent dans notre service, nous tiennent réciproquement dans la position de deux

[1] La conquête récente et facile de la Suisse prouve à cet égard l'erreur de Favier. On seroit moins hardi dans ses assertions si on réfléchissoit à tous les démentis que le temps donne aux politiques tranchants. (*S.*)

plaideurs qui au fond s'aiment peu, qui espèrent tous deux de gagner l'un sur l'autre par une transaction, mais qui vivent honnêtement ensemble.

Que par la combinaison de ces différentes circonstances avec la facilité qui accompagne depuis vingt ans notre politique, la France a éprouvé en Suisse comme ailleurs une dégradation sensible de son influence, de son crédit et de sa considération, tandis que d'autres puissances y en ont acquis à proportion de ce qu'elle en a perdu.

Qu'enfin pour changer cette position, en remettant la France à sa place vis-à-vis de la Suisse, c'est-à-dire au premier et au plus haut rang des puissances alliées et protectrices du corps helvétique, il seroit absolument indispensable, ou de former un nouveau système politique et militaire, ou de modifier ce qu'il en existe actuellement, d'après des principes mieux calculés, plus réfléchis, et par une conduite plus ferme, plus imposante, dont le résultat fût de diriger l'influence de nos alliés dans le corps helvétique, au lieu de céder ou de se laisser subordonner à une impulsion étrangère quelconque.

CCCLXVII. — LE CHEVALIER D'ÉON AU COMTE DE BROGLIE.
(*Mém. de d'Éon*, t. II, p. 180[1].)

Londres, les 13 et 18 juillet 1773.

Monsieur,

Vous ne pouviez guère vous adresser ici à personne plus en état de seconder, et même terminer au gré de vos désirs, l'affaire dont vous me parlez[1], parce que M. Morande est de mon pays, qu'il se fait gloire d'avoir été lié avec une partie de ma famille en Bourgogne, et dès son arrivée à Londres, il y a trois ans, son premier soin fut de m'écrire qu'il étoit mon compatriote, qu'il désiroit me

[1] Voyez la lettre suivante de M. de Broglie au Roi.

voir et se lier avec moi. Je refusai pendant deux mois sa connoissance, et pour cause : depuis, il a si souvent frappé à ma porte, que je l'ai laissé entrer chez moi de temps en temps, pour ne point me mettre à dos un jeune homme dont l'esprit est des plus turbulents et des plus impétueux, qui ne connoît ni bornes ni mesures, ne respecte ni le sacré ni le profane. Voilà quel est l'individu.

Fenum habet in cornu, tu, Romane, caveto.

C'est pour cela que je le tiens à une certaine distance.

C'est un homme qui met à composition plusieurs personnes riches de Paris par la crainte de sa plume. Il a composé le libelle le plus sanglant qui se puisse lire contre le comte de Lauraguais, avec lequel il s'est pris de querelle. A ce sujet, le Roi d'Angleterre, si souvent attaqué lui-même dans les journaux, demandoit la semaine dernière au comte de Lauraguais comment il se trouvoit de la liberté angloise : « Je n'ai pas à m'en plaindre, Sire, répondit le comte, elle me traite en roi. »

Je ne suis pas instruit que Morande travaille à l'histoire scandaleuse de la famille du Barry; mais j'en ai de violents soupçons. Si l'ouvrage est réellement entrepris, personne n'est plus en état que moi de négocier sa remise avec le sieur Morande. Il aime beaucoup sa femme, et je me charge de faire faire à celle-ci tout ce que je voudrai. Je pourrois même lui faire enlever le manuscrit, mais cela pourroit faire tapage entre eux : je serois compromis, et il en résulteroit un autre tapage plus terrible. Je pense que si on lui offroit huit cents guinées, il seroit fort content; je sais qu'il a besoin d'argent à présent. Je ferai tous mes efforts pour négocier à une moindre somme, mais, à vous dire vrai, Monsieur, je serois charmé que l'argent lui fût remis par une autre main que la mienne, afin que d'un côté ou d'un autre on n'imagine pas que j'ai gagné une seule guinée sur un pareil marché [1].

### CCCLXVIII. — LE COMTE DE BROGLIE AU ROI ET RÉPONSE DE LOUIS XV.

[Autogr. Arch. de l'Emp. K. 157.]

A Compiègne, 29 juillet 1773.

Sire,

Il y a un peu plus de trois semaines que M. des Cars[2] me menant à Versailles, me dit en confidence qu'il estoit fort inquiet d'un ouvrage scandaleux plein des plus atroces calomnies qu'on estoit prest de publier en Angleterre, qu'il cherchoit quel moyen on pourroit employer pour en prévenir l'impression, et que, comme il avoit vu le sieur d'Éon, mon aide de camp à l'armée, il avoit imaginé que je pouvois avoir du crédit sur son esprit et estre par là à portée de le charger de cette commission; il m'adjouta que, connoissant mon inviolable attachement pour Votre Majesté, il avoit pensé que je serois bien aise de contribuer à prévenir la publicité d'escrits infâmes, et qui, plus ils sont calomnieux, plus ils sont accueillis avec avidité par le public.

Je répondis, Sire, au marquis des Cars que j'avois autrefois beaucoup de crédit sur d'Éon, que je recevois

---

[1] Thevenneau de Morande était un Français refugié en Angleterre, où, sous le titre de *Gazetier cuirassé*, il publiait un recueil d'anecdotes scandaleuses sur des personnes vivantes. Il se faisait acheter son silence. Il avait préparé une vie de madame du Barry dont le rachat forme l'objet de la lettre suivante du comte de Broglie, et amena une longue négociation à laquelle prit part, au nom du Roi, Beaumarchais. Voyez l'Étude préliminaire, t. I, p. 186. Thevenneau rentra en France lors de la Révolution, exerça quelque temps sous le Directoire les fonctions de juge de paix, et mourut en 1803 à Arnay-le-Duc, son pays natal.

[2] Il s'agit ici du marquis des Cars, premier maître d'hôtel du Roi, charge qui était entrée dans sa famille par suite d'une alliance avec les Pâris.

quelquefois de ses nouvelles, que je le croyois en effet très-propre à se bien acquitter de la commission dont il s'agissoit, mais qu'il falloit commencer par sçavoir s'il y avoit bien lieu à s'en occuper, et que j'allois luy escrire par une voie seure pour tascher d'y parvenir. Vostre Majesté trouvera cy-jointe sous le numéro 1 la lettre que j'escrivis le 6 de ce mois au sieur d'Éon à ce sujet, sous le numéro 2 la première response introductive qu'il y a faite, et sous le numéro 3 le déchiffrement de la seconde response. J'ay reçu cette dernière pièce il y a peu de jours, et sur-le-champs j'ay dit à M. des Carts que je croyois pouvoir répondre par le moyen de d'Éon du succès du projet qu'il m'avoit communiqué, et qu'ainsy il ne s'agissoit plus que de sçavoir l'espèce de récompense du sacrifice qu'on exigeroit du chevalier Morants, et si madame la comtesse du Barry avoit véritablement envie de l'en occuper.

M. des Carts a eu à ce sujet ce matin une conversation avec cette dame, dans laquelle, sans luy nommer ny moy ny le sieur d'Éon, il luy a dit qu'il estoit estonné de la voir si tranquille sur un objet qui devoit autant l'intéresser : que, quelque fabuleux que pust estre le roman scandaleux de l'impression duquel on estoit menacé, il luy paroissoit de la dernière importance de la prévenir; qu'outre les calomnies contre elle et toute la famille du Barry, il y en pouvoit avoir contre la personne sacrée de Vostre Majesté, et que cela rendoit cette affaire d'autant plus digne de son attention. Madame du Barry a paru particulièrement très-sensible à ce dernier objet; mais il a paru à M. des Carts qu'elle pouvoit faire traiter cette négociation par un autre canal, et qu'apparament on la tranquillisoit. Il luy en a témoigné son étonnement; elle a répondu qu'en effet il faudroit s'en occuper, mais la matière n'a pas été traitée plus à fond.

Dans cet estat de choses, j'ay cru, Sire, devoir avoir l'honneur de rendre compte à Vostre Majesté de tout ce qui est venu à ma connoissance; c'est à elle à juger de l'importance de l'objet et à me donner ses ordres. Je ne scay si l'impression vive que j'en ressents est dictée par la crainte que j'ai de voir répandre un escrit, à la vérité digne du plus grand mépris, mais qui intéresse des personnes honorées de sa bienveillance, et auxquelles, par ce motif, je me trouverois heureux de rendre un service de ce genre; mais il me paroît que rien ne seroit plus pressé que de s'asseurer de cet escrit et qu'il n'en resteroit aucune trace. Oh! quel scandale ne seroit-ce pas que d'y voir Vostre Majesté elle-même compromise! Malgré cette opinion, je n'ay pas voulu paroître en rien, vis-à-vis de madame du Barry, dans cette affaire; je ne cherche pas à me faire valoir auprès d'elle, et je serois trop content de pouvoir la servir, mais à son insceu. Si Vostre Majesté pense qu'il convienne de suivre cette affaire par le moyen de d'Éon, j'auray l'honneur de lui proposer la marche que je pense qu'il convient d'y donner pour en assurer le succès. Si, au contraire, elle croit qu'il n'y faille pas songer, je lui escrirai de l'abandonner, et j'aurai celui de mettre sous ses yeux le projet de response pour qu'elle daigne l'approuver.

Je suis, etc.        Le comte DE BROGLIE.

A Compiègne, ce 20 juillet 1773.

P. S. Je supplie Vostre Majesté de me renvoyer cette lettre et toutes les pièces relatives à cette affaire.

*Louis XV écrivit sur la première page de cette lettre ce qui suit :*

Ce n'est pas la première fois qu'on a dit du mal de moy dans ce genre; ils sont les maîtres : je ne me cache pas. L'on ne peut sûrement que répéter ce que l'on a dit de la famille du Barry ; c'est à eux à voir ce qu'ils veulent faire, et je les seconderes. Je vous renvoie tous vos papiers

### CCCLXIX. — LOUIS XV AU COMTE DE BROGLIE.
[Autogr. Arch. de l'Emp. K. 157.]

A Compiègne, ce 21 aoust 1773, au soir.

M. d'Aiguillon a découvert une correspondance d'un nommé du Mourier, qui est à Hambourg, avec M. de Monteinard[1] ; il parle aussy du fils de Guibert, d'un nommé

[1] Sur cette intrigue de la Bastille, voyez Étude préliminaire, t. I, p. 182, et les *Mémoires* de Dumouriez, t. I, p. 256 et suiv. Nous nous contenterons de rappeler que le ministre de la guerre, M. de Monteynard, avait envoyé secrètement, de l'aveu du Roi, Dumouriez à Hambourg faire des levées d'hommes pour aider Gustave III à se maintenir dans la position qu'il s'était faite par son coup d'État, position qui était menacée. M. de Broglie était étranger à cette affaire ; mais M. d'Aiguillon, qui avait eu vent de ces menées, fit surveiller Dumouriez ; il apprit que celui-ci était en relation avec Favier, qui lui avait donné une lettre de recommandation pour le Roi de Prusse. M. d'Aiguillon crut ou feignit de croire à une conspiration ourdie par M. de Choiseul et M. de Broglie pour changer le système politique de la France à l'étranger. Dumouriez, Favier, Guibert, furent arrêtés. MM. de Villevault, de Marville et de Sartines furent chargés d'instruire leur procès. Voici quelques extraits des *Mémoires* de Dumouriez qui fixent l'objet que le duc d'Aiguillon voulait atteindre, c'est-à-dire de perdre M. de Broglie.

« Ce ne fut que le neuvième jour qu'on le fit descendre dans la chambre du conseil, où il trouva autour d'une table trois commissaires et un greffier. Après qu'on lui eut fait prêter son serment, il eut à son tour la curiosité de les connoître. Le président étoit un vieux conseiller d'État, nommé Marville, homme d'esprit, mais grossier et goguenard. Le second étoit M. de Sartines, lieutenant de police et conseiller d'État, homme fin et très-poli. Le troisième étoit un maître des requêtes, nommé Villevault, homme très-faux et grand chicaneur...

» On lui demanda pourquoi il vouloit aller en Prusse. Il répondit que c'étoit pour voir un grand roi et de belles troupes. — D. Pourquoi aviez-vous une lettre de Favier pour le prince Henri? — R. Parce que je l'avois demandée à Favier, pour qui ce prince a des bontés. — D. N'alliez-vous pas pour faire à cette cour des propositions? — R. Quelles propositions, et de quelle part? — D. De la part du comte de Broglie ou du duc de Choiseul? — R. Non ; et

Favier en correspondance avec le prince de Prusse et la Russie; il dit que vous êtes en commerce avec M. de Monteinard. Éclaircissez-moy sur ce que vous poures scavoir de tout cela, et de là il tomba fort sur le ministre et sur vous.

si vous ne vous expliquez pas plus clairement, je ne vous entends pas. — D. On sait, monsieur, que vous désirez la guerre, ainsi que le duc de Choiseul et le comte de Broglie, et vous pouvez avoir été chargé de leur part de chercher à troubler l'Europe? — R. Je ne sais ce que désirent MM. de Choiseul et de Broglie, mais, dans tous les cas, je les crois trop sages pour négocier en leur nom. D'ailleurs, connoissez-vous le Roi de Prusse? Comment a-t-on pu imaginer, qu'en cas que deux seigneurs françois fussent assez étourdis et moi assez fou pour aller entamer, sans mission, des négociations de quelque genre que ce fût, il auroit la complaisance de changer ou plier sa politique sur les insinuations d'un simple colonel françois? Tout cela est absurde. — D. Avez-vous jamais écrit au Roi? — R. A quel Roi? — D. Au Roi de France? — R. Jamais; mais quand cela seroit, qui oseroit m'en faire un crime? — D. Lui avez-vous jamais parlé? — R. Jamais. — Ce fut là tout le premier interrogatoire. . . . . . . . . . . . . . . . . . .

» En sortant de la conférence, Jumilhac, gouverneur de la Bastille, l'instruisit de choses fort importantes. Il lui apprit d'abord que le comte de Broglie, ayant eu une dispute très-violente avec le duc d'Aiguillon et lui ayant écrit une lettre très-déplacée, avoit été exilé dans sa terre de Ruffec, en Angoumois; que Favier et Ségur étoient aussi à la Bastille, ainsi qu'une vieille comtesse de Barnaval, maîtresse de Ségur; que le duc d'Aiguillon avoit voulu y faire mettre mademoiselle Legrand, Guibert, La Touche et tous ses amis, pour faire croire à une grande intrigue; qu'on cherchoit le baron de Bon, maréchal de camp, ami du comte de Broglie; qu'on répandoit dans Paris que Guibert et Dumouriez avoient été envoyés en Prusse pour engager Frédéric à faire la guerre; qu'on disoit que le duc de Choiseul étoit le chef du parti, Favier le conseil et lui l'agent principal; que le Roi avoit dit que M. d'Aiguillon s'y casseroit le nez, et que tout cela n'étoit que des folies....

» Dumouriez jugea, ce qui étoit vrai, que d'Aiguillon plaidoit le faux pour découvrir le vrai; que sachant qu'il existoit une correspondance entre le Roi et le comte de Broglie, n'osant pas faire de questions sur cet article sacré, il espéroit par la suite du procès en apprendre des détails... Quant à Favier, on dirigea différemment le procès contre lui; on l'interrogea sur un grand travail politique très-connu qu'il avoit composé sur les intérêts de toutes les puissances de l'Europe, et on lui parla très-légèrement du voyage de Prusse... » Au bout de six mois, on envoya Dumouriez à Caen, Favier à Doullens, et Ségur dans un château des Pyrénées.

CCCLXX. — ORDRE DU ROI [1] A M. DE SARTINES, LIEUTENANT DE POLICE, D'INTERROGER M. DE SÉGUR, FAVIER ET DUMOURIEZ, DÉTENUS A LA BASTILLE. (OFFICIEL.)

[Minute. Arch. de l'Emp. O. 118. fol. 230.]

A Versailles, le 8 septembre 1773.

Mons de Sartine [2] ayant, par des considérations essentielles, jugé à propos de faire arrêter et conduire en mon château de la Bastille le comte de Ségur [3], le sieur Favier et le sieur du Mourier, je vous fais cette lettre pour vous dire que mon intention est que notre amé et féal le sieur de Marville, conseiller d'État et en mon conseil royal, et notre amé et féal le sieur de Villevault, maître des requêtes ordinaires de mon hôtel, se transportent en mon château de la Bastille pour, avec vous conjointement ou séparément, procéder à la levée des scellés apposés sur les papiers des prisonniers cy-dessus nommés et de tous autres qui pourroient par suite de la même affaire être conduits en mondit château de la Bastille, les interroger et dresser procès-verbaux nécessaires à ce sujet, pour du tout nous être par vous rendu compte, et la présente n'étant à autre fin, je prie Dieu qu'il vous ait, Mons de Sartine, en sa sainte garde. Écrit à Versailles, le 8 septembre 1773.

[1] C'est, ainsi que le suivant, un ordre ministériel.
[2] Il était encore lieutenant de police.
[3] Ce n'est pas le fils du maréchal, mais un membre d'une autre famille qui alla périr misérablement, en 1789, en Espagne, où il avait fait le métier de pamphlétaire contre la famille royale. On avait saisi sur Dumouriez des lettres de ce Ségur, qui racontait en termes scandaleux la présentation de madame du Barry à la Dauphine. Il paraît que ce Ségur ne montra pas de fermeté lors de son interrogatoire à la Bastille, et qu'il ne tint pas à lui de compromettre gravement ceux que M. d'Aiguillon enveloppait dans une accusation commune de conspiration ayant pour but de nouer à l'étranger des relations contraires à la politique officielle du gouvernement français.

CCCLXXI. — ORDRE DU ROI A MM. DE VILLEVAULT [1] ET DE MARVILLE D'INTERROGER M. DE SÉGUR, FAVIER ET SOULAVIE, DÉTENUS A LA BASTILLE. (OFFICIEL.)

[Minute, Arch, de l'Emp. O. 118, fol. 231.]

A Versailles, le 8 septembre 1773.

Mons de Villevault ayant, pour des considérations essentielles, jugé à propos de faire arrêter et conduire en mon château de la Bastille le sieur comte de Ségur, le sieur Favier et le nommé Soulavies, domestique dudit sieur Favier, je vous fais cette lettre pour vous dire que mon intention est que vous vous transportiez en mondit château de la Bastille avec notre amé et féal le sieur de Marville, conseiller d'État ordinaire en mon conseil et en mon conseil royal, pour, avec lui et notre amé et féal le sieur de Sartines, conseiller d'État, lieutenant général de police de notre bonne ville de Paris, conjointement ou séparément, faire la reconnoissance des scellés apposés en vertu de nos ordres sur les papiers desdits prisonniers cydessus nommés, les interroger et dresser tous procès-verbaux nécessaires à ce sujet, dont ensuite il nous sera par vous rendu compte. Sur ce, etc. [2]

CCCLXXII. — LE COMTE DE BROGLIE A M. D'AIGUILLON.

[*Observateur anglois*, t. I, p. 102 [3].]

A Paris, ce 22 septembre 1773.

Comme j'imagine, Monsieur le duc, que ce sera demain

---

[1] M. de Villevault était un maître des requêtes. Il fut chargé de continuer la grande collection des *Ordonnances des rois de France*, commencée sous Louis XIV par Laurière, continuée avec succès par Secousse et Bréquigny, et terminée de nos jours par l'Académie des inscriptions et belles-lettres.

[2] Une lettre identique fut adressée à M. de Marville. Même source. M. de Marville était conseiller d'État.

[3] Nous donnons cette lettre d'après l'*Observateur anglois*, Londres, chez

au conseil que vous traiterez l'affaire de mon voyage de Turin, qui, en vérité, n'étoit pas digne d'y être portée, je me presse de vous représenter de nouveau qu'il seroit bien étonnant qu'après vous avoir annoncé, il y a près de deux mois, à Compiègne, le projet et le motif de ce voyage que vous avez approuvé, après que, conséquemment à cette permission, j'en ai fait part à MM. les ambassadeurs de Sardaigne pour les prier de témoigner à leur maître

John Adamson, M.DCCLXXVIII. Ce qui prouve l'authenticité de la version donnée par l'*Observateur*, c'est la lettre de Louis XV au comte de Broglie, qu'il reproduit conforme à l'original que nous avons sous les yeux. Voici du reste les détails dont l'*Observateur* accompagne ces documents importants.

« Je suis bien aise de vous instruire d'un événement passé sous mes yeux, dont je puis vous parler en connoissance de cause et que les gazettes n'ont fait qu'effleurer. Il est question de l'exil d'un grand seigneur arrivé depuis peu.

» Il avoit été nommé ambassadeur extraordinaire pour aller au-devant de madame la future comtesse d'Artois. Depuis longtemps il sollicitoit la permission de pousser son voyage jusqu'à Turin. M. le duc d'Aiguillon lui représentoit qu'il n'étoit pas possible qu'ayant un caractère public, mais dont les fonctions et le titre ne s'étendoient que jusqu'au terme désigné, il pût redevenir simple particulier à la cour où il désiroit se montrer. Le comte de Broglie insistant, le ministre lui dit qu'il en référeroit au conseil et mettroit sa demande sous les yeux du Roi. C'est en conséquence de cette réponse qu'il a écrit la lettre suivante, qui a fait tant de bruit. (*Suit la lettre*.)

» M. le duc d'Aiguillon fit en effet rapport de cette lettre au conseil, tenu à Choisy le jeudi 23. M. l'abbé Terray s'éleva fortement contre l'audace du comte à vouloir rendre M. le duc d'Aiguillon responsable de l'événement; il dit qu'il seroit bien malheureux pour les personnes qui ont la confiance de Sa Majesté d'être ainsi prises à partie lorsque les choses ne tourneroient pas au gré du grand seigneur qui solliciteroit une grâce. Sa Majesté, très-sensible elle-même à l'injure faite à un de ses ministres, dit qu'elle se chargeoit de la réponse. Cependant elle ne fit pas mauvaise mine au comte de Broglie, qui avoit été nommé du voyage. Il eut l'honneur de manger avec elle et de faire sa partie au trictrac. Il revint le vendredi. Dès le samedi matin, le bruit de sa disgrâce étoit répandu dans Paris. Il l'ignoroit encore, lorsqu'à onze heures M. le duc de la Vrillière lui est venu signifier la lettre de cachet ci-jointe de la propre main du Roi. (*Suit la teneur de la lettre*.)

» Dans l'instant il se répandit des copies de la lettre du comte ci-dessus,

l'empressement que j'avois de lui porter l'hommage de toute ma famille; après avoir reçu par M. de Viry [1] la réponse de ce prince avec une espèce d'invitation de venir le voir et les assurances du plaisir qu'il auroit (ce sont ses propres termes) de me recevoir; combien, dis-je, il seroit étonnant qu'au moment de mon départ Sa Majesté me le défendît. Je sais, Monsieur le duc, et je vous l'ai déjà dit, que vous êtes le maître d'obtenir de Sa Majesté cette décision, et que le Conseil, ignorant toutes ces circonstances, adhérera à votre avis. Mais de quelque façon que cette défense me parvienne, vous ne devez pas douter que ce ne soit à vous que je doive l'attribuer, et je ne puis vous dissimuler que je vous en saurai mauvais gré. Je vous prie même d'observer que le désagrément que j'éprouverai sera partagé par toute ma famille. L'évêque de Noyon [2] ayant trouvé à Lausanne et à Chambéri M. le prince de Carignan et plusieurs autres personnes considérables de la cour de Turin, avoit reçu les compliments les plus flatteurs sur le plaisir qu'ils se faisoient de m'y recevoir. Le maréchal a conservé pour cette circonstance l'arrangement de plusieurs affaires qui le regardent, sur la décision desquels ma présence et l'occasion pourront beaucoup

que le ministre des affaires étrangères avoit laissé transpirer vraisemblablement pour sa justification... Un bon mot attribué à M. le duc de Choiseul à l'occasion de cette disgrâce... Cet ex-ministre, exilé à Chanteloup, son château non loin d'Amboise, ville par où le comte de Broglie devoit se rendre à sa terre, se trouvoit au passage de ses équipages. Il fait semblant d'ignorer ce que c'est : on lui répond que c'est le train du seigneur en question qui va à Ruffec. — Comment ! reprend le duc, je le croyois ambassadeur extraordinaire, ministre? On lui réplique qu'il ne l'est plus, qu'il est exilé. — Ah! ah! s'écria-t-il en riant, je l'avois toujours bien connu pour une mauvaise tête, pour un homme qui faisoit les choses à rebours; il prend le ministère par la queue. » *Observateur anglois*, t. I, p. 101.

[1] Ambassadeur de Sardaigne en France.
[2] Frère du comte de Broglie, le même qui avait manqué le chapeau de cardinal.

influer. Il m'a donné des lettres pour le Roi de Sardaigne dans lesquelles il remercie ce prince de l'honneur qu'il fait d'être parrain d'un de ses enfants. Ils ne vous écrivent ni l'un ni l'autre à cette occasion, parce que ni eux ni moi n'avions pas imaginé que sous aucun prétexte la possibilité de faire ce voyage dût faire une question. J'espère qu'avec un peu de réflexion vous sentirez, Monsieur le duc, que non-seulement nous aurions bien lieu de nous plaindre de vous, si vous en étiez la cause, mais que nous devons attendre que si, par impossible, il y avoit des obstacles qui ne vinssent pas de vous, vous sauriez prendre les moyens de les lever, et que vous ne voudriez certainement pas que les personnes qui ont été les plus citées pour s'être occupées de vos intérêts dans des circonstances un peu plus importantes qu'une simple permission de voyager[1], puissent l'être aujourd'hui pour recevoir des marques non équivoques de votre mauvaise volonté; mais j'espère que cela n'arrivera pas, et que je serai toujours dans le cas de pouvoir vous assurer avec la même sincérité de l'inviolable et respectueux attachement avec lequel j'ai l'honneur d'être... »

### CCCLXXIII. — LOUIS XV AU COMTE DE BROGLIE.

[Autogr. Arch. de l'Emp. K. 157.]

Monsieur le comte de Broglie, après la lettre que j'ay vu hier de vous, vous devez bien vous doutter que vous n'ires ny à Turin, ny au Pont de Beauvoisin, mais à Ruffec,[2]

---

[1] Allusion piquante aux poursuites dirigées par le Parlement contre M. d'Aiguillon.

[2] Voici comment madame du Deffand raconte à Horace Walpole la mésaventure de M. de Broglie : après avoir parlé de M. de Monteynard, ministre de la guerre, qui était sous le coup d'une disgrâce, et qui craignait *un déménagement*, elle ajoute : « Le comte de Broglie est obligé d'en faire un

où vous resteres jusqu'à nouvel ordre de ma part ou d'un de mes ministres authorisés par moy.   Louis.

A Choisy, ce 24e septembre 1773.

Ne me faites point de réponse à cette lettre, et partes le plus tost possible [1].

CCCLXXIV. — LOUIS XV A M. DUBOIS-MARTIN.

[Autogr. Arch. de l'Emp. K. 157.]

A Fontainebleau, le 16 octobre 1773.

Le secret est presque découvert ; il faut qu'il y ait eu un traître ou un canard privé. Le général Monet seul presque n'est point nommé ; le comte de Broglie avoit des émissaires partout : d'Éon en Angleterre, Bon à Bruxelles, du Mourier à Hambourg, Chrestien à Stokolm, Marbeau à Pétersbourg, Guibert à Vienne, et le prince Louis de moitié, Châteauneuf en Espagne [1]. Par les lettres de du Mourier à M. de Monteinard, c'est un fol qui vouloit la guerre et rompre l'alliance avec Vienne. J'ai fait cette alliance, et elle subsistera sûrement tant que l'Impératrice vivra, et l'Empereur, je n'ay que lieu de me louer de lui. Je ne veux point de guerre. Je m'en suis asses expliqué ; à cinq

auquel il ne s'attendoit pas ; il étoit nommé pour aller recevoir la future comtesse d'Artois au Pont de Beauvoisin ; il avoit demandé la permission de partir un mois auparavant pour aller à Turin faire sa cour au Roi de Sardaigne ; les Broglie sont Piémontois. N'ayant point reçu de réponse de M. d'Aiguillon, il lui écrivit mercredi dernier pour lui en faire quelques reproches ; sa lettre a déplu, il l'a portée au Roi, et jeudi matin elle fut lue en plein conseil. Le vendredi, sur le midi, il reçut la visite de M. de la Vrillière, qui lui apporta une lettre de la propre main du Roi, qui lui ôte sa commission et l'exile dans sa terre de Ruffec qui est à cent vingt lieues d'ici, entre Poitiers et Angoulême ; il part ce soir. » *Correspondance de madame du Deffand*, édition de M. de Lescure, t. II, p. 346.

1. Ces soi-disant émissaires du comte de Broglie n'existaient que dans l'imagination de M. d'Aiguillon, qui vouloit inventer une conspiration pour perdre M. de Broglie. Voyez la note du n° CCCLXIX, page 361.

cents lieues, il est difficile de secourir la Pologne. J'aurois désiré qu'elle fût restée intact, mais je ne puis y rien faire que des vœux.

Le comte de Broglie a eu une conversation bien indiscrette avec M. de Mercy. Il faut tenir une conduitte bien sage et laisser dormir pendant quelques temps les choses, en continuant cependant les correspondances et prenant garde à tout.

### CCCLXXV. — LOUIS XV A M. DUBOIS-MARTIN.
[Autogr. Arch. de l'Emp. K. 157.]

Ce 29 octobre 1773.

Je vous renvoie les lettres approuvées. A l'égard de celle du comte de Broglie, il doit l'écrire, mais elle n'a pas besoin de mon approbation.

### CCCLXXVI. — LE COMTE DE BROGLIE A LOUIS XV.
[Autogr. Arch. de l'Emp. K. 159.]

23 janvier 1774.

Sire, le sieur Dubois-Martin vient de m'envoyer le déchiffrement d'une lettre du sieur d'Éon sans me marquer s'il a esté mis sous les yeux de Vostre Majesté; je me presse d'avoir l'honneur de le luy addresser, affin qu'elle ait connoissance de tout ce que ledit sieur d'Éon m'a mandé au sujet de la négotiation dont il avoit proposé de se charger vis-à-vis du sieur de Morande. Je suplie, Sire, Vostre Majesté de se rappeller que c'est en arrivant à Compiègne, au commencement de juillet dernier, que j'eus l'honneur de lui faire part des vues que M. des Cars m'avoit communiquées pour rendre à madame la comtesse du Barry un service que nous regardions l'un et l'autre comme important; ce qui nous auroit d'autant plus flatté que nous pensions donner par là des preuves de nottre désir ardent de plaire à Vostre Majesté; elle a su dans le temps ce qui a empêché que cette négotiation n'ait esté suivie par le sieur d'Éon. Je me suis bien douté alors que madame du Bary n'avoit pas accepté les offres de service de M. des Cars, parce que M. le duc d'Aiguillon luy a persuadé qu'il estoit plus à portée que personne de luy procurer le sacrifice de l'ouvrage calomnieux et scandaleux qui l'intéresse; malgré cela, dès qu'elle a désiré qu'on suspendît toute démarche, je me suis contenté d'écrire au sieur d'Éon la lettre du mois d'aoust 1773, que Vostre Majesté a daigné approuver, et je n'ay plus entendu parler de cette affaire que par les deux lettres du sieur d'Éon, l'une du ... (*sic*) et cele-cy du 12 décembre 1773.

J'ay eu l'honneur, Sire, d'envoyer à Vostre Majesté la première comme je fais aujourd'hui la dernière; j'ose de nouveau prendre la liberté de luy représenter que la somme demandée par le sieur d'Éon, pour terminer une affaire qui peut devenir si scandaleuse, est bien médiocre en comparaison de l'advantage qu'il y a à l'assurer. Qu'elle daigne se rappeller qu'au commencement des démeslés du sieur d'Éon avec M. le comte de Guerchy, j'eus de mesme l'honneur d'employer le feu sieur Monin, qui avoit du crédit sur cet ambassadeur, pour le déterminer à concilier ces différents; elle donna en effet des ordres en conséquence, mais M. le duc de Praslin empescha M. de Guerchy de prendre la voye de la conciliation. On se flatta de venir à bout du sieur d'Éon par la force et de le faire enlever avec ses papiers, projet ridicule et inexécutable. Il en a coûté beaucoup d'argent pour le tenter, et la querelle entre l'ambassade et le sieur d'Éon est venue au dernier période et a éclatté de la manière la plus scandaleuse. Je crains, Sire, que le second tosme de pareille histoire ne soit prest à paroître : on en cachera les effets à Vostre

Majesté; mais il n'en sera pas moins vray que son nom sacré se trouvera estrangement compromis, et qu'une personne qu'elle honore de sa bienveillance sera injuriée et calomniée de la manière la plus atroce à la face de toutte l'Angleterre.

Ce sont ces réflexions que je ne crains pas de renouveller à Vostre Majesté qui m'engagent à oser mettre de l'instance dans la permission que j'ay eu l'honneur de luy demander d'authoriser le sieur d'Éon à traitter de la suppression de cet ouvrage, en fixant à mille louis le prix de cette négotiation. Si j'avois cette somme à ma disposition, j'ose dire que je la sacrifierois volontiers à mes propres dépens, tant je suis persuadé de son utilité. Au reste, j'espère que Vostre Majesté aura bien voulu remarquer que le sieur d'Éon a fait de son mieux pour persuader au sieur de Morande de remettre la minutte de son ouvrage au sieur de Cormoy : tout ce qu'il mande à ce sujet a l'air d'estre dicté par la vérité ; ce qu'il y a de certain, c'est que le sieur d'Éon n'a reçu de ma part sur cette affaire que la lettre du mois d'août approuvée par Votre Majesté, et qu'il ne m'en a escrit que les deux dont j'ay eu l'honneur de luy rendre compte.

J'ay vu, Sire, avec plaisir, par une lettre que m'a escritte M. de Vergennes, du 1ᵉʳ décembre, que M. le duc d'Aiguillon ne lui avoit encore rien escrit à cette époque au sujet du sieur Chrestien ; ce qui est, selon moy, une preuve nouvelle que le ministre des affaires étrangères connoît M. de Vergennes pour avoir part à la correspondance secrette, et qu'ainsi que j'ay eu l'honneur de le mander à Vostre Majesté, il veut seulement m'accuser d'avoir suborné le secrétaire pour éviter d'attaquer l'ambassadeur ; mais s'il ne croyoit pas ce dernier instruit, il n'auroit pas manqué de le prévenir de prendre garde à

24.

son secrétaire, et de luy mander de luy rendre compte de ce qu'il en pourroit découvrir.

La prolongation de mon exil, dont tous mes amis sont encore plus étonnés depuis que Vostre Majesté a daigné asseurer mon frère que je n'estois pour rien dans l'affaire de la Bastille, a engagé ceux qui s'intéressent le plus particulièrement à mon sort de chercher à pénétrer ce qui peut se tramer contre moy. Un d'eux vient de me marquer, Sire, qu'il estoit asseuré que M. de Marville, un des commissaires, avoit dit à Vostre Majesté que l'affaire des prisonniers de la Bastille estoit des plus criminelles : que touts ceux qui y estoient meslés, et nomément le sieur Dubois-Martin, mon secrétaire, et moi, devroient estre décrétés, et que cela apprendroit des choses très-utiles à découvrir. Est-il permis d'estre ainsy calomnié par un magistrat de soixante-dix ans, et seroit-il possible que la gravité de son âge pust influer sur la confiance que Vostre Majesté y mettroit. D'un autre costé, les partisans de M. d'Aiguillon répandent que mon frère n'a pas rendu exactement ce qu'Elle a daigné luy dire sur mon compte, et qu'il s'en faut de beaucoup qu'Elle pense que je ne suis point impliqué dans cette affaire : ce ministre luy-mesme a dit au maréchal que ce n'estoit pas la lettre que je luy ay écritte qui estoit cause de mon exil. Il est vray qu'en même temps il l'asseure qu'il en procurera la fin dès que le renvoy de M. de Monteynard [1], qu'il a annoncé depuis six semaines comme devant arriver à chaque instant, sera décidé : il veut donc que ce soit à luy que j'aye l'obligation de mon retour.

Pour moy, Sire, je ne le désire et ne l'attends que de la justice et encore plus de la bonté de Votre Majesté ; mes

---

[1] En effet M. de Monteynard fut obligé de quitter le ministère.

peines sont grandes, le dommage qui résulte de mon absence pour mes affaires et pour ma réputation est inappréciable, mais je me console quand je pense qu'elle est convaincue de mon innocence et qu'elle a dit qu'elle daignoit estre contente de mes services. Puis-je après cela douter qu'elle ne tardera pas à m'accorder le retour d'une bienveillance qui me tiendra toujours lieu de tout et que je m'occuperay sans cesse de mériter ? Comte DE BROGLIE.

A Ruffec, ce 23 janvier 1774.

Je suplie Vostre Majesté d'approuver dans leur forme ordinaire les deux états des quartiers de juillet et d'octobre : j'ose espérer qu'elle trouvera bon que les appointements du sieur Favier continuent à y estre portés pour estre donnés à des créanciers qu'il a laissés, jusqu'à la concurrence de ses debtes, et ensuitte ce traittement luy sera remis[1]. Je la suplie aussy d'observer que j'ai porté le mien à 3,750 livres par quartier au lieu de 2,250 livres, en conséquence de l'approuvé qu'elle a bien voulu mettre à ma lettre du 20 juillet 1773.

*De la main du Roi :*
    Approuvé.

### CCCLXXVII. — LE COMTE DE BROGLIE A LOUIS XV.
[Autogr. Arch. de l'Emp. K. 157.]

A Ruffec, le 2 mars 1774.

SIRE,

Je supplie Vostre Majesté de me permettre d'avoir l'honneur de l'entretenir un moment au sujet du sieur Dubois-Martin[2]. Elle n'ignore pas que, dans le courant

---

[1] Favier était encore détenu à la Bastille.
[2] Secrétaire du comte de Broglie chargé de la réception et de l'expédition de la correspondance secrète, ainsi que de la manutention des fonds affectés à cet objet.

de l'instruction du procès des personnes mises à la Bastille, il a souvent esté question de faire arrester et décréter le sieur Dubois-Martin, qui s'est trouvé compromis dans cette procédure, pour avoir reçu les minuttes du sieur Favier[1] des mains de son laquais. Il a eu l'honneur dans le premier moment d'en rendre compte à Vostre Majesté, ainsy que des motifs qui l'avoient engagé à les recevoir, affin d'empescher qu'ils ne tombassent entre les mains des commissaires et ne dévoilassent le secret de Votre Majesté.

Depuis ce moment, Sire, le sieur Dubois-Martin a eu le glaive de la justice et, ce qui est pis, celuy de l'animosité et de la prévention suspendu sur sa tête, et il n'a pu estre préservé des plus cruelles inquiétudes. De cent secrétaires qui se seroient trouvés dans cette situation qui pouvoit luy faire craindre d'estre à tout moment enfermé pour le reste de ses jours, il n'y en a peut-être pas deux qui eussent résisté à la tentation de se mettre à l'abry de l'orage et peut-être de s'assurer des récompenses et la bienveillance de ceux dont au contraire il avoit tout à craindre : au lieu de céder à des sentiments de foiblesse que tous les exemples qu'il voyoit devant luy, à commencer par le mien, pouvoient lui inspirer, il a redoublé, Sire, de zèle et d'activité. Il s'est trouvé seul chargé de toutte la besogne des chiffrements et déchiffrements dont il est accablé : il ne s'est occupé que de donner des marques de courage et de fidélité, et quoyque privé du soutien qu'il auroit trouvé dans ma présence, et accablé des coups qui m'estoient portés, il ne cesse de donner l'exemple d'une fermeté et d'un attachement à ces devoirs à toutte espreuve.

Je crois remplir le mien, Sire, en supliant Vostre Ma-

[1] Ces mémoires de Favier, ce sont les fameux mémoires intitulés *Conjectures*, qu'on a lus plus haut.

jesté de me permettre de luy dire qu'elle est instruitte de cette conduitte, qu'elle daigne en estre satisfaitte, et qu'elle veut bien lui asseurer un traittement de six mille livres par an, à commencer du premier de ce mois. J'ose espérer qu'Elle ne désapprouvera pas que j'aye rompu le respectueux silence que je garde depuis longtemps en faveur de touttes les personnes opprimées, pour offrir à son cœur bienfaisant l'occasion de récompenser une conduitte qui dans toutes les classes de ses sujets doit également luy estre agréable. Je suis, etc.     Le comte DE BROGLIE.

### CCCLXXVIII. — LOUIS XV A M. DURAND.
[Autogr. Arch. de l'Emp. K. 157.]

Monsieur Durand, tout ce qui est arrivé au comte de Broglie ne doit pas vous effraier : il m'a envoié les lettres que vous lui aves escrite les 11 et 14 décembre dernier, contenant, comme par le passé, tout ce dont je vous ay chargé. Ce billet vous sera envoié en chiffre par lui. Vos services me sonts toujours agréables.     LOUIS.

A Versailles, ce 20 mars 1774.

### CCCLXXIX. — LE COMTE DE BROGLIE A LOUIS XV.
[Autogr. Arch. de l'Emp. K. 157.]

A Ruffec, le 1er avril 1774.

SIRE,

J'ay l'honneur de mettre aux pieds de Vostre Majesté mes très-humbles remerciements de la bonté qu'elle a eu d'avoir égard à ma respectueuse demande en faveur du sieur Dubois-Martin, ou du moins d'y faire attention, puisqu'elle a bien voulu prendre la peine de me marquer par un petit billet « quel traittement a le sieur Dubois-Martin ? » Comme je n'ay pas icy avec moy, Sire, les estats de traittement, et que celuy du sieur Dubois-Martin a esté changé à la mort du sieur Tercier qu'il a remplacé pour la partie de la comptabilité, j'ignore quel est précisément celuy dont il jouit actuellement, mais je luy marque d'en mettre la note sous les yeux de Vostre Majesté. Il me semble que cela va entre trois et quatre mille livres. Ainsy, s'il lui plaist de le porter à six mille livres, comme j'ay eu l'honneur de l'en suplier dans ma lettre du 2 du mois dernier, cela fera une augmentation de deux mille et quelques cents livres, et cela luy asseurera pour sa vie une subsistance honneste, et que j'ose dire qu'il a bien méritée par son zèle et sa fidélité. Je suis, etc. Le comte DE BROGLIE.

### CCCLXXX. — LOUIS XV A M. DUBOIS-MARTIN.
[Autogr. Arch. de l'Emp. K. 157.]

A Versailles, ce 6 avril 1774.

A Vienne, on a découvert le chiffre avec Durand, et toute sa correspondance y est découverte avec le comte de Broglie. C'est le prince Louis qui me le mande secrettement. Ne lui envoies plus de lettre passant par les États de l'Impératrice, non plus qu'à Constantinople, où il pourroit y aller de la vie de mon ministre à la Porte.

### CCCLXXXI. — M. DUBOIS-MARTIN A LOUIS XV ET RÉPONSE DU ROI.
[Autogr. Arch. de l'Emp. K. 157.]

Du 6 avril 1774.

J'ay reçu et communiqué à M. le général de Monet le billet de Sa Majesté par lequel elle a la bonté d'annoncer ce que lui mande secrètement M. le prince Louis, et nous ne manquerons pas de nous conformer à ses ordres.

Nous ne concevons pas comment on peut deviner un chiffre, mais bien qu'on ait pu avoir à Vienne celui de M. Durand, comme M. de Saint-Priest a à Constantinople la correspondance de l'ambassadeur d'Angleterre, ou par quelque moyen équivalent. Il ne faut pas moins que la constance supérieure à tout de Sa Majesté pour que sa correspondance résiste à tant d'échecs.

*De la main du Roi* [1] :

L'on renvoie les copies des lettres du ministre qui onts étée déchiffrée, et par cette découverte les nôtres ne sonts pas difficiles à découvrir. Voilà ce que je pense, et cela parce que pareille chose nous est arrivée. — Je veux bien accorder au sieur du Bois-Martin la grâce qu'il demande [2].

### CCCLXXXII. — NOTE DE M. DUBOIS-MARTIN.
[Autogr. Arch. de l'Emp. K. 157.]

Note sur le billet du Roy reçu le 18 avril 1774.

M. le comte de Broglie ayant eu la bonté de demander pour moi à Sa Majesté une augmentation de traitement, par sa lettre du 2 mars dernier, et Sa Majesté ayant demandé depuis par un petit billet de sa main reçu le 17 mars dernier, quel étoit mon traitement, j'ay joint, comme me l'ordonnoit M. le comte, à sa lettre du 1er avril l'explication que Sa Majesté paroissoit désirer. J'ay suplié Sa Majesté de faire commencer l'augmentation, si elle daignoit me l'accorder, à compter du 1er janvier 1774 au lieu du 1er mars, comme le demandoit M. le comte, et Sa Majesté a eu la bonté d'y consentir. Elle n'a pas renvoyé la feuille qui contenoit cette explication, et c'est ce qui fait que la grâce qu'elle daigne m'accorder est annoncée sur la feuille cy jointe à la suite de son observation sur ce que j'avois pris la liberté de lui dire sur l'avis donné par M. le prince

---

[1] En marge est la note suivante : « Ce billet de Sa Majesté est du 18 avril 1774. »

[2] Voyez la note du 18 avril.

Louis de l'interception du chiffre de la correspondance secrette avec M. Durand.   Du Bois-Martin.

Paris, le 18 avril 1774.

### CCCLXXXIII. — LOUIS XV A M. DUBOIS-MARTIN.
[Autogr. Arch. de l'Emp. K. 157.]

A Versailles, ce 20 avril 1774.

J'envoie les deux lettres originales que j'ay reçues de Vienne par des couriers du coadjuteur, et que M. de Soubise m'a remise de sa part. Il a gagné quelqu'un du cabinet de Vienne apparement pour être si bien instruit. Vous pourres copier ce qui regarde la découverte de ma correspondance secrete pour l'envoier au comte de Broglie et me renvoier les originaux [1].

### CCCLXXXIV. — LE PRINCE LOUIS DE ROHAN A LOUIS XVI.
[Ségur, *Politique des cabinets de l'Europe*, t. III, p. 239 et suiv., d'après l'original trouvé en 1792 dans le cabinet du Roi [2].]

MES DÉCOUVERTES, par le prince Louis de Rohan, pièce secrète qui accompagnait sa dépêche intitulée : *Tableau abrégé de mes principales négociations à la cour de Vienne, depuis le mois de janvier 1772 jusqu'au mois de juillet 1774*. Du 4 juillet 1774.

Je dois avouer que j'ai eu d'abord la plus forte répugnance pour me servir de ces moyens utiles, mais dangereux, qui compromettent la vie des hommes. Le désir du Roi, les instances de ses ministres m'ayant fait croire que l'intérêt de l'État devoit l'emporter sur mes appréhensions

---

[1] Voyez la pièce suivante.
[2] Nous croyons utile de donner ici un extrait des *Mémoires* de l'abbé Georgel, relatif à la manière dont le prince Louis fut amené à découvrir l'interception de la correspondance secrète par le cabinet de Vienne. Georgel ne dit pas toute la vérité en déclarant n'avoir pas connu l'auteur de ces révélations : le prince Louis ne paraît guère plus sincère, il ne songe qu'à

et mes répugnances, je fis de premières tentatives dont le succès fut d'abord heureux. J'eus communication de pièces secrètes qui nous éclairoient sur les liaisons particulières et très-intimes de l'Empereur avec le Roi de Prusse, et sur les motifs qui avoient décidé aux entrevues de Neiss et de Neustadt. Cette union de sentiments et d'intérêts dont on voyoit déjà les pernicieux effets en Pologne, en devoient faire appréhender d'autres plus funestes encore à la liberté de l'Empire et à la tranquillité générale. L'homme qui me servoit travailloit à la chancellerie d'État. Soit crainte excessive qui lui montra tout le danger de sa trahison, soit remords, soit tout autre motif, il se noya dans le Danube après avoir laissé sur son bureau un papier où il étoit écrit de sa main : *J'étois indigne de vivre.*

se faire valoir. Sur la véracité de ces deux personnages sur ce sujet, voyez plus bas une lettre de Louis XVI à M. de Vergennes en date des premiers jours d'avril 1775.

« *Extrait des Mémoires de l'abbé Georgel, relatif à la découverte de l'intèrception à Vienne de la correspondance secrète.*

[*Mémoires*, t. I, p. 269 et suiv.]

« Il m'arriva une aventure devenue la source des plus importantes découvertes, et dont les suites heureuses ont été un des plus grands services rendus par l'ambassade du prince Louis de Rohan. En rentrant un soir à l'hôtel, le suisse me remit un billet bien cacheté à mon adresse : je l'ouvre, et je lis en lettres moulées : « Trouvez-vous ce soir entre onze heures et minuit à tel lieu, sur le rempart ; on vous y révélera des choses de la plus haute importance. » ... Je me décidai à me trouver au lieu désigné. Je trouvai au rendez-vous un homme en manteau et masqué. Il me remit des papiers en me disant à voix basse et contrefaite : « Vous m'avez inspiré de la confiance : je veux en conséquence concourir au succès de l'ambassade de M. le prince de Rohan. Ces papiers vous diront les services essentiels que je puis vous rendre. Si vous les agréez, revenez demain, à la même heure, à tel autre endroit, et apportez-moi mille ducats. »

» Rentré à l'hôtel de France, je m'empressai d'examiner les papiers qui venoient de m'être remis ; leur contenu me causa la plus agréable surprise. Je vis que nous avions le pouvoir de nous procurer, deux fois la semaine,

Cette nouvelle n'encouragea pas mon premier essai. J'en donnai avis à la Cour, et je crus alors devoir d'autant plus suspendre mes recherches en ce genre, que dans le même temps on arrêta et on chassa ensuite de Vienne un particulier isolé, qui, par ses relations et son manége, me faisoit passer toutes les anecdotes de la vie privée de Leurs Majestés Impériales et de l'intérieur de leur cour. Cependant je sentis qu'il devenoit important et nécessaire de pénétrer les projets de l'Empereur. Toutes les apparences annonçoient une rupture avec la Porte. Je trouvai le moyen d'avoir dans la chancellerie de guerre un homme à mes gages. Il me faisoit passer tous les *rescrits* et tous les ordres envoyés en Croatie et à l'armée impériale qui bordoit les frontières de l'Esclavonie, du bannat de Temeswar

toutes les découvertes du cabinet secret de Vienne, le mieux servi de l'Europe. Ce cabinet secret avoit au dernier degré l'art de déchiffrer en peu de temps les dépêches des ambassadeurs et des cours qui correspondoient avec sa cour. J'en eus la preuve par le déchiffrement de nos propres dépêches et de celles de notre cour, même celles qui étoient écrites avec le chiffre le plus compliqué et le plus récent; que ce même cabinet avoit trouvé le moyen de se procurer les dépêches de plusieurs cours de l'Europe, de leurs envoyés et de leurs agents, par l'infidélité des directeurs et maîtres des postes des frontières soudoyés à cet effet. On m'avoit remis des copies de dépêches du comte de Vergennes, notre ambassadeur à Stockholm, du marquis de Pons à Berlin, des dépêches secrètes du Roi de Prusse à ses agents secrets à Vienne et à Paris, agents auxquels seuls il confioit la vraie marche de sa politique, et dont la mission étoit entièrement ignorée de ses agents en titre. Ce même cabinet avoit découvert la correspondance très-secrète de la politique privée de Louis XV, correspondance parfaitement ignorée de son conseil et surtout de son ministre des affaires étrangères. Le comte de Broglie, qui avoit succédé au feu prince de Conti, étoit le ministre privé et surtout très-caché d'une diplomatie aussi extraordinaire. Il avoit pour secrétaire M. Favier, auquel ses connoissances et ses ouvrages diplomatiques ont fait une réputation, et aussi M. Du Mouriez, élève de Favier *. Le mystère de cette politique privée n'étoit pas confié à tous nos ambassadeurs; quelquefois c'étoit le secrétaire

---

* C'est une erreur. Dumouriez fut compromis dans l'affaire de la Bastille, mais il n'avait aucun rapport avec le comte de Broglie.

et de la Transylvanie. Ces *ordres* et ces *rescrits*, et mieux encore quelques lettres interceptées de la correspondance de l'Empereur avec le maréchal de Lascy, faisoient présumer une crise prochaine. J'envoyai toutes ces pièces à M. le duc d'Aiguillon, et je redoublai de zèle pour décider la neutralité.

Une découverte en attire une autre. Je m'aperçois sensiblement que le ministère autrichien avoit connoissance non-seulement de ma correspondance ordinaire avec M. le duc d'Aiguillon, mais même des détails intéressants et secrets que portoient mes courriers. J'en eus bientôt la certitude par l'interception de quelques lettres de la correspondance particulière entre le prince de Kaunitz et M. le comte de Mercy. J'appris par là que l'ambassadeur impé-

d'ambassade ou tout autre François qui, voyageant sous différents prétextes, étoit trouvé propre à jouer ce rôle. Le comte de Broglie ne confioit le fil de ce labyrinthe qu'à des personnes dont il avoit éprouvé l'attachement et la discrétion. Une confiance si marquée, et des rapports si intimes avec le Roi, qui gratifioit lui-même sur sa cassette ce travail mystérieux, ne pouvoient que flatter ceux qui en étoient honorés.

» Le comte de Broglie, ennemi de la maison de Rohan, s'étoit bien gardé d'initier le prince Louis ou moi dans une semblable correspondance [*]. Au nombre des papiers qui me furent remis au rendez-vous nocturne se trouvoit la correspondance déchiffrée du comte de Broglie avec le comte de Vergennes, notre ambassadeur à Stockholm. Muni de ces pièces et des preuves indubitables qui m'en assuroient l'authenticité, je me rendis près de l'ambassadeur pour lui en rendre compte : j'étalois devant lui les échantillons du trésor politique où nous pouvions puiser...

» Je reparus le lendemain au rendez-vous de l'homme masqué ; je lui donnai les mille ducats, il me remit d'autres papiers dont l'intérêt alloit toujours en croissant, et pendant tout le temps de mon séjour à Vienne, il a gardé sa parole... Un courrier extraordinaire fut sur-le-champ expédié pour porter à Versailles les prémices du secret découvert. Il eut ordre de ne coucher nulle part et de porter sur lui, jusqu'à destination, le paquet particulier des dépêches secrètes. Cet envoi contenoit deux paquets, l'un adressé

[*] L'abbé Georgel ignorait que M. Durand était à Vienne l'agent de la correspondance secrète.

rial avoit à sa dévotion un vieux *Argus* qui lui donnoit avis de l'arrivée des courriers, de la sensation que les dépêches apportées par eux avoient faite dans les bureaux et dans l'intérieur du ministre, et de plus un *ami* zélé qui, par son rang, sa naissance et ses liaisons à la Cour, étoit à portée de donner des renseignements vrais et intéressants sur les opérations de notre ministère. C'est par cet *ami* que M. de Mercy apprenoit et mandoit ici des particularités et des phrases entières de mes dépêches à M. le duc d'Aiguillon. Je me hâtai de marquer mes inquiétudes et d'envoyer les pièces justificatives de cette importante découverte. Le Roi en fut personnellement frappé. Tous les ministres eurent ordre de lui donner séparément par écrit leur avis, et sur qui ils faisoient tomber leurs soupçons. Comme mes relations subséquentes parloient de ces objets, et que j'en-

---

au Roi sur seconde enveloppe par l'entremise du prince de Soubise, ministre d'État, ami de Louis XV et cousin de l'ambassadeur. Le prince de Soubise devoit le remettre à Sa Majesté elle-même et sans intermédiaire. On supplioit le Roi de vouloir bien faire passer ses ordres en conséquence par le même canal, à l'abri de toute indiscrétion. Ce premier paquet contenoit les preuves de la correspondance mystérieuse du comte de Broglie, autorisée par Sa Majesté. On assuroit Louis XV que dans l'envoi des autres découvertes adressées au duc d'Aiguillon, on avoit pris les précautions les plus sévères, afin que ce ministre ne pût avoir aucun indice de la correspondance privée dont le Roi avoit jugé à propos de lui dérober la connoissance. Le second paquet secret fut adressé directement au ministre...

» Le Roi, qui avoit mis M. le prince de Soubise dans le secret de sa politique privée*, lui avoua que notre découverte avoit jeté l'alarme parmi es agents de ce ministère secret. Le comte de Broglie surtout en étoit très-alarmé. Il craignoit, d'après le caractère bien connu de Louis XV, tous les inconvénients qui pourroient en résulter si le duc d'Aiguillon venoit à percer ce voile, jusqu'alors impénétrable à ses yeux. Sa Majesté le rassura en lui disant les précautions prises et l'ordre formel donné de sa part au prince Louis de garder sur cet objet le silence le plus inviolable. Cet ordre fut en effet transmis par le prince de Soubise. »

* Cette assertion est, je crois, dénuée de fondement.

voyois en même temps copie des lettres interceptées de la correspondance du prince de Kaunitz avec le prince de Lobkowitz à Pétersbourg, lettres intéressantes qui nous révéloient le secret de la politique de Vienne et de sa manière d'être avec la cour de Pétersbourg, M. de Mercy écrivit ici que j'avois sûrement pénétré dans le cabinet, que j'envoyois à ma Cour des pièces qui en étoient extraites, qu'il falloit se hâter de parer à cet inconvénient si majeur, etc. J'eus communication de ces mêmes avis; je les fis passer à notre ministère, et je le prévenois qu'en conséquence le prince de Kaunitz avoit fait changer ses clefs, et que le seul M. Kohaut, son secrétaire intime, étoit actuellement dépositaire de ces mêmes minutes secrètes. Je trouvai cependant encore les moyens d'en faire extraire quelques-unes; mais des précautions excessives, une vigilance redoublée, l'indiscrétion d'un de mes agents et de petits altercats entre eux ont fait tarir cette source. J'ai donné des renseignements précis et détaillés sur l'*argus* et sur l'*ami*. Cette découverte intrigua beaucoup M. le duc d'Aiguillon; son attention en devint plus active; ses mesures en conséquence parurent le tranquilliser.

Une découverte d'une tout autre conséquence encore, est la preuve certaine que j'ai fournie le 10 janvier de cette année, que la cour de Vienne étoit parvenue à déchiffrer non-seulement toutes les lettres de ma correspondance avec la cour, Constantinople, Pétersbourg, Stockholm, Dantzick, etc., mais même qu'elle s'étoit procuré l'interception, et qu'elle avoit le déchiffrement de toutes les relations qu'il y avoit entre M. le duc d'Aiguillon et les ministres du Roi dans toutes les cours du Nord et du Levant. Pour ne laisser aucun doute sur un objet de cette nature, j'envoyai *in extenso* et par extrait, copie des lettres mêmes de notre ministère à Berlin, à Munich, à Dresde, à

Stockholm, à Pétersbourg, à Constantinople, et des réponses qui y étoient faites. J'avertis que les entrepôts de cette interception étoient à Liége, à Bruxelles, à Francfort et à Ratisbonne; que la forme et la construction de nos chiffres de 1200 ne tenoient que peu de temps contre l'habileté des déchiffreurs autrichiens : j'indiquai leur marche, leur procédé, et comment en conséquence on devoit dorénavant construire les tables des chiffres pour être à l'abri d'une pareille inquisition. Je puise tous les jours dans cette source mystérieuse des connoissances très-utiles. De mon cabinet je lis toutes les correspondances dont je viens de parler : j'apprends les secrets que nos ministres croient devoir me taire dans les lettres qu'ils m'écrivent. C'est là que j'ai appris, d'après le déchiffrement de Vienne, que M. de Saint-Priest a l'interception de la correspondance angloise à Constantinople, et que je puis en juger par ce qu'il en mande à la Cour; c'est là que j'ai connu et révélé au Roi dans une lettre secrète remise à Sa Majesté par le prince de Soubise, que M. le comte de Broglie avoit par l'autorisation même de Sa Majesté, continué pendant son exil une correspondance secrète et particulière avec M. Durand à Pétersbourg, et avec d'autres ministres. A cette lettre au Roi étaient joints des extraits de ces lettres cachées, et le chiffre dont on se servoit. Je sus que ces sortes de correspondances furtives devenoient pour la cour de Vienne une preuve que M. le duc d'Aiguillon n'avoit pas toute la confiance du Roi ; et c'est ce qui entretenoit encore l'éloignement que l'on avoit ici pour la personne de ce ministre.

Depuis ces connoissances heureusement acquises et communiquées avec empressement à notre ministère, je n'ai cessé d'insister sur la nécessité d'un changement de chiffres : j'en ai reçu un en dictionnaire pour la Cour;

mais je me trouve toujours sans moyens sûrs pour les avis secrets que j'avois à transmettre à Constantinople, Stockholm et Pétersbourg.

Une découverte récente, et dont je n'ai pas encore instruit la Cour, est la méthode mise en usage par la maison d'Autriche pour donner plus de consistance et de durée à ses plans politiques, et pour tirer un plus grand parti des notions qu'elle reçoit par les interceptions. Cette méthode très-secrète et ignorée m'a paru mériter l'attention du Roi.

Toutes les dépêches du prince de Kaunitz, toutes celles des ministres impériaux en cours étrangères, toutes celles des cours et ministres étrangers qui sont interceptées, passent par ce qu'on appelle ici le *Cabinet.* C'est là que sont établis les bureaux des déchiffreurs. Le baron de Pichler en est le directeur ; il traite directement avec l'Impératrice et ne rend compte qu'à elle. Ce directeur remet toujours à cette princesse *cinq copies* de chacune des *dépêches,* soit *impériales,* soit interceptées. De ces cinq copies, l'Impératrice en donne une à l'Empereur, en envoie une à Florence, au grand-duc de Toscane, comme successeur éventuel de la monarchie autrichienne, si l'Empereur n'a point d'enfants ; une à Bruxelles au prince de Stahrenberg, comme désigné pour remplacer le prince de Kaunitz, et une au comte de Rosemberg, comme homme de confiance, dont on croit les conseils utiles. La copie réservée pour le dépôt est communiquée au prince de Kaunitz, lorsque j'eus une interruption : ces cinq copies sont transcrites à mi-marge ; chacun les renvoie ensuite directement à l'Impératrice avec des observations, et c'est de ces observations combinées et discutées que se forment les projets et les résolutions. Une autre anecdote singulière et très-vraie, c'est que l'Impératrice fait quelquefois ajouter ou retrancher dans les dépêches interceptées. Elle emploie ce stratagème et se sert ainsi des prétendues notions données par les cours ou ministres étrangers, lorsqu'elle veut faire parvenir à l'Empereur des conseils ou des avis dont elle ne voudroit pas être connue l'auteur. Il est encore certain qu'on ne communique pas au prince de Kaunitz les observations et souvent les critiques que MM. de Stahrenberg et de Rosemberg font de ses opérations.

Ma dernière découverte me paroît la plus importante par ses effets et les circonstances actuelles ; elle est annoncée dans ma seconde lettre particulière, suite du numéro 177, du 10 janvier 1774, et elle est pour l'ordinaire l'occasion des fréquents courriers qui ont été expédiés par moi depuis cette époque. C'est l'interception *in extenso* de la correspondance particulière au Roi de Prusse avec son ministre à Vienne. Nous avons par ce canal des notions vraies et très-intéressantes sur la politique des deux cours actuellement amies, sur leurs desseins cachés, sur les nuances de leurs liaisons avec la cour de Pétersbourg, et sur le langage et les manœuvres d'un monarque qui, par son ambition connue et son mépris des lois qui lient les souverains et les États, doit nécessairement inquiéter les puissances dont toute l'occupation est d'assurer l'équilibre et la tranquillité. On a pu connoître tout le poids de cette interception par l'envoi successif de l'enchaînement de ces dépêches prussiennes, qui forment déjà une suite volumineuse. Mes ressorts secrets ont encore opéré un effet plus étendu. Cette interception n'est pas toujours bornée à la correspondance entre Potzdam et Vienne. Pour pénétrer de mieux en mieux l'esprit qui dirige la politique de Potzdam, j'ai encore trouvé les moyens de me procurer, lorsqu'il y a possibilité, des lettres entières, et plus souvent des extraits fidèles de tout ce qui se traite entre le Roi de Prusse et son ministre à Constantinople. C'est par là que nous avons su les négociations isolées de ce monarque pour accélérer la paix sans l'intervention de la cour de Vienne, et pour s'attacher de plus en plus la Czarine, en lui donnant ainsi une grande idée de son influence à la Porte Ottomane. J'ai mandé comment, d'après la connoissance de ce manége, le ministre autrichien avoit parlé et agi à Constantinople.

Je termine cet exposé de mes découvertes par l'annonce d'une clef infaillible que je porte moi-même au Roi, pour connoître les détails les plus secrets de la correspondance du Roi de Prusse avec son ministre à Paris : c'est le déchiffrement de leur chiffre. Je ne parlerai pas des ressorts cachés que j'ai fait jouer pour parvenir à ce but ; j'en ai regardé le succès comme très-essentiel au bien du service. Dans ces sortes de cas, mon zèle n'est jamais arrêté par les obstacles et les difficultés [1].

Vienne, ce 4 juillet 1774.

### CCCLXXXV. — NOTE HISTORIQUE ENVOYÉE PAR LE COMTE DE BROGLIE A LOUIS XVI.

[Original. Arch. de l'Emp. K. 159.]

[13 mai 1774.]

Le comte de Broglie a été nommé ambassadeur de France (en Pologne) le 14 mars 1752.

Le surlendemain de sa nomination, M. le prince de Conti lui remit un billet de Sa Majesté, par lequel elle lui enjoignoit de se conformer à tout ce qui lui seroit prescrit par ce prince et de lui en garder le secret.

Le comte de Broglie, novice encore dans les affaires

---

[1] Nous n'avons pu trouver aux Archives de l'Empire l'original de ce Mémoire important. Le cardinal ne dit pas toute la vérité, ni l'abbé Georgel non plus. Nous verrons que telle était l'opinion de Louis XVI.

politiques, fit quelque difficulté de recevoir par une autre voie que celle du ministre ces ordres du Roi, dont l'exécution d'ailleurs lui paroissoit très-difficile.

M. le prince de Conti en rendit compte au Roi, qui écrivit un second billet au comte de Broglie pour lui ordonner de se conformer au premier.

De ce moment le comte de Broglie obéit, et reçut par M. le prince de Conti les ordres secrets de Sa Majesté, et des instructions relatives à des projets qu'elle avoit sur la Pologne et qu'elle jugeoit devoir cacher à ses ministres.

Il avoit eu le bonheur de les suivre à la satisfaction de Sa Majesté et d'en amener les négociations presque au point désiré, lorsqu'en 1756 M. le prince de Conti demanda à Sa Majesté la permission de ne plus s'occuper des affaires politiques, sur lesquelles il avoit l'honneur de travailler avec elle en secret depuis 1740 ou 1741.

Ce prince remit en conséquence tous les papiers et chiffres qui y étoient relatifs au sieur Tercier, alors premier commis des affaires étrangères, qui étoit admis à ce secret et à qui le Roi ordonna de les garder jusqu'à nouvel ordre.

Le comte de Broglie vint par congé en France à la fin de cette même année 1756, et le sieur Tercier eut ordre du Roi de lui tout communiquer. Il fut instruit par là d'une correspondance secrète entretenue ci-devant par le canal de M. le prince de Conti et alors par celui du sieur Tercier, entre le Roi et plusieurs de ses ministres en différentes cours.

Cette correspondance, dont la direction principale fut confiée dès lors au comte de Broglie, a été continuée dans cette forme jusqu'à ce jour.

Quoique plusieurs personnes y aient été employées nécessairement, le fond en étoit toujours demeuré secret, et le comte de Broglie n'a pas connoissance qu'aucun des ambassadeurs, ministres ou secrétaires qui y ont été admis ou le sont encore aient manqué à la fidélité qu'ils doivent à leur maître ; mais quelques incidents particuliers ayant donné lieu de soupçonner qu'il existoit quelque relation secrète entre le Roi et le comte de Broglie, il en est résulté des haines et des jalousies dont celui-ci a eu beaucoup à souffrir.

Quelques années avant la retraite de M. le duc de Choiseul, le comte de Broglie, croyant que son concours étoit absolument nécessaire au succès de quelques vues que Sa Majesté paroissoit avoir alors, eut l'honneur de proposer au Roi de lui découvrir le secret de la correspondance. Sa Majesté ne le jugea pas à propos [1]; et le comte de Broglie crut apercevoir qu'elle *regardoit comme nécessaire de se conserver un moyen d'être instruite par plus d'un canal des affaires politiques,* comme elle disoit que Louis XIV l'avoit toujours pratiqué.

Il y a lieu de croire que madame du Barry, peu après son arrivée à la cour, avoit découvert cette correspondance, dont elle chercha à avoir l'aveu du comte de Broglie. Sa Majesté, à qui il rendit compte que cette dame l'avoit assuré avoir vu de ses lettres, lui manda qu'en effet elle en avoit vu une, mais de ne pas s'en ouvrir davantage pour cela avec elle [2].

Le comte de Broglie a lieu de croire que c'est de ce moment que madame du Barry et M. le duc d'Aiguillon lui ont voué une mauvaise volonté qui s'est d'abord exercée en secret, mais qui a fini par lui être funeste.

Le comte de Broglie avoit prévu que l'un et l'autre ne lui pardonneroient pas ses relations secrètes avec le Roi ;

---

[1] Voyez la lettre de Louis XV en date du 6 février 1767, t. I, p. 354.
[2] Voyez la lettre du Roi en date 22 mars 1769, t. I, p. 407.

et il avoit eu l'honneur de proposer à Sa Majesté, au moment de la nomination de M. le duc d'Aiguillon aux affaires étrangères, de lui laisser connoître la correspondance secrète; mais Sa Majesté s'y refusa comme elle l'avoit fait pour M. le duc de Choiseul.

Il a donc fallu se livrer au danger évident qui étoit attaché au rôle assigné au comte de Broglie de directeur de cette correspondance, et il n'a pas tardé à en éprouver les effets. Il a d'abord été averti par un billet de la propre main de Sa Majesté, du 21 août 1773, des mauvais services qu'on lui rendoit auprès d'elle.[1]

Il ignore tous les moyens qui ont été employés depuis pour tâcher de le rendre suspect, ainsi que M. le marquis de Monteynard, avec lequel il n'a eu aucune liaison; mais par tout ce que le comte de Broglie a pu recueillir dans l'éloignement où il est, il paroît que le Roi, embarrassé d'avouer la correspondance qu'il tenoit et vouloit tenir secrète, a regardé comme un moyen d'y parvenir de saisir la lettre écrite le 22 septembre par le comte de Broglie au duc d'Aiguillon, pour le soustraire aux poursuites qu'on faisoit indirectement contre lui en l'impliquant dans une procédure ténébreuse qui s'instruisoit à la Bastille, et qui ne tendoit à rien moins qu'à le faire regarder comme ayant une correspondance criminelle et des émissaires furtifs dans toutes les cours pour y discréditer les opérations des ministres du Roi et allumer partout le flambeau de la guerre.

Sa Majesté connoissoit tout le faux de ces imputations. Le comte de Broglie ne peut donc attribuer à d'autres motifs qu'au désir de sauver son secret la résolution que prit Sa Majesté de l'exiler; puisqu'en même temps qu'elle lui donnoit une marque extérieure de mécontentement,

---

[1] Voyez cette lettre plus haut, t. II, p. 361, n° CCCLXIX.

elle n'a pas cessé de l'honorer de sa confiance; qu'elle voulut bien même lui donner quelque connoissance de ce qui se passoit et lui permettre d'informer les ambassadeurs et ministres admis à la correspondance secrète du motif apparent de son exil, et leur faire renouveler l'ordre de la continuer. L'un d'eux ayant témoigné, après ce qui arrivoit au comte de Broglie, beaucoup de crainte de se trouver compromis si sa correspondance, que le ministre soupçonnoit, venoit à en être totalement découverte, Sa Majesté daigna elle-même le rassurer et lui mander de sa propre main que ce qui arrivoit au comte de Broglie ne devoit pas l'effrayer, qu'elle étoit satisfaite de ses services et qu'elle désiroit qu'il continuât comme par le passé.

Le comte de Broglie doit avoir l'honneur d'observer à Sa Majesté que c'est M. d'Ogny[1] qui retiroit de la poste et remettoit au Roi les lettres des ambassadeurs ou ministres admis à la correspondance secrète, et que Sa Majesté les envoyoit au comte de Broglie par Guimard, garçon du château, par les mains de qui Sa Majesté faisoit aussi passer l'argent nécessaire pour les objets de dépense ordonnés par elle et relatifs à cette correspondance.

Le sieur Dubois-Martin, secrétaire du comte de Broglie, approuvé par Sa Majesté pour cette partie, recevoit et déchiffroit avec quelques autres commis toutes les dépêches; les extraits en étoient faits ensuite et envoyés au Roi, ainsi que les déchiffrements, avec les projets de réponses, auxquels Sa Majesté mettoit chaque fois son *approuvé* après y avoir fait les changements ou corrections qu'elle jugeoit à propos.

M. d'Ogny ignoroit, à ce qu'on croit, que ces lettres ou paquets fussent remis par le Roi au comte de Broglie. Il est probable que cet intendant des postes en a actuelle-

---

[1] Intendant des postes, neveu et successeur de Jeannel.

ment entre les mains que la maladie du Roi n'aura pas permis de lui remettre. Il paroît convenable que Sa Majesté veuille bien lui donner l'ordre de les lui remettre à elle-même; elle jugera ensuite ce qui lui convient d'en faire.

Il existe vraisemblablement parmi les papiers du feu Roi des choses relatives à cette correspondance dont Sa Majesté trouvera peut-être à propos de s'emparer elle-même, pour pouvoir en prendre connoissance et se déterminer sur un objet qu'il importe à la mémoire du feu Roi de tenir secret et qui peut intéresser Sa Majesté.

On suppose que Guimard peut indiquer l'endroit où le Roi renfermoit ces papiers. S'ils étoient sous des scellés et que Sa Majesté ne pût pas les retirer elle-même, on pense qu'elle pourroit ordonner qu'on les lui remît, ou charger une personne ayant sa confiance de les recevoir lors de la levée des scellés ; ce qui peut mériter quelque attention de la part de Sa Majesté, à qui il paroîtra juste d'éviter d'exposer les personnes qui ont eu part au secret du feu Roi, et qui pourroient se trouver compromises vis-à-vis des ministres pour y être restées fidèles.

Le comte de Broglie supplie Sa Majesté de lui pardonner la longueur de cette note, devenue indispensable pour lui faire connoître la position où il se trouve depuis vingt-deux ans, et les raisons qui le mettent dans la nécessité de s'adresser directement à elle pour avoir ses ordres, ne pouvant les recevoir par la voie des ministres sur un objet qui ne leur est pas connu.

### CCCLXXXVI. — LE COMTE DE BROGLIE A LOUIS XVI.
[Orig. Arch. de l'Emp. K. 159.]

[30 mai 1774.]

Sire,

J'aurois désiré de ne pas fatiguer Votre Majesté par une

trop longue lettre; mais je réfléchis, en relisant celle que j'ai eu l'honneur de lui écrire hier, que j'ai oublié beaucoup d'objets dont il est nécessaire qu'elle soit instruite, et je lui demande la permission de le réparer.

Je commencerai par ce qui regarde le sieur d'Éon. J'imagine qu'il est possible que Votre Majesté en ait entendu mal parler, et qu'ainsi elle pourroit être étonnée de le trouver compris dans le nombre des personnes honorées de la confiance du feu Roi. Je ne puis donc me dispenser de lui observer qu'il avoit été initié à la correspondance secrète du temps que M. le prince de Conti la dirigeoit. Il fut envoyé par ce prince à Pétersbourg en 1756. Depuis, il fut choisi avec distinction par MM. les ducs de Praslin et de Nivernois pour la négociation de la paix à Londres en 1762; et alors le feu Roi, ayant des vues importantes sur l'Angleterre, lui ordonna de lui rendre des comptes directs. Il fut ensuite fait ministre plénipotentiaire en Angleterre dans l'intervalle de l'ambassade de M. le duc de Nivernois à l'arrivée de M. le comte de Guerchy.

Il est apparent que c'est cette marque de confiance particulière qui lui fit espérer qu'il seroit soutenu dans ses démêlés déplacés avec cet ambassadeur, qui, de son côté, y mit peut-être d'abord de la vivacité et ensuite un peu de maladresse; mais cela n'excuse pas les torts du sieur d'Éon, dont l'extrême vivacité l'emporta outre mesure et occasionna des éclats peu décents entre des personnes honorées des caractères dont ils étoient respectivement revêtus. M. le duc de Praslin employa, dans cette occasion, une sévérité outrée qui ne ramena pas le sieur d'Éon; et le moment étoit arrivé où ce dernier, ne pouvant plus revenir en France, alloit se livrer au désespoir et se trouvoit dans des embarras capables de le faire manquer à la fidélité qu'il devoit à Sa Majesté et peut-être de divulguer le secret qui lui étoit confié ; ce qui auroit compromis d'une manière fort scandaleuse, surtout dans un pays comme l'Angleterre, le nom sacré du feu Roi. Je fus longtemps dans les plus grandes transes à cet égard. Je demandai à Sa Majesté ses ordres, et pris la liberté de lui représenter que tout étoit préférable à laisser connoître en Angleterre l'objet de la correspondance secrète. J'eus ordre en conséquence d'envoyer mon secrétaire à Londres. Il connoissoit le sieur d'Éon ; il le ramena un peu ; et enfin on convint qu'il resteroit à Londres chargé de donner des nouvelles ; mais il fallut lui assurer, de la propre main du feu Roi, un traitement de mille livres par mois dont il jouit depuis ce temps-là[1].

Cet être singulier (puisque le sieur d'Éon est une femme) est, plus que bien d'autres encore, un composé de bonnes qualités et de défauts, et il pousse l'un et l'autre à l'extrême. Il sera nécessaire que j'aie l'honneur d'entrer à ce sujet dans de plus grands détails vis-à-vis de Votre Majesté, lorsqu'elle aura pris un parti définitif sur la correspondance secrète. J'ose en attendant prendre la liberté de la supplier de ne pas se déterminer entièrement sur son compte, sans avoir permis que je misse sous ses yeux mes respectueuses observations à cet égard. Je ne dois pas finir l'article du sieur d'Éon sans avoir l'honneur d'observer qu'il écrit quelquefois des lettres en clair signées *William Wolff*[2]. C'est apparemment une de ces lettres que Votre Majesté aura trouvées non chiffrées. Il me semble du moins qu'il n'y a que lui et le sieur Des Rivaux, consul à Raguse, qui soient dans le cas de ne pas chiffrer toutes leurs lettres.

[1] Voyez cet ordre de traitement en date du 1er avril 1766, t. I, p. 349.
[2] M. Gaillardet a donné dans les *Mémoires du chevalier d'Éon* plusieurs lettres des plus curieuses ainsi signées.

Quoiqu'il puisse paroître prématuré, Sire, à Votre Majesté que je me permette de hasarder des réflexions sur des objets qui ne me regardent pas, je crois cependant que c'est un devoir indispensable pour moi de mettre sous les yeux d'un maître de vingt ans, qui est déjà renommé par l'amour qu'il témoigne pour la vérité, toutes celles qu'il me paroît important de lui découvrir, et je regarderois comme un crime de les lui cacher.

Ce que Votre Majesté a eu la bonté de me dire de M. d'Ogny me paroît donc mériter une observation de ma part. Je n'ai aucun reproche à faire à cet intendant des postes dont je n'ai jamais entendu dire que du bien, et je serois fâché de donner de mauvaises impressions sur son compte; mais je ne dois pas celer qu'il étoit anciennement créature de M. le prince de Condé: qu'il a paru entièrement voué à madame du Barry, et par conséquent à M. le duc d'Aiguillon: qu'ainsi il n'est pas impossible qu'il ait suivi l'exemple de son prédécesseur et de son oncle, le sieur Janel, qui avoit fini par se livrer à M. de Choiseul, ce que le feu Roi avoit bien su, et ne l'avoit gardé qu'à cause de son extrême vieillesse; car, dans une place comme celle-là, il faut absolument un homme qui ne soit qu'à son maître.

Votre Majesté pourroit ne pas connoître encore la nature de cette place : elle ne sera peut-être pas fâchée d'en être instruite.

On a de très-ancienne date établi à l'hôtel des postes un bureau secret. M. d'Ogny en est aujourd'hui le chef, et a une douzaine de commis sous lui pour ouvrir toutes les lettres, ou du moins celles qu'on suspecte, et en tirer promptement des copies ou des extraits. Cette institution a eu pour principe d'instruire les rois et le gouvernement de tous les objets qui peuvent intéresser l'État, afin de pouvoir prévenir les événements nuisibles au prince et au public. De ce bon principe il a résulté, comme il arrive souvent, de très-grands inconvénients pour les particuliers, et de là conséquemment pour le maître. Les ministres ont regardé comme une chose essentielle de mettre dans cette place quelqu'un qui leur fût affidé, afin de profiter des moyens de mettre des copies ou des extraits de lettres sous les yeux du Roi pour servir leurs passions, leur haine ou leur amitié. Il n'est même pas sans exemple, dit-on, que cela ait donné lieu à supposer les lettres entières ou à en faire des extraits pour faire des crimes à des gens qui étoient innocents[1].

La pureté du cœur de Votre Majesté doit se révolter à cet exposé, et lui faire au premier coup d'œil regarder comme impossibles des actions si criminelles; mais il n'est pas moins nécessaire qu'elle s'efforce de croire que tout le mal est possible pour le prévenir; et sa pénétration lui fera juger combien il lui importe de mettre dans cette place quelqu'un de la probité et de la fidélité duquel elle soit sûre. Il ne m'appartient pas de désigner personne; je sais que le feu Roi avoit eu des vues sur M. Durand, qui a toutes les qualités requises; et la connoissance qu'il a des affaires politiques le rendroit plus propre à cette place qu'un autre, d'autant qu'il pourroit servir à mettre de l'ordre dans les papiers secrets de Votre Majesté et lui procureroit toutes les connoissances qu'elle désireroit d'acquérir. Elle a sous la main un valet de chambre que je ne connois que de nom. C'est M. Thierry, de la probité duquel tout le monde parle bien : elle peut savoir s'il est propre à ce poste; et alors il seroit facile de donner à M. d'Ogny un dédommagement dans une des premières places de la finance. Si, au contraire, elle croit devoir le

___
[1] Sur le Cabinet noir, voyez l'Étude préliminaire, t. I, p. 7.

garder, j'ose lui observer la nécessité de lui parler en maître et de lui recommander sérieusement de ne rendre aucun compte à personne, même à des ministres, que par ses ordres, en mettant d'ailleurs de la délicatesse jusqu'au scrupule dans une place où l'on peut disposer du secret de tous les citoyens.

Votre Majesté aura vu, dans la première lettre que j'ai eu l'honneur de lui écrire, que je ne lui ai pas caché que je croyois avoir à me méfier beaucoup des mauvais offices de M. d'Aiguillon. J'ose me flatter qu'elle trouvera mes défiances excusables quand elle aura pris lecture du billet du feu Roi, du 21 août 1773, et des autres dont je prends la liberté de mettre ici la copie sous ses yeux avec quelques notes pour y servir d'explication. Cela me fait espérer qu'elle daignera puiser dans d'autres sources que celles de ce ministre les notions qu'elle se propose de prendre sur les causes de mon exil. Si je ne me trompe, la réunion des différents billets du feu Roi prouve jusqu'à la démonstration qu'il n'y en a jamais eu d'autres que le désir qu'a eu Sa Majesté de cacher un secret qu'il voyoit que son ministre, aidé par madame du Barry, dont il étoit le conseil et le maître, vouloit lui arracher; et certainement ma lettre à ce même ministre, qu'il a plu au feu Roi de donner pour raison de ma disgrâce dans celle qui me l'a annoncée, n'auroit pas été suffisante pour me faire perdre, même ostensiblement, ses bontés. Aussi Votre Majesté verra qu'à l'exception de mon rappel qu'elle étoit embarrassée d'effectuer, elle continuoit à me donner des marques précieuses de sa confiance, jusqu'à accorder tout ce que j'ai eu l'honneur de lui demander depuis mon exil, quoique mes instances fussent motivées sur la nécessité d'un dédommagement à donner des persécutions que l'honneur d'être admis à sa confiance faisoit éprouver.

C'est à la haute sagesse de Votre Majesté à lui inspirer les moyens bien difficiles de pénétrer la vérité. Je suppose qu'il existe quelques personnes dignes de sa confiance ; le public s'étoit réjoui d'entendre nommer dans ce nombre le vertueux comte du Muy[1] ; mais si elle l'avoit placée dans quelques-uns des anciens ministres du feu Roi, je ne croirois pas manquer de respect à la place qu'ils occupent, en avouant à Votre Majesté que j'aurois lieu de craindre des préventions de leur part. Ils me soupçonnent tous d'avoir été honoré de la confiance secrète du maître ; il n'y a pas de ministres qui pardonnent ce crime-là, d'autant qu'ils craignent qu'on n'en profite pour les desservir. Si elle daigne jeter les yeux sur mes lettres au feu Roi, elle verra cependant que je n'en ai jamais fait cet usage. Je désire fort qu'elle me permette de les lui présenter moi-même ; car je ne puis les remettre qu'à elle, puisque ces lettres, qui sont en grand nombre, ainsi que celles du feu Roi, et ses instructions ou ordres, font toute ma sûreté. Elle ne voudra pas que je risque, en les remettant à quelqu'un d'inattentif ou malintentionné, qu'on y suppose des choses qui ne s'y trouvent pas, ce qu'il faut que je sois toujours en état de prouver.

C'étoit, Sire, pour assurer ce dépôt et constater les objets d'une correspondance multipliée pendant vingt-deux ans, que j'avois pris la liberté de la supplier de me permettre de me rendre à ses pieds ; mais si les preuves que j'ai l'honneur de lui envoyer de ma fidélité, de mon innocence, et de la persuasion même que le feu Roi en avoit, ne lui paroissoient pas suffisantes, j'oserois lui proposer de me rendre de Ruffec à la Bastille, où je resterois

---

[1] Le comte du Muy, né en 1711, menin du Dauphin père de Louis XVI, fut nommé ministre de la guerre et maréchal de France en 1774. Il mourut en 1775 des suites de l'opération de la pierre.

jusqu'à ce qu'elle eût pris les éclaircissements les plus étendus sur ce qui me regarde. Quoiqu'à la Bastille, je serois à portée de recevoir les ordres de Votre Majesté et de communiquer toutes les preuves de la pureté de ma conduite à qui il lui plairoit d'ordonner. Je n'ai nulle liaison avec M. de Sartines, qui est le commissaire naturel de la Bastille; mais si elle a confiance en ce magistrat, cela confirmera la bonté de sa réputation. J'ai de plus été instruit que, dans le temps où M. le duc d'Aiguillon fit mettre à la Bastille les sieurs de Ségur, Favier et Dumourier, sur des soupçons dans lesquels il vouloit envelopper M. de Monteynard et moi, ce ministre fit nommer MM. de Marville, conseiller d'État, et de Villevault, maître des requêtes, pour commissaires de cette pitoyable affaire, et M. de Sartines en fut d'abord exclu [1]. Cette exclusion lui fit honneur dans le public, en prouvant qu'on ne le croyoit pas propre à servir l'animosité de personne. Cependant il demanda à faire les fonctions de commissaire-né de la Bastille. Sa Majesté l'accorda, et lui dit même que s'il n'avoit pas été nommé d'abord, c'est qu'on avoit dit qu'il étoit malade et qu'il étoit chargé de trop d'autres affaires. Votre Majesté peut juger par ce détail qu'on n'avoit pas envie d'avoir un témoin tel que M. de Sartines. Pour moi, Sire, je le désire et je n'en redoute aucun dans l'examen de toute ma vie. Je regarderai même comme une grâce qu'il soit fait, pourvu que sa suprême justice ordonne qu'on me communique les accusations pour que j'y puisse répondre; et j'ose espérer que cet examen ne pourra que me procurer le bonheur d'être estimé de mon nouveau maître comme je l'étois de l'ancien: alors je n'aurai rien

---

[1] Inexactitude. Voyez plus haut, p. 363, l'ordre en date du 8 septembre 1773, qui nomme M. de Sartines commissaire dans l'affaire de la Bastille : il est de la même date que celui adressé aux deux autres commissaires.

à désirer. Si Votre Majesté craignoit de commencer son règne par un acte qui eût l'air de la sévérité, quoique je le reçusse comme une faveur, elle pourroit seulement me permettre de me rendre à Paris, sans m'accorder encore la grâce que je désire le plus vivement, qui est de pouvoir aller mettre à ses pieds l'hommage de mon respect et de mon obéissance. J'y serois au moins à portée de recevoir et d'exécuter ses ordres; je pourrois rassembler tous les papiers et documents de la correspondance secrète que j'ai mis en différents dépôts, de peur qu'on ne les fît enlever chez mon secrétaire. Je ferois les notes capables de donner à Votre Majesté une idée de chaque objet; je mettrois le tableau de tout ce travail sous ses yeux; enfin je ferois préparer par le sieur Dubois-Martin les comptes des dépenses faites par ordre du feu Roi. Tout cela ne peut pas être fait en mon absence; et il sera indispensable qu'elle ait réuni toutes ces notions pour prendre avec connoissance de cause le parti qu'elle jugera convenable sur cet objet.

Votre Majesté voudra bien remarquer que ce n'est pas le désir de sortir de la situation où je suis qui m'engage à prendre la liberté de lui proposer de me rendre à la Bastille ou de fixer mon exil à Paris : c'est uniquement le bien de son service qui me fait préférer ce changement de position au séjour de ma terre. Je crains seulement que Votre Majesté ne trouve quelque difficulté à paroître s'occuper de moi, de crainte de faire connoître la correspondance qu'elle m'a permis d'entretenir avec elle. Cette réflexion me fait prendre le parti de prier mon frère de remettre, avant son départ, un mémoire à Votre Majesté pour la supplier de mettre fin à ma disgrâce. Elle sera alors autorisée à faire la réponse qu'elle jugera à propos, sans que cela donne aucun soupçon; et quelle qu'elle soit, je la recevrai avec le respect et la soumission que je dois.

Je crains, Sire, d'abuser de la patience de Votre Majesté au milieu des occupations importantes dont elle est accablée. J'imagine cependant qu'elle désire d'être instruite de tout; et ce qui m'intéresse personnellement est lié à tant d'autres objets dignes de son attention, que j'ose espérer qu'elle excusera la longueur de cette lettre; je suis même encore obligé d'y joindre une observation.

J'ai lieu de croire que M. le comte de Mercy, qui me témoignoit cependant beaucoup d'amitié, croyant apparemment suivre en cela les intérêts de sa cour, a favorisé les desseins de M. d'Aiguillon contre moi, ce ministre l'ayant assuré que j'employois l'accès que me donnoit la correspondance secrète auprès du feu Roi pour rompre l'alliance avec la cour de Vienne; et j'ai lieu de craindre, comme j'ai déjà eu l'honneur de le marquer à Votre Majesté, qu'on n'ait donné par le moyen de cet ambassadeur les mêmes impressions à la Reine. Je dois donc vous faire, Sire, les plus respectueuses instances de suspendre votre jugement sur ce qui pourra vous revenir de la part de M. le comte de Mercy jusqu'à ce que j'aie pu mettre sous vos yeux les preuves évidentes de la fausseté de cette accusation. Si j'étois dans l'opinion qu'il fût utile à vos intérêts de rompre cette alliance, je ne balancerois pas à le dire à Votre Majesté; je ne craindrois pas même de le dire à la Reine elle-même, qui sûrement n'a rien de plus cher que les intérêts d'une couronne qu'elle porte, Sire, si glorieusement avec vous, et qui est d'autant plus sûrement attachée à la France qu'elle a déjà réuni tous les cœurs de la nation. Elle ne me feroit sûrement pas un crime de dire ce que je pense; mais j'ose espérer que Votre Majesté voudra bien me servir un jour d'avocat auprès de son auguste épouse lorsqu'elle connoîtra toute ma conduite. C'est le seul objet de mon ambition, ainsi que de pouvoir la convaincre du zèle ardent que j'aurai toujours pour son service, d'un attachement inviolable pour sa personne sacrée, et du très-profond respect avec lequel je suis, Sire, de Votre Majesté, le très-humble, très-obéissant et très-fidèle serviteur et sujet,

Le comte DE BROGLIE.

A Ruffec, le 30 mai 1774.

*P. S.* Au moment où cette lettre alloit partir, j'en reçois, Sire, plusieurs de Paris où l'on me mande comme une nouvelle publique que M. d'Aiguillon répand que Votre Majesté doit aller à Versailles *pour chercher*, dit-il, *une correspondance de dix-huit ans de M. le comte de Broglie avec le feu Roi;* et sur cela il se répand en plaisanteries sur l'utilité dont elle m'a été. Il paroît que ce ministre veut tâcher d'ébruiter encore cette correspondance, soit pour en dégoûter d'avance Votre Majesté, soit pour lui persuader que c'est par moi qu'elle est connue. J'espère qu'elle daignera me rendre justice à ce sujet. J'ai gardé le silence du temps du feu Roi, quoique ma justification fût attachée à dévoiler le secret; et je le garderai tant qu'elle l'ordonnera. Quant à ces papiers, j'ignore si Sa Majesté a gardé dans ses armoires tous les papiers, mémoires, cartes et plans que je lui ai fait passer : il y en a de l'année 1765 ou 1766 sur l'Angleterre, avec des cartes renfermées dans de longues boîtes de ferblanc [1]. Ces objets devroient être renfermés bien précieusement. Si M. le duc d'Aiguillon pouvoit les avoir, il les communiqueroit peut-être à mylord Stormont pour gagner

---

[1] C'est le fameux projet de descente en Angleterre auquel travaillèrent d'Éon et M. de la Rozière.

toutes les cours étrangères, ce dont il est fort occupé. Il y a aussi mon travail de l'année dernière, qui est le commencement d'un système général de politique dont la troisième partie n'a pas été faite. Le feu Roi a gardé les mémoires et m'a renvoyé seulement les lettres d'accompagnement qui ne devroient pas en être séparées. Si Votre Majesté trouve tous ces papiers, j'oserois la supplier de me les renvoyer pour les mettre en ordre, et les lui faire ensuite repasser avec les lettres d'accompagnement qui y sont nécessaires pour connoître l'esprit de tout ce travail.

### CCCLXXXVII. — EXTRAIT D'UN MÉMOIRE ENVOYÉ PAR LE COMTE DE BROGLIE A LOUIS XVI.
[Orig. Arch. de l'Emp. K. 159.]

9 juin 1774.

Sa Majesté est déjà instruite que M. le prince de Conti a été chargé le premier de diriger la correspondance politique secrète que le feu Roi a entretenue jusqu'à sa mort. Il n'est pas possible au comte de Broglie d'en indiquer précisément l'origine; mais il est apparent qu'elle a commencé en 1743 ou 1744.

M. le cardinal de Fleury avoit eu la confiance exclusive du feu Roi depuis le commencement de son règne jusqu'à sa mort, arrivée au commencement de l'année 1743. Madame de Châteauroux parut alors prendre beaucoup d'ascendant sur l'esprit du maître, et son premier soin fut vraisemblablement d'empêcher qu'il ne fît un premier ministre. Les départements restèrent donc indépendants les uns des autres, et celui des affaires étrangères étoit occupé par M. Amelot de Chaillou. Il est apparent que madame de Châteauroux inspira au feu Roi l'idée de consulter sur la politique M. le prince de Conti, avec qui elle étoit fort liée. Ce qu'on croit de certain, c'est que ce fut à peu près à cette époque qu'on le vit commencer à travailler avec le Roi et y porter toutes les semaines des portefeuilles pleins de papiers dont aucun ministre n'avoit connoissance.

Madame de Châteauroux mourut en 1744 ou au commencement de 1745 [1], après avoir été éloignée vers le milieu de l'année 1744, à l'époque de la maladie du feu Roi à Metz. Il ne parut pas que cela apportât aucun changement à la faveur de M. le prince de Conti, qui conserva son travail et eut le commandement de l'armée en Allemagne en 1745.

Ce fut au commencement de cette année qu'il arriva un certain nombre de seigneurs polonois à Paris, chargés de la procuration de quelques autres, pour offrir à ce prince leur désir pour son élection éventuelle à la couronne de Pologne. Le Roi permit à M. le prince de Conti d'écouter ces propositions et de faire toutes ses dispositions en conséquence. Il falloit beaucoup de travail pour préparer les moyens de cette élection : c'est ce qui donna lieu à la formation du système général de politique dont M. le prince de Conti fut l'auteur [2].

On ne peut pas disconvenir qu'il n'eût été fait conformément aux véritables principes et selon les intérêts de la France. Il consistoit à garder en Europe l'équilibre établi par les traités de Westphalie, à protéger les libertés du corps germanique, dont la France étoit garante par ses traités ; à lier, par un autre traité perpétuel, la Turquie, la Pologne, la Suède et la Prusse, sous la médiation et ensuite avec l'accession de la France ; et enfin à séparer par ce moyen la maison d'Autriche d'avec la Russie, en rejetant cette

---

[1] La date exacte de la mort de la duchesse de Châteauroux est le 8 décembre 1744.

[2] Sur ce plan, voyez ce que nous en avons dit d'après le marquis d'Argenson dans l'Étude préliminaire, t. I, p. 60 et suiv.

dernière dans ses vastes déserts, et la reléguant pour les affaires hors des limites de l'Europe.

M. le prince de Conti, malgré sa faveur et la confiance dont il étoit honoré, n'étant pas admis au Conseil, on sent combien cela devoit diminuer son influence dans les affaires d'État, d'autant que M. le maréchal de Noailles, qui y jouoit un des principaux rôles, étoit fort attentif à contrecarrer les idées qu'il pouvoit supposer que le Roi recevoit indirectement [1]. Cela rendit nécessaire à M. le prince de Conti de proposer l'établissement d'une correspondance secrète. Il la présenta apparemment sous le point de vue de *l'utilité que Sa Majesté retireroit d'être instruite par plusieurs voies différentes, et d'être par là plus sûre de la vérité.*

Cet établissement se fit à mesure que M. le prince de Conti put contribuer à la nomination des ministres dans les cours étrangères. Il paroît cependant que cette correspondance ne prit une véritable consistance qu'après la paix de 1748, sous le ministère de M. le marquis de Puisieux, qui avoit remplacé M. le marquis d'Argenson, successeur de M. Amelot.

Dans les arrangements qui se firent dans les différentes missions, M. le prince de Conti fit placer M. le comte des Alleurs à Constantinople, M. le marquis d'Havrincourt en Suède, M. le chevalier de la Touche à Berlin; et il avoit précédemment procuré l'ambassade de Pologne à M. le marquis des Issarts [2] avec qui il avoit des liaisons d'amitié dès le collége.

Parvenu à ce point, M. le prince de Conti se trouva le

---

[1] Sur l'influence politique et secrète du duc de Noailles, voyez la *Correspondance de Louis XV et du maréchal de Noailles*, publiée par M. Rousset, Introduction, et l'Étude préliminaire placée en tête de notre premier volume.

[2] Voyez l'Étude préliminaire, t. I, p. 62.

maître de diriger toute la politique du Nord, qui entraînoit pour ainsi dire celle de toute l'Europe.

Il y trouva d'autant plus de facilité que M. le marquis de Puisieux, sans avoir en vue la couronne de Pologne pour M. le prince de Conti, avoit d'ailleurs à peu près les mêmes principes politiques qui étoient suivis par ce prince. M. de Puisieux étoit un ministre parfaitement intentionné, et avoit aussi plus de capacité qu'on ne lui en accordoit généralement. On lui doit la justice de dire qu'il a rempli sa place avec honneur pour lui et utilité pour son maître, et qu'en la quittant, il a laissé la France jouissant de la juste considération qui lui appartiendra toujours lorsqu'elle sera bien gouvernée.

Madame de Pompadour, admise à la cour dès 1745-1746, ne tarda pas à y prendre une influence aussi funeste qu'absolue. Quoiqu'elle eût été présentée par madame la princesse de Conti, de qui le feu Roi avoit exigé cette marque de soumission, elle ne procura pas à son fils l'amitié de la nouvelle favorite; elle vit avec jalousie le travail de ce prince dont le feu Roi lui fit toujours un mystère, et elle ne le pardonna pas à M. le prince de Conti.

Madame de Pompadour mit inutilement tout en usage pour le découvrir; et la résistance que le comte de Broglie, qu'elle soupçonna d'en être instruit, fit à ses volontés a été la cause de la haine dont elle l'a poursuivi jusqu'à sa mort.

Elle sentit que tant qu'elle n'auroit pas pris pour ainsi dire le timon des affaires, en mettant au département des affaires étrangères un de ses favoris, elle n'influeroit qu'indirectement sur cette partie.

Pour y parvenir, on lui persuada qu'il falloit faire une révolution générale dans le système de la politique de l'Europe. On a supposé que cette idée lui fut suggérée par

M. l'abbé de Bernis. Ce qui est certain, c'est que Sa Majesté, ennuyée du peu de sûreté et de la *despoticité* qu'elle avoit éprouvée de la part du Roi de Prusse depuis 1741, qui fut le commencement de l'alliance avec ce prince, adopta sans peine les principes qui tendoient à former des liaisons contre lui, donna ordre à M. l'abbé de Bernis de suivre et de terminer la négociation qui fut suivie sur cet objet avec M. de Staremberg; et le traité fut signé à Versailles par M. de Rouillé, qui, précédemment, n'en avoit eu aucune connoissance, le 1er mai 1756 [1].

Madame de Pompadour se trouva alors au suprême degré de sa puissance; elle joua le rôle de premier ministre et s'occupa de placer aux affaires étrangères celui qui avoit conduit cette révolution.

Il faut avouer que la tournure des affaires générales de l'Europe avoit aussi contribué beaucoup à amener cet événement. Le Roi de Prusse, entraîné par son caractère, avoit cru pouvoir manquer pour ainsi dire au Roi en se permettant des plaisanteries déplacées sur madame de Pompadour; cela avoit influé sur les affaires, comme cela arrive toujours malheureusement. La rupture des Anglois mettant dans la nécessité de se concerter avec ses alliés ou d'en faire de nouveaux, le Roi de Prusse croyoit qu'on avoit besoin de lui et se rendit très-difficile. Enfin, voyant qu'on ne cédoit point à ses volontés, il fut le premier à faire un traité avec nos ennemis. Madame de Pompadour ne manqua pas cette occasion, et le traité de Vienne fut conclu.

M. le prince de Conti fut scrupuleusement éloigné de la

---

[1] On trouve sur les préliminaires et la signature du traité de 1756 les détails les plus curieux et les plus exacts dans les *Mémoires secrets* de Dubois, qui avait été renseigné sur ce sujet par l'un des négociateurs du traité, M. de Bernis. Édit. de 1763, t. II, p. 263 et suiv.

confidence de cette négociation, qui détruisoit en un jour son travail de douze années, qui, ayant été continué avec soin, eût eu un succès complet. Les négociations suivies sous sa direction dans les cours de Constantinople, Varsovie et Stockholm, avoient parfaitement réussi. Le Roi de Prusse avoit lui-même concouru à tout ce qu'on désiroit de lui pour cette partie. Les événements des diètes de 1752 et 1754 en Pologne, où le comte de Broglie avoit été ambassadeur en 1752, avoient tourné à l'avantage du parti françois, et on étoit au moment de former une confédération propre à assurer l'élection désirée également par les Polonois et par le Roi. La Russie et l'Angleterre avoient perdu tout leur crédit dans cette république, et l'influence de la France y étoit montée au point le plus désirable.

Dans de pareilles circonstances, M. le prince de Conti paroissoit ne devoir pas craindre que la direction de la politique lui fût ôtée. Il dut donc être étonné de l'événement; il espéra de pouvoir en être dédommagé par le commandement des armées, dont il avoit eu une ancienne promesse dans les termes les plus formels. Madame de Pompadour trouva encore le moyen de la faire éluder; et ce fut ce dernier coup qui détermina ce prince à remettre à Sa Majesté la direction de la correspondance secrète et à renoncer entièrement aux affaires [1].

### CCCLXXXVIII. — LE COMTE DE BROGLIE A LOUIS XVI.
[Orig. Arch. de l'Emp. K. 157 [2].]

14 juin 1774.

Sire,

J'ai reçu la lettre dont il a plu à Votre Majesté de m'ho-

---

[1] Voyez les lettres de Louis XV en date du 9 novembre et du 24 décembre 1756, t. I, p. 212 et 214.

[2] La signature seule est autographe.

norer le 6 de ce mois[1]. Elle daigne prévenir les souhaits que je formois depuis longtemps, en me donnant l'ordre de mettre fin à la correspondance secrète, suivie par ceux du feu Roi. Je n'aurois pas osé, Sire, le solliciter dans ces premiers moments, votre illustre aïeul me l'ayant constamment refusé en différents temps. Mais en me conformant aux ordres de Votre Majesté, je crois qu'il est de mon devoir de mettre sous ses yeux les observations respectueuses que je prends la liberté de joindre à cette lettre. J'espère qu'elles lui feront connoître la nécessité qu'un travail aussi long soit examiné dans le silence par quelque ministre d'État, afin d'en rendre compte à Votre Majesté. Ce sera ensuite à elle à juger de son importance. Le sceau de votre approbation sacrée, Sire, jointe à celle dont le feu Roi a toujours honoré ce travail, ne me laissera plus rien à désirer, et c'est la récompense la plus flatteuse que j'ambitionne. Cependant pour la mériter plus sûrement encore, je crois indispensable que les détails en soient scrupuleusement examinés par des ministres aussi vertueux que ceux que Votre Majesté vient de choisir. Cela exige du temps, et celui de Votre Majesté est trop précieux pour que j'ose lui demander d'en prendre la peine. Je la supplierai seulement de trouver bon que j'aie l'honneur de lui présenter moi-même les pouvoirs et les autorisations que j'ai eus de la main du feu Roi, tant pour moi que pour ceux qui ont travaillé sous ma direction dans cette partie.

Votre Majesté ayant alors une conviction entière de ma fidélité, de mon zèle, et une connoissance parfaite du genre de confiance dont j'étois honoré de la part du feu Roi son auguste aïeul, daignera m'en donner une assurance de sa main, et je recevrai par cet acte de bonté la digne récompense et le fruit de mes longs travaux, pour

[1] Cette lettre de Louis XVI ne nous est point parvenue.

lesquels j'ai constamment sacrifié ce que j'ai de plus cher dans le monde.

Je ne peux me dissimuler que ma réputation a été cruellement compromise, surtout dans ces derniers temps, par les imputations d'intrigues dont j'ai été accablé. Il m'est impossible de n'en pas trouver la preuve dans la propre lettre dont Votre Majesté m'a honoré le 6 de ce mois. Je vois qu'elle regarde comme une précaution utile pour moi de brûler tout ce qui a trait à cette correspondance, et qu'elle attache à la sincérité avec laquelle j'exécuterai ses ordres, et au soin que je prendrai de ne me mêler désormais d'aucune affaire, la permission de revenir à la cour.

Pourrois-je, Sire, être affligé d'une manière plus sensible par mon maître? Et me seroit-il possible de résister à un pareil malheur, si je n'étois pas assuré qu'il ne tardera pas à connoître la vérité?

Loin de regarder comme un avantage celui de brûler tous les papiers de la correspondance secrète, je regarderois comme le souverain des malheurs d'y être condamné, malgré la confiance qu'elle daigne me marquer en s'en rapportant à moi seul pour l'exécution de cet ordre. J'ai besoin, Sire, de témoins irréprochables de ma conduite passée, qui me mettent en même temps à l'abri d'être accusé à l'avenir d'avoir conservé des traces des objets que Votre Majesté paroît vouloir anéantir. Il m'est encore plus essentiel que ces mêmes témoins puissent répondre à Votre Majesté que je ne me suis mêlé d'aucune affaire depuis quarante ans que je suis dans le monde, et qu'il n'y a jamais eu que ce travail que le feu Roi m'a ordonné de suivre, qui m'ait donné l'air d'avoir des relations qu'on a dépeintes comme suspectes. Mais quand Votre Majesté se sera convaincue qu'en cela je ne faisois qu'un acte d'obéissance vis-à-vis de mon maître, dont je l'ai même supplié plus d'une fois de me dispenser, en me permettant de remettre cette correspondance à ses ministres, j'ose espérer qu'elle ne sauroit approuver les menées qui ont été faites contre moi ; que les marques précieuses de son estime serviront de consolation à mes peines ; qu'elle poussera sa bonté infinie jusqu'à détruire elle-même les impressions défavorables qu'on a cherché à donner à Sa Majesté la Reine, et qu'elle voudra bien enfin regarder ces marques de bienfaisance comme un des actes de justice qui ont déjà caractérisé les premiers moments de son avénement au trône.

Je ne saurois être assez malheureux, Sire, pour que le cœur de Votre Majesté soit inaccessible à mes respectueuses représentations. Elle sentira sans doute qu'en laissant subsister la disgrâce où je gémis depuis tant de temps, elle me flétriroit aux yeux de toute l'Europe ; j'y serois regardé comme un vil intrigant, tandis que ce n'est que par un excès d'amour et d'obéissance pour votre auguste aïeul que je me suis soumis momentanément à en supporter l'apparence. Cette soumission peu commune auroit été au-dessus de mes forces, sans la certitude où j'étois que le feu Roi ne m'en estimoit que davantage ; mais je ne saurois soutenir le moindre doute sur mon compte de la part de Votre Majesté.

Qu'elle daigne donc commencer par m'ôter le vernis odieux dont la prolongation de ma disgrâce me terniroit, et dont elle regretteroit sûrement elle-même d'être la cause, quand elle verra combien peu je l'ai méritée. Faites de moi, Sire, tout ce que vous voudrez après l'examen de ma conduite ; je dépose à vos pieds les grâces, les honneurs que quarante ans de service m'ont procurés, si Votre Majesté juge, quand j'aurai le bonheur d'être connu d'elle, que j'en étois indigné. Mais qu'elle daigne ménager ma réputation et mon honneur, dont, j'ose m'en assurer, elle ne voudroit pas disposer. Je la conjure donc de jeter un regard de bonté et de bienfaisance sur le plus pur, le plus zélé de ses sujets, et le plus empressé à lui donner toute sa vie les témoignages de la plus entière soumission et du plus profond respect avec lequel je suis, Sire, de Votre Majesté, le très-humble, très-obéissant et très-fidèle serviteur et sujet, Le comte DE BROGLIE.

A Ruffec, le 14 juin 1774.

## CCCLXXXIX. — MÉMOIRE DU COMTE DE BROGLIE A LOUIS XVI.

[Orig. Arch. de l'Emp. K. 159.]

OBSERVATIONS QUE LE COMTE DE BROGLIE PREND LA LIBERTÉ DE METTRE SOUS LES YEUX DU ROI, EN RÉPONSE A LA LETTRE DONT IL L'A HONORÉ, EN DATE DU 6 JUIN 1774.

14 juin 1774.

La correspondance secrète que le feu Roi a entretenue jusqu'à sa mort, ses deux billets étant l'un du 24, et l'autre du 26 avril, a toujours été présentée par les ministres et les maîtresses qui cherchoient à l'embarrasser et à la détruire, comme une intrigue sourde que le feu Roi permettoit plutôt qu'il ne l'ordonnoit, employant ce moyen pour rendre odieux ceux qu'on soupçonnoit de la diriger. C'est ainsi que madame de Pompadour en a usé tout le temps que M. le prince de Conti a été chargé de la suivre. La résistance que le Roi a opposée à la curiosité de cette favorite n'a servi qu'à l'aigrir : elle a cherché à traverser ce prince dans toutes les circonstances, et en multipliant les contrariétés et les dégoûts, elle l'a déterminé à prendre le parti non-seulement d'abandonner ce travail, mais même de se retirer presque entièrement de la cour, où il n'a paru depuis que très-rarement et dans des occasions indispensables.

Si l'établissement de la correspondance secrète avoit été uniquement l'ouvrage des instigations et des conseils de M. le prince de Conti, il est apparent qu'à l'époque de sa retraite le feu Roi y auroit mis fin et se seroit débarrassé de toutes les tracasseries intérieures qu'occasionnoit ce travail, d'autant plus assujettissant qu'il voulut s'en réserver le soin. Il est donc à croire que Sa Majesté y étoit attachée, et l'avoit supposé utile au bien de son service.

En effet, le feu Roi ordonna que tous les chiffres et autres papiers relatifs à cette affaire fussent remis au sieur Tercier, alors premier commis des affaires étrangères, qui avoit eu précédemment l'ordre de Sa Majesté de communiquer à M. le prince de Conti tout ce qui arrivoit par la voie directe aux ministres, et de faire passer par les courriers de ces mêmes ministres les réponses de la correspondance secrète, quand elles exigeoient de la célérité.

Le sieur Tercier se trouva seul alors à la tête de ce travail; il le suivit pendant quelques mois avec des ambassadeurs et ministres en assez grand nombre, qui avoient l'honneur d'y être admis.

Le comte de Broglie étoit dans ce cas. Il a déjà eu l'honneur d'observer au Roi qu'il n'y étoit entré qu'avec une peine infinie, et que sa résistance ne fut vaincue qu'au second ordre que M. le prince de Conti lui remit de la part du feu Roi[1]. Ces deux ordres existent, ainsi que M. le prince de Conti, et prouvent invinciblement que le comte de Broglie n'a point recherché d'être chargé de cette correspondance. Il sentoit que son attachement inébranlable pour son maître le rendroit tôt ou tard la victime

[1] Voyez cet ordre, t. I, p. 195.

de sa fidélité constante, et cette crainte ne s'est que trop justifiée.

Le comte de Broglie étoit à Dresde à l'époque de la retraite de M. le prince de Conti. La correspondance se suivoit toujours par la voie du sieur Tercier, comme si ce prince en étoit resté le directeur. Le comte de Broglie ne fut donc instruit de ce changement qu'à son arrivée à Paris, au mois de décembre 1756. Le sieur Tercier reçut alors l'ordre du Roi de lui en communiquer toutes les branches, et de se conformer à ceux du comte de Broglie, quand celui-ci seroit à Paris dans la même forme ci-devant observée par M. le prince de Conti. Le comte de Broglie obéit, écouta et lut tout ce qui lui fut présenté par le sieur Tercier; mais, évitant encore de se rendre le chef de la besogne, il continua à ne s'occuper que de ce qui concernoit la Pologne et la Saxe, et ne prit la liberté d'entretenir Sa Majesté que de ces objets.

Il chercha même alors à quitter la carrière politique pour celle militaire, et demanda avec instance à servir à la guerre dès la campagne de 1757. M. Rouillé s'y opposa toujours, et prit un ordre du Roi en plein conseil, pour lui enjoindre de retourner en Pologne[1].

Son obéissance aveugle aux volontés du Roi, et sa juste reconnoissance du cordon bleu qu'il venoit de lui donner malgré madame de Pompadour, déjà déclarée son ennemie, ne lui permirent pas de balancer. Feu madame la Dauphine, qui le combloit de bontés, voulut bien aussi le presser elle-même de retourner auprès du Roi son père, en lui disant qu'elle lui en auroit personnellement la plus grande obligation.

Il partit le 1<sup>er</sup> mai 1757, passa par Vienne, où il resta près de deux mois sans autre ordre que celui des circon-

[1] Voyez la lettre du Roi du 11 mars 1757, t. I, p. 249.

stances. On l'avoit rendu suspect à cette cour, où il avoit été dépeint par madame de Pompadour et M. de Staremberg, comme opposé au traité de Versailles. Mais au bout de six jours M. de Kaunitz ayant reconnu son zèle ardent pour notre alliance avec la maison d'Autriche, lui donna les marques de la plus grande confiance, et Leurs Majestés Impériales ne cessèrent de l'honorer de toutes sortes de bontés et de distinctions.

Le comte de Broglie a déjà eu l'honneur de rendre compte du séjour qu'il y a fait, ainsi que des bontés dont il fut comblé par le feu Roi de Pologne, à son arrivée à Varsovie.

Il a observé aussi que ce furent principalement ses succès qui déterminèrent madame de Pompadour à employer toutes sortes de moyens pour le retirer de la carrière politique. Les bontés de Leurs Majestés Impériales et du Roi de Pologne ne l'avoient pas entraîné à un abandon total aux vues et aux intérêts de ces puissances. Il les suivoit ardemment lorsqu'il étoit possible de les concilier avec ceux de son maître, qui ont toujours fait son unique loi; et comme dans les alliances même les plus naturelles et les plus intimes, les intérêts des puissances qu'elles unissent se trouvent souvent croisés, le comte de Broglie a toujours insisté pour que ceux de la France fussent suivis de préférence, et surtout jamais sacrifiés.

La vérité et la force de ses observations a quelquefois embarrassé le ministère, et a toujours déplu à madame de Pompadour. Il en a résulté le parti de le rappeler de l'ambassade de Pologne, où le feu Roi vouloit au contraire le conserver. On ne trouva d'autre moyen pour en venir à bout que de susciter les représentations des cours de Vienne et de Russie. Madame de Pompadour qui avoit connoissance de toutes les expéditions, communiquoit aux ambassadeurs respectifs de ces deux puissances les réflexions contenues dans les dépêches du comte de Broglie, et sans doute leur donnoit une tournure propre à les indisposer contre lui. Il auroit d'ailleurs suffi qu'ils fussent instruits que c'étoit une occasion de plaire à la favorite pour engager ces ministres à se prêter à ses désirs. M. de Staremberg entra donc en scène pour demander le rappel du comte de Broglie, qui ne faisoit de son côté aucune résistance; et dès qu'il jugea que sa présence à Varsovie n'étoit d'aucune utilité pour le service, il demanda un congé qui lui fut accordé au mois de janvier 1758. Mais à son arrivée à la cour, Sa Majesté résista encore pendant plus de quatre mois aux demandes pressantes dont on l'obsédoit pour nommer à l'ambassade de Pologne. Elle y céda enfin en donnant au sieur Tercier de nouveaux ordres pour continuer à recevoir ceux du comte de Broglie pour la correspondance secrète.

Ils ont toujours été exécutés dans la même forme. L'éloignement du comte de Broglie pendant la guerre, même pendant son exil avec le maréchal, n'y a rien changé. On lui a toujours envoyé, soit à l'armée, soit à Broglie, la copie ou les extraits de la correspondance; et Sa Majesté lui a demandé très-souvent son avis, mais sans chercher à être connu, comme en ayant la direction par les ministres ou ambassadeurs qui y étoient admis, dont le plus grand nombre ne croyoit avoir à répondre qu'au sieur Tercier, et plusieurs ignorant entièrement par qui les ordres du Roi leur parvenoient.

Les choses sont restées dans cet état jusqu'au moment de la mort subite du sieur Tercier. Le comte de Broglie étoit alors absent et se rendit promptement à Paris dès qu'il en fut instruit. En arrivant, le Roi lui donna ordre de s'emparer de tous les papiers et de suivre la besogne.

L'enlèvement des papiers de chez un homme qui avoit été longtemps premier commis des affaires étrangères étoit une opération délicate et difficile. Son exécution demandoit de la célérité, pour prévenir M. le duc de Choiseul. Ce ministre soupçonnoit depuis longtemps, avoit même la certitude d'une correspondance secrète, à laquelle le sieur Tercier avoit part. Il demanda en conséquence au Roi l'ordre d'envoyer M. Durand, alors à la tête du dépôt des affaires étrangères, saisir les papiers en question; mais celui-ci, admis au secret depuis 1755, en donna avis au comte de Broglie, et à la faveur d'un délai prudemment ménagé, donna le temps nécessaire pour soustraire tous les papiers relatifs à la correspondance, ne laissant dans le cabinet du sieur Tercier que quelques mémoires et quelques extraits politiques que MM. de Choiseul et de Praslin avoient fait faire pour leur instruction à cet ancien premier commis. M. de Choiseul, à qui M. Durand rendit compte de l'exécution de ses ordres, voyant qu'on n'avoit rien trouvé de ce qu'il cherchoit, dit seulement : *On s'est levé avant nous*, et s'en tint là [1].

Le comte de Broglie reçut alors de nouveaux ordres et la permission de faire part aux ambassadeurs et ministres initiés à la correspondance secrète, de la mort du sieur Tercier et du nouvel arrangement que Sa Majesté déterminoit, en ne confiant désormais qu'à lui seul comte de Broglie la direction en chef de l'affaire. Les expéditions furent faites en conséquence, et les nouvelles instructions envoyées, toutes approuvées de la main du Roi. Il ne fut rien changé d'ailleurs à l'ancienne forme établie par M. le prince de Conti, et suivie par le sieur Tercier. Le comte de Broglie eut seulement l'honneur de proposer au Roi de lui donner un homme de confiance pour remplacer ce pre-

---

[1] Voyez t. I, p. 252, 253 et 254.]

mier commis, ne pouvant lui-même s'occuper des chiffrements, des déchiffrements, extraits, mémoires, etc.; étant nécessaire en outre d'avoir quelqu'un qui dirigeât la besogne pendant ses absences, qui étoient longues et fréquentes.

Le comte de Broglie n'ignorant pas qu'il étoit connu par M. le duc de Choiseul comme ayant part à la confiance du Roi, et voulant calmer les inquiétudes de ce ministre et prévenir tous les mauvais offices qu'on cherchoit à lui rendre, avoit pris depuis la guerre le parti d'aller tous les ans passer six mois à Ruffec. Il crut devoir continuer; et sur l'observation qu'il en fit faire au Roi, Sa Majesté lui permit de chercher quelqu'un de bien sûr pour travailler en second à cette partie. Il n'étoit pas aisé de trouver une personne qui réunît la capacité à la probité. Heureusement le général Monnet avoit été admis au secret du Roi, et il réunissoit ces qualités. Le comte de Broglie jeta les yeux sur lui, le proposa : il fut accepté ; et on lui doit la justice de dire qu'il a parfaitement justifié l'opinion qui l'avoit fait choisir. Le détail pécuniaire, ainsi que la comptabilité de la recette et dépense, fut remis au sieur Dubois-Martin, secrétaire du comte de Broglie pour la correspondance secrète.

Le comte de Broglie ignore quand Sa Majesté a commencé à remettre des fonds pour cette partie : il sait que dès son premier départ pour la Pologne, M. le prince de Conti lui en fit passer pour être distribués dans cette république, indépendamment de ceux qui étoient envoyés par les ministres des affaires étrangères. Le sieur Tercier a depuis été chargé de cet objet, en en rendant compte comme du reste au comte de Broglie, qui mettoit un *bon* aux comptes, et les adressoit au Roi pour que Sa Majesté y mît son *approuvé*. Depuis la mort du sieur Tercier, c'est le sieur Dubois-Martin qui en a été chargé. Les comptes ont été successivement arrêtés par le comte de Broglie, et approuvés par le Roi jusqu'à une époque dont il n'a pas la date présente. Cet article exige une règle et une forme particulière, et ces comptes ne sauroient être brûlés sans avoir été rendus. Sa Majesté est trop juste pour ne pas en sentir la conséquence, relativement à la délicatesse et à la tranquillité du comte de Broglie. Ce point seul seroit un obstacle insurmontable à l'exécution entière des ordres que Sa Majesté a donnés dans sa lettre du 6 de ce mois.

D'après cet exposé, le comte de Broglie ose se flatter que Sa Majesté apercevra qu'il n'est pas question ici d'une correspondance d'intrigue, isolée des affaires, arrachée à la bonté ou à la facilité du feu Roi, et qui n'auroit eu d'autre objet que de lui donner des impressions sur les uns ou sur les autres; enfin d'une besogne qui seroit plutôt relative aux intérêts de quelques particuliers, que le mouvement de la volonté du maître suivie pendant plus de trente années. Elle sera convaincue que cette correspondance a été entreprise par les ordres de son auguste aïeul. Quel motif plus fort pour la rendre respectable et pour qu'elle soit digne que son successeur daigne la faire examiner et s'en faire rendre compte par des personnes dont la probité et la vertu l'assurent de la vérité des rapports qui lui en seront faits! Sa Majesté apprendra par ces rapports les véritables objets qui ont occupé cette correspondance, qu'on peut dire majeurs par leur nature, par la manière dont ils étoient traités, et qui seroient devenus plus utiles encore peut-être, s'ils eussent été communiqués au ministre des affaires étrangères : ce que le comte de Broglie n'a jamais cessé de proposer. Elle y trouvera des projets formés contre la Russie, celui qui a été conçu pour assurer la couronne de Pologne, soit à M. le prince de Conti, soit à tout autre prince du sang, ou même de la famille royale de France. Elle saura tout ce qui a été proposé en faveur de l'alliance avec la cour de Vienne ; les projets préparés et suivis pendant trois ans pour prévenir de nouvelles surprises de la part des Anglois, et se venger des anciennes selon les circonstances. Elle sera instruite de tout ce qui a été représenté pour empêcher la tournure qu'ont prise, au grand détriment des intérêts de la France, les affaires de la Pologne. Enfin on pourra lui rendre compte du travail commencé pour reprendre en sous-œuvre l'édifice total d'un système de politique générale dont le but étoit de procurer les moyens d'établir nos liaisons avec la cour de Vienne sur un pied qui pût rendre cette alliance aussi stable qu'avantageuse [1].

Sa Majesté pourra prendre dans l'immensité de toutes ces relations la connoissance de quelques anecdotes au moins curieuses et propres à mieux saisir une partie des détails dont s'occupoit le feu Roi. Elle y verra entre autres qu'il paroît que Sa Majesté avoit eu en 1769 ou 1770 le projet de se remarier et d'épouser une archiduchesse. Des ordres secrets envoyés par un courrier à M. Durand instruiront de ce fait, qui eut peu de suite [2], et dont le comte de Broglie n'avoit eu précédemment ni idée ni connoissance ; mais tout cela prouvera que cette correspondance ne ressembloit à rien moins qu'à l'intrigue de quelques particuliers.

C'est cependant le jour sous lequel les maîtresses et les ministres qui leur étoient dévoués l'ont toujours envisagée ou au moins représentée ; mais aucune n'a poussé la hardiesse au même point que madame du Barry, et on ne

---

[1] Ce sont les Mémoires rédigés par Favier sous la direction du comte de Broglie, et publiés t. I, p. 447 et suiv., et t. II, p. 1 et suiv.

[2] Voyez l'ordre du Roi, t. I, p. 409, et la réponse de M. Durand, p. 410.

peut pas dissimuler que M. le duc d'Aiguillon n'ait encouragé ses démarches, ou au moins partagé le désir de détruire cette correspondance.

Le comte de Broglie avoit déjà eu l'honneur de rendre compte à Sa Majesté de tout ce que madame du Barry a fait pour lui faire avouer sa correspondance avec le Roi, jusqu'à lui offrir le ministère des affaires étrangères alors vacant. Ne pouvant le séduire, on a cherché les moyens de découvrir son secret, et la familiarité avec laquelle madame du Barry s'avisoit de mettre la main sur les papiers de Sa Majesté a sûrement procuré quelques notions dont le Roi n'est cependant jamais abolument convenu. Enfin, au commencement de 1773, M. le duc d'Aiguillon a redoublé d'efforts pour augmenter les embarras du Roi et l'obliger d'abandonner sa correspondance. Soit que le hasard lui ait fourni les lettres indiscrètes que s'écrivoient les sieurs Ségur, Dumourier et Favier, soit que l'infidélité de quelqu'un les lui ait procurées, il n'en est pas moins certain que cette découverte fut saisie avec vivacité et donna une base aux manœuvres subséquentes qui ont été employées.

Le comte de Broglie n'avoit aucune part à ce commerce de lettres, et ne connoissoit de ces trois personnages que le sieur Favier, employé par lui, avec l'ordre du feu Roi, à faire des mémoires politiques, mais point admis au secret de la correspondance du comte de Broglie avec Sa Majesté. Mais, d'après l'embarras extrême qu'elle a marqué et que tout le monde a vu, il est vraisemblable que M. le duc d'Aiguillon l'aura poussée relativement aux papiers qui furent enlevés chez le sieur Favier deux jours après sa détention, papiers qui contenoient les minutes des mémoires politiques dressés par les ordres de Sa Majesté, et dont le sieur Dubois-Martin, à qui ils furent remis, eut l'honneur de rendre compte sur-le-champ.

C'est sans doute sur cette remise que M. le duc d'Aiguillon forma son plan pour impliquer le comte de Broglie dans l'affaire de la Bastille. Il proposa d'abord de faire arrêter le sieur Dubois-Martin et de faire saisir ses papiers. Le Roi n'avoit garde d'y consentir, dans la crainte de voir son secret entièrement dévoilé. Cependant M. le duc d'Aiguillon, qui l'avoit pénétré et qui en acquéroit une nouvelle conviction par le refus du Roi, revint encore plusieurs fois à la charge. Sa Majesté lui imposa enfin silence, et, pour se débarrasser de ses importunités trop pressantes, convint que le comte de Broglie lui avoit adressé en différentes occasions des mémoires sur la politique, ajoutant qu'il ne les lisoit pas, et il lui en remit quelques-uns. M. le duc d'Aiguillon vit bien alors qu'il n'avoit plus de moyens pour impliquer le comte de Broglie dans l'affaire de la Bastille, où il ne pouvoit en effet être pour rien : sur quoi il changea ses batteries; et suivant toujours son unique plan, celui de détruire le travail secret du Roi, il en fit confidence à M. le comte de Mercy et le lui présenta comme décidément nuisible et portant atteinte aux intérêts de la cour de Vienne.

Cet ambassadeur, séduit par des apparences insidieuses et alarmé en proportion de son attachement pour le système suivi des deux cours, rendit compte à la sienne de l'état des choses d'après le dire de M. le duc d'Aiguillon. Il ne tarda pas à recevoir des ordres de M. de Kaunitz pour porter des plaintes au feu Roi contre le comte de Broglie, en lui supposant des vues bien contraires à ses sentiments, qui ne sont et ne seront jamais que ceux de son maître; et cependant c'est d'après de pareilles imputations, qu'on peut dire aussi singulières que ténébreuses, que le comte de Broglie gémit encore dans une disgrâce qu'il n'a soutenue que par l'assurance de l'estime et de la continuation des bontés de son maître, qui lui en a donné des témoignages constants jusqu'aux derniers jours qui ont précédé la cruelle maladie dont il est mort. C'est de grand cœur qu'il lui avoit sacrifié sa réputation presque compromise, son amour-propre humilié, pour soutenir un secret honorable que Sa Majesté ne jugeoit pas à propos d'abandonner; mais la cessation de la correspondance secrète et la retraite de M. le duc d'Aiguillon mettant fin à toutes les tracasseries qu'il avoit suscitées au comte de Broglie, il ne peut que s'en remettre, avec autant de soumission que de respect, aux éclaircissements ultérieurs que Sa Majesté jugera à propos d'ordonner sur ces différents objets.

En attendant elle verra, par l'état ci-joint des ambassadeurs et ministres admis à la correspondance secrète, que MM. de Vergennes, de Breteuil, de Saint-Priest et Durand sont de ce nombre. Le choix que le Roi vient de faire du premier pour ministre des affaires étrangères, et la réputation excellente et méritée dont jouissent aussi les trois autres, suffiroient seules pour prouver au Roi qu'il ne se traitoit pas des choses suspectes par ce canal, et qu'ainsi le comte de Broglie n'étoit pas à la tête d'une bande de bas et plats intrigants, mais qu'il avoit l'honneur de diriger un travail suivi par les ministres les plus capables et les mieux famés qu'on puisse connoître. Il ose même avancer que c'est lui seul qui les a soutenus. M. de Vergennes avoit été nommément rappelé de Constantinople, parce que M. de Choiseul avoit eu des soupçons de la correspondance qu'il suivoit, et il fut à son arrivée entièrement mis à l'écart. Le comte de Broglie le recommanda aux bontés du feu Roi, fit connoître la perte que le service de Sa Majesté faisoit par l'éloignement auquel on condamnoit un sujet aussi distingué; et lorsqu'elle daigna lui demander son avis pour le choix d'un ambassadeur en Suède, à l'avénement du feu Roi, il la supplia de choisir M. de Vergennes [1], qui fut nommé le lendemain.

Quand madame du Barry voulut également faire ôter l'ambassade de Vienne à M. le baron de Breteuil, le comte de Broglie fit en sa faveur des démarches fortes et publiques qui déplurent beaucoup et qui ne sauvèrent pas M. de Breteuil. Il eut aussi l'honneur de représenter à Sa Majesté combien il importoit à son service de ne pas le perdre entièrement, ce qui empêcha au moins qu'il ne fût mis hors de la carrière politique.

Il peut également se flatter d'avoir placé M. le chevalier de Saint-Priest, qui étoit, à la vérité, porté par M. le duc

---

[1] Voici ce que Chamfort, dans ses *Caractères et anecdotes*, raconte sur la nomination de M. de Vergennes à l'ambassade de Suède : « Le feu Roi étoit, comme on sait, en correspondance secrète avec le comte de Broglie. Il s'agissoit de nommer un ambassadeur en Suède ; le comte de Broglie proposa M. de Vergennes, alors retiré dans ses terres à son retour de Constantinople ; le Roi ne vouloit pas : le comte insistoit. Il étoit d'usage d'écrire au Roi à mi-marge, et le Roi mettoit la réponse à côté. Sur la dernière lettre le Roi écrivit : « Je n'approuve point le choix de M. de Vergennes : c'est vous qui m'y forcez ; mais je défends qu'il amène sa vilaine femme avec lui. » (Anecdote contée par Favier, qui avait vu la réponse du Roi dans les mains du comte de Broglie.) — Il ne faudrait pas prendre à la lettre ce que Louis XV dit de madame de Vergennes : il est important d'expliquer ce mot de *vilaine*, qui étonne de la part de Louis XV. M. de Vergennes étant ambassadeur de France à Constantinople, avait épousé une belle Grecque : ce mariage lui avait nui dans l'esprit du duc de Choiseul et de Louis XV ; ce fut même une des causes de sa disgrâce. Pour l'amant de madame du Barry, une mésalliance était un crime. Quand M. de Vergennes devint ministre des affaires étrangères, une cabale de cour prit prétexte de son mariage pour le renverser. On chercha à dissuader Marie-Antoinette de recevoir madame de Vergennes. Cette humiliation devait amener la démission et la retraite de son mari. La Reine, qui avait le malheur d'écouter tous les sots et les méchants propos, consulta sur ce point Marie-Thérèse. Cela devint une affaire d'État. On demanda l'avis de M. de Kaunitz : il fut favorable. Madame de Vergennes fut présentée. C'était une femme de mérite et avant tout estimable.

de Choiseul, mais que le feu Roi trouvoit jeune, et dont il détermina la nomination à l'ambassade de la Porte.

Enfin il a soutenu M. Durand contre tous les assauts qu'il a éprouvés, ayant été soupçonné sous les deux derniers ministères d'être dans quelque correspondance avec le comte de Broglie ; et en le soutenant, il a rendu service aux affaires du Roi, qu'il a toujours conduites avec autant de sagesse que de fidélité.

Ces différents ambassadeurs ou ministres ont des ordres, des instructions et des lettres de Sa Majesté en grande quantité. Les minutes et originaux de ces pièces sont entre les mains du comte de Broglie ainsi que leurs réponses : c'est ce qui fait leur sûreté réciproque. Comment donc seroit-il possible qu'il brûlât tout ce qu'il a chez lui sans en avoir une décharge? Et n'auroit-il pas à craindre, surtout pour les objets envoyés en chiffre, qu'après qu'il auroit tout brûlé, on ne supposât des lettres chiffrées qui n'auroient pas existé, sans qu'il pût donner la preuve du contraire? Il paroît donc indispensable que, lorsque le tout aura été arrangé avec le meilleur ordre, il soit remis par lui au ministre des affaires étrangères, qui lui en donnera une décharge, et qui le gardera jusqu'au temps où chacun des ambassadeurs ou ministres dans les cours étrangères aura envoyé de son côté tout ce qui a rapport à la correspondance secrète. Alors il pourra être fait un choix de ce que M. de Vergennes jugera devoir être gardé pour l'utilité du service du Roi, et le reste sera brûlé par lui avec la sûreté de tout le monde.

Le comte de Broglie supplie Sa Majesté de trouver bon qu'il ait aussi l'honneur de lui représenter que celui qu'il a eu d'être admis à la confiance du Roi pendant vingt-deux ans pourroit lui faire espérer l'avantage de finir d'une manière décente le travail dont il étoit chargé, et qu'ainsi il paroîtroit que ce seroit par son canal que toutes les personnes qui ont été employées sous ses ordres devroient apprendre qu'à l'avenir ils ne doivent plus correspondre qu'avec le ministre des affaires étrangères ; et comme ils ont servi avec une fidélité, une constance et une exactitude qui ne sont pas sans mérite, vu les dangers qu'ils ont tous courus d'être sacrifiés au crédit et à la puissance des favorites et des ministres, le comte de Broglie oseroit proposer à Sa Majesté de lui permettre de leur témoigner de sa part la satisfaction qu'elle daigne avoir de leurs services dans cette partie et de leur fidélité à exécuter les ordres de son auguste aïeul ; en quoi ils ont eu d'autant plus de mérite qu'ils en connoissoient tous les risques, ainsi que le comte de Broglie.

Il y a encore la correspondance avec le sieur d'Éon, qui ne peut pas être terminée sans de grands ménagements, dont les détails seroient trop longs à déduire ici, mais qui doivent être communiqués en secret au ministre qu'il plaira au Roi d'indiquer.

Le comte de Broglie n'a pas écrit un mot depuis la mort du Roi par la correspondance secrète, parce qu'il ne s'est jamais permis, même pendant sa vie, de rien faire par cette voie sans que cela fût signé ou approuvé par Sa Majesté : il en usera de même à l'avenir ; mais il supplie le Roi de trouver bon que les chiffres, tant anciens que ceux dont on se servoit actuellement, ne soient remis qu'à M. de Vergennes et brûlés par lui.

En attendant son arrivée, il supplie Sa Majesté de nommer ceux de ses ministres d'État qu'elle jugera à propos pour examiner les différentes parties de cette correspondance et lui en rendre compte. Il désireroit fort qu'il lui plût de choisir M. le maréchal de Soubise et M. du Muy. Le premier de ces ministres étant depuis très-longtemps dans le conseil aura peut-être connoissance d'une partie des faits que cet examen mettra au jour; et comme M. le comte du Muy est également bien instruit de ce qui a trait à la politique et à toutes les matières d'État, il pourra mieux que personne juger du travail du comte de Broglie.

Il verroit avec un égal plaisir que M. le comte de Maurepas fût joint à ces deux ministres pour examiner sa conduite, et il ne craindroit pas que ses liaisons de parenté avec M. le duc d'Aiguillon pussent influer sur l'équité du jugement qu'il en porteroit, sur lequel sa probité et ses lumières ne lui laissent aucune inquiétude. Il sera au contraire très-aise d'avoir pour juges les personnes dont il a le moins l'honneur d'être connu, pour que leur suffrage apprenne à tous ceux qui ont pu être prévenus la fausseté des accusations que ses ennemis se sont permises contre lui; qu'il n'y a pas une seule des personnes qui aient eu quelque part aux affaires qui soit aussi exempte du soupçon d'intrigue, la confiance secrète du maître ayant d'ailleurs toujours obligé le comte de Broglie de se tenir éloigné des ministres et des maîtresses, dont il n'ignoroit pas la mauvaise volonté pour lui.

Le comte de Broglie ose se flatter que la simple exposition de ces détails, dont il est en état de démontrer la vérité, engagera Sa Majesté à daigner mettre fin à sa disgrâce. Cette marque de sa bienveillance lui est nécessaire pour détruire les bruits injurieux répandus sur son compte. La prolongation de son exil qu'on attribuoit à la puissance de ses ennemis, terniroit une réputation intacte si elle continuoit après leur retraite. Le public auroit lieu de soupçonner qu'il a eu des torts réels dont il ose avancer avec toute l'assurance de l'innocence qu'il est exempt. Mais au cas qu'après l'examen qu'il prend la liberté de solliciter comme une grâce, Sa Majesté trouvât le plus léger indice qu'il ait manqué à aucun des devoirs que prescrivent la plus scrupuleuse probité et la délicatesse la plus parfaite, elle est d'avance également suppliée par lui de le condamner à un exil éternel, et, ce qui seroit plus cruel encore, à la privation de son estime, qui est la récompense la plus flatteuse qu'il se promet d'obtenir d'un travail de vingt-deux ans, très-pénible et accompagné de toutes les contrariétés et de tous les dégoûts qu'il ose dire que peu de personnes auroient supportés avec la même constance que lui.

Le rappel du comte de Broglie est également nécessaire pour le rassemblement de tous les papiers, qui sont d'un volume énorme et qu'il avoit dispersés dans différens dépôts, dans la crainte fondée qu'on ne surprît un ordre du feu Roi pour faire enlever le sieur Dubois-Martin, qui en étoit le dépositaire, et qui a eu besoin de toute sa fidélité et sa fermeté pour n'être pas effrayé des projets dangereux qu'on formoit contre sa liberté.

Il est également indispensable que le comte de Broglie fasse mettre en règle tous les comptes qui n'ont pas même été arrêtés par le feu Roi, et qu'il y joigne l'état de tous ceux qui ont eu des pensions ou des traitements fixés par feu Sa Majesté, et auxquels il est apparent que le Roi, dont la bienfaisance, la bonté et la justice sont connues, ne voudra pas les retirer. Il est même à observer que des personnes employées dans des affaires de cette importance et secrètes ne sauroient être privées des récompenses qui leur ont été accordées, que leur fidélité a méritées, et dont la plupart ne sauroient se passer.

Le feu Roi avoit destiné dix mille francs par mois pour remplir ces objets. Comme ce qu'il plaira à Sa Majesté d'en conserver pourra être porté sur les fonds des affaires étrangères, il suffiroit peut-être qu'elle voulût bien encore ordonner la remise des dix mille livres pour le 1er juillet. D'ici au mois d'août tous les comptes seront en état; et comme M. de Vergennes sera alors arrivé, il pourra pourvoir aux payements ultérieurs.

Le comte de Broglie finira ses observations en se jetant aux pieds de Sa Majesté, pour la supplier de suspendre son jugement sur sa conduite jusqu'à ce que le compte impartial lui en ait été rendu. La douleur de se voir soupçonné d'intrigues et d'envie de se mêler d'affaires sans y être appelé seroit extrême, s'il n'étoit aussi sûr que ces soupçons seront détruits, et que lorsqu'il sera représenté à son maître tel qu'il est et qu'il a toujours été par des gens vertueux et honnêtes, elle le jugera digne de sa bienveillance et de sa protection.

### CCCXC. — ÉTAT DES AMBASSADEURS, MINISTRES OU RÉSIDENTS QUI ONT ÉTÉ ADMIS A LA CORRESPONDANCE SECRÈTE PAR ORDRE DE LOUIS XV.

[Orig. Arch. de l'Emp. K. 159.]

[Février 1775.]

M. LE COMTE DE VERGENNES. Cet ambassadeur a été admis au secret en partant pour l'ambassade de Constantinople en 1755. C'est par M. le prince de Conti qu'il a reçu les ordres du Roi, et depuis par M. le comte de Broglie partant pour la Suède.

M. LE BARON DE BRETEUIL. Il a été admis au secret en 1759. C'est M. le comte de Broglie qui eut l'honneur de le proposer à Sa Majesté.

M. LE CHEVALIER DE SAINT-PRIEST. Il a été admis au secret à son départ pour l'ambassade de Constantinople, pour laquelle il a été proposé par M. le comte de Broglie, qui prit la liberté de représenter la nécessité de remplacer M. de Vergennes par quelqu'un de sûr et de capable.

M. Durand. Il a été admis au secret, en 1755, en partant pour la Pologne, où il fut envoyé en qualité de ministre. Il reçut les ordres du Roi par M. le prince de Conti.

M. Hennin. Il a été admis au secret en partant pour la Pologne avec M. le marquis de Paulmy, en qualité de secrétaire d'ambassade, parce que Sa Majesté ne jugea pas devoir y admettre cet ambassadeur; mais M. le comte de Broglie lui répondit de la fidélité du sieur Hennin, qu'il avoit eu pour secrétaire donné par la cour pendant toute son ambassade, mais qui alors n'avoit connoissance que des dépêches envoyées directement au ministre des affaires étrangères. Il est actuellement résident à Genève.

M. Gérault. Il a été admis au secret, en 1757, en qualité de secrétaire du comte de Broglie. Il a depuis resté avec tous les ministres ou ambassadeurs qui ont été en Pologne, où il est demeuré, depuis M. de Paulmy, chargé des affaires, et il est encore à Varsovie, d'où il donnoit des nouvelles exactement, et au ministre et au comte de Broglie.

M. des Rivaux. Il a été admis au secret comme secrétaire de feu M. le marquis d'Havrincourt, qui avoit été lui-même admis en partant pour la Suède, et recevoit les ordres du Roi par M. le prince de Conti. Le sieur des Rivaux a été placé consul à Raguse, où il est employé à faire passer quelquefois des lettres à Constantinople, et d'où il donnoit le peu de lettres qui venoient à sa connoissance.

M. d'Éon. Le sieur d'Éon avoit été mis dans le secret, en 1756, par M. le prince de Conti, qui l'avoit placé pour la correspondance secrète auprès du chevalier Douglas en Russie. Il a toujours été admis à la correspondance secrète depuis ce temps-là; et en Angleterre il a eu des ordres particuliers du Roi qui étoient de nature à mériter les ménagements qu'on a eus pour lui dans le temps de ses discussions déplacées avec M. le comte de Guerchy. Il sera nécessaire que le comte de Broglie traite en détail ce qui regarde le sieur d'Éon avec M. le comte de Vergennes, pour qu'il en rende compte à Sa Majesté.

Le général Monnet. Il a été admis au secret quand il a été envoyé en Pologne par M. le duc de Praslin pour une commission particulière après la mort du roi Auguste II. Peu de temps après son retour à Paris, le sieur Tercier étant mort, le comte de Broglie eut l'honneur de proposer à Sa Majesté de le charger de la direction de la correspondance secrète en son absence; il en a toujours été occupé depuis cette époque.

Madame la générale Monnet. Elle avoit eu connoissance du secret à la mort du sieur de la Fayardie, son premier mari, qui y avoit été admis par M. le prince de Conti, en partant pour la résidence de Varsovie en 1753. Elle l'a toujours gardé très-fidèlement; elle a eu des grâces particulières du Roi, non-seulement par ce motif, mais parce qu'elle étoit née d'une famille distinguée en Suède, qu'elle s'étoit faite catholique, et que d'ailleurs sa fortune lui rendoit ces bienfaits nécessaires ainsi qu'à M. le général Monnet. Ils ont l'un et l'autre beaucoup de mérite, sont fort aimés et estimés de M. le comte de Vergennes, et sont très-dignes des bontés de Sa Majesté. Le comte de Broglie aura l'honneur de lui proposer de leur accorder la conservation des bienfaits dont ils jouissent; mais ce travail ne pourra être présenté, ainsi que pour tous ceux qui ont eu part aux bontés du feu Roi, que lorsque les comptes seront rendus.

M. Dubois-Martin. Il a été admis au secret au mois de juin 1764, lorsqu'il est entré pour secrétaire de la correspondance secrète auprès de M. le comte de Broglie, et il a été chargé depuis la mort du sieur Tercier de la recette et de la dépense des fonds envoyés par Sa Majesté.

Le général Mokronosky. C'est un célèbre patriote polonois, fort attaché de tous les temps à la France et à son pays ; il est du nombre de ceux qui avoient jeté les yeux sur M. le prince de Conti pour lui donner la couronne de Pologne : il a été admis au secret dès les premiers moments de ce projet, et a toujours reçu des bienfaits assez considérables du feu Roi, et on ne sauroit plus mérités.

M. le brigadier Jakubosky. C'est un autre Polonois d'un ordre inférieur au premier. Il a été au service de France [1], mais c'est en Pologne où on l'a toujours employé. Il a commencé à marquer son attachement dès la seconde élection du feu Roi Stanislas. C'est un très-bon sujet, plein de zèle, et qui a bien mérité les bienfaits du feu Roi Stanislas.

Ce sont là toutes les personnes avec qui le feu Roi avoit autorisé d'entretenir la correspondance secrète. On présentera toutes les autorisations de Sa Majesté pour leur admission au secret, ainsi que celles de toutes les lettres qui leur ont été écrites et des instructions qui leur auront été remises ou envoyées.

Il y a encore plusieurs personnes admises au secret, mais avec lesquelles il n'existe pas de correspondance directe.

De ce nombre sont : M. le baron de Bon, qui, ayant été chargé à l'armée, et, depuis, d'objets relatifs à la politique, s'est trouvé dans le cas de procurer des connoissances utiles au service du Roi dans la partie dont le comte de Broglie avoit la direction ;

M. de la Rozière, brigadier des armées du Roi, qui a été chargé par le feu Roi de la reconnoissance des côtes d'Angleterre et de France, et a rempli cette com-

---

[1] En 1749, M. Jakubowsky était au service de la France en qualité de lieutenant-colonel à la suite de Royal-Allemand. *Mémoires du duc de Luynes*, t. IX, p. 389.

mission avec autant d'intelligence que de courage et de fidélité;

Le sieur de Nardin, lieutenant-colonel d'infanterie, qui a accompagné M. de la Rozière dans ce travail et qui a eu la participation du secret, et a depuis été envoyé par ordre de Sa Majesté pour une mission particulière en Angleterre;

M. le marquis de Bombelles, chargé du détail de la correspondance secrète avec M. le baron de Breteuil;

Et enfin tous les secrétaires chargés des chiffrements et déchiffrements auprès de tous les ambassadeurs et ministres qu'il avoit plu au Roi d'admettre à son secret; les secrétaires ont eu personnellement l'ordre du feu Roi de le garder et reçoivent des traitements de Sa Majesté.

Il y a aussi la veuve du sieur Tercier, le fils de ce premier commis, le sieur Drouet, ancien secrétaire du comte de Broglie, et le sieur Rossignol, ci-devant consul en Russie, qui ont des pensions ou des traitements. Tous ces objets seront présentés en détail avec les respectueuses observations du comte de Broglie sur le mérite de chacun. Elles seront dictées par la justice et par l'esprit de vérité qu'il doit à son maître et qui l'a toujours animé [1].

CCCXCI. — LE DUC DE LA VRILLIÈRE AU COMTE DE BROGLIE.

[Orig. Arch. de l'Emp. K. 159.]

A Versailles, le 1er juillet 1774.

Le Roy vient de me charger, Monsieur, d'avoir l'honneur de vous mander qu'il vous permettoit de revenir à Paris et à la cour lorsque Sa Majesté sera à Compiègne. Je me flatte que vous ne doutez pas du plaisir que j'ay de

---

[1] Voyez plus bas, p. 440, au 10 septembre 1774, une liste des agents de la correspondance secrète à qui, sur la proposition de M. le comte de Broglie, Louis XVI accorda, à titre de pension, la continuation du traitement qu'ils touchaient sur les fonds secrets.

m'acquitter des ordres du Roy, et que vous rendes justice aux sentimens d'attachement avec lesquels je suis, Monsieur, votre très-humble et très-obéissant serviteur.

Le duc DE LA VRILLIÈRE[1].

M. le comte de Broglie à Broglie.

### CCCXCII. — LE CHEVALIER D'ÉON AU COMTE DE BROGLIE.
[*Mém. de d'Éon*, t. II, p. 158.]

Londres, le 7 juillet 1774.

Monsieur, feu Sa Majesté et vous avez daigné approuver par vos lettres du 22 août 1766, etc., la façon dont je me suis conduit autrefois envers M. Durand et M. le baron de Breteuil, en leur remettant tous les papiers secrets que vous avez désirés. Vous avez également approuvé, par votre lettre du 10 février 1767, ma conduite vis-à-vis le prince de Masseran dans la découverte que j'ai faite à cet ambassadeur du dessein de l'Angleterre d'envahir à la prochaine guerre le Mexique et le Pérou, d'après les plans et projets du sieur Caffaro, c'est-à-dire du marquis d'Aubaret, et pour lesquels le ministère anglois paye à ce dernier une pension de 600 livres sterling. Et pour cette importante découverte l'Espagne ne s'est jamais intéressée à mon sort, malgré les belles lettres et promesses du prince de Masseran et de M. Durand.

Vous avez aussi approuvé, par votre lettre du 23 septembre 1769, l'attention que j'ai eue de vous faire part huit mois d'avance du projet d'expédition maritime de la Russie contre les Turcs dont vous avez vu l'expédition.

Sa Majesté, ainsi que le Roi d'Angleterre, ont encore daigné approuver la manière dont je me suis conduit dans

---

[1] La signature seule est autographe. Le duc de la Vrillière avait dans son département les lettres de cachet. Il ne resta pas longtemps ministre de Louis XVI et fut remplacé par M. de Malesherbes.

l'affaire du docteur Mulgrave, par rapport à la paix, et qui a causé tant de tumulte à Londres en 1769 et 1770. Je ne vous ennuierai pas d'un plus long détail sur les divers témoignages d'approbation que vous avez daigné me donner de la part de Sa Majesté sur mon zèle à vous instruire et à vous découvrir plusieurs événements intéressants passés, présents et à venir.

Je me contenterai de vous dire qu'il est temps, après la perte cruelle que nous avons faite de notre avocat général à Versailles [1], qui au milieu de sa propre cour avoit moins de pouvoir qu'un avocat du Roi au Châtelet ; qui par une foiblesse incroyable a toujours laissé ses serviteurs infidèles triompher sur ses fidèles serviteurs secrets, et a toujours fait plus de bien à ses ennemis déclarés qu'à ses véritables amis ; il est temps, dis-je, que vous instruisiez le nouveau Roi, qui aime la vérité et qu'on m'a dit avoir autant de fermeté que son illustre aïeul en avoit peu ; il est temps, et pour vous et pour moi, que vous instruisiez ce jeune monarque que depuis plus de vingt ans vous étiez le ministre secret de Louis XV, et moi le sous-ministre sous ses ordres et sous les vôtres ; que depuis douze ans j'ai sacrifié en Angleterre toute ma fortune, mon avancement et mon bonheur pour avoir voulu obéir strictement à son ordre secret du 3 juin 1763, et aux instructions secrètes y relatives ; que par des raisons particulières connues uniquement du feu Roi, il a cru devoir me sacrifier en public à la fureur de son ambassadeur Guerchy, à celle de ses ministres et aux vapeurs hystériques de la Pompadour ; mais que sa justice et son bon cœur ne lui ont jamais permis de m'abandonner dans le secret, et qu'il m'a donné au contraire par écrit, de sa propre main, sa promesse royale de me récompenser et de me justifier un jour à venir.

[1] Louis XV.

Quant à vous, Monsieur le comte, vous saurez mieux peindre que moi par quelle jalousie, quelle perfidie, quelle bassesse et quelle noire vengeance du duc d'Aiguillon, vous vous trouvez encore en exil à Ruffec, sans avoir cessé d'être l'ami et le ministre secret du feu Roi jusqu'à sa mort. Jamais la postérité ne pourra croire de tels faits, si vous et moi n'avions pas toutes les pièces nécessaires pour les constater, et de plus incroyables encore. Si ce bon Roi n'eût pas chassé les jésuites de son royaume et qu'il eût eu quelque Caramonel Saa ou quelque Malagrida pour confesseur, cela ne surprendroit personne, mais, grâce à Dieu, j'espère que le nouveau Roi nous tirera bientôt du cruel embarras où vous et moi sommes encore plongés. J'espère qu'il n'aura pour confesseur, ni pour ami, ni pour ministre, aucun jésuite, soit en habit de prêtre, soit en habit de chancelier, soit en habit de duc et pair, soit en habit de courtisan, soit en habit de courtisane.

Je suis avec respect...      Le chevalier D'ÉON.

### CCCXCIII. — LE COMTE DE VERGENNES A LOUIS XVI [1].
[Minute. Autogr. Arch. de l'Emp. K. 164.]

Sire,

Je reçois la correspondance interceptée du Roi de Prusse que Votre Majesté veut bien me renvoyer et la lettre chiffrée du sieur d'Éon. Celui-ci s'y montre tel qu'il est, une tête chaude, exaltée et souverainement dangereuse ; il a franchi toute mesure dans sa conversation avec Wilkes.

M. de Muy et moi avons déjà vu toute la correspondance que M. le comte de Broglie a entretenue avec le sieur d'Éon depuis qu'il s'est fermé le retour dans sa patrie ; nous travaillons au raport que nous devons avoir l'honneur

---

[1] M. de Vergennes était alors ministre des affaires étrangères.

de mettre sous les yeux de Votre Majesté, et nous aurons celui de lui exposer les moyens de rappeler un homme qu'il ne seroit pas sans inconvénient de laisser en Angleterre.

Il est sensible, ainsi que Votre Majesté le remarque, que la vue favorite du Roi de Prusse est de brouiller Votre Majesté avec l'Empereur. C'est même son intérêt de tous les tems. L'alliance de Votre Majesté avec Vienne étant d'une convenance réciproque et d'une utilité mutuelle, il y a lieu d'espérer que cette dernière ne se laissera pas prendre au piége. M. le baron de Breteuil sera instruit à l'en préserver; et en attendant qu'il puisse être rendu à sa destination, nous ferons ici tout ce qui sera possible pour augmenter la défiance qui semble s'établir entre Vienne et Berlin.

Je suis avec le plus profond respect, etc.

Compiègne, le 22 août 1774.

### CCCXCIV. — LE COMTE DE BROGLIE AU CHEVALIER D'ÉON.
[Minute avec l'approuvé de Louis XVI. Arch. de l'Emp. K. 159.]

10 septembre 1774.

J'ay reçu, Monsieur, la lettre que vous avez pris la peine de m'écrire en date du... de ce mois. J'y ai trouvé avec plaisir les assurances que vous m'y donnes de votre soumission à tout ce qui pourra être agréable à Sa Majesté. J'ai remis cette lettre à M. le comte de Vergennes pour la mettre sous les yeux de Sa Majesté, et j'ai profité de cette occasion pour la supplier de vous permettre de revenir en France, et l'assurance que vous continueres à y jouir du traitement de douze mille livres par an, qui vous avoit été accordé par le feu Roi. Sa Majesté a daigné agréer cette demande, et vous en serez instruit plus en détail par une lettre de M. le comte de Vergennes qui vous sera remise avec celle-ci par une personne sûre que ce ministre envoie à Londres [1]. Il m'a confié que l'intention du Roi étoit qu'en recevant l'assurance que Sa Majesté daigne prendre la peine de vous donner de sa propre main, de ce traitement, ainsi qu'un sauf-conduit dans la meilleure forme pour revenir en France et y jouir de votre liberté, vous rendiez l'assurance que vous aviez reçue du feu Roy, que vous rapportiez avec vous tous les papiers tant ministériaux que ceux de la correspondance secrète, pour les remettre à M. le comte de Vergennes. La volonté du Roi est aussi que vous renonciez à jamais à faire aucune mention de ce qui peut avoir rapport à vos démêlés déplacés avec M. le comte de Guerchy et avec M. le duc de Praslin, et que vous observiez à l'avenir une conduite mesurée, propre à faire oublier les torts qu'on vous a reprochés, et qui mettent dans le cas de ne se rappeler que le zèle et l'utilité avec lesquelles vous avez eu l'honneur et le bonheur de servir le feu Roi.

Je n'ai pas balancé, Monsieur, à assurer M. le comte de Vergennes que vous vous feriez un plaisir et un devoir de vous soumettre en tout aux volontés du Roi, de vous rendre digne par là des grâces qu'il veut bien vous faire, et de mériter personnellement les bontés de ce ministre. En mon particulier, je suis charmé d'avoir pu contribuer à vous procurer une retraite aisée et honorable dans votre patrie, et à vous donner cette nouvelle preuve des sentiments avec lesquels je suis très-parfaitement, etc. [2].

Au bas, *de la main de Louis XVI.*
    Approuvés.

[1] Cette personne sûre était Beaumarchais.
[2] Ce ne fut que quelque temps après que Louis XVI, persuadé bien à tort que d'Éon était une femme, ne lui permet de rentrer en France et de jouir de sa pension qu'à condition de porter des vêtements de femme : Il y a là-dessous un mystère qui n'est pas encore éclairci.

## CCCXCV. — LE COMTE DE BROGLIE A M. FAVIER.

[Minute avec l'approuvé de Louis XVI. Arch. de l'Emp. K. 159.]

A Paris, le 10 septembre 1774.

J'ai eu l'honneur, Monsieur, de rendre compte à Sa Majesté des différentes commissions qui vous avoient été confiées par les ministres du feu Roi[1], et de la manière dont vous vous en étiez acquitté ; et sans dissimuler les torts d'indiscrétion, même les écarts qu'on a eu à vous reprocher l'année dernière[2], j'ai pris la liberté de lui représenter qu'ils pouvoient être expiés par le traitement que vous éprouvez depuis un an[3]. Sa Majesté a daigné y avoir égard, et en conséquence elle a ordonné que les six mille livres par an que le feu Roi avoit bien voulu vous accorder vous seroient continués votre vie durant, et vous seroient payés tous les six mois sans aucune retenue, à commencer du 1er octobre de cette année, sur des ordonnances particulières du ministre des affaires étrangères. Sa Majesté a bien voulu de plus donner des ordres à M. le duc de la Vrillière, pour votre éclaircissement, et ils vous seront notifiés par ce ministre.

Je n'ai pas craint de répondre à Sa Majesté que vous vous occuperiez de mériter cette grâce par une conduite aussi prudente qu'irréprochable à tous égards, et je dois vous prévenir que c'est de l'observation scrupuleuse de cet

---

[1] Favier eut une existence très-agitée. Il fut secrétaire des états de Languedoc, fut chargé de plusieurs missions dans différents pays de l'Europe. Sous la date du 24 novembre 1760, le Livre rouge indique qu'il lui fut payé six mille livres pour frais de voyage. En 1773 il toucha trois mille livres de gratification *pour travail;* ce sont les fameux Mémoires.

[2] Dans l'affaire de la Bastille, Favier avait avoué en partie son travail avec le comte de Broglie.

[3] Au sortir de la Bastille, après un an de captivité, Favier fut transféré dans la citadelle de Doullens. Sur Favier, voir un curieux portrait de Sénac de Meilhan.

engagement et du secret le plus exact, tant sur le travail dont vous avez été chargé que sur la grâce que je vous annonce, que dépend la continuation de ce bienfait de Sa Majesté. Je suis très-parfaitement, etc.

### CCCXCVI. — LISTE DES PENSIONS ACCORDÉES PAR LOUIS XVI AUX AGENTS DE LA CORRESPONDANCE SECRÈTE [1].

[Minutes approuvées par le Roi.]

10 septembre 1774.

M. Gérault, chargé des affaires du Roi de Pologne, 3,300 livres par an.

M. Mokronosky, 20,000 livres par an.

M. le brigadier Jakubowsky, 3,300 livres par an.

M. le général Monnet et madame la générale Monnet, l'un 8,375 livres, l'autre 1650 livres. En cas de décès du général, madame Monnet devait toucher une augmentation de 5,650 livres.

M. Durand, 6,000 livres.

M. Marbeau, secrétaire de M. Durand, 2,000 livres.

Le sieur Girault, 2,000 livres [2].

M. Hennin, 3,000 livres.

M. le marquis de Bombelles, 3,000 livres [3].

---

[1] Nous avons dressé cette liste avec les minutes approuvées par le Roi des lettres adressées par M. de Broglie aux agents de la correspondance secrète pour leur annoncer la fin de cette correspondance et la faveur que le Roi leur faisait de leur conserver leur traitement. Ces pensions étaient payées tous les six mois sur des ordonnances particulières du ministre des affaires étrangères. Elles partaient du 1er septembre 1774. Le Roi ordonna à chacun de ces agents de garder le plus profond silence.

[2] Girault et les agents qui suivent devaient être payés par les mains de M. Dubois-Martin.

[3] Marc-Marie, marquis de Bombelles, né en 1741, fut plus tard envoyé en ambassade à Vienne, et mourut sous la Restauration aumônier de la Dauphine. Ce fut un fidèle serviteur de la maison de Bourbon.

M. des Rivaux ayant obtenu un consulat, ne reçut pas de pension.

M. le chevalier de Saint-Priest, ses secrétaires Lebas, Raulin et Hortier, continuèrent à toucher à titre de pension le traitement qu'ils recevaient sur les fonds de la cause secrète.

MM. Chrestien père et fils, idem.

M. Drouet, pension de 1,100 livres.

M° Tercier, pension de 2,000 livres à son fils.

M. de la Rozière, pension de 6,000 livres.

M. Nardin, qui avait accompagné M. de la Rozière, pension de 2,400 livres.

M. Favier, pension de 6,000 livres.

M. Dubois-Martin, pension de 6,000 livres.

M. le baron de Bon, pension de 6,000 livres.

M. d'Éon, pension de 12,000 livres.

M. Rossignol, pension de 3,000 livres.

Le sieur Sevin, en récompense de la fidélité de ses services dans des commissions particulières dont il a été chargé, pension de 720 livres [1].

## CCCXCVII. — LE COMTE DE VERGENNES A LOUIS XVI.

[Minute. Arch. de l'Emp. K. 164.]

21 septembre 1774.

Sire,

Les moments de repentir du sieur d'Éon sont courts, Votre Majesté en jugera par une lettre du sieur de Prunevaux [2], que je viens de recevoir. J'ai l'honneur de la

---

[1] C'était lui qui était chargé de porter les paquets de la correspondance secrète et qui servait d'intermédiaire entre le comte de Broglie et le valet de chambre chargé par Louis XV de recevoir la correspondance.

[2] Agent diplomatique français à Londres.

joindre ici, et le projet de réponse que j'y ai fait. Si Votre Majesté daigne aprouver le dernier, je l'expédierai avec la lettre qui a déjà passé sous ses yeux.

Je suis, etc.

CCCXCVIII. — LE COMTE DE BROGLIE AU CHEVALIER D'ÉON [1].
[Minute. Arch. de l'Emp. K. 159.]

18 janvier 1775.

A mon arrivée ici de Ruffec, Monsieur, j'apprends avec le plus grand étonnement que vous n'avez pas accepté les propositions qui vous ont été faites par M. le comte de Vergennes, et que vous avez méconnu le prix des bontés que le Roy vouloit bien avoir pour vous en vous conservant

---

[1] Nous croyons devoir rapporter ici une lettre de d'Éon, d'après les *Mémoires* du chevalier, par M. Gaillardet, t. II, p. 144. Cette lettre fait connaître dans quelle situation précaire il se trouvait, et en même temps l'exaltation de ses idées.

Londres, le 21 septembre 1774.

Monsieur, je suis dans le besoin. Après avoir abandonné tout mon patrimoine à ma mère et fait une pension à ma nourrice par un devoir naturel de bon cœur et de bienséance, je suis obligé de soutenir mes neveux. A la bonne éducation, à l'esprit, ils joignent la figure et la force du corps, qui les mettront dans peu en état de servir le Roi sans doute avec plus de bonheur que moi. Si vous vouliez me permettre de vous ouvrir mon cœur, je vous dirois, Monsieur, que je quitterois avec plaisir l'Angleterre, séjour de mes malheurs, et que si Sa Majesté m'assuroit seulement le payement de la moitié des douze mille livres de pension qu'elle m'a accordés, et vouloit bien m'autoriser à choisir moi-même une retraite en France, je m'estimerois encore heureux; car, à vous parler franchement, je n'aurai de confiance dans la probité des seigneurs ou plutôt des ministres de Versailles que lorsque vous serez vous-même ministre. Un fidèle serviteur ne peut servir deux maîtres à la fois; moi j'ai mieux aimé servir le Roi que son ministre. J'ose dire que si de mon naturel je fusse né aussi foible et timide que je pourrois l'être par le sort de la nature, il en seroit résulté de grands maux. Je ne regretterai jamais de m'être sacrifié pour éviter des chagrins à l'*Avocat* * et des malheurs à votre maison. Je suis, etc. WILLIAM WOLFF **.

* Louis XV, en style de correspondance secrète.
** William Wolff était, ainsi que nous l'avons vu, le pseudonyme dont le chevalier d'Éon signait les lettres qu'il adressait *en clair* au comte de Broglie.

le même traitement qu'il avait plu au feu Roy de vous accorder. Je vous avoue que je ne puis concevoir sur quel fondement vous appuies une pareille résistence. M. le comte de Vergennes, qui ne la conçoit pas plus que moi, m'a dit que vous aviez assuré que vous y étiez encouragé d'ici. J'ay bien de la peine à le croire, mais en ce cas ce ne pourroit être que par des personnes bien mal intentionnées pour vous, et vous m'obligeriez beaucoup de me les nommer. Pour moi, je ne puis que vous répéter ce que je vous ay mandé par ma lettre du 10 septembre dernier que M. le comte de Vergennes vous a fait passer, et à laquelle vous n'avez pas encore répondu sous l'enveloppe de ce ministre, comme je vous l'avois demandé [1].

Dans des temps où vous vous persuadiez que vous pouviez avoir quelque chose à craindre de ce pays-ci, le refus que vous auriez fait d'y revenir eût pu paroître pardonnable ; mais aujourd'huy que les sûretés qui vous sont offertes par un ministre tel que M. le comte de Vergennes, autorisé par Sa Majesté elle-même, détruisent jusqu'à l'ombre des motifs de soupçons, toute défiance de votre part seroit absolument inexcusable. Le désir exprimé de rentrer dans votre patrie, que vous avez montré à M. Drouet en 1772, à son voyage à Londres, ne me permet pas de douter que vous ne profitiez des facilités qu'on vous donne. Je désire donc que vous écoutiez la voix de la raison, du devoir et même de votre propre intérêt, et que vous répariez par une prompte obéissance des torts qu'une plus longue résistance aggraveroit d'une manière irréparable.

[1] Voyez plus haut, p. 437, la lettre du comte de Broglie à d'Éon, en date du 10 septembre 1774, dans laquelle il est question d'une lettre de même date adressée au chevalier par M. de Vergennes. On voit par la lettre suivante de ce ministre en date du 20 janvier que d'Éon avait de la peine à se dessaisir des papiers importants qui étaient en sa possession.

## CCCXCIX. — M. DE VERGENNES A LOUIS XVI.

[Minute. Autogr. Arch. de l'Emp. K. 164.]

26 janvier 1775.

Sire,

J'ai l'honneur d'envoyer à Votre Majesté la note chiffrée que j'ai reçue du sieur d'Éon : elle n'est remarcable que par sa prolixité et par les traits de présomption et d'avidité qui s'y décèlent. En tout c'est un nouveau monument du délire de cet esprit par trop singulier. J'aurois désiré pouvoir épargner à Votre Majesté la lecture de cette rapsodie, mais je ne puis éconduire les demandes de cet être singulier sans les ordres de Votre Majesté, et je la suplie de me prescrire ce qu'elle veut que je lui réponde.

Le sieur d'Éon met à un si haut prix la remise des papiers dont il est dépositaire, qu'il faut renoncer pour le présent à les retirer ; mais comme il pourroit n'être pas sans inconvénient de le priver de toute ressource, en le mettant dans la nécessité d'abuser du dépôt, de donner lieu à un éclat toujours fâcheux ; si Votre Majesté l'aprouve, on pourroit laisser les choses au même état où elles se trouvoient à l'avénement de Votre Majesté au trône, c'est-à-dire continuer le payement par quartier du traitement que le feu Roi avoit bien voulu faire au sieur d'Éon, avec la liberté de le manger hors de France, où il voudra. A mesure que l'objet s'éloignera, il ne pourra devenir que plus indifférent, et l'abus en sera moins à craindre. Je suplie Votre Majesté de daigner me faire savoir ses intentions[1].

Je suis, etc.

---

[1] On voit par cette lettre que le secret de d'Éon n'était pas très-redoutable ; conf. la note 2 de la page 445.

CCCC. — LOUIS XVI A M. DE VERGENNES.
[Autogr. Arch. de l'Emp. K. 164.]

Versailles, ce 26 janvier 1775 [1].

Je vous renvoie, Monsieur, la note de d'Éon. Je n'ai jamais vu pièce plus impertinente et plus ridicule; s'il n'avoit pas des papiers importants, il faudroit l'envoyer promener; et, comme vous pensez, il faudra employer bien mal douze mille livres à lui faire garder le secret, qui sera moins important plus il s'éloignera [2].

[1] L'original porte 1774: c'est un *lapsus*.
[2] La remise des papiers de d'Éon fut négociée par Beaumarchais. On peut voir les détails de cette négociation dans les *Mémoires du chevalier d'Éon*, par M. Gaillardet, et par M. de Loménie dans ses *Mémoires sur Beaumarchais*. Nous donnons l'acte officiel constatant la remise des papiers de la correspondance secrète qui étaient entre les mains du chevalier d'Éon. Le grand secret du chevalier n'était autre que celui de sa mission en Angleterre pour préparer un projet de débarquement dans ce pays.

« *De par le Roi.*
» Sa Majesté étant informée qu'il existe entre les mains du sieur d'Éon de Beaumont plusieurs papiers relatifs aux négociations et correspondances secrètes tant avec le feu Roi son très-honoré aïeul, qu'avec quelques-uns de ses ministres d'État; et Sa Majesté voulant faire retirer lesdits papiers, elle a pour cet effet donné pouvoir et commission par ces présentes au sieur Pierre Augustin Caron de Beaumarchais de se transporter à Londres pour y traiter de la recherche de toutes les pièces et papiers dont il s'agit, les retirer des mains ou dépôts où ils pourront se trouver, s'en charger, les rapporter en France et les remettre au pouvoir de Sa Majesté. Autorise Sa Majesté le sieur Caron de Beaumarchais à prendre à ce sujet les arrangements et à passer tous actes qu'il estimera nécessaires, enfin à imposer pour l'entière exécution de sa commission toutes les conditions que sa prudence lui suggérera, Sa Majesté voulant bien à cet égard s'en rapporter à ses lumières et à son zèle. Et pour assurance de sa volonté, Sa Majesté a signé de sa main le présent ordre, qu'elle a fait contre-signer par moi, conseiller secrétaire d'État et de ses commandements et finances.
» A Versailles, le 25 août 1775.

» LOUIS.
» GRAVIER DE VERGENNES. »

» Le 4° jour de novembre 1775, tous les papiers contenant les minutes et

Je vous envoie aussi la lettre pour le Roy d'Espagne (où j'ai joint un compliment sur les couches de la Reine de Naples et sur son indisposition qui n'a pas eu de suite), avec celle en réponse au Roy de Sardaigne. Je ne sçai pas s'il est d'usage de répondre tout de suite ; vous la garderez s'il ne le faut pas ; vous pensez bien que je ne refuse pas sa demande.

Vous recevrez avec les lettres ordinaires une de M. de Bernstorf, qui n'a pas laissé tomber à terre l'apostille sur les faucons ; une du baron au bailly de Breteuil que je vous envoie pour que vous voyez ce qu'il dit du cardinal Albani ; et une autre enfin du coadjuteur, qui m'a paru très-extraordinaire ; il y a des chiffres que vous tâcherez de trouver, et vous y reconnoîtrez toute la hauteur et la fatuité de son auteur.   Louis.

CCCCI. — MÉMOIRE DE MM. DE VERGENNES ET DU MUY A LOUIS XVI SUR L'EXAMEN QU'ILS AVAIENT FAIT PAR ORDRE DU ROI DE LA CONDUITE DU COMTE DE BROGLIE RELATIVEMENT A LA CORRESPONDANCE SECRÈTE.

[Minute. Arch. de l'Emp. K. 164.]

3 février 1775.

Sire,

En conformité des ordres de Votre Majesté, les comtes du Muy et de Vergennes ont eu deux conférences avec

originaux de la correspondance ministérielle pendant l'ambassade de M. le duc de Nivernais et pendant le ministère du chevalier d'Éon, les dépêches, lettres, mémoires, notes et instructions des ducs de Choiseul et de Praslin, des ministres de la cour d'Angleterre, plus les minutes des lettres du chevalier d'Éon avec le roi Louis XV de 1762 à 1774, m'ont été remises fidèlement.

» Pour quittance,   » CARON DE BEAUMARCHAIS. »

*Mémoires du chevalier d'Éon*, t. II, p. 359, d'après l'original déposé aux Affaires étrangères.

M. le comte de Broglie, la première le 27 du mois dernier, et la seconde le 1ᵉʳ de celui-ci.

Nous ne pouvons, Sire, rendre à Votre Majesté un compte plus exact des matières qui y ont été traitées, qu'en prenant la liberté de mettre sous ses yeux les mémoires que M. le comte de Broglie nous a présentés pour servir d'introduction à l'examen des matières qui ont fait l'objet de notre travail.

M. le comte de Broglie n'ayant eu d'abord part à la correspondance secrète, et n'aiant été depuis chargé de sa direction qu'en vertu des ordres secrets et bien constatés du feu Roi, il n'est pas dans le cas d'établir sa justification ; mais si Votre Majesté daigne jetter les yeux sur ses mémoires, nous sommes persuadés qu'elle y remarquera avec satisfaction que sa conduite, loin d'avoir donné lieu aux reproches et aux imputations qu'on a pu lui faire, n'est susceptible que d'éloges. En effet, autant que les vues qu'il étoit chargé de soigner étoient louables et intéressantes, autant la prévoyance, la dextérité et la science dont il a fait preuve dans l'exécution, semblent devoir lui mériter les bontés de Votre Majesté.

Nous osons suplier Votre Majesté de lire avec une attention particulière le mémoire coté numéro 2 : il renferme un plan bien combiné de débarquement en Angleterre. Nous souhaitons que Votre Majesté ne soit jamais dans le cas d'en faire usage, mais dans le besoin il pourroit être d'une grande utilité. C'est pour cet effet que, quoique Votre Majesté nous ait donné l'ordre de brûler tous les monuments de la correspondance secrète, nous la suplions très-humblement de nous permettre d'en excepter un travail dont on ne peut se flatter que l'aplication ne deviendra pas indispensable au moment peut-être où on s'y attendra le moins.

Nous suivrons successivement et le plus promtement que nos occupations pourront nous le permettre, tous les autres objets qui ont trait à la correspondance secrète, afin d'en faire raport à Votre Majesté, et de pouvoir lui annoncer que ses ordres ont été exécutés avec tout le zèle et toute l'exactitude qui dépendent de nous. Nous ne pouvons, d'ailleurs, Sire, que nous louer des facilités que nous éprouvons de la part de M. le comte de Broglie pour l'expédition de ce travail.

Nous sommes avec le plus profond respect, etc.

### CCCCII. — LE COMTE DE BROGLIE A LOUIS XVI.
[Ségur, *Politique des cabinets d'Europe*, t. I, p. 106.]

Sire,

J'ai reçu avec la plus respectueuse reconnoissance l'approbation qu'il a plu à Votre Majesté de donner au compte que j'ai eu l'honneur de lui rendre de ma conduite avec M. le prince de Conti. Je me conformerai avec mon exactitude ordinaire à la circonspection qu'elle me prescrit à cet égard.

Dès le premier voyage que j'ai fait à la cour, Sire, depuis mon retour de Ruffec, j'ai prié MM. les comtes du Muy et de Vergennes de m'indiquer le moment où je pourrois recommencer les conférences que j'avois eues à Compiègne avec ces ministres. Quelques affaires qu'ils avoient à terminer, et ensuite la maladie de M. le comte du Muy, ont retardé ces conférences jusqu'au 27 du mois dernier qu'ils m'ont accordé la première : la seconde a eu lieu le premier de ce mois; et ils m'ont assuré qu'ils auroient l'honneur d'en rendre compte à Votre Majesté, de mettre sous ses yeux les deux mémoires qui contiennent les précis de ces deux conférences, et d'y joindre les assurances de l'approbation qu'ils ont bien voulu donner à ce que je leur ai présenté. Nous continuerons, Sire, à en avoir une par semaine jusqu'à ce que cela soit terminé, ce qui sera vraisemblablement avant la fin du mois. Mais comme nous approchons du moment où il y aura à examiner le travail politique fait sous ma direction par le sieur Favier, avec l'ordre du feu Roi, ainsi que les suites qu'il a eues, je prends la liberté de supplier très-humblement Votre Majesté de vouloir bien donner ordre à M. de Sartines de se joindre pour ces dernières conférences à MM. les comtes du Muy et de Vergennes, afin de les mettre en état de mieux juger la nature de cette affaire, dont il est indispensable qu'elle ait connoissance. Je préviens M. de Sartines que j'ai l'honneur d'adresser aujourd'hui à Votre Majesté *un mémoire* à ce sujet. Si elle juge à propos de le communiquer et de le remettre à ce ministre, il y trouvera l'exposé de la commission dont je me flatte qu'elle voudra bien le charger, ainsi qu'elle a daigné me le faire espérer à mon arrivée à Paris au mois de juillet dernier.

Je suis avec le plus profond respect et la plus parfaite soumission, Sire, de Votre Majesté, le très-humble, très-obéissant et très-fidèle serviteur et sujet,

Le comte DE BROGLIE.

A Paris, le 9 février 1775.

## CCCCIII. — MÉMOIRE DU COMTE DE BROGLIE AUX COMTES DU MUY ET DE VERGENNES, CONTENANT UNE NOTICE DES DIFFÉRENTS ARTICLES DE LA CORRESPONDANCE SECRÈTE.

[Orig. Arch. de l'Emp. K. 159.]

[16 février 1775.]

Messieurs les comtes du Muy et de Vergennes ont vu dans la conférence du 1ᵉʳ de ce mois un travail fait par ordre du feu Roi dont l'objet étoit de se mettre au moins en mesure vis-à-vis de l'Angleterre [1].

L'approbation entière dont Sa Majesté avoit honoré ce travail étoit l'effet d'un sentiment que rien ne pouvoit étouffer dans son âme, c'est-à-dire le regret d'avoir été entraîné par une longue suite de fautes et de malheurs à faire une paix aussi humiliante que nécessaire.

La supériorité, l'égalité même perdue pour la France sur toutes les mers, n'étoit pas le seul désavantage dont le Roi fût sensiblement affecté. Il voyoit avec douleur combien depuis l'époque de cette guerre malheureuse la France perdoit tous les jours de son poids dans la balance de l'Europe. Il crut devoir s'occuper principalement des moyens d'arrêter les progrès de cette dégradation si rapide, et se flatta de les trouver dans sa correspondance secrète.

Le comte de Broglie en avoit la direction. Il en connoissoit les difficultés et ne se dissimuloit point que les circonstances étoient plus propres à les accroître qu'à les aplanir. Son zèle et son obéissance suppléèrent les talents qui pouvoient lui manquer, et l'aidèrent à supporter les dégoûts toujours renaissants et inséparables d'un travail suivi dans le silence, qui fut quelquefois utile, mais dont l'attention la plus suivie et la prévoyance la plus éclairée ne pouvoient pas toujours assurer le succès.

Le comte de Broglie en avoit fait la fâcheuse expérience pendant le cours de son ambassade en Pologne; mais alors les dangers de cette confiance secrète ne retomboient que sur son personnel. Il les supporta avec courage, et n'en retraça l'amertume pendant tout le temps de sa direc-

[1] M. de Ségur, qui avait cherché ce mémoire dans le dépôt des Affaires étrangères, affirme qu'il n'y était pas lors de la Révolution, époque où la guerre avec l'Angleterre lui donnait un caractère d'opportunité. — C'est une erreur : ce travail existe au dépôt du ministère. Voyez notre Introduction, t. I, p. 114.

tion que pour la sauver, ou au moins l'adoucir aux personnes qui avoient l'honneur d'être admises avec lui à ce travail direct.

C'est la justice qu'elles lui rendent sans doute, et que MM. du Muy et de Vergennes ne lui refuseront pas quand ils auront parcouru avec un peu d'attention les pièces originales destinées à cette séance.

Elles consistent en une suite d'instructions et de dépêches toutes approuvées du feu Roi, dont plusieurs sont apostillées de sa main, avec des lettres du comte de Broglie à Sa Majesté.

Les premières démontrent les vues politiques du maître; les autres, l'exactitude dans l'exécution de ses ordres.

La lecture de ces différentes pièces en développera bien mieux les détails qu'aucune espèce d'analyse qu'on en pût faire. Mais pour rendre cette lecture moins pénible, le comte de Broglie a cru devoir joindre ici une notice divisée en autant d'articles que de cours où le feu Roi avoit des ambassadeurs, des ministres ou des chargés d'affaires admis à la correspondance secrète.

GENÈVE,
*Depuis 1767 jusqu'en 1773.*

Cette correspondance se réduit à une relation des troubles de Genève, à un mémoire relatif à l'établissement de Versoix et à quelques dépêches écrites au sieur Hennin, résident dans cette République.

Dans une de ces dépêches du 31 août 1769, on verra quelques observations relatives à la liberté de religion que le ministère vouloit établir à Versoix pour y attirer les commerçants étrangers[1]. Cet article important est encore

---

[1] Versoix était une fondation de M. de Choiseul, qui vouloit élever une rivale à Genève.

traité dans une autre dépêche du 26 mars 1770 à ce résident. Celle-ci renferme d'ailleurs des points de prévoyance avec une discussion politique sur les prétendus avantages qu'on retireroit du commerce de Versoix. Cette discussion répand le jour le plus clair sur tout ce qui concerne le projet de cet établissement. Sa Majesté regardoit surtout comme peu convenable à sa gloire et aux intérêts de son royaume la promesse faite aux Bernois de ne construire aucunes fortifications et de laisser tous les passages libres à travers son territoire.

### NAPLES,
*Depuis 1772 jusqu'en 1774.*

Cette correspondance bien succincte renferme cependant quelques pièces qui peuvent exciter l'intérêt et la curiosité.

On y verra d'abord un précis des instructions que M. le duc d'Aiguillon avoit données à M. le baron de Breteuil.

Ce précis adressé au feu Roi par le comte de Broglie, lui fut renvoyé avec des apostilles à quelques articles, écrites de la propre main de Sa Majesté. C'est d'après ces apostilles que le comte de Broglie dressa les instructions secrètes du baron de Breteuil.

Parmi les lettres écrites à ces ambassadeurs dans cette correspondance, il s'en trouve une du 7 juillet 1772 qu'on croit intéressante à lire, en ce qu'elle présente un tableau général et rapide des affaires de l'Europe, en rapprochant par des transitions naturelles celles du Nord et celles du Sud.

### CONSTANTINOPLE,
*Depuis 1756 jusqu'en 1773.*

On ne rappellera point ici l'ancienne correspondance de M. des Alleurs sous la direction de M. le prince de

Conti ; on se bornera aux deux époques des ambassades de MM. les comte de Vergennes et chevalier de Saint-Priest.

Elles développeront le tableau général du système politique que Sa Majesté avoit adopté, et qu'elle a constamment suivi dans les affaires du Nord.

On y verra avec peine sans doute la dégradation successive de notre influence à la Porte, malgré les attentions continuelles du Roi pour la conserver; les soins et les travaux de ses ambassadeurs pour seconder ses vues. M. le comte de Vergennes en a assuré le succès dans deux circonstances bien intéressantes ; l'une, pendant le cours de la dernière guerre ; la seconde, dans le temps des troubles de la Pologne [1].

Dans la première, cet ambassadeur a eu à combattre sans cesse et à détruire les insinuations et les menées des cours de Londres et de Berlin, dont les ministres et les émissaires à Constantinople n'épargnoient rien pour engager les Turcs à déclarer la guerre à l'une ou l'autre des deux Impératrices ; sa vigilance déconcerta leurs projets. Il parvint à contenir le ministère ottoman, toujours à la veille d'être ébranlé par les intrigues des Anglais et des Prussiens, et sauva l'Autriche et la Russie d'une diversion qui pouvoit devenir aussi embarrassante que nuisible à la cause commune.

M. le comte de Vergennes n'a pas été moins heureux à la seconde époque. Il est parvenu à tirer les Turcs de la même apathie où il les avoit tenus précédemment. Il les a déterminés à s'opposer aux vues ambitieuses de Catherine II ; il a eu la gloire de voir, avant son départ de Constantinople, le ministère ottoman prendre une résolution

---

[1] Voyez le curieux Mémoire de M. de Vergennes sur sa conduite pendant son ambassade à Constantinople, t. I, p. 364 et suiv.

vigoureuse et déclarer la guerre à la Russie. Si cette guerre n'a pas empêché le démembrement de la Pologne, on ne peut s'en prendre qu'à l'esprit d'indiscipline et de révolte de la milice turque et à l'ignorance des généraux ottomans. Les opérations politiques de M. le comte de Vergennes n'en sont pas moins dignes d'éloges, et d'autant plus que, pour remplir l'objet principal d'opposer les Turcs à la Russie, il n'a pas employé les moyens dispendieux dont il étoit autorisé à faire usage, et qu'il s'est contenté d'éclairer le ministère ottoman sur ses véritables intérêts d'une manière assez sensible pour le détromper, sans rendre la France responsable de l'événement. C'est une des occasions où le feu Roi a été le plus satisfait du travail politique dont il avoit donné la direction au comte de Broglie; et en effet, les relations particulières de M. le comte de Vergennes suffiroient seules pour prouver l'utilité de cette correspondance quand elle étoit maniée avec zèle et dextérité.

M. le chevalier de Saint-Priest, qui a eu le bon esprit et le mérite de sentir tout le prix du modèle qu'il trouvoit dans son prédécesseur, s'est conduit d'après les instructions qu'il en a reçues, avec non moins de zèle, pour concourir aux vues de Sa Majesté. Les premiers instants de son admission à la correspondance secrète furent marqués par une circonstance qui auroit pu décourager un ambassadeur moins pénétré des sentiments d'obéissance et de fidélité à son maître. Il reçut, à la veille de son départ pour Constantinople, une lettre du sieur Gérard, premier commis des affaires étrangères, qui le prévenoit de la part de M. le duc de Choiseul *de veiller avec attention à une certaine correspondance particulière*, etc. M. le chevalier de Saint-Priest, peu affecté des soupçons qu'on le chargeoit d'éclaircir, communiqua l'avertissement au comte de Broglie, en le priant d'assurer le Roi de son dévouement sans réserve pour ses volontés.

Cette anecdote, peu importante dans le fond, n'est ici que pour relever la fermeté de la conduite de M. le chevalier de Saint-Priest, qui ne s'est jamais démentie, et prouver en même temps que la crainte sur les persécutions et les dégoûts dont la correspondance secrète fut toujours environnée n'avoit que trop de fondement.

M. le chevalier de Saint-Priest trouva dans les vices du gouvernement turc et l'incapacité du ministère des obstacles bien difficiles à vaincre; ils ne le rebutèrent pas. A force de tournures, de patience, il parvint à faire décider la continuation de la guerre dans le moment où la Porte alloit subir les conditions les plus honteuses, les plus contraires à ses propres intérêts, à ceux de la Pologne et de l'Europe entière.

Si cet ambassadeur n'a pas pu s'opposer avec le même succès au dernier traité de paix, on ne doit pas moins applaudir au zèle et à l'intelligence qui ont dirigé toutes ses démarches, constamment honorées de l'approbation de Sa Majesté.

### VIENNE,
*Depuis 1770 jusqu'en 1772.*

Cette correspondance confirme l'opinion qu'on doit se former des vues de Sa Majesté. Elle comprend une période d'autant plus intéressante dans la politique qu'elle est l'époque du concert formé entre les trois cours de Vienne, de Pétersbourg et de Berlin pour le partage de la Pologne, que le comte de Broglie avoit prévu et annoncé depuis si longtemps. Nous ne saurions nous dissimuler qu'il n'a été effectué que par notre négligence à en prévenir l'origine ou par la foiblesse des moyens que nous avons employés pour en arrêter le cours. Ce sont des faits bien clairement développés dans les dépêches adressées à M. Durand et dans les relations de ce ministre. La position délicate et critique dans laquelle il s'est trouvé à Vienne n'a besoin d'aucun détail ni de commentaire pour faire sentir les efforts de son zèle, que la politique du ministère autrichien peut avoir quelquefois trompé mais jamais altéré. C'est la justice que le feu Roi lui a toujours rendue. Et en effet, en parcourant les dépêches de M. Durand, on n'aura pas de peine à convenir que le silence qu'on a tant reproché à M. de Kaunitz peut fort bien être imputé à celui de notre ministère. On ose même avancer qu'il a donné lieu [1] ou au moins servi de prétexte à la réunion des trois cours copartageantes. Cette assertion n'est point hasardée. MM. les comtes du Muy et de Vergennes s'en convaincront plus facilement encore dans les lettres que le comte de Broglie avoit eu l'honneur d'écrire au Roi à cette occasion, et dans le compte qu'il eut celui de rendre de deux conversations que M. de Mercy avoit eu l'adresse de lier avec lui [2].

Le comte de Broglie aura encore l'honneur de prévenir MM. les comtes du Muy et de Vergennes d'une commission particulière dont il chargea, par ordre du Roi, M. Durand. Il s'agissoit de prendre à Vienne des renseignements sur ce qui regardoit l'archiduchesse Élisabeth. Le comte

[1] Je tiens du prince de Kaunitz, du comte de Cobenzel et de M. de Vergennes, un fait qui me paroît certain : c'est que la cour de Vienne, dès qu'il fut question du partage qui devoit donner à la Prusse un accroissement qu'elle redoutoit, en prévint la France, et fit entendre qu'elle s'y opposeroit si la cour de Versailles vouloit la soutenir. Louis XV alors ne s'occupant que de ses plaisirs et M. d'Aiguillon de ses intrigues, le cabinet autrichien ne reçut point de réponse rassurante, et il aima mieux concourir au partage de la Pologne que de soutenir seul la guerre contre les Prussiens et les Russes réunis. (S.)

[2] Voyez la lettre du comte de Broglie à Louis XV, en date du 25 mai 1771, t. I, p. 423.

de Broglie se borna à écrire en conséquence. M. Durand le mit en état de rendre à Sa Majesté un compte fidèle de cette commission, selon les vues du Roi, sans se permettre d'autres réflexions que celles qui lui étoient suggérées par son respect et son obéissance. MM. les comtes du Muy et de Vergennes en jugeront eux-mêmes par la lecture de l'ordre du Roi [1], de la réponse de M. Durand et des lettres que le comte de Broglie eut l'honneur d'adresser à Sa Majesté dans cette circonstance, qui est une nouvelle preuve de la confiance entière que le feu Roi avoit dans sa discrétion et sa fidélité.

### ANGLETERRE.
#### Depuis 1764 jusqu'en 1774.

Cette correspondance renferme deux époques. La première présente une suite de lettres du comte de Broglie au sieur d'Éon, avec l'approuvé du Roi. Elles roulent sur deux points principaux.

En premier lieu, le désir de Sa Majesté d'être instruite régulièrement par la voie secrète de tous les détails les plus mystérieux sur les affaires d'Angleterre, et les encouragements de tous genres donnés au sieur d'Éon sur la conduite qu'il auroit dû tenir en Angleterre avant et après l'éclat de ses démêlés; quelquefois même les représentations les plus fortes et les réprimandes les plus sévères sur chaque nouvelle scène; enfin des reproches trop bien fondés sur sa légèreté à compromettre dans ses écrits des personnes dont les torts, même prouvés, n'auroient jamais pu autoriser ses écarts. C'est sur quoi le comte de Broglie n'a jamais varié, à commencer de sa dépêche du 10 avril 1764 jusqu'au 10 juin 1766, date des instructions secrètes pour M. Durand allant en Angleterre.

[1] Voyez cet ordre, t. I, p. 409, en date du 6 juin 1770.

Alors la scène change. On voit le fruit des mesures équitables et sages qui avoient été prises à l'égard du sieur d'Éon, et dont le succès est dû à la prudence et à la dextérité de M. Durand, mais surtout à la confiance qu'il lui inspiroit personnellement. Les dangers réels que le sieur d'Éon avoit courus pouvoient et devoient encore faire excuser ses soupçons et sa défiance de tout émissaire inconnu. La présence d'un ministre du Roi qu'il connoissoit parfaitement le rassura, le flatta, et M. Durand sut le rendre aussi docile aux volontés du Roi que désormais tranquille et mesuré dans sa correspondance.

A l'égard de M. Durand, les points d'instruction qui lui avoient été indiqués par la correspondance secrète se trouvent parfaitement remplis dans la sienne sur l'Angleterre.

La seconde époque s'étend depuis le retour de ce ministre jusqu'au 11 juillet 1774, date de la dernière lettre du comte de Broglie au sieur d'Éon, approuvée de Sa Majesté régnante. Cette deuxième époque prouve de plus en plus l'attention continuelle du feu Roi sur les affaires d'Angleterre, et sa façon de voir et d'apprécier les différentes idées que le sieur d'Éon lui suggéroit d'après ses liaisons, ses découvertes ou ses conjectures. On voit aussi combien le comte de Broglie s'occupoit d'en vérifier la réalité ou le fondement par les ordres qu'il lui fit donner successivement de les communiquer au sieur Francis, ministre du Roi, et au prince de Masseran, ambassadeur d'Espagne.

## HOLLANDE.
### Depuis 1768 jusqu'en 1770.

Il seroit inutile de rappeler ici la correspondance secrète de feu M. le marquis d'Havrincourt pendant son ambassade de Hollande; elle ne renferme rien d'important. On se bornera à communiquer celle de M. le baron de Breteuil qui lui a succédé.

On voit d'abord, dans ses instructions, que feu Sa Majesté ne bornoit pas les soins de cet ambassadeur aux seules relations de sa résidence. Elle lui prescrivoit encore de se procurer le plus de moyens possibles pour être instruit de ce qui se passoit en Danemark, en Suède et en Angleterre.

Sa Majesté recommandoit, en conséquence, à M. le baron de Breteuil de lier, avant son départ de Paris, la correspondance la plus intime avec M. le comte du Châtelet, qu'elle n'avoit pas jugé à propos d'admettre à sa confiance secrète, et d'en envoyer exactement les copies au comte de Broglie[1].

On remarquera dans toutes les dépêches suivantes le même esprit, les mêmes vues du feu Roi, et dans plusieurs des témoignages de sa satisfaction.

On ne sera pas fâché de voir dans deux de ces dépêches, du 27 octobre 1768 et du 15 février 1769, la manière dont le feu Roi pensoit et s'exprimoit sur le renouvellement de nos liaisons avec la cour de Berlin, que notre ministère paroissoit désirer et que M. le baron de Breteuil étoit chargé de négocier avec M. le baron de Thurlemeyer, envoyé extraordinaire du Roi de Prusse à la Haye[2].

Les lumières que M. le baron de Breteuil reçut dans cette occasion par la correspondance secrète lui furent d'un grand secours. Cet ambassadeur s'en servit utilement, et se conduisit dans cette circonstance délicate avec toute la dextérité dont il est capable, en observant les ménagements qui lui étoient prescrits pour ne point donner d'ombrage à la cour de Vienne.

[1] Voyez cet ordre, en date du 24 juillet 1768, t. I, p. 397.
[2] Voyez la dépêche, datée par nous août 1768, t. I, p. 402.

## SUÈDE.

### *Depuis* 1758 *jusqu'en* 1774.

1° M. d'Havrincourt [1].

On ne trouve ici que trois notes ou lettres de M. Tercier. Elles ne contiennent que des instructions et des indications sur les moyens pris pour adresser le chiffre secret à cet ambassadeur, et à prendre par lui pour faire passer sûrement les dépêches. On a cru devoir laisser ces pièces, attendu qu'elles sont munies d'un approuvé du feu Roi, selon la forme ordinaire.

2° M. le baron de Breteuil.

On voit ici, comme dans tout le cours de la correspondance secrète, *l'utilité que le feu Roi se proposoit d'en recueillir. C'étoit surtout qu'elle servît de supplément à celle du ministre des affaires étrangères, en développant et interprétant quelquefois les véritables intentions de Sa Majesté.* Elle avoit aussi pour objet *de se faire instruire plus particulièrement de certains détails sur les cours voisines où il n'y avoit point de ministre admis à la correspondance secrète.* C'est dans cet esprit qu'elle ordonnoit à M. le baron de Breteuil d'en lier une intime avec ceux qui y résidoient pour se mettre en état de la mieux informer sur tout ce qui pouvoit s'y passer.

On s'aperçoit, au reste, de l'attachement du feu Roi pour ses anciennes alliances, et surtout pour celle de la Suède, malgré la décadence successive de cette puissance, réduite aujourd'hui à un état si différent de celui où l'avoit fixée le traité d'Oliva. Sa Majesté voyoit très-bien que dans l'état présent, divisée, épuisée et accablée, elle

---

[1] Louis de Cardevac, marquis d'Havrincourt, né en 1707, maréchal de camp en 1748, ambassadeur en Suède en 1749, en Hollande en 1763; mort à la Haye le 15 février 1767. — Voyez la Table.

pouvoit nous être infiniment plus à charge qu'utile, tant qu'elle resteroit isolée dans le Nord et sans aucun appui voisin. Mais le Roi ne renonçoit pas à l'espoir de la tirer de cet état de solitude et d'abandon, en profitant de quelque circonstance heureuse pour rétablir enfin son système de barrière entre la Russie et l'Autriche, système antérieur à celui de l'alliance, et avec lequel il ne le regardoit point comme incompatible.

C'est par une suite de cet attachement que Sa Majesté s'intéressoit si fort à la diète de 1763, qu'elle en sentit si vivement le mauvais succès, le triomphe du parti opposé à celui que soutenoit son ambassadeur, et la douleur qu'elle avoit de voir ses soins infructueux. Mais on voit en même temps combien Sa Majesté étoit éloignée de lui en imputer l'événement ; elle témoignoit au contraire à M. le baron de Breteuil sa satisfaction de son zèle et de ses soins.

3° M. le comte de Vergennes.

Cette correspondance, si intéressante par la grande époque de la révolution (dont le succès, disoit le Roi lui-même dans son instruction secrète, étoit réservé à cet ambassadeur), le fut dès son début par l'avis certain des liaisons intimes et des engagements secrets entre l'Empereur et le Roi de Prusse. M. le comte de Vergennes sut se le procurer du Roi de Suède par M. de Scheffer[1], et en rendit compte aussitôt par la voie secrète[2]. Cette découverte étoit d'autant plus importante, qu'elle avoit échappé à la vigilance de M. Durand, et que ses relations y étoient

[1] Il y avait deux Scheffer, frères, qui furent tous deux ambassadeurs de Suède en France : le premier de 1744 à 1752; il fut rappelé pour occuper une place au sénat : il laissa en France les plus charmants souvenirs. C'est de lui qu'il s'agit. *Mémoires du duc de Luynes*, t. XII, p. 112 et 113; et *Correspondance de madame du Deffand*, à la Table.

[2] J'ai publié un extrait de la dépêche de M. de Vergennes, t. I, p. 161.

fort opposées. Ainsi on peut assurer que la première notion du traité pour le partage de la Pologne fut donnée avec certitude par M. le comte de Vergennes.

Toutes les lettres suivantes, relatives à la révolution, contiennent autant d'éloges de la conduite sage et bien combinée par laquelle M. le comte de Vergennes avoit aidé le Roi de Suède à préparer de loin ce grand événement. Après la part distinguée qu'il eut au succès, rien ne pouvoit mieux lui attirer des marques de la satisfaction du Roi, que le compte exact et judicieux qu'il continua de rendre à Sa Majesté des intrigues et des partis à la cour de Suède, ainsi que des qualités plus ou moins louables dans le personnel du nouveau monarque, qui se développoient peu à peu depuis l'établissement de son autorité.

On trouve dans la suite de cette correspondance de nouveaux avis d'une convention entre l'Empereur et le Roi de Prusse, pour exclure la France et le Roi de Suède de la garantie qui leur appartient à si juste titre, de la paix de Westphalie. Elle annonce aussi d'autres engagements projetés au sujet de l'affaire de San-Remo. Ces avis prouvent de plus en plus la vigilance et la pénétration de M. le comte de Vergennes, qui ne se laissoit pas renfermer dans les limites de son ambassade. On voit par ses dépêches combien il savoit prévoir les conséquences de cette convention, non moins dangereuse pour la liberté de l'Italie que pour celle de l'Empire. Il paroît également, par les réponses du Roi, que Sa Majesté savoit beaucoup de gré à cet ambassadeur, et de ses avis et de ses réflexions ; qu'elle daignoit y ajouter les siennes, et que son attachement à l'alliance ne lui a jamais fait perdre de vue ses anciens principes relativement à l'Empire et à l'Italie, ni les droits et les obligations essentielles à la dignité de sa couronne.

On observera encore dans cette correspondance deux

époques personnelles à M. le comte de Vergennes. La première, le désir que Sa Majesté lui témoigna qu'il ne fît point usage du congé qu'il lui avoit accordé, désir d'autant plus flatteur qu'il fut motivé par le besoin que les deux Rois avoient de cet ambassadeur à Stockholm, pour ne pas être privé dans cet intervalle, l'un de ses talents et de ses services, l'autre de ses sages conseils.

La seconde est relative à la circonstance de l'exil du comte de Broglie. La plupart des personnes admises à la correspondance secrète en furent consternées et peut-être effrayées. M. le comte de Vergennes n'en fut intimidé en aucune manière, et il s'empressa au contraire de témoigner à M. le comte de Broglie que son zèle n'en seroit point refroidi.

## POLOGNE,
### Depuis 1758 jusqu'en 1774.

Les détails traités dans la séance du 27 janvier, sur les motifs et l'origine de la correspondance secrète, dont le premier objet a été la Pologne, nous dispensent de nous étendre ici sur la première partie de cette correspondance.

La seconde, avec les sieurs Hennin et Gérault, ouvre une nouvelle scène non moins intéressante. C'est l'histoire de l'interrègne après la mort d'Auguste III, de l'élection du comte Poniatowsky, des diètes de convocation, d'élection, du couronnement; de celle de 1767 pour changer la forme du gouvernement; enfin de la confédération de Bar, en opposition aux décrets de cette assemblée.

On y verra encore que, d'après les intentions et les ordres du feu Roi, le comte de Broglie n'a pas cessé d'indiquer les moyens à prendre pour prévenir la ruine de la République; que dès 1760 il avoit annoncé tout ce qui est arrivé en 1767 et dans les années suivantes, jusqu'au partage de la Pologne.

Ce triste événement de la tragédie du Nord avoit également été prédit par le comte de Broglie dans les instructions, mémoires et lettres dont on met aujourd'hui les originaux sous les yeux de MM. les comtes du Muy et de Vergennes.

En parcourant ces différentes pièces, ainsi que la correspondance de Vienne avec M. Durand, ces deux ministres éclairés se convaincront aussi combien l'on étoit occupé des démarches les plus amiables à répéter sans cesse auprès de la cour de Vienne, soit pour l'engager à s'expliquer sur ses vues ultérieures au sujet de la Pologne, soit pour lui faire confidemment des ouvertures qui n'auroient laissé à cette cour aucun prétexte, pas même celui de notre réserve et de notre silence.

On observera également dans le cours de ces deux correspondances nécessairement liées ensemble, combien de projets et de plans d'opérations politiques et militaires le comte de Broglie avoit indiqués pour arrêter le torrent.

On y verra l'usage qu'il proposoit de faire des restes du parti français et patriote, pour rassembler et ranimer ce qui restoit de citoyens, pour leur suggérer un projet de campagne analogue au genre de guerre propre à la nation.

On y trouvera de même le mobile et l'objet des démarches faites par les confédérés, et secondées secrètement par le général Mokronosky auprès de notre cour et de celle de Vienne; les encouragements donnés, les promesses faites à ce général par notre ministère et démenties par leur inexécution; les fautes au moins d'omission, dont l'enchaînement a rendu inutiles tant de soins et de prévoyance; tous les obstacles manifestes et les oppositions sourdes que les intentions mêmes du Roi ont éprouvés et du dedans et du dehors; enfin cette fatalité attachée depuis trop longtemps à nos opérations les mieux concertées, et qui les a toujours rendues ou imparfaites dans l'exécution, ou tardives et infructueuses.

### RUSSIE,
#### *Depuis 1757 jusqu'en 1774.*

Cette branche de correspondance présente successivement plusieurs époques intéressantes.

Le sieur d'Éon étoit déjà honoré de la confiance du Roi avant l'année 1757. M. le prince de Conti l'y avoit fait admettre et envoyer à Pétersbourg. Il eut toujours depuis l'honneur de correspondre avec Sa Majesté par la voie du sieur Tercier.

Ce premier commis étoit aussi, par l'ordre exprès du Roi, en commerce réglé avec le comte de Woronzow, vice-chancelier, et puis chancelier de Russie.

Le chevalier Douglas avoit reçu, par le même canal, l'ordre du Roi de proposer à ce ministre une correspondance secrète et directe entre Sa Majesté et l'Impératrice Élisabeth. Tous ces objets furent remplis : cette correspondance auguste fût établie et suivie par deux intermédiaires, le chancelier et le sieur d'Éon.

Celle entre le Roi et le ministre russe mit Sa Majesté à portée de faire passer à sa cour plusieurs avis intéressants, dont l'objet est marqué et l'utilité démontrée par les pièces originales. Le comte de Broglie profita de même des moyens qu'elle lui fournit pour dissuader le ministère russe de quelques démarches violentes et arbitraires. On y voit, par exemple, une réponse du sieur Tercier au comte de Woronzow, *dans le sens du comte de Broglie,* c'est-à-dire d'après ses directions et dans l'esprit de ses dépêches particulières au Roi, comme il paroît par les notes explicatives également approuvées du Roi en suite de cette minute.

Le point le plus important de la lettre du chancelier

Worenzow étoit le désir et même le projet que sa cour avoit formé de s'emparer de Dantzick. On insiste dans cette réponse sur l'injustice de cette entreprise, sur son inutilité pour la cause commune, sur le préjudice qui en résulteroit pour la Pologne, en pure perte pour l'alliance. Il paroît que cette opposition du Roi à l'occasion de Dantzick, quoique insinuée avec beaucoup de modération et de ménagements, sauva pour lors cette ville et détourna de la Prusse polonoise le fléau de la guerre. Il en résulta pour l'alliance un avantage réel, puisqu'elle obligea les Russes à se porter en avant dans les États du Roi de Prusse, et à seconder par là de plus près les opérations des armées autrichiennes.

Le comte de Broglie ne peut se dispenser d'observer ici que, pendant le cours de cette correspondance, le sieur d'Éon, qu'il ne connoissoit pas encore, reçut toujours des marques de la satisfaction du Roi et de sa confiance.

Ce fut toujours dans le même esprit et dans les mêmes vues du Roi sur les affaires du Nord que la correspondance continua, dirigée par le comte de Broglie avec M. le baron de Breteuil. Il venoit d'être admis au secret, lorsqu'il partit pour Pétersbourg. Témoin, dans son premier séjour, de la mort d'Élisabeth et de l'avénement de Pierre III, il revenoit en France, lorsqu'il reçut à Varsovie la nouvelle de la révolution, et peu après à Vienne l'ordre de retourner à la cour de Russie [1].

[1] Le baron de Breteuil fut averti de la révolution qui se préparoit en Russie; Catherine lui fit même demander une modique somme d'argent qui lui étoit nécessaire. Ce ministre, sachant que cette conspiration étoit conduite par des jeunes gens ardents et peu discrets, crut qu'elle ne réussiroit pas, refusa l'argent demandé, ne voulut se mêler de rien, et partit pour revenir en France. En route, il apprit l'avénement de Catherine au trône, la chute et la mort de Pierre III, et il reçut des dépêches sévères du ministère françois, qui lui ordonna de retourner en Russie. (S.) — Voyez l'Étude préliminaire, t. I, p. 108.

Ces grands événements, arrivés en moins de six mois, fournirent au Roi le sujet de différentes instructions et dépêches dont on met ici les originaux sous les yeux de MM. les comtes du Muy et de Vergennes. On y verra combien Sa Majesté fut souvent satisfaite du zèle de M. le baron de Breteuil, de ses talents et de ses services.

Depuis le dernier départ de ce ministre, le sieur Rossignol fut chargé à Pétersbourg de la correspondance secrète. La première pièce que présente cette partie contient des articles qui peuvent mériter quelque attention.

Une instruction datée de 1765 annonce très-distinctement tout ce qui est arrivé deux ans après la fameuse diète de confédération, et les prédictions y sont motivées. Il paroît, par la suite de cette correspondance, que Sa Majesté continua de donner la même attention à tout ce qui pouvoit se passer, soit dans l'intérieur de la Russie, soit dans les négociations des ministres étrangers à cette cour, soit enfin sur le théâtre de la guerre en Turquie et en Pologne. Le soin d'y veiller exigeoit du zèle et des efforts : Sa Majesté daigna approuver ceux du sieur Rossignol.

La mission de M. Durand à la cour de Russie est trop récente (en 1775) pour être susceptible de beaucoup de détails. Tous les objets sont présents à la mémoire du ministre des affaires étrangères, qui étoit alors avec lui dans une intime correspondance.

On observera seulement dans le cours de celle-ci que le comte de Broglie avoit prévu dès lors le dénoûment de la guerre entre les Russes et les Turcs ; qu'il suggéroit en conséquence quelques négociations éventuelles, et que Sa Majesté ne s'occupoit pas moins d'une entreprise dont la Suède paroissoit alors menacée de la part de la Russie, et des précautions à prendre pour en détourner cette dernière puissance.

Dans la lettre du comte de Broglie, en date de Ruffec, le 2 novembre 1773, à M. Durand, au sujet du sieur Marbeau, employé auprès de lui dans la correspondance secrète, on verra combien le feu Roi étoit attaché à cette correspondance, et combien en même temps Sa Majesté prenoit de précautions pour la dérober à son ministre des affaires étrangères.

La suivante et dernière, toujours de Ruffec, le 15 mars 1774, confirme de plus en plus cette volonté décidée du feu Roi de continuer, dans les circonstances les plus critiques, la correspondance secrète. M. Durand avoit alors témoigné quelque inquiétude sur tout ce qui se passoit, et dont l'exil du comte de Broglie pouvoit lui faire craindre qu'il n'en rejaillît quelque chose sur lui[1].

Peu rassuré par l'ordre ancien qu'il avoit à ce sujet, il en désiroit un nouveau ; et ce fut l'objet de cette lettre, où l'on trouve un double approuvé du Roi, Sa Majesté n'ayant pas dédaigné d'en mettre un second au *post-scriptum* sur un détail au sujet du sieur Marbeau, minutieux en apparence, mais en effet très-essentiel dans ces circonstances.

Il seroit superflu d'observer ici que ce contre-temps, et même beaucoup d'autres circonstances décourageantes, n'ont jamais rebuté ni ralenti le zèle du comte de Broglie, et qu'au contraire la confiance dont le Roi ne cessa point de l'honorer l'a mis jusqu'au dernier moment en état de défendre et de rassurer, dans ces instants critiques, tous ceux qui avoient part au mérite et au danger de la correspondance.

## CONCLUSION.

D'après tout ce qui vient d'être communiqué à MM. les comtes du Muy et de Vergennes, il ne reste au comte de

---

[1] Voyez plus haut, p. 375.

Broglie qu'une observation à faire : c'est que si ce long et immense travail, souvent soupçonné et jamais entièrement découvert, lui a fait presque autant d'ennemis que de gens en place, c'étoit uniquement parce qu'ils n'étoient pas à portée d'en connoître l'esprit et la manière dont il a été constamment traité.

Loin que le comte de Broglie se soit jamais laissé aller à aucune aigreur contre ceux mêmes dont il recevoit sans cesse de mauvais offices, il a au contraire évité en toute occasion l'air de la plus légère personnalité. Sans prétendre se faire un mérite de sa modération, il croit cependant pouvoir y attacher quelque prix. Il en reçoit aujourd'hui un bien flatteur, puisqu'il a dans ce moment la satisfaction inestimable d'en fournir les preuves les moins équivoques, de se montrer à découvert et de développer enfin son âme tout entière aux yeux de deux ministres, juges compétents des sentiments et de la délicatesse dont un homme honoré de la confiance de son maître ne doit jamais s'écarter. Le comte de Broglie a rempli cet important devoir dans toute son étendue.

Si dans plus d'une circonstance il n'a pas opéré tout le bien qu'il auroit désiré, il lui reste au moins la consolation d'avoir souvent empêché de plus grands maux, d'avoir toujours cherché et proposé des remèdes, sans avoir été découragé par les désagréments que les affaires éprouvoient en général, et qu'on lui faisoit essuyer en particulier. Sa fidélité et son zèle le soutinrent constamment dans les mêmes principes.

Jaloux de mériter de plus en plus la confiance de son maître, et de le servir comme il vouloit l'être, le comte de Broglie eut l'honneur de lui proposer un travail étendu qui présenteroit un tableau de l'état politique de l'Europe, d'après lequel il pourroit calculer pour ainsi dire la dégradation de notre influence, ce qui nous en restoit encore, et enfin les moyens de recouvrer ce que nous en avions perdu. Le feu Roi en sentit aussitôt l'utilité. Ce monarque n'avoit abandonné qu'avec le plus vif regret les anciennes vues de former et de soutenir, depuis le pôle jusqu'à l'Archipel, une barrière impénétrable entre la Russie et le reste de l'Europe. Il daigna accueillir la proposition du comte de Broglie, qui fit commencer ce travail aussitôt qu'il en eut reçu l'ordre de Sa Majesté. Il fera l'objet de la quatrième séance.

### CCCCIV. — MÉMOIRE ADRESSÉ PAR LE COMTE DE BROGLIE A MM. LES COMTES DU MUY ET DE VERGENNES.

IDÉE GÉNÉRALE DES MOTIFS QUI AVAIENT DÉTERMINÉ LE TRAVAIL INTITULÉ : *Conjectures raisonnées*[1].

[Orig. Arch. de l'Emp. K. 159.]

1er mars 1775.

La fin du mémoire remis à MM. les comtes du Muy et de Vergennes le 16 du mois de février avoit annoncé le travail que le comte de Broglie aura l'honneur de communiquer aujourd'hui à ces deux ministres : mais, avant de le présenter, il est nécessaire de rendre compte de ce qui y a donné lieu.

Malgré la vigilance du zèle avec lequel le comte de Broglie avoit cherché à prévenir tout ce qui pouvoit occasionner un refroidissement de la part de la cour de Vienne, et les soins qui avoient été prescrits à M. Durand sur cet important article qu'il ne perdit jamais de vue, on ne s'apercevoit que trop du peu de succès de ces mesures de prévoyance. M. Durand, sur la fin de sa résidence en cette cour, avoit enfin pénétré le secret qu'elle formoit des liaisons à notre insu avec d'autres puissances, soit pour se

[1] Voyez ces *Conjectures*, t. I, p. 447 et suiv., et t. II, p. 1 et suiv.

prémunir contre les dangers qu'elle auroit courus en restant spectatrice des projets qu'on méditoit sur la Pologne, soit pour ne pas laisser échapper les avantages qu'on lui offroit en la sollicitant d'y concourir.

A son retour en France, au commencement de 1772, M. Durand communiqua au comte de Broglie ses réflexions sur l'état où il avoit laissé les choses à son départ.

Ces réflexions et celles que le comte de Broglie avoit faites à mesure sur les progrès des événements ouvrirent un champ trop vaste pour de simples lettres, telles qu'il avoit l'honneur d'en écrire au Roi sur le courant des affaires. Il sentit la nécessité de mettre sous les yeux de Sa Majesté un mémoire qui renfermeroit en même temps ce qui s'étoit passé depuis la mort d'Auguste III, la situation où se trouvoient alors les affaires dans le Nord et dans l'Empire, les suites fâcheuses qui en devoient résulter, et les remèdes qu'on pourroit employer pour les prévenir.

La lecture de ce mémoire, qu'on croit nécessaire de représenter ici dans toute son étendue, mettra MM. les comtes du Muy et de Vergennes en état de juger de la justesse des réflexions qu'il contient. Le comte de Broglie ne cherchera pas à s'en prévaloir, quoiqu'il se soit trouvé malheureusement prophétique. Il l'envoya au feu Roi le 7 juin 1772[1].

A son retour de Ruffec, au mois de janvier 1773, le comte de Broglie jugea que, le mal continuant d'empirer dans une progression rapide, il devenoit chaque jour plus pressant de former un état de la situation politique non-seulement de la France, mais de l'Europe.

En faisant de nouveau cette observation à Sa Majesté, le comte de Broglie lui avoua que ce travail étoit si étendu, qu'il n'oseroit l'entreprendre sans le secours de quelqu'un

[1] Voyez ce Mémoire, t. I, p. 432.

dont l'expérience et les lumières répondissent à l'immensité de l'objet : il proposa, par une lettre du 17 mars 1773, de se servir du sieur Favier, qui n'étoit pas admis à la correspondance secrète. Le comte de Broglie expliqua au sieur Favier le plan de cet ouvrage, lui représenta la vérité, la fidélité et l'impartialité qu'exigeoit sa destination ; et dès le 17 avril 1773 il eut l'honneur d'adresser à Sa Majesté les premiers numéros de ces mémoires. Ils se sont succédé au nombre de quatorze, jusqu'à la fin du mois d'août.

On verra dans l'introduction de l'ouvrage quel en est le plan. On y a posé pour principe fondamental que la considération, la dignité, la prééminence, le rang enfin de puissance quelconque est fondé sur sa puissance militaire, sa puissance fédérative et sa puissance pécuniaire. On a examiné ensuite dans quelle position la France se trouvoit sous ces trois points de vue, et l'on a été obligé de convenir qu'elle étoit déchue, depuis l'époque de 1756 jusqu'à celle de ce travail, au point de se trouver en troisième ou quatrième ligne dans l'ordre des puissances de l'Europe.

Après avoir examiné et résolu ces douloureuses questions dans la première section, on a traité dans la deuxième de la position respective des puissances de l'Europe à l'égard de la France, en suivant l'ordre topographique, et commençant par le Nord pour faire le tour de l'Europe.

On réserve à la fin de ce mémoire quelques observations sur la troisième section, qui n'a pas été exécutée ; mais il faut auparavant parler de l'objet général de ce travail. C'étoit de remettre sous les yeux de Sa Majesté ce que ses lumières naturelles et acquises ne lui avoient pas permis de se dissimuler ; c'est-à-dire les causes et les progrès de la dégradation successive du crédit de la France, de sa considération, de son influence dans le système de l'Europe depuis 1755, à l'époque de sa rupture forcée avec l'Angleterre, jusqu'en 1773, où ce travail a été commencé.

Si l'on daigne jeter les yeux sur ce qu'il y avoit de fait lors de la catastrophe qui l'a interrompu (la mort de Louis XV), on verra que les deux dernières parties n'étoient que préparatoires, et en quelque sorte purement historiques. Elles présentent d'abord un bilan politique de 'état de la France relativement au système de l'Europe considéré en général; mais il auroit été inutile, et même déplacé, d'articuler seulement de tristes vérités, et dont le résultat ne pouvoit qu'affliger en pure perte, si, en ne dissimulant pas toute l'étendue du mal, on n'en avoit point développé les causes premières et secondes. La connoissance exacte de son origine et de ses progrès pouvoit seule conduire aux moyens de la guérison.

Il a donc été indispensable de retracer dans ce tableau une suite raisonnée des principaux événements compris dans le vaste intervalle qu'on a parcouru, de suivre pied à pied les vicissitudes, les révolutions de la politique et les variations apparentes ou cachées que les circonstances publiques ou personnelles ont successivement amenées dans le système général de l'Europe et dans le système particulier de chaque ministère.

Si, en remplissant une tâche aussi délicate que celle qu'on s'étoit imposée, des motifs de ménagement ou d'intérêt personnel eussent pu engager à masquer la vérité, cela n'eût servi qu'à s'attirer le mépris du maître, lors même qu'il auroit dédaigné de le marquer.

Quelques apparences trompeuses, et quelquefois trop vraisemblables, ont pu laisser croire au public que le feu Roi restoit constamment plongé dans l'illusion, qu'il la chérissoit, qu'il n'en vouloit point sortir; mais les preuves du contraire, qu'on a mises sous les yeux de MM. les comtes du Muy et de Vergennes, et plus encore les lumières qu'ils avoient déjà par eux-mêmes, les ont sûrement convaincus que cette opinion étoit mal fondée.

On savoit l'attachement que Sa Majesté avoit réellement pour le système d'alliance avec la cour de Vienne ; on n'ignoroit pas que ce monarque pacifique la regardoit comme son ouvrage favori, et qu'il s'en applaudissoit comme du gage le plus précieux de la tranquillité publique ; mais on étoit également instruit de l'attention qu'il recommandoit de donner à la manière dont ses alliés répondoient à la fidélité avec laquelle Sa Majesté remplissoit ses engagements avec eux, et dont elle désiroit avec raison qu'ils suivissent l'exemple.

Vainement on auroit tenté de s'écarter dans ce travail du vrai point de vue que le Roi lui-même avoit saisi d'avance. Plus on connoissoit les principes d'après lesquels il avoit adopté ce système de l'alliance, plus il auroit été dangereux de tracer sous ses yeux une fausse route. Il n'étoit pas question de savoir si on s'étoit quelquefois égaré : il ne s'agissoit plus que de calculer à quelle distance on étoit du chemin qu'on auroit toujours dû suivre.

Tel fut l'objet de ce travail. Si dans le cours d'un grand voyage politique on s'est cru obligé de tout observer, de tout exposer sans déguisement, il ne s'ensuit pas que le voyageur ait vu avec des yeux prévenus pour ou contre. Tous les objets d'observation existent encore ; et c'est devant des connoisseurs éclairés, des juges compétents, qu'on donne aujourd'hui le premier exemplaire de ces remarques [1]. S'il y en a quelques-unes qui pourroient pa-

---

[1] Il n'y a que le feu Roi qui ait reçu un exemplaire de ces cahiers article par article. On ignore s'il les a communiqués à quelqu'un. Sa Majesté régnante doit les avoir trouvés dans les armoires, à l'exception du seul article de la deuxième section, qui n'étoit pas mis au net lors de l'interruption de ce

roître critiques, il n'appartient qu'à eux d'en apprécier la justesse.

On se flatte du moins qu'ils rendront justice à l'esprit qui les a dictées. Ce n'est pas celui de censure ni de personnalité ; c'est encore moins un sentiment d'antipathie pour le système établi, mais seulement le désir de se conformer aux principes mêmes et aux vues primitives du feu Roi relativement à ce grand objet. Si l'on a souvent insisté sur la nécessité de former un nouveau système, ou, pour mieux dire, de modifier le système actuel d'une manière plus analogue aux principes qui l'avoient fait adopter, et qui pouvoient le rendre utile, cette restriction toujours ajoutée annonce clairement le but qu'on s'étoit proposé. Ce ne fut donc jamais de saper, de renverser cet édifice politique, mais uniquement de poser une base sur laquelle il sembloit possible, et même indispensable de l'affermir et de le consolider. Tel auroit été le sujet de la troisième et dernière section.

Mais, avant d'aller plus loin, il convient d'observer à MM. les comtes du Muy et de Vergennes que ceux qui ont eu part à cet ouvrage, soit pour la direction, soit pour la rédaction, n'ont pas été à portée d'être également instruits sur chaque partie d'un tout si vaste et si compliqué. Obligés tantôt de partir d'un point trop reculé où s'arrêtoient leurs informations, tantôt de remplacer par des notions trop vagues les connoissances plus précises dont ils étoient privés sur des événements récents, ils ont fait d'avance la profession de leur incertitude sur plusieurs objets, et la confession des erreurs inévitables où ils ont pu tomber sur quelques autres. Nous avions annoncé des conjectures ; on a désiré qu'elles fussent au moins raisonnées ; et la desti-

travail, mais qui se trouve à la fin de cet exemplaire. (*Note du comte de Broglie.*)

nation de ce travail ne permettra point de douter du zèle et de l'application qu'on avoit mis à le diriger et à le rédiger.

(Ici est le sommaire, article par article, des *Conjectures raisonnées sur la situation de la France dans le système politique de l'Europe, et réciproquement, sur la position de l'Europe à l'égard de la France*[1].)

Pour résumer en un très-court précis toutes les conclusions de ces différents articles, nous citerons l'exemple même de la cour de Vienne.

En se liant avec la Russie et la Prusse pour le partage de la Pologne et la ruine des Turcs, elle n'a jamais paru croire que ces traités eussent rien de contraire à l'alliance subsistante entre elle et la France. Elle nous a sans cesse déclaré le contraire, et nous n'avons trouvé nous-mêmes dans cette démarche aucun sujet de refroidissement. Si cette conduite respective a été adroite de la part du ministère autrichien, elle est sage de la nôtre et conforme au principe que le comte de Broglie n'a jamais cessé d'inculquer, celui de maintenir l'alliance. Donc, s'il étoit jugé nécessaire dans le cabinet de Versailles, comme il l'a été dans celui de Vienne, de former de notre côté quelques alliances nouvelles, ou de prendre des engagements plus particuliers avec d'autres puissances, cela ne sauroit ou ne devroit du moins pas nuire non plus au maintien de l'alliance, ni à l'union et à l'amitié entre les souverains. Quel est donc l'objet indiqué dans tout ce qui a été dit ou annoncé relativement à cette alliance, à laquelle tant de motifs peuvent encore nous attacher? C'est de faire en sorte que si la France n'y joue pas à l'avenir le premier rôle exclusivement, elle le partage avec la cour de Vienne; qu'elle soit et qu'elle paroisse en toute occasion à sa place naturelle dans l'ordre politique du système de l'Europe,

[1] Voyez t. I, p. 447 et suiv., et t. II, p. 1 et suiv.

c'est-à-dire en première ligne et toujours de front avec la première puissance en dignité, mais qui ne l'est point en réalité, et qui ne peut jamais le devenir que par un nouvel enchaînement d'erreurs et de fautes auxquelles on ne doit pas s'attendre désormais.

MM. les comtes du Muy et de Vergennes trouveront dans le cours de ce travail, et surtout à la conclusion de chaque article général ou particulier, des répétitions fréquentes, et qui, en lisant de suite l'ouvrage, paroîtroient inutiles ou même fastidieuses ; mais on doit observer ici que sa destination n'avoit pas permis de le traiter autrement ; on le donnoit successivement par numéros, en autant de cahiers séparés. Il n'auroit pas été commode pour le feu Roi de trouver à chaque pas de simples renvois qui l'auroient obligé de revenir sur son chemin. Il fallut donc à chaque article ajouter un résumé à peu près semblable, et toujours le terminer par les mêmes conclusions, puisque de cette chaîne de principes et de faits pareils on n'a pu dériver qu'une parité de conséquences.

En donnant, au commencement de cette séance, une idée générale des motifs qui avoient déterminé ce travail, nous avons annoncé les observations et éclaircissements qui vont la terminer.

La seconde section de ce travail étoit à peine finie, lorsqu'il fut interrompu. MM. les comtes du Muy et de Vergennes sont priés de se rappeler tout ce qui a passé jusqu'ici sous leurs yeux depuis le commencement des conférences. Le comte de Broglie ose se flatter qu'ils auront pris une juste idée de la carrière épineuse qu'il a remplie depuis vingt-deux ans, ainsi que des principes qui ont toujours dirigé sa conduite et son travail. Il ne leur aura pas échappé que son unique vœu a toujours été de concourir à celui de son maître pour le maintien d'une alliance à laquelle il savoit mieux que personne combien Sa Majesté étoit attachée. Il a dû par cette raison lui présenter avec d'autant moins de déguisement quelques abus qui en étoient résultés, qu'il étoit assuré que le feu Roi approuveroit tous les moyens de redressement et de restauration de cette même alliance.

C'étoient ces moyens, adaptés à un système général de politique avec toutes les puissances de l'Europe, qui devoient faire *le sujet de la troisième section*. On se proposoit d'y indiquer les mesures à prendre pour établir sur de solides fondements la puissance militaire et la puissance fédérative de la France.

Au sujet de ce plan resté sans exécution, le comte de Broglie tentera de relever l'injustice de ceux qui se sont permis de hasarder contre lui les reproches les plus déplacés. Une réflexion suffira pour en montrer l'illusion. La seule occasion où l'on eût pu avoir prise sur le comte de Broglie se seroit trouvée dans l'examen d'un système politique qu'il eût proposé ; mais ce n'auroit été que dans la troisième section, et elle n'a pas été commencée. On ne peut donc apprécier l'esprit dans lequel cette partie auroit été traitée que par un seul moyen : c'est de juger ce futur contingent qui n'est pas arrivé par le même esprit qui a dicté, depuis 1755, tous les mémoires, lettres et dépêches du comte de Broglie. Il ne craint pas que des ministres éclairés et impartiaux puissent jamais interpréter défavorablement sa vigilance et sa sollicitude. En jetant au hasard les yeux sur plusieurs de ses lettres, ils trouveront dans toutes le même zèle qui l'a animé, et au moment de l'entrée des Prussiens en Saxe, et pendant son séjour à Vienne.

Au surplus, le comte de Broglie se croit dispensé d'aucune apologie. Il ne cherche point à se faire un mérite d'avoir pensé que l'alliance avec la cour de Vienne étoit nécessaire dans son principe, et pouvoit, devoit même être utile par ses suites. S'il eût pensé différemment, il l'auroit dit avec la même liberté que le feu Roi avoit daigné agréer et encourager. C'eût été tout au plus une erreur dont des gens raisonnables ne pourroient pas lui faire un crime. C'est néanmoins ce qui a été entrepris de la manière la plus inouïe, et qui a donné lieu à tous les événements qui ont fait le sujet de la correspondance que le comte de Broglie a eu l'honneur d'entretenir avec le feu Roi pendant les sept derniers mois de son règne. Il en mettra les détails sous les yeux de MM. les comtes du Muy et de Vergennes dans la séance qui terminera les conférences ordonnées par Sa Majesté, et dans laquelle il se flatte de ne rien laisser à désirer de ce qui peut établir la pureté de sa conduite, et détruire jusqu'aux plus légers soupçons d'intrigue et de tracasserie dont on a voulu le noircir.

CCCCV. — LE COMTE DE BROGLIE A LOUIS XVI.
[Autogr. Arch. de l'Emp. K. 157.]

Mars 1775.

Le comte de Broglie a l'honneur de supplier Sa Majesté de vouloir bien se rappeler que l'année dernière, à son retour de Ruffec, il prit la liberté de lui exposer la nécessité qu'il y auroit que M. de Sartines fût présent à la révision des papiers que le comte de Broglie a eu l'honneur de communiquer à MM. les comtes du Muy et de Vergennes, et qu'alors elle voulût bien répondre qu'il seroit suffisant qu'il y assistât lorsqu'il seroit question de l'affaire de la Bastille.

Ce moment est près d'arriver, le comte de Broglie devant remettre dans peu à ces deux ministres le travail politique qui avoit été fait pour le feu Roi et auquel le sieur Favier avoit été employé par ses ordres.

C'est ce travail qui a donné lieu à une procédure dans laquelle le comte de Broglie a été grièvement impliqué, et dont le résultat a été de le faire déclarer, en plein conseil, convaincu d'entretenir dans les pays étrangers, à l'insu du ministère, des intelligences clandestines tendant à déranger le système politique de l'État et à entraîner une guerre générale.

Le comte de Broglie est parvenu à se procurer une copie, qu'il croit exacte, des interrogatoires des accusés et des conclusions de MM. les commissaires.

Il n'a pu voir sans une surprise mêlée de la plus profonde douleur combien on avoit cherché à en imposer au feu Roi et au public (car on a communiqué le tout à un nombre infini de personnes) en le noircissant scandaleusement dans ces conclusions, sans lui avoir préalablement ni depuis fait connoître les charges portées contre lui.

M. de Sartines, qui a été un des commissaires de cette procédure, sera plus que personne à portée de rendre raison des irrégularités qui s'y trouvent. Sa réputation de probité et d'équité est trop bien établie pour qu'on puisse croire, quelque part qu'il ait eue à ce travail, qu'il se refuse à l'évidence des raisons que le comte de Broglie mettra sous ses yeux et sous ceux de MM. les comtes du Muy et de Vergennes pour en démontrer l'injustice.

M. de Sartines peut seul expliquer à Sa Majesté le nœud de toute cette affaire. Il est également nécessaire que le Roi soit instruit et de l'innocence du comte de Broglie et des moyens qui ont été employés contre lui. C'est une satisfaction que Sa Majesté a daigné lui faire espérer, et qu'il ose attendre de sa bonté et de sa justice, avec d'autant plus de confiance que cet examen n'entraîne ni conséquence ni embarras, et n'est sujet à aucune discussion.

## CCCCVI. — LE COMTE DE VERGENNES ET LE MARÉCHAL DU MUY A LOUIS XVI.

**[Minute. Arch. de l'Emp. K. 164.]**

3 mars 1775.

Sire,

Les trois mémoires que nous avons l'honneur de mettre sous les yeux de Votre Majesté ont fait l'objet des conférences que nous avons eues avec M. le comte de Broglie le 16 du mois dernier et le premier de celui-ci. Ils renferment un compte aussi exact que sommaire de la suite et de la fin de toutes les matières qui faisoient le sujet de la correspondance politique et secrète que M. le comte de Broglie dirigeoit sous les ordres du feu Roi. Si Votre Majesté daigne prendre lecture de ces mémoires, nous osons croire qu'elle ne pourra qu'applaudir à la sagesse des vues et à la modération des principes qui ont présidé à un travail qui n'a pu être un sujet de jalousie, d'inquiétudes et de censure que parce que le fond n'en a jamais été bien connu.

Tout ce qui a rapport à l'objet politique se trouvant épuisé, nous n'aurions plus besoin que d'une séance pour clore les inventaires des papiers dont M. le comte de Broglie doit nous faire la remise et lui en donner des décharges suffisantes : mais avant que d'y procéder, il désire, Sire, que nous entrions en connoissance des procédures qui ont été faites à la fin de 1773, relativement à certaines correspondances[1] illicites dans le pays étranger, dans lesquelles M. le comte de Broglie se plaint qu'on a cherché à l'impliquer, quoiqu'il soit très en état de prouver qu'il n'y a jamais eu aucune part, même la plus indirecte.

Cette révision ne nous ayant pas été ordonnée par Votre

---

[1] Allusion à l'affaire dite de la Bastille.

Majesté, nous ne nous croyons pas autorisés à l'entreprendre sans son consentement exprès; c'est pourquoi nous la supplions très-humblement de vouloir bien nous faire connoître sa volonté.

Nous sommes avec le plus profond respect, Sire, etc.

CCCCVII. — LOUIS XVI A M. DE VERGENNES.
[Autogr. Arch. de l'Emp. K. 164.]

Versailles, le 3 mars 1775.

Je réponds, Monsieur, à deux de vos lettres en mesme temps. J'ai gardé les trois mémoires du comte de Broglie, je les lirai avec attencion : j'ai été content des autres que vous m'avez envoyez. Pour ce qui regarde l'affaire de la Bastille, il m'a demandé il y a quelque temps que M. de Sartine se joignît à vous lorsqu'il en seroit question. Je lui avois écrit à Marly qu'il n'y avoit que faire d'en parler, que je la regardois comme finie et que je ne voulois pas en entendre parler. D'ailleurs, on avoit fait un monstre d'une *très-petite affaire et qui ne le regardoit en rien;* vous pouvez lui en parler sur ce ton-là, et je crois qu'il n'y insistera plus. Alors vous finirez les séances. Mais je vous recommande bien de prendre tous les papiers et chiffres. (Vous remettrez à M. du Muy ce qui regarde la guerre.) Ce n'est pas que je crois que le comte de Broglie en feroit mauvais usage; mais tout cela doit estre au dépôt des Affaires étrangères et non chez des particuliers, après lesquels ils pourroient tomber à des gens malintentionnés.

Pour ce qui regarde le baron de Breteuil et l'abbé Georgel, celui qui peut mentir une fois peut mentir vingt. L'abbé dit qu'il ne scait pas le nom de son homme; le coadjuteur me l'a nommé à Marly dans le temps qu'il n'avoit nulle raison pour me cacher son nom, mais je l'ai oublié. Il faut attendre que l'abbé Georgel soit de retour pour apprécier ses raisons, qui tiennent un peu aux ruses jésuitiques. Il me paroît que le baron ne les a pas trouvées bonnes et qu'elles lui ont échauffé la bile [1].   Louis.

[1] Pour comprendre la fin de cette lettre il faut savoir que l'abbé Georgel, en quittant Vienne, avait refusé de faire connaître au nouvel ambassadeur le nom de l'agent qui lui procurait les documents les plus secrets. (Voyez plus haut, p. 379.) M. de Breteuil se plaignit. Louis XVI traita durement et le coadjuteur et l'abbé. Voilà comment l'abbé Georgel raconte sa querelle avec M. de Breteuil :

« Le nouvel ambassadeur que m'avoit annoncé M. de Vergennes arriva à Vienne vers la fin de février 1775. Dès que j'eus été informé de son départ de France, je quittai l'hôtel de France pour ne pas m'y trouver dans sa dépendance, bien déterminé à ne rester à Vienne que le temps nécessaire pour l'installer et le mettre au fait des négociations commencées. Son début avec moi fut très-honnête. Il se plaignit en termes flatteurs de mon trop grand empressement à quitter son hôtel, en m'assurant qu'il lui auroit été plus agréable d'y conférer avec moi. Je fis alors tout ce que mon devoir exigeoit... Je lui donnai ensuite avec loyauté tous les renseignements propres à diriger ses premiers pas. Je lui indiquai les sources où je puisois les connoissances que je me procurois sur l'intérieur de l'Impératrice, de l'Empereur et des principaux ministres...; je l'instruisis des liaisons secrètes des ambassadeurs de Russie et d'Angleterre pour diminuer notre influence dans le cabinet de Vienne, de la marche tortueuse et obscure du ministre de Prusse pour tâcher de tenir le fil de nos négociations particulières avec le ministère autrichien, des avantages qu'on pourroit retirer de nos rapports avec les ambassadeurs d'Espagne, de Naples et de Suède, de la réserve qu'il convenoit d'avoir avec ceux de Venise et de Danemark.

» On lui avoit remis à Versailles une copie du Mémoire que j'avois envoyé à la cour sur tout ce qui pourroit faire connoître avec précision la puissance, les forces, la politique et les relations de la maison d'Autriche. Je croyois avoir ainsi rempli ma tâche, mais je devois m'attendre à un assaut violent et je m'y étois préparé. M. l'ambassadeur m'avoit remis, à son arrivée, une lettre particulière du comte de Vergennes, *où le Roi me recommandoit très-spécialement* de mettre M. de Breteuil au fait des moyens que j'employois avec tant de succès pour procurer à Sa Majesté les secrets du cabinet de Vienne, la correspondance secrète du Roi de Prusse avec les agents non connus de sa confiance à Vienne et à Paris, ainsi que le fil des autres découvertes dont il étoit si important d'avoir la suite. Ce fut plusieurs jours après son arrivée que dans une dernière conférence M. de Breteuil me parla du contenu de cette lettre dont il étoit instruit : « Je m'attends, me dit-il, avec ce ton qui appelle l'effusion de la confiance, que vous couronnerez les ren-

### CCCCVIII. — LE COMTE DE BROGLIE A LOUIS XVI.
[Autogr. Arch. de l'Emp. K. 157.]

(Premiers jours d'avril 1775 [1].)

SIRE,

Je suis enfin arrivé au terme auquel j'aspirois depuis l'avénement de Votre Majesté au trône. J'ai achevé de mettre sous les yeux des ministres qu'il lui a plu de nommer les preuves incontestables de ma conduite. Ils sont en état de prononcer sur la manière dont j'ai toujours fait usage de l'accès que j'ai eu auprès du trône, pendant vingt-trois ans, pour l'utilité et la gloire de mon maître ; et de dire si j'ai jamais profité de la confiance dont j'étois honoré pour nuire à qui que ce soit ou pour supplanter personne, ni m'occuper de mes intérêts. J'ose me flatter qu'ils assureront Votre Majesté que je ne peux pas même être flétri du soupçon d'intrigue. Je me suis dévoué sans réserve au bien du service de mon maître en lui consacrant mes travaux et mes veilles dans le silence et même l'obscurité. L'espoir d'être utile m'animoit, et les marques d'intérêt et des bontés infinies du feu Roi m'ont essentiellement soutenu.

seignements intéressants que vous m'avez donnés jusqu'ici par ceux qui doivent donner le plus grand prix à ma mission. » Ma réponse fut prompte : « *Je ne le pouvois pas.* » Son arrivée avoit tari cette source si féconde et si avantageuse. Comment en effet pouvoir retrouver un homme que je n'avois vu que de nuit, qui ne me parloit que masqué, qui m'avoit prévenu que toute tentative pour le connoître et le ramener seroit en pure perte et même dangereuse. *J'étois de bonne foi;* mais cette réponse fut prise pour une défaite. Le baron de Breteuil, se voyant trompé dans son attente, prit le ton de la menace. Il se déchaîna d'une manière peu décente contre le prince Louis de Rohan en me disant que j'avois épousé sa haine; que c'étoit sûrement par ses insinuations que je le privois du plus beau fleuron de son ambassade. » *Mémoires de l'abbé Georgel,* t. I, p. 395 et suiv.

[1] Cette lettre est sans date : mais on voit par son contenu qu'elle doit avoir été écrite dans les premiers jours d'avril 1775.

J'aurois désiré, Sire, de pouvoir parvenir à ma justification sans accuser personne ; mais il m'a fallu faire connoître à Votre Majesté le véritable auteur de la trame ourdie pour me perdre, et exposer à ses yeux le détail de toutes les machinations mises en œuvre pour remplir ce but. S'il lui plaît de jeter les yeux sur le *précis* que j'ai l'honneur de lui adresser, elle se convaincra de la nécessité où j'étois d'éclaircir une procédure qui m'a inculpé d'un crime de trahison d'État, tandis que je m'aperçois qu'on ne la lui a représentée que comme une simple tracasserie qu'il étoit à propos d'étouffer. Votre Majesté verra, en daignant y fixer un moment son attention, que cette procédure peut être examinée sans compromettre les secrets de l'État et de l'administration. Elle ne contient rien qui annonce la confiance dont j'étois honoré de la part de feu Sa Majesté. La forme de cette correspondance peut donc rester ignorée, sans que cela m'empêche de combattre et de détruire les assertions flétrissantes qui ont été hasardées contre moi ; et puisque par l'instruction de la Bastille on n'a pas découvert les détails du secret qu'il plaisoit au feu Roi de conserver, le mystère n'en seroit pas dévoilé par la connoissance que le public acquerroit des causes et des suites de cette inique procédure ; et le jugement qu'il lui plairoit d'en porter prouveroit de plus en plus à ses sujets son attachement pour la justice, et l'esprit d'équité qu'elle a déjà manifesté en tant d'occasions depuis son avénement à la couronne.

Votre Majesté est déjà instruite des différentes épreuves auxquelles le courage dont j'ai toujours eu besoin a été exposé depuis vingt-trois ans ; mais je la supplie de me permettre de lui avouer qu'aucune de ces épreuves n'a été comparable à celle que j'ai eu à supporter, lorsque après la mort du feu Roi je me suis vu en butte, vis-à-vis de mon nouveau maître, aux mêmes imputations d'intrigue et d'esprit dangereux dont on m'avoit précédemment calomnié; et, quoique la justice qui lui est naturelle l'ait engagé à repousser une partie de ces traits envenimés, je n'ai pu me dissimuler qu'ils avoient fait quelque impression, et que je n'avois pas le bonheur d'être connu d'elle comme je l'aurois désiré et (qu'elle me permette de le dire) comme je l'aurois mérité.

Dans une position aussi critique que celle où je suis resté à cette époque, j'ai cru, Sire, devoir demander, préalablement à tout, l'examen de ma conduite; j'ai cru qu'il falloit que la nature de l'intime confiance dont feu Sa Majesté m'avoit honoré, ainsi que la manière dont j'y ai répondu, fussent connues par des personnes incapables de prévention, qui en rendissent un compte exempt de toute partialité; j'ai cru enfin qu'il étoit nécessaire qu'elle fût bien persuadée que ce n'est pas le métier d'espion ni de rapporteur clandestin auquel je me serois rabaissé vis-à-vis de votre auguste aïeul, mais que j'ai été appelé par ce monarque sans l'avoir désiré, et même avec une sorte de résistance, à la *place de ministre secret*, dont j'ai rempli le devoir avec honneur et fidélité.

Ce n'est donc qu'après avoir eu le bonheur, Sire, de paroître à vos yeux tel que je suis, que j'ose prendre la liberté de mettre à vos pieds mes respectueuses instances pour me permettre de me laver dans le public des soupçons odieux qui ne sont que trop répandus sur mon compte. Je dois à ma famille, à mes amis, autant qu'à moi-même, d'effacer jusqu'à la moindre trace d'une flétrissure consignée aujourd'hui dans les dépôts du gouvernement. Qui pourroit me répondre de l'usage qu'on en feroit un jour contre moi ou mes enfants? Mais Votre Majesté ne permettra pas que je sois accablé du poids de cette cruelle inquiétude; elle daignera m'accorder la liberté de produire ma justification, effacer toutes les traces d'une disgrâce aussi peu méritée, et faire connoître que tel est le jugement qu'elle veut bien elle-même en porter. Qu'elle me permette de lui observer que l'accueil favorable du maître est le premier bienfait qu'un sujet sensible et attaché puisse désirer. Si je suis assez heureux pour l'obtenir, justifié alors à vos yeux, Sire, à ceux de votre conseil et du public des inculpations inouïes et fabuleuses dont je suis noirci, honoré personnellement de votre auguste bienveillance et marqué au sceau de vos bienfaits, il ne me restera rien à désirer que de pouvoir employer le reste de ma vie à lui témoigner mon éternelle reconnoissance.

Je suis avec le plus profond respect et la plus parfaite soumission, Sire, de Votre Majesté, le très-humble, très-obéissant et très-fidèle serviteur et sujet,

Le comte DE BROGLIE.

CCCCIX. — PRÉCIS DU MÉMOIRE ET DES PIÈCES MISES PAR LE COMTE DE BROGLIE SOUS LES YEUX DE MM. LES COMTES DU MUY, DE VERGENNES ET DE M. DE SARTINES, DANS LA CONFÉRENCE DU 27 MARS 1775, ORDONNÉE PAR SA MAJESTÉ, A LA TRÈS-HUMBLE PRIÈRE DU COMTE DE BROGLIE.

[Orig. Arch. de l'Emp. K. 159.]

(Avril 1775.)

De l'exposé des faits présentés dans le mémoire, ainsi que du contenu des pièces y jointes, le comte de Broglie ose se flatter qu'il résulte la preuve incontestable des faits suivants :

1° Toute l'affaire de la Bastille, en 1773, dans laquelle on a faussement impliqué le comte de Broglie, ainsi que le baron de Bon, n'a eu pour fondement [1] que les pré-

[1] Le comte de Broglie ne parlera pas ici de M. le marquis de Montey-

textes les plus frivoles : M. le duc d'Aiguillon en a été le véritable auteur.

2° Pour former au moins une ombre de délit d'après lequel on pût créer un fantôme d'intrigue et de complot dont le comte de Broglie auroit été le chef et le sieur Favier un des complices, M. le duc d'Aiguillon accusa d'abord ce dernier vis-à-vis de feu Sa Majesté elle-même d'un crime capital dont il ne s'est seulement pas trouvé la moindre trace au procès.

3° Cette accusation si grave ne fut qu'un moyen hasardé sans scrupule pour surprendre l'ordre du Roi de faire arrêter le sieur Favier. Il est prouvé que, dans l'instant même où M. le duc d'Aiguillon articuloit cette délation contre lui, il avoit en main les garants les plus sûrs de son innocence.

4° M. le duc d'Aiguillon n'a eu d'autres pièces à produire dans cette procédure que quelques lettres enlevées et quelques autres prétendues interceptées. Du tout ensemble il ne résultoit aucune preuve contre le comte de Broglie ni le baron de Bon; et contre le sieur Favier même on n'en pouvoit rien induire de répréhensible que quelques légèretés et personnalités sur le compte de M. le duc d'Aiguillon.

5° Résolu néanmoins de perdre le comte de Broglie, à quelque prix que ce fût, il se flatta d'y réussir par les moyens que l'autorité, l'intrigue et la force lui avoient mis en main; il espéra que dans le cours d'une procédure extrajudiciaire, secrète et rigoureuse, la crainte d'un côté et la ruse de l'autre, arracheroient aux prisonniers quel-

nard, impliqué aussi dans cette affaire; ils n'ont rien de commun ensemble que la haine de M. d'Aiguillon : ce ministre vouloit avoir la place de M. de Monteynard, et il l'a eue. (*Note de M. de Broglie.*) — M. de Monteynard quitta le ministère de la guerre le 28 janvier 1774.

ques aveux dont il pourroit tirer avantage pour impliquer au moins le comte de Broglie dans une affaire louche. C'en étoit assez à son gré pour la rendre criminelle.

6° Ce ministre fit nommer deux commissaires (sur lesquels apparemment il croyoit avoir des droits) pour informer ce singulier procès [1].

7° Il en avoit d'abord exclu le commissaire né de la Bastille, M. de Sartines, alors lieutenant général de police.

8° Il avoit fait arrêter, sur des ordres particuliers émanés des bureaux de M. le duc de la Vrillière, les sieurs Favier et Ségur [2], à l'insu du lieutenant de police et avec défense au gouverneur de la Bastille d'en rendre compte à ce magistrat [3].

9° M. le duc d'Aiguillon a donné pour greffier d'office de cette révoltante commission le secrétaire particulier d'un sieur Commarieux, créature et instrument de ce ministre. L'exemple est inouï, mais le fait est notoire.

10° Plusieurs des interrogatoires ont été faits avant que M. de Sartines eût été enfin admis à la commission, ou en son absence, et les questions à faire aux prisonniers arrivoient d'ailleurs toutes minutées.

11° Il n'y a eu aucune confrontation entre les prisonniers, ni avec les prétendus témoins, ni aucune communication des charges aux prétendus impliqués : l'une et l'autre ont été demandées inutilement.

12° On a supposé des lettres qui n'ont pas été pro-

[1] Voyez les détails que nous avons recueillis, Étude préliminaire, t. I, p. 182 et suiv., et l'extrait des *Mémoires de Dumouriez*, t. II, p. 361.

[2] Le comte de Broglie ne nomme ici le sieur de Ségur pour aucun rapport réel, direct ou indirect, qu'il eût avec lui, non plus qu'avec M. le marquis de Monteynard et le sieur Dumouriez, qui ont tous été compris dans cette affaire. Sans se défier de leur cause, il lui suffit de dire que ce n'est pas la sienne. (*Note de M. de Broglie.*)

[3] Voyez ces ordres, t. II, p. 363 et 364.

duites; on en a cité d'autres qui n'ont pas été représentées; on en a produit d'anonymes et prétendues interceptées.

13° On a séduit, au nom de M. le duc d'Aiguillon, un jeune et nouveau secrétaire de M. le baron de Bon, par des espérances de fortune, pour l'engager à écrire des faussetés, des impostures, dont on pût se prévaloir contre ledit baron de Bon, le comte de Broglie et les trois prisonniers. On a supposé des dépositions de ce secrétaire qui n'ont jamais existé.

14° Malgré tous ces efforts multipliés pour donner quelque apparence à cette implication, il n'a pu résulter, ni des pièces, ni des interrogatoires des trois prisonniers, aucune preuve, aucun indice contre le comte de Broglie et le baron de Bon, ni du prétendu corps de délit (c'est-à-dire des lettres du sieur Favier), aucune charge sérieuse contre lui-même [1].

15° Dans le rapport fait au feu Roi, en présence de son conseil, de toute cette procédure informe et illégale, on en a tiré les conclusions les plus aggravantes contre le comte de Broglie, le baron de Bon et le sieur Favier.

16° Ces conclusions ne tendoient à rien moins qu'à les déclarer coupables de haute trahison, puisqu'ils y ont été dénoncés comme ayant *formé* et même *commencé d'exécuter un projet tendant à renverser l'administration, bouleverser le système politique, rompre les alliances, et allumer une guerre générale.*

17° Ces accusations si graves étoient d'autant plus criminelles de la part de ceux qui les alléguoient, que toutes

---

[1] On doit regarder comme un grand bonheur qu'on n'ait pas pu trouver deux faux témoins, ce qui devoit être plus aisé à se procurer que de corrompre deux magistrats. Il est vraisemblable que c'est à la présence seule de M. de Sartines qu'on a l'obligation de n'avoir pas vu ce chef-d'œuvre d'iniquité entièrement consommé. (*Note de M. de Broglie.*)

les preuves indiquées pour les appuyer servent au contraire à en démontrer évidemment la fausseté. Il n'en est pourtant pas moins vrai que si le feu Roi n'avoit opposé à tout ce faux rapport et à toutes les insinuations de l'accusateur un silence obstiné, une résistance constante, accompagnée de beaucoup d'humeur, la France auroit pu voir renouveler les scènes injustes et sanglantes dont quelques règnes antérieurs ont fourni des exemples; et le comte de Broglie et les prétendus impliqués pouvoient également perdre et l'honneur et la vie.

Enfin, le Roi régnant ayant daigné permettre au comte de Broglie de communiquer aux ministres que Sa Majesté a nommés, toutes les pièces relatives à cette affaire qu'ils ont entre les mains, il se flatte de leur avoir prouvé combien les suites malheureuses, et presque irréparables, que cette œuvre d'iniquité a nécessairement entraînées, influent encore sur l'existence de ceux qui en sont les victimes. Les bruits les plus injurieux ont été semés et accrédités. Des ministres même ont articulé en conversation [1] des faits aussi graves que faux contre le comte de Broglie; il en a la preuve par plusieurs lettres de ce temps-là, et ces lettres sont aussi sous les yeux des trois ministres. Les conclusions de MM. les commissaires ont été déposées à la Bastille et dans différents bureaux où elles existent, et où elles serviront à jamais de monument à la charge du

---

[1] M. le duc d'Aiguillon a eu la hardiesse de dire au maréchal de Broglie que l'exil du comte de Broglie étoit fondé sur des causes qu'il ne lui étoit pas permis de dire, mais que le comte de Broglie les savoit bien. M. de Boynes a parlé plus clairement à madame la comtesse de Lameth[*], en articulant qu'il avoit vu et lu les preuves des accusations portées contre le comte de Broglie. C'est ainsi qu'on vouloit le perdre, même dans l'esprit de ses plus proches, en y faisant naître des soupçons capables de suspendre les effets de leur amitié. (*Note de M. de Broglie.*)

[*] Sœur du comte de Broglie.

comte de Broglie, du baron de Bon et des autres accusés ou impliqués.

On a plus fait : on a répandu à la cour et dans Paris des extraits, des précis, plus ou moins étendus, mais tous également calomnieux, de ce rapport infidèle, et il en existe différentes copies.

De ces manœuvres diffamatoires contre l'innocence et l'honneur des accusés, il est resté des traces difficiles à effacer; mais plus elles sont encore profondes, plus il est indispensable de les détruire.

Telle est la réunion des faits et des circonstances dont les preuves les moins équivoques ont été mises sous les yeux des trois ministres désignés par le Roi pour cet examen.

Le comte de Broglie met toute sa confiance dans le compte qu'ils en rendront à Sa Majesté, dans la justice, l'équité qui caractérise également ses actions et ses décisions.

C'est d'elle qu'il attend, avec la soumission la plus respectueuse, ce qu'il plaira au Roi d'ordonner pour la justification nécessaire d'un serviteur fidèle dont la conduite, depuis quarante-deux ans, a été pure et intacte, à qui sa fidélité même et la confiance dont son ancien maître l'a honoré pendant vingt-deux ans ont attiré de grands malheurs. Sa Majesté apprendra, sans doute, par MM. les ministres qu'elle a chargé de lui rendre compte de la suite du travail du comte de Broglie pendant ce long intervalle, s'il les a jamais mérités, et s'ils n'y ont pas reconnu le zèle le plus infatigable et l'amour le plus pur et le plus désintéressé pour la gloire de son maître.

**CCCCX. — RAPPORT DE MM. LES COMTES DU MUY ET DE VERGENNES, ET DE M. DE SARTINES, SUR LA PROCÉDURE DE LA BASTILLE CONTRE LE COMTE DE BROGLIE, LE BARON DE BON, ET LES SIEURS FAVIER, SÉGUR ET DUMOURIEZ.**

[Ségur, *Politique des cabinets de l'Europe*, t. I, p. 129.]

24 avril 1775.

Sire,

Conformément aux ordres de Votre Majesté, nous avons examiné avec la plus scrupuleuse exactitude la procédure faite à la Bastille, de l'ordre du feu Roi, à l'occasion de certaines correspondances prétendues illicites entre M. le marquis de Monteynard, le sieur Dumouriez et d'autres, dans laquelle on a impliqué M. le comte de Broglie. Comme c'est de légitimer la justification de celui-ci que Votre Majesté nous a expressément chargés, nous ne nous sommes pas bornés à l'entendre sur ses moyens de défense; nous les avons comparés ensuite avec les interrogatoires qu'on a fait subir aux prisonniers et avec les pièces principales du procès. Il résulte, Sire, de l'examen impartial que nous avons fait :

1° Que c'est gratuitement qu'on a voulu faire un crime à M. le marquis de Monteynard de sa correspondance avec un officier au service de Votre Majesté qui voyageoit dans la basse Allemagne, et que l'imputation qu'elle avoit pour objet de renverser le système politique de ce royaume et d'allumer la guerre est détruite par les lettres mêmes qu'on allègue en preuves. C'est encore avec bien moins de fondement qu'on a entrepris d'impliquer M. le comte de Broglie et M. le baron de Bon dans cette intrigue. Les prétextes dont on a coloré cette supposition sont évidemment mendiés et si frivoles qu'ils ne méritent pas d'être discutés;

2° Comme c'est des lettres du sieur Favier qu'on a emprunté principalement les charges contre M. le comte de Broglie, nous devons dire à Votre Majesté que ces lettres nous paroissent plus imprudentes que criminelles; mais sous quelque point de vue qu'on les considère, il ne s'y trouve rien, et la procédure elle-même n'offre rien qui ait dû en faire partager le reproche ou le blâme à M. le comte de Broglie et à M. le baron de Bon. Nous nous en sommes convaincus en effet, Sire, par l'inspection la plus attentive de toute la procédure, qui ne présente pour corps de délit que des lettres interceptées, dont quelques-unes même peuvent paroître suspectes. Presque toutes ne renferment que des raisonnements vagues et spéculatifs sur les meilleurs plans de politique à adopter pour la France ; une critique assez amère de ceux qu'elle paroissoit suivre ; des nouvelles d'intrigues et de cabales de cour ; des inculpations et des traits de satire contre M. le duc d'Aiguillon ; et enfin des vœux pour son éloignement du ministère ;

3° Le dessein d'impliquer M. le comte de Broglie dans une affaire désagréable est manifesté dans toute la procédure. Cependant nulle preuve acquise contre lui ; nulle induction, même tant soit peu probable. Les commissaires du Roi, éblouis sans doute par les apparences qu'offroient les lettres interceptées et saisies, et par le sens forcé qu'on a pu chercher à leur donner dans des conversations particulières, ont pu être induits en erreur sur la nature de la correspondance secrète qu'il suivoit de l'ordre du feu Roi. Il est possible qu'on leur ait donné le change. Nous voyons bien la trace d'une intrigue ; mais nous n'apercevons pas bien distinctement la main qui la dirigeoit.

Les nuages qu'on avoit cherché sans raison à élever contre M. le comte de Broglie et contre M. le baron de Bon étant entièrement dissipés par l'examen le plus exact, comme par les éclaircissements les plus satisfaisants qu'ils nous ont fournies sur tous les points, il est de notre devoir, Sire, d'attester à Votre Majesté de leur pleine et entière innocence sur tous les chefs d'accusation qu'on a portés contre eux, et en même temps de lui représenter très-humblement qu'il est de sa justice comme de sa bonté de leur donner des preuves publiques qu'elle les regarde comme de bons et fidèles sujets et de zélés serviteurs, afin que le tort qu'on a cherché à faire à leur réputation par des accusations calomnieuses, en employant une forme inusitée pour les accréditer, soit réparé de manière à n'en laisser aucune trace à la postérité. Nous estimons que Votre Majesté pourroit à cet effet se faire rapporter la procédure originale, déposée à la Bastille, et les copies qui en existent, quelque part qu'elles se trouvent, pour en anéantir le souvenir.

Nous osons encore proposer à Votre Majesté de faire la grâce au comte de Broglie de lui écrire une lettre dans laquelle elle daigneroit l'assurer, non-seulement qu'elle n'a contre lui aucune impression qui lui soit défavorable, mais au contraire qu'elle rend justice au zèle, à la fidélité et à l'intelligence avec lesquels il a servi le feu Roi son aïeul; qu'elle ne doute pas de la persévérance de son attachement pour son service, et qu'il doit compter sur son estime et sur sa bienveillance.

Nous ne donnons pas plus d'étendue à ce rapport, Votre Majesté ayant sous ses yeux un *précis des faits* qui lui a été remis par M. le comte de Broglie. L'exactitude avec laquelle il est rédigé nous dispense, Sire, de revenir sur les objets qui y sont traités; ils sont mis dans un jour si vrai, que nous sommes persuadés que, maintenant que la prévention est calmée, si les mêmes commissaires qui ont été chargés d'instruire la procédure la revoyoient aujourd'hui, ils ne pourroient méconnoître l'illusion dans laquelle ils ont donné, et s'empresseroient vraisemblablement à détruire la surprise qu'un rapport trop peu sévèrement combiné a pu faire au public, et voudroient par là réparer le tort qu'ils peuvent avoir causé à la réputation de citoyens non moins distingués par l'honnêteté de leurs sentiments et la sûreté de leurs principes et de leur conduite que par les titres de leur naissance et de leurs dignités.

*Signé :* Le maréchal DU MUY, DE SARTINES, DE VERGENNES.

A Versailles, le 24 avril 1775.

Transcrit sur l'original écrit de la main de M. de Vergennes et signé des trois commissaires.

### CCCCXI. — LOUIS XVI AU COMTE DE BROGLIE.

[Ségur, *Politique des cabinets de l'Europe*, t. I, p. 134.]

Versailles, le 1er mai 1775.

Monsieur le comte de Broglie, après avoir fait examiner et m'être fait rendre le compte le plus exact de la correspondance secrète que vous avez eue pendant dix-huit ans avec le feu Roi mon seigneur et aïeul, j'ai reconnu que vous vous étiez comporté avec tout le zèle et toute la fidélité que vous lui deviez, que les circonstances quelquefois embarrassantes où vous vous étiez trouvé n'avoient jamais ralentie; et qu'en tout vous vous étiez acquitté de cette commission de la manière la plus sage et la plus conforme aux vues du feu Roi. J'ai vu de plus que, pendant la dernière année, vous vous étiez trouvé compromis dans une affaire où vous n'aviez eu aucune part, et que sur des soupçons qui ne pouvoient exister que dans l'ignorance où l'on étoit des relations et travaux que vous faisiez de l'ordre du Roi, ce qui ne vous a jamais engagé à trahir son secret. Je vous fais cette lettre pour vous assurer que je n'ai aucune impression défavorable sur votre compte, et qu'au contraire j'ai reconnu dans toute votre conduite la marche d'un bon et fidèle serviteur; et que, ne doutant pas de la persévérance de votre attachement à mon service, je vous donnerai toujours des preuves de mon estime et de ma bienveillance.

Sur ce, je prie Dieu, Monsieur le comte de Broglie, qu'il vous ait en sa sainte garde.

[Copié sur la minute de la propre main de Louis XVI, tirée du carton intitulé : *Relations du Roi avec sa famille;* chemise : *Projets de réponses du Roi à plusieurs particuliers.*]

### CCCCXII. — LE COMTE DE BROGLIE A LOUIS XVI.
[Orig. Arch. de l'Emp. K. 159.]

[Mai 1775[1].]

Sire,

Pénétré de la plus vive et respectueuse reconnoissance, le comte de Broglie sent tout le prix de la lettre dont il a plu à Votre Majesté de l'honorer le 2 de ce mois; mais il la supplie d'observer que, quand elle daigneroit lui permettre de la rendre publique, il auroit encore à craindre que cette lettre ne fût insuffisante pour son entière justification, en ce qu'elle ne paroît n'attribuer qu'à une simple erreur ce qui est l'effet de l'intrigue et de la prévention les plus caractérisées. Ses ennemis ne manqueroient pas de la présenter comme émanée de la bonté de Votre Majesté plutôt que de sa justice, et peut-être même comme un acte arraché à sa clémence par les importunités du comte de Broglie.

---

[1] Cette lettre n'est pas datée, mais elle est évidemment la réponse à la lettre précédente du Roi du 1er mai. Le comte de Broglie parle, il est vrai, d'une lettre du 2; cette différence s'explique de deux manières : ou bien la lettre de Louis XVI n'était pas datée, et fut reçue par le comte le 2 mai; ou bien le Roi datait-il du 2 l'expédition de sa lettre, dont nous n'avons que la minute.

Il croiroit abuser des moments précieux de Votre Majesté, s'il renouvelloit le récit de toutes les iniquités dont il a été la victime, et dont les détails ont été mis sous ses yeux par les trois ministres. Qu'il lui soit permis seulement de lui rappeler qu'il a été dénoncé au feu Roi, à son conseil, à toute la France, à l'Europe entière, comme un incendiaire politique livré aux intrigues les plus criminelles, et qu'il n'a opposé à une accusation aussi outrageante qu'une résignation sans bornes, il ose dire sans exemple, et un sacrifice continuel de la plus juste sensibilité, comme de ses intérêts les plus chers.

Le parti d'anéantir les minutes de la Bastille ne mettroit même pas le comte de Broglie à l'abri des dangers auxquels il resteroit exposé par l'impossibilité de détruire le rapport qui en a été fait au conseil, dont les copies ont été multipliées à l'infini par un artifice qui lui imprime en quelque sorte le caractère de libelle [1].

Que Votre Majesté daigne se représenter un moment quelle doit être la douleur du comte de Broglie lorsqu'il réfléchit que tant que cette procédure a subsisté, et tant qu'il en existera quelques traces, sa réputation et même sa mémoire pourroient rester flétries, s'il avoit le malheur de mourir avant que d'être parvenu à faire reconnoître publiquement son innocence. Un motif aussi puissant rendra excusables à vos yeux, Sire, les réclamations constantes et devenues nécessaires que le comte de Broglie ne peut se dispenser de renouveler. Il se flatte que Votre Majesté ne les regardera pas comme les suites d'un caractère difficile et inquiet, tel qu'il a lieu de craindre qu'on ne veuille le représenter.

Mais si, par des considérations supérieures qu'il ne se

---

[1] Je n'ai pu trouver ce rapport : on peut rapprocher ce que dit M. de Broglie dans le mémoire à Louis XVI en date d'avril 1774, t. II, p. 487.

permettra pas de pénétrer, la seule voie de justification qu'il ait pu désirer lui est interdite, il se flatte que la demande d'une grâce, dont il y a plusieurs exemples pour des services moins reconnus et dans des cas moins favorables, ne sera pas regardée comme un essor d'ambition et de vanité. MM. du Muy et de Vergennes ont dû se convaincre que, loin de s'y être livré en aucun temps, il n'a jamais cherché à se prévaloir de la confiance particulière du feu Roi pour en obtenir aucune grâce, et qu'il a toujours été occupé du soin d'en procurer à ses coopérateurs.

Ces deux ministres n'ont pu méconnoître en plusieurs occasions les preuves de sa délicatesse et de son désintéressement. Ils ont vu qu'en 1759 les parents de mademoiselle de Montmorency, et elle-même, faisoient dépendre la conclusion de son mariage du titre de duc, qu'ils croyoient que ses services le mettoient dès lors dans le cas d'obtenir[1]. Il se contenta de confier cette demande aux bontés du feu Roi, en lui observant qu'il ne regardoit pas un mariage comme un motif suffisant pour une pareille grâce, et en le suppliant de lui permettre d'espérer qu'il la mériteroit un jour. Sa Majesté daigna approuver sa circonspection et ses espérances.

Si le feu Roi eût pris le parti de mettre fin à cette correspondance secrète, ce n'est pas trop présumer de sa bienveillance et de sa justice que de croire qu'il lui eût accordé une récompense qui n'avoit été suspendue que par le désir constant de tenir secrète la confiance dont Sa Majesté l'honoroit.

Le comte de Broglie pourroit-il donc craindre que dans

[1] Le comte de Broglie épousa le 21 mars 1759, Philippine-Augustine de Montmorency, fille de Louis-Charles prince de Montmorency, de la branche des Montmorency de Flandre.

e moment où les circonstances ont amené la fin de cette correspondance, son auguste successeur ne daignât pas lui accorder une grâce dont le feu Roi lui avoit permis de se flatter depuis si longtemps, et à laquelle tant de sacrifices et de preuves récentes de constance et de fidélité semblent lui donner de nouveaux droits? Votre Majesté ne trouveroit-elle pas même cette grâce nécessaire pour fixer l'opinion publique sur la nature et l'objet d'un travail secret, unique en son genre, dont l'existence a été pénétrée, mais dont le mérite pourra rester douteux puisqu'il est inconnu?

Deux exils non mérités, de l'aveu même du maître qui s'étoit cru forcé de les ordonner; le premier suivi de la perte du gouvernement de Cassel obtenu d'une manière qui en faisoit tout le prix; le second ayant servi de prétexte pour le priver de l'honneur d'aller recevoir madame la comtesse d'Artois: ce dernier exil accompagné de circonstances mille fois plus cruelles que la disgrâce même; une persécution constante de la part des favorites et des personnes en place; une diffamation motivée faussement sur le crime le plus grave; le malheur enfin d'avoir été présenté aux yeux de Votre Majesté et à ceux de la Reine sous un point de vue défavorable, dont un des plus douloureux effets seroit dans ce moment-cy le refus d'une marque publique et honorable de sa satisfaction et de ses bontés; telles sont les considérations d'après lesquelles le comte de Broglie ose espérer que si Votre Majesté juge que sa clémence, manifestée en faveur des coupables, doive les mettre à l'abri d'une juste poursuite, ce sera pour elle un motif de plus de remplir en même temps l'objet de la récompense de ses services et celui d'une justification indispensable.

Heureux si ce sacrifice, de la part du comte de Broglie,

peut être à vos yeux, Sire, une preuve de sa résignation entière à vos volontés [1].

### CCCCXIII. — LOUIS XVI A M. DE VERGENNES.
[Autogr. Arch. de l'Emp. K. 164.]

[25 mai 1775 [2].]

Je vous envoie, Monsieur, les interceptions et la copie de la lettre que vous m'avez demandé pour le comte de Broglie ; vous me direz au Conseil si vous la trouvez bien ; et en ce cas, j'envoirai l'original. Pour ce qui est de la déclaration que vous deviez lui donner, je la regarde comme absolument inutile ; ma première lettre suffit.

LOUIS.

### CCCCXIV. — LOUIS XVI AU COMTE DE BROGLIE.
[Ségur, *Politique des cabinets de l'Europe*, t. I, p. 62 [3].]

[25 mai 1775 [4].]

Je vous ai marqué, Monsieur, par ma dernière lettre, la conviction où j'étois de votre innocence par rapport à l'affaire de la Bastille. J'attends de votre soumission et de votre fidélité que vous ne chercherez pas à réveiller une

---

[1] Cette demande du titre de duc ne fut pas accordée à M. de Broglie, et il eut le chagrin de voir cette dignité conférée au comte de Guines, son beau-frère, qui avait eu de scandaleux démêlés avec un de ses secrétaires, nommé Tort, et qui avait été rappelé de l'ambassade de Londres. Le motif de la froideur de Louis XVI, on pourrait dire de son ingratitude, envers M. de Broglie était l'inimitié de M. de Maurepas, qui avait épousé les griefs du duc d'Aiguillon son neveu.

[2] Au dos on lit, de la main de M. de Vergennes : « Cette lettre est du jeudi 25 mai 1775, et elle n'a été rendue que dans la nuit du 26 au 27. »

[3] Transcrit sur une minute de la main de Louis XVI.

[4] Cette lettre est non datée, mais la date exacte est fournie à la fois par la lettre de Louis XVI du 25 mai, celle de M. de Vergennes du 27 du même mois, enfin celle du comte de Broglie du 4 juin. — M. de Ségur l'a mal datée de juin 1774. Je n'ai pu retrouver l'original.

affaire que je veux qui soit oubliée. En conséquence, j'ai ordonné qu'on me rapportât la procédure et toutes les copies du rapport pour être brûlées; et, s'il en restoit encore, elles doivent être regardées comme de nulle valeur.

CCCCXV. — M. DE VERGENNES A LOUIS XVI.
[Minute. Arch. de l'Emp. K. 164.]

27 may 1775.

Sire,

La lettre que Votre Majesté veut bien écrire à M. le comte de Broglie, et qu'il lui plaît de me communiquer, fait une décharge plus honorable et d'un bien plus grand poids que toutes les déclarations que ses ministres pourroient lui donner. Cependant le refus de celle qu'il attendoit de la part de M. le maréchal du Muy et de la mienne lui paroîtra d'autant plus sensible, qu'indépendamment de la manifestation de son innocence dans l'affaire de la Bastille, elle lui procureroit un témoignage de la satisfaction que Votre Majesté veut bien avoir de la manière dont il a répondu aux intentions du feu Roi dans la direction de la correspondance secrète.

Je suis, etc [1].

CCCCXVI. — LE COMTE DE BROGLIE A LOUIS XVI.
[Autogr. Arch. de l'Emp. K. 159.]

Sire,

M. le maréchal du Muy m'a addressé la lettre dont il a plu à Vostre Majesté de m'honorer le 25 du mois dernier.

Il ne falloit pas moins, Sire, qu'un aussy grand intérest que la deffense de mon honneur et de ma fidélité si injustement compromis, pour insister aussy constamment que

[1] M. de Vergennes ne peut dissimuler qu'il trouve insuffisante la satisfaction que Louis XVI accorda au comte de Broglie.

je l'ay fait sur la nécessité d'une justification publique ; mais, d'après les derniers ordres de Votre Majesté, je n'examine plus si mes calomniateurs pourront ou non faire regarder leur impunité comme une preuve du peu de fondement des plaintes que j'ay portées contre eux, quoique je ne puisse douter des efforts qu'ils font déjà pour le persuader.

Je n'examine pas davantage si la déclaration que Vostre Majesté a chargé MM. du Muy et de Vergennes de me donner, suffira pour en imposer aux coupables, ny si leurs déclarations deviendront plus plausibles, en faisant observer que je n'ay pas reçu de Vostre Majesté de grâce qui pust faire connoistre le prix qu'elle désignoit mettre à mes longs services auprès du feu Roy, et qui eût caractérisé aux yeux du public leur conduitte et la mienne. Je ne renouvelleray point icy tous les motifs que j'ay cru propres à exciter la bienfaisance de Vostre Majesté ; je me borneray, Sire, à la satisfaction de luy obéir, et j'attendray, avec la confiance que j'auray toujours dans sa justice et sa bonté, les marques honorables d'estime et de bienveillance qu'elle m'a permis d'espérer.

Je suis, etc.                    Le comte DE BROGLIE.

En conséquence des ordres de Vostre Majesté, je fais au sieur d'Éon la réponse qu'elle trouvera cy jointe. Je la remettray à M. le comte de Vergennes pour la luy faire passer dès qu'il aura plu à Vostre Majesté de l'approuver et de me la renvoyer.

A Versailles, le 4 juin 1775.

# APPENDICE.

## NOTE SUR L'AFFAIRE DE LA BASTILLE EN 1773.

Il a été question dans le cours de cet ouvrage [1] d'une conspiration ayant pour but de renverser M. d'Aiguillon et de changer le système politique à l'étranger, en substituant l'alliance prussienne à l'alliance autrichienne. M. de Monteynard, le comte de Broglie, Favier, Ségur, Dumouriez, le baron de Bon, furent compromis dans cette affaire. Le comte de Broglie se disculpa sous Louis XVI; mais si M. de Broglie était innocent, il n'en est pas de même des autres inculpés : c'est ce dont j'ai pu m'assurer en consultant un dossier de documents originaux sur cette affaire, réunis par le duc d'Aiguillon lui-même, et qui m'a été communiqué malheureusement quand les deux volumes de la Correspondance secrète étaient déjà imprimés, par M. le marquis de Chabrillan. Je ne publierai pas ici, malgré leur haute importance, ces documents, qui se rapportent à une négociation secrète conduite avec l'aveu de Louis XV, par M. de Monteynard et sous l'inspiration cachée du prince de Condé; mais il y eut véritablement conspiration; il y a là le sujet d'un nouveau chapitre de l'histoire intime du règne de Louis XV. Peut-être un jour ferons-nous part au public des documents que M. le marquis de Chabrillan a mis avec la plus aimable libéralité à notre disposition.

[1] Voyez t. I, p. 181 et suiv., t. II, p. 361 à 374, 479 et 480, et 487 à 503.

# INDEX ALPHABÉTIQUE.

## A.

Acquits au comptant, I, 79.
Actions des fermes, I, 70, 243, 279.
Age (M. de l'), II, 213.
Agio pendant le système de Law, I, 23.
Agriculture en Espagne, II, 227, 252 et suiv.
Aiguillon (duc d'), ministre des affaires étrangères, ennemi de M. de Broglie, I, 162, 164, 181 à 183, 185, 186; II, 364, 372, 382, 384, 390, 397, 399, 402, 404, 418, 421, 423, 436, 437, 467, 488.
Albert II de Brandebourg, II, 16.
Alcavalas (las), impôt espagnol sur les denrées, II, 224.
*Alcide* (l'), vaisseau français, II, 188.
Alexandrin, acquis par le Piémont en 1703, II, 320.
Allay (M.), I, 224.
Allemagne, I, 294.
Alleurs (M. des), ambassadeur à Constantinople, initié à la correspondance secrète, I, 37, 59, 197, 198; II, 201, 371.
Alleurs (madame des), I, 202.
Alliance autrichienne, II, 105 et suiv., 420. — Le Roi y tient, II, 368. — Onéreuse à la France, II, 450 et suiv.
Alliance turque, II, 89 à 91.
Almeïda (siège d'), II, 216.
Alsace (cardinal d'), I, 41.
Amédée II, duc de Savoie, II, 325.
Amélie de Hanau, landgravine de Cassel, II, 146.

Amelot (M.), ministre des affaires étrangères, I, 20, 32; II, 403, 404.
Amérique, II, 245. — Colonies espagnoles, II, 243 et suiv., 248 et suiv.
*Ami*, surnom d'un espion autrichien à Versailles, II, 382.
Amsterdam, rôle de cette ville vis-à-vis des stathouders, II, 163.
Ancenis (M. d'), regretté de Louis XV, I, 45.
Andrinople, ville de Turquie, II, 82.
Anglais : ambitieux, I, 400. — Ont l'esprit mercantile, II, 201 et suiv. — Ont l'esprit de rapine, II, 181. — Sont de cruels voisins, I, 408. — Leur situation à Turin, II, 334, 335.
Angleterre, I, 163, 295, 307, 321, 333, 355, 360, 361; II, 144, 170 et suiv., 177, 178, 179, 181, 182, 195, 196, 209, 243, 274, 275, 291. — Sa politique vis-à-vis du Danemark, I, 478; — de la Corse, I, 404; — de l'Espagne, II, 412 à 418. — Sa haine de la France, II, 145, 146. — Sa conduite envers le Piémont, II, 335, 336; — vis-à-vis de la Hollande, II, 154, 165, 166, 167. — Sa propension pour la Russie, I, 388; II, 48, 50, 442. — Ses relations avec la Turquie, II, 41, 42. — Commence les hostilités sans déclaration de guerre, II, 188. — Son commerce dans le Levant, II, 55; — dans le Nord, II, 55. — Correspondance secrète, II, 457 et suiv. — Son despotisme maritime, II, 160. — Développement de son commerce au détriment de la Hollande, II, 154. — Ses intérêts

dans le Levant, II, 60. — Projet de débarquement, I, 112, 113, 114; II, 450.

Angleterre (roi d'), I, 324.

Anjou (duc d'), depuis Philippe V, I, 13. *V.* Philippe V.

Antonia (l'infante), proposée comme Dauphine, I, 42, 43.

Archangel, port russe, II, 55.

Archipel (flottes russes dans l'), I, 43 ».

Archives de l'Empire, renfermant les originaux des lettres de Louis XV à Tercier et au comte de Broglie, I, 53.

Argenson (comte d'), ministre de la guerre, I, 16. — Disgracié, I, 7.

Argenson (marquis d'), ministre des affaires étrangères, I, 33, 37. — Pénètre en partie la correspondance secrète, I, 42, 60, 62, 64, 69. — Renvoyé du ministère, I, 44.

*Argus*, surnom d'un espion autrichien en France, II, 383.

Armada, flotte espagnole, II, 242.

Armée espagnole, II, 229, 232, 233. — française (état moral de l'), I, 93. — russe, nombreuse, devient excellente, II, 31, 65.

Armées (grandes), œuvre de Louis XIV, I, 457.

Artois (arrivée de la comtesse d') en France, I, 184; II, 365.

Assiento, traité, I, 30.

Aubaret (le marquis d'), pensionné de l'Angleterre, II, 434.

Auguste II, roi de Pologne, II, 17.

Auguste III, roi de Pologne, I, 131, 226, 230, 231, 289, 291; II, 114, 202, 301.

Augsbourg (congrès d'), II, 131. — Ligue, II, 141.

Aumont (duc d'), I, 221.

Auteuil (M. d'), II, 213.

Autriche, II, 83, 87, 93 et suiv., 312, 453. — Son influence dans l'Empire, II, 127. — Son alliance avec la France, I, 76, 112. — Ses prétentions sur l'Italie, II, 329 et suiv. — Son action sur la Toscane, II, 290 et suiv. — Paix perpétuelle conclue avec la Turquie en 1747, I, 366. — *V.* Vienne (cour de).

Autrichiens, peu aimés en France, I, 89.

*Avocat* (l'), pseudonyme de Louis XV dans la correspondance secrète, I, 115, 315, 335.

Avril, employé du cabinet noir des postes, I, 69, 210.

Ayen (duc d'), fils aîné du maréchal de Noailles, I, 18, 46.

Ayen (comte d'), I, 48.

Azof (mer), II, 28.

Azof (prise d') sous Pierre Ier, II, 28.

## B.

Bailliages suisses d'Italie, II, 352.

Baltique (mer), II, 105. — Commerce, II, 161.

Baron, notaire, I, 111, 235, 243, 287.

Barrière (traité de la), en 1709, II, 154.

Barry (madame du), cherche en vain à pénétrer la correspondance secrète, I, 144, 145, 149, 186, 187, 188, 407; II, 256, 359, 369, 389, 395, 397, 418, 421, 424. — Fouille dans les papiers de Louis XV, I, 407.

Bartiani (l'abbé), agent de Frédéric II, I, 161.

Bastille (affaire dite de la), I, 183 et suiv., 337; II, 272, 273, 390, 422, 423, 479, 487, 493, 504.

Bataillons nationaux en Piémont, II, 328.

Bausset (le marquis de), ambassadeur à Saint-Pétersbourg, I, 293, 296, 313, 331, 343, 357, 423, 424.

Bavière (état de la), II, 134. — Évacuée, I, 24.

Béatrix de Modène (la princesse), II, 303, 304.

Beaumarchais (Caron de), chargé de négocier la remise des papiers secrets de d'Éon, I, 188; II, 184, 445.

## INDEX ALPHABÉTIQUE.

Bedford (le duc de), I, 317.
Beïra, province du Portugal, II, 216.
Béjar (le duc de), II, 239.
Bela IV, roi de Hongrie, I, 58, 436.
Belgrade, II, 83. — Acquise par Mahmouth en 1739, I, 28, 366.
Bellegarde (M. de), ambassadeur de l'électeur de Saxe en France, I, 202.
Bellisle (maréchal de), I, 216, 263.
Belz (le palatin de), I, 234.
Benavon, employé pour obtenir la remise des papiers de d'Éon, I, 188.
Berg (succession du duché de), II, 139.
Bergame, ville d'Italie, II, 286.
Berne (canton de) puissant, II, 348.
Bernis (abbé, puis cardinal), ministre des affaires étrangères, I, 89, 90, 96, 99, 215, 226, 227, 229, 237; II, 407.
Bestucheff (le comte), chancelier de Russie, I, 81, 206, 208.
Betti (le prince de), I, 200.
Billet (le sieur), affilié à la correspondance secrète, I, 104, 213, 214, 252, 262, 264, 270, 271, 312, 369.
Biron (duc de), I, 27.
Biscaye, province, II, 253.
Blandowski, Polonais, I, 62.
Blé (commerce de), II, 225, 226.
Bleeswick (M.), successivement pensionnaire de Delft et de Hollande, I, 104, 165.
Blénac (M. de), II, 217.
Bohême, suffrage électoral, II, 144.
Boleslas, le Chaste, roi de Pologne, I, 158, 436.
Bombelles (marquis de), affilié à la correspondance secrète, II, 433, 446, 447. — A une pension, II, 441.
Bon (le baron de), participant à la correspondance secrète, I, 368; II, 432, 488.
*Bonne idiote* (la); surnom de madame de Villars. *V.* Villars.
Bonnets, parti en Suède, I, 476, 477; II, 84.

Bons au porteur, I, 79.
Boucaniers d'Amérique, II, 244.
Boufflers (madame la duchesse de), donne sa démission de la charge de dame d'honneur de la Dauphine, I, 420, 427.
Boulogne (M. de), contrôleur général des finances, I, 235, 236.
Bourbon (maison de), II, 109, 110.
Bournonville (le duc de), I, 43.
Bozzolo, II, 116.
Bragance (maison de), II, 189, 190.
Branicki (le comte), grand général de Pologne, I, 197 à 202, 234, 253, 322.
Bréda (traité de), en 1667.
Brême, ville libre, I, 235. — Duché, I, 143.
Brescia, ville d'Italie, II, 286.
Brésil, colonie portugaise, II, 199.
Brosse, cession à la France, II, 324.
Breteuil (le baron, puis comte de), affilié à la correspondance secrète, I, 142, 143, 245 à 250, 252, 253, 257, 259, 260, 262, 263, 271, 275 à 279, 292, 296, 329, 345, 353, 361; II, 429. — Ses différentes ambassades: désigné pour aller en Angleterre, I, 429; envoyé en Hollande, I, 397; II, 459; à Naples, I, 154, 446; en Russie, I, 103, 105, 108, 109, 160, 161; II, 460; en Suède, II, 135, 460; en Autriche, I, 150, 151, 420, 425, 437, 482, 483. — Demande à servir dans l'armée, I, 414.
Brisach cédé, II, 119.
Broglie (François-Marie, maréchal duc de), I, 16, 24.
Broglie (Victor-François, maréchal duc de), fils du précédent, I, 91, 92, 93, 94, 264, 267, 268, 269, 270, 313.
Broglie (abbé de), oncle du comte, I, 65, 300.
Broglie (l'abbé de), frère du comte, I, 136, 328.
Broglie (le comte Charles de), admis à la correspondance secrète, I, 63, 64. — Envoyé en Pologne, I, 64; II, 388. — Sa conduite en Pologne,

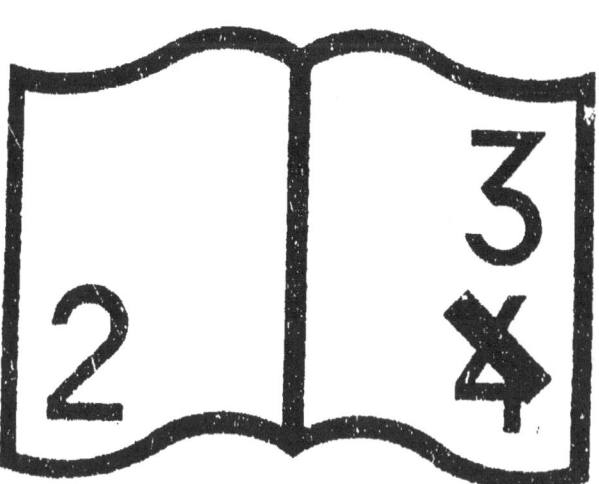

Pagination incorrecte — date incorrecte
NF Z 43-120-12

LIRE PAGE (S)
AU LIEU DE PAGE (S)

1, 68, 69. — Blâme M. Douglas,
II, 76. — Propose en 1757 un plan
pour garantir l'intégrité de la Pologne, II, 13. — Son mémoire sur
la république de Pologne, I, 177.
— Mis à la tête de la correspondance secrète, I, 98. — Exilé, I,
130, 151; II, 366, 372, 391. —
Rappelé, II, 436. — Son portrait,
I, 64, 65, 92. — Il serait impossible d'indiquer tous les endroits où
il est question du comte de Broglie; voici les indications des points
les plus importants qui le concer-
nent : I, 90, 91, 162, 164, 165,
173, 176, 182 à 189, 195, 196,
210, 213, 215, 217, 219, 223,
225, 226, 228, 229, 230, 231,
238, 245, 246, 247, 253, 264,
265, 267 à 270, 271, 275, 277,
279, 288, 292, 295, 310, 322,
328, 337, 349 à 352, etc.; II,
364, 373, 396, 497. — V. Bastille
(affaire de la) et les tables de chaque volume, surtout celle de l'Étude
préliminaire.
Broglie (comtesse de), née de Montmorency, I, 133, 311, 360; II,
420, 427, 499.
Brown (le colonel baron de), II, 99.
Brühl (comte de), ministre de l'électeur de Saxe, roi de Pologne, I, 90,
91, 100, 229, 230, 231, 245, 257,
273, 284, 287, 301. — Sa disgrâce, I, 132.
Brühl, fils du précédent, I, 111, 287.
Bruits de Paris, I, 28, 30.
Brunswick (maison de), II, 140, 146.
Brunswick (Louis duc de), gouverne
la Hollande, II, 168.
Brunswick (prince de), I, 206.
Buckingham (le comte de), I, 283.
Bugey cédé à la France, II, 324.
Buk (M.), I, 199, 200.
Butzef, agent russe, I, 212.
Byng, amiral anglais, II, 174.

## C.

Cabinet. Ce qu'on entendait par ce
mot à Vienne, II, 385.
Cabinet noir autrichien, I, 190.

Cabinet noir de la poste, I, 7, 63,
210; II, 396.
Cadix (trésorerie de), II, 214. — Es-
cadre de, II, 215.
Caffara (le sieur), II, 434.
Calzane (M.), I, 270.
Cambrai, archevêque, I, 328.
Campêche (baie de), II, 245.
Campo-Florido (M. de), ambassadeur
d'Espagne, I, 20.
Campo-Santo (combat de), en 1743,
II, 297.
Canal de jonction de la Méditerranée
à l'Océan en Espagne, II, 226.
Cantons catholiques suisses. Leur si-
tuation intérieure, II, 345.
Caractère français, I, 22.
Carlos (don), II, 115, 272.
Carlowitz (paix de), en 1699, I, 364;
II, 87, 283.
Carpène (baron de), II, 297.
Carpi, état d'Italie, II, 267.
Carpi (prince de), II, 299.
Cars (le marquis des), I, 187; II,
358, 369, 399.
Carteret (lord), ambassadeur d'Angle-
terre en Suède, II, 23.
Carthage (parallèle de l'Angleterre et
de), II, 183 et suiv.
Carthagène des Indes, II, 241, 242.
Carthagène, II, 250.
Caspienne (commerce de la mer),
II, 56.
Cassette du Roi, I, 226, 324.
Castéra, agent secret, I, 254.
Castille (royaume de), II, 225.
Castro-Pignano (mademoiselle de),
II, 214.
*Casus fœderis*, II, 94.
Catalogne, II, 253.
Cathcart (lord), ambassadeur d'An-
gleterre en Russie; sa correspon-
dance, I, 166, 169, 180.
Catherine II, grande-duchesse; de-
mande le rappel de Poniatowski,
I, 107, 231, 257. — Jugement que
porte sur elle Louis XV, I, 102. —
Révolution de 1762, I, 108, 109.
— Impératrice, I, 46, 47, 105,

# INDEX ALPHABÉTIQUE. 509

130, 154, 159, 163, 170, 177, 273, 281, 292, 301, 305, 328, 433; II, 221. — Son éloignement de la France, I, 109.

Chambray, maintenant Broglie, I, 24.

Chambres de réunion de Metz et de Brisach, II, 344.

Chamfort, cité, II, 424.

Champeaux (M. de), envoyé en Piémont, I, 37, 38.

Champlost (M. de), I, 226.

Chancelier (le), I, 278.

Chapeau de cardinal, I, 329, 330.

*Chapeaux* (parti des) en Suède, soutenu par la France, II, 38.

Charles I<sup>er</sup>, duc de Savoie, II, 322.

Charles II, roi d'Angleterre, pensionnaire de la France, II, 171, 192.

Charles II, roi d'Espagne, II, 192.

Charles III, roi d'Espagne, II, 214, 274, 276, 321. — Sa correspondance avec Louis XV, I, 412 à 418.

Charles V, empereur, I, 483.

Charles VI, empereur, II, 138, 153, 258.

Charles VII, empereur, I, 25, 36, 144, 145; II, 138.

Charles XII, roi de Suède, II, 17, 143, 181. — Méconnaît ses intérêts, I, 473, 474.

Charles de Lorraine, prince, I, 26, 34, 148, 155, 408; II, 290.

Charles de Saxe, prince, I, 89, 91, 132, 134, 234, 300, 313.

Charles-Emmanuel I<sup>er</sup>, duc de Savoie, II, 314, 318, 319, 323.

Charles-Emmanuel II, duc de Savoie, II, 325, 329.

Châteauroux (la duchesse de), maîtresse de Louis XV, I, 32, 33; II, 403, 404. — V. Tournelle (madame de la).

Châtelet (le comte du), ambassadeur en Angleterre, I, 399; II, 459. — Son opinion sur le sexe de d'Éon, I, 411.

Chauvelin (M. de), correspondant du Roi, I, 7. — Exilé, 8.

Chiffres de 1200, II, 384.

Chili, II, 249.

Choiseul (le duc de), ministre partisan de l'Autriche, I, 95, 455. — Louis XV lui cache la correspondance secrète, II, 388, 419. — A des notions à ce sujet, I, 404, 405. — Est trompé, II, 417. — Envoie des troupes en Corse, I, 411. — Voudrait protéger la Pologne, I, 435. — Veut reformer la marine, II, 173. — Veut couler la flotte russe, II, 176. — Sa chute, I, 146, 414, 415. — Haï de Louis XV, I, 150, 419. — Autres endroits où il est parlé de ce ministre, I, 139, 140, 142, 144, 145, 154, 155, 234, 237, 238, 241, 242, 244, 246, 250, 252, 256, 257, 261, 264, 266, 274, 275 à 277, 300, 310, 322, 325, 326, 341, 350, 351, 353, 354, 358, 359, 362, 364; II, 184, 266.

Choisy (M. de), brigadier des armées du Roi, chargé d'une mission militaire en Pologne, II, 97.

Chrétien père et fils, agents de la correspondance secrète, I, 128, 340, 341, 344, 354, 421; II, 371.

Christiani (le comte), chancelier de Milan, II, 301, 302, 303.

Christiern II, Roi de Danemark, secouru par le roi François, I<sup>er</sup>, I, 482, 483.

Chypre (roi de), titre des ducs de Savoie, II, 325.

Cientos (los), impôt en Espagne, II, 224.

Clèves (succession de), II, 133.

Closter-Seven (convention de), II, 149.

Coigny (le maréchal de), I, 29, 31, 33, 34.

Colbert, grand ministre, II, 192. — Veut assurer le débouché de nos fabriques de drap dans le Levant, II, 71, 72.

Colonie allemande en Espagne, II, 231, 232.

Colonies anglaises, II, 185.

Colonies françaises, I, 148; II, 187.

Comachio, principauté d'Italie, II, 281.

Commerce anglais avec l'Amérique, II, 243. — Avec la Perse, II, 59. — Avec le Portugal, II, 201 et suivantes. — Espagnol, II, 223, 224, 227. — Français, II, 236, 237. — Dans le Levant, II, 53. — Avec la Russie méridionale, II, 53. — Des Indes, II, 237. — De la mer Noire, II, 81, 82, 99. — Portugais, II, 200, 201, 209, 210.

Condé (Louis-Joseph, prince de), I, 127, 318.

Confédération germanique, II, 118 et suiv. — Sa dislocation, II, 122.

Confédérés polonais, I, 154, 155, 435, 454; II, 67, 95.

*Conjectures raisonnées*, mémoires rédigés par Favier et remis à Louis XV par M. de Broglie, I, 52, 447 et suiv.; II, 1 et suiv. — Motifs qui ont déterminé la rédaction de ces mémoires, II, 470 et suiv.

Conti (le prince de). On lui offre la couronne de Pologne, I, 57. — Dirige la correspondance secrète, I, 58, 60, 61. — Boude le Roi, pourquoi, I, 73. — Espère la Courlande ou le commandement des armées russes, I, 86 à 88. — Veut épouser la czarine Élisabeth, I, 82. — Sa lettre, II, 388. — Autres endroits où il est question du prince de Conti, I, 195, 196, 197, 202, 203, 204, 209 à 214, 216 à 226, 262, 265, 290, 293, 303, 341, 361; II, 403 à 405, 408, 412, 413.

Convention nationale (la) ordonne l'impression des livres rouges, I, 80.

Convention du 5 juillet 1771 entre la Porte et l'Autriche, II, 98. — Secretissimo entre la France et la Russie, II, 75 et suiv. — De Stockholm, II, 113.

Correspondance secrète de Louis XV, originaux des lettres de Louis XV à Tercier et au comte de Broglie, déposés aux archives de l'Empire, I, 50, 53, 176, 188, 189, 238,
289, 383; II, 376, 377, 379, 405. *V.* la table de l'Étude préliminaire.

Corse, abandonnée par Gênes à la France, II, 311. — Louis XV s'y intéresse, I, 405. — Troupes françaises envoyées en ce pays, I, 411. — Cette expédition mal vue de l'Angleterre, I, 404.

Courlande, duché, I, 82, 86, 87, 88, 205, 224, 342.

Cracovie, II, 97.

Crême, ville d'Italie, II, 286.

Crimée, envahie par les Russes, I, 366, 433.

Crossen, duché, II, 114.

Crouy (M. de), I, 129, 347.

Cuba, île d'Amérique, II, 247.

Curaçao, II, 245.

Czartorisky, Adam, I, 293, 342. — Les Czartorisky, I, 273.

Czernischeff (M. de), II, 131.

## D.

Dalrymple, auteur de mémoires sur Jacques II, 171.

Danemark. Histoire de ses relations avec la France, I, 478 et suiv., 482 à 484. — Sauvé par la Hollande, II, 153. — Sa position vis-à-vis de la Prusse, I, 485. — Soumis à l'influence de la Russie, I, 479; II, 50. — Sa conduite vis-à-vis de la Turquie, II, 40. — *V.* aussi II, 84 à 86, 105.

Dankelman (mademoiselle de), agent de Frédéric II en Hollande, II, 164.

Dantzick. Projet d'occupation par les Russes, II, 466. — Prétentions du roi de Prusse sur cette ville, I, 159. — Le partage de la Pologne nuit à son commerce, I, 156. — Lieu de transit pour l'exportation des grains, I, 158. — *V.* aussi 37 et 205.

Dardanelles (détroit des), II, 85, 92.

Dascow (la princesse), I, 280.

Dauphin (le), fils de Louis XV, demande à aller à l'armée, I, 33. —

# INDEX ALPHABÉTIQUE.

A un parti, I, 88. — Louis XV le croit partisan de l'alliance autrichienne, I, 94, 348. — Mourant, I, 129.

Dauphin, depuis Louis XVI, I, 148, 149.

Dauphine, infante, première femme du Dauphin, fils de Louis XV, I, 42.

Dauphine, Marie-Josèphe de Saxe, deuxième femme du précédent, I, 44, 90, 100, 132, 133, 227, 229, 234, 245, 246, 286, 290, 300, 312.

Deffand (la marquise du), citée, I, 328.

Delatre, financier, I, 23.

Dépôt des affaires étrangères : la correspondance secrète s'y trouve, I, 52. — Sa garde confiée à M. Durand, I, 108.

Dettes laissées par Louis XIV, I, 23.

Dettingen (bataille de), I, 22.

Deux-Ponts (branche de la maison palatine de), II, 137, 138.

Diète de Pologne, I, 111, 253, 287.

Diplomatie française au dix-huitième siècle, sa réputation, II, 271.

Douanes intérieures, II, 221.

Douglas Mackensie (le chevalier), envoyé secrètement, puis ostensiblement en Russie, I, 75, 82, 83, 204, 215, 217, 218, 219, 303, 341.

Douro, II, 226.

Drouet, agent de la correspondance secrète, I, 123, 126, 127, 285, 291, 324, 334, 335, 338, 339; II, 441, 443.

Dubois-Martin (M.), secrétaire du comte de Broglie pour la correspondance secrète, I, 185, 188, 189, 324, 375, 376; II, 369, 373, 377, 400, 431.

Dumesnil (M.), diplomate, I, 259.

Dumouriez, agent militaire du gouvernement français en Pologne, puis à Hambourg, mis à la Bastille, I, 155, 156, 157, 164, 165, 182, 183, 185; II, 361, 425, 493. — *V.* Affaire de la Bastille.

Dunkerque, I, 36, 215.

Duprat. — *V.* Prat (de).

Durand (M.), diplomate affilié à la correspondance secrète, ministre à Varsovie, garde du dépôt des affaires étrangères, plénipotentiaire à Vienne, chargé de prendre des renseignements sur l'archiduchesse Élisabeth ; sa correspondance déchiffrée ; envoyé en Russie, I, 69, 78, 108, 142, 154, 167, 170, 171, 186, 197, 203, 214, 228, 231, 241, 255, 257, 262, 264, 266, 288, 291, 292, 299, 333, 350, 351, 354, 355, 357, 358, 419, 428, 429 ; II, 370, 375, 376, 396, 425, 430, 467.

Durfort (M. de), ambassadeur de France à Vienne, II, 128.

## E.

Échelles du Levant, II, 84.

Edelheim, I, 174.

Eimbeck (camp d'), I, 271.

Électeurs ecclésiastiques de l'Empire, II, 125.

Électorat conféré au Hanovre, II, 141.

Électorats (nombre des), II, 148.

Élisabeth, archiduchesse. Louis XV veut l'épouser, I, 149. — Son portrait, I, 150, 409, 410, 457 ; II, 420, 457.

Élisabeth, impératrice de Russie, I, 105, 131, 203, 206, 221, 224, 242, 255, 256 ; II, 465. — Sa correspondance avec Louis XV, I, 83.

Élisabeth, reine d'Espagne, I, 254.

Élisabeth (Madame), fille du Roi, femme de l'infant don Philippe, I, 43.

Elton (le capitaine), II, 59.

Empire germanique, II, 118 et suiv. — Ses prétentions en Italie, II, 308, 309, 312.

Empire romain, II, 279.

Emprunts russes en Hollande, II, 68, 69.

Ensenada (le marquis de la), ministre espagnol, II, 214, 221.

Envie (l') ne meurt jamais, I, 16.

Éon (d') de Beaumont, homme cru femme à tort, agent secret de Louis XV en Russie, puis en Angleterre ; a des démêlés avec M. de Guerchy, menace de trahir le Roi, reçoit une pension et remet à Louis XVI les papiers qu'il détient, I, 82, 101, 114 à 125, 129, 140, 186, 187, 193, 221 à 224, 232, 236, 237, 244, 248, 249, 265, 274, 275, 277, 287, 291 à 293, 295, 297 à 299, 301 à 322, 326, 331, 332, 334, 335, 341, 349, 354, 355, 356, 358, 359, 361, 370, 411, 423, 431 ; II, 393, 394, 430, 434, 436, 437, 442, 444, 445, 458, 465.

Éon (d') de Mouloize, cousin du précédent, I, 119, 335.

Ephraïm, juif, II, 3.

Équilibre allemand, II, 123.

Équilibre européen dans la première moitié du dix-huitième siècle, I, 470.

Espagne, I, 39, 40, 47, 109, 144, 146, 182, 206 et suiv., 220, 252 et suiv., 298, 312, 313, 412 ; II, 212 et suiv.

Espagnols, leur caractère, II, 238 et suiv.

Esprit de caste, cause de la décadence de la marine française, II, 173.

Esquilaci (M. d'), ministre espagnol, II, 214, 219, 220, 221, 233.

Estaing (le comte d'), II, 177.

Este (maison d'), II, 279, 299.

Esterhazy (le prince), ambassadeur d'Autriche en Russie, II, 76, 84, 218.

Étang (madame de l'), I, 240.

États de l'Église, II, 279 et suiv.

États héréditaires de la maison d'Autriche, II, 94.

Europe, situation de l'Europe après le traité d'Aix-la-Chapelle, I, 56.

Évêchés (collation d'), I, 311.

Everssen, amiral hollandais, II, 154.

Exportation des grains dans le Nord, II, 158.

## F.

Fagel (le greffier), Hollandais ennemi de la France, II, 153, 154, 164, 165.

Favier, secrétaire du comte de Broglie, rédige sous son inspiration des mémoires pour Louis XV, est arrêté et mis à la Bastille, I, 182, 183, 185, 447 et suiv. ; II, 1 et suiv., 362, 373, 380, 421, 439, 472. — V. Bastille (affaire de la) et Conjectures.

Fayardie (madame de la), depuis madame de Monnet, I, 78.

Femmes titrées à la cour, ce que c'est, I, 360.

Ferdinand II, duc de Brunswick, II, 140.

Ferdinand IV, roi de Naples, II, 273, 274, 275.

Ferdinand VI, roi d'Espagne, I, 42, 43, 44, 47 ; II, 208.

Ferdinand, archiduc, II, 110, 281, 294, 295.

Ferdinand, prince de Brunswick, I, 263, 267, 269.

Fermo (le), vaisseau espagnol, II, 422.

Ferrare (duché de), II, 279, 299.

Fersen (M. de), Suédois, I, 477.

Filinghausen (bataille de), I, 93, 267, 268, 269.

Filles de France, n'ont auprès d'elles que des femmes titrées, I, 360.

Filleul, employé à Choisy, I, 45.

Finale, acquis par le Piémont, II, 311.

Finances (espérance du rétablissement des), I, 147. — Leur mauvais état, I, 244.

Finlande, II, 86.

Firmian (le comte), II, 304.

Flassan (M. de), auteur d'une histoire de la diplomatie française, a eu connaissance des papiers de M. de Breteuil, I, 54.

Fleury, cardinal, I, 4, 5, 11 ; II, 171, 403.

Fleury (le marquis de), II, 334.
Floride (la), II, 217, 218.
Flotte russe, II, 92. — Paraît dans la Méditerranée, I, 433; II, 39, 176.
Fontenay (M. de), I, 228, 265.
Fontenoy (bataille de), I, 36.
Fraigne (le marquis de), I, 254.
France, sa décadence militaire, I, 463. — Sa conduite maladroite vis-à-vis de la Pologne, II, 13, 14. — A le commerce du Levant, I, 54. — N'a aucune influence dans l'Empire, I, 150, 151. — Peu aimée des Hollandais, I, 166, 167. — Comparée à l'Angleterre, I, 185. — Protectrice-née de l'Église, I, 283.
Francis (M.), ministre du Roi à Londres, II, 458.
François Ier, roi de France, ses relations avec la Hesse, II, 146.
François de Lorraine, empereur, I, 71; II, 121, 147, 290.
Frédéric II, roi de Prusse, son jugement sur la France, I, 30. — Traite séparément avec l'Autriche, I, 37. — Haï de Louis XV, I, 95, 112. — A l'initiative du partage de la Pologne, I, 152, 153. — Cherche à prendre une portion de la Pologne, I, 432, 438. — Sa fiscalité, II, 3. — Sa conduite vis-à-vis de la Hollande, I, 8; II, 159, 160. — Conduite de la France à son égard, I, 10. — Ses intrigues à Constantinople, II, 82. — Veut brouiller Joseph II et Louis XVI, I, 437. — V. aussi I, 33, 158, 159, 160, 161, 162, 180, 181, 235, 272, 283, 289, 437; II, 83, 94, 95, 99, 100, 120, 121, 142, 145, 166, 168, 169, 174, 191, 194, 229, 230, 272, 407.
Frédéric-Adolphe, roi de Suède, II, 23.
Frédéric de Hesse (le landgrave), roi de Suède, II, 147.
Fuentes (M. de), I, 355.

## G.

Gages (comte de), I, 37.
Gaillardet (M. F.) a eu les originaux de la correspondance secrète pour la rédaction des mémoires du chevalier d'Éon, I, 54.
Gallicie (royaume de), I, 136; II, 353.
Gardes françaises, leur mauvaise conduite à Dettingen, I, 22.
Garigliano (rivière), II, 277.
Gênes (république de), I, 443; II, 269, 310, 314.
Genève (république de), II, 351, 541.
George Ier, roi d'Angleterre, I, 483; II, 275.
George II, II, 144.
George III, II, 144, 145, 186, 299.
Georgel (l'abbé), secrétaire du prince Louis de Rohan, ses Mémoires cités, I, 54, 55, 65, 173. — Son récit de la découverte de la correspondance secrète, II, 379 et suiv. — Soupçonné par Louis XVI de vues jésuitiques, II, 483.
Gérard, commis des affaires étrangères, I, 424.
Gérault, affilié à la correspondance secrète, I, 196, 231, 363, 405; II, 430.
Gex (pays de), cédé à la France, II, 324.
Girault, affilié à la correspondance, I, 409.
Glatz (comte de), I, 114.
Goritz (comté de), II, 285.
Grafignance lucquoise, II, 306. — Montagnes de la Grafignance, I, 292.
Grains (commerce des) dans le Nord, II, 158, 159.
Grammont (le duc de), I, 22.
Grand-duc. — V. Pierre III.
Grande-duchesse. — V. Catherine II.
Grands hommes, la France en est stérile, I, 30, 31.
Graudentz, I, 208.
Grecs, la Russie cherche à les faire soulever contre la Porte, I, 433.

Grecs unis, II, 27.
Grenadilles (îles), II, 218.
Griffe du Roi, I, 115, 298.
Grimaldi (le marquis de), ministre espagnol, I, 412. — Ambassadeur en France, II, 412.
Grisons (république des), II, 350.
Grunsfeld (M. de), I, 407, 408.
Gruynengen (le baron Huybert de), II, 157, 158.
Guastalla (duché de), I, 37.
Guerchy (le comte de), ambassadeur en Angleterre, ses démêlés avec le chevalier d'Éon, I, 114, 115, 117, 118, 119, 121, 122, 128, 299, 302, 304, 305 à 309, 314, 316 à 324, 326, 332, 334, 336, 345, 350, 355; II, 370, 393.
Guerre d'*acclamation*, II, 196.
Guerre de succession (Philippe V), II, 194.
Guibert (M. de) fils, I, 182; II, 361.
Guidickens (le, colonel.), ministre d'Angleterre en Suède, II, 23.
Guillaume V, stathouder, son portrait, I, 168, 169.
Guimard, garçon du château, employé à la correspondance secrète, I, 228, 243, 262, 301, 326, 343; II, 391, 392.
Guipuscoa, province d'Espagne, II, 253.
Gustave-Adolphe, II, 130.
Gustave III, roi de Suède, I, 181; II, 23, 44.

## H.

Haine des Espagnols contre les Français, I, 209; II, 227, 228, 237, 248 et suiv.
Haine nationale en Portugal, II, 196.
Hambourg (ville de), II, 143.
Hanovre (électeur de), I, 127; II, 140, 141.
Hanovre (principauté de), II, 140 et suiv.
Havane (la), II, 241, 242.
Havrincourt (le marquis d'), succe-

sivement ambassadeur en Suède et en Hollande, admis à la correspondance secrète, I, 59, 96, 140, 141, 209, 215, 270, 275, 277, 284, 286, 290, 296, 297, 299, 343, 344, 355, 356; II, 405, 460.
Havrincourt (le chevalier d'), frère du précédent, I, 141, 356.
Haye (ville de La), son rôle pendant la guerre de la succession d'Espagne, II, 154.
Heerkens (M.), voyageur hollandais, II, 287.
Heguiste (M. d'), I, 285.
Heinsius (le pensionnaire), ennemi de la France, II, 153.
Helvétius, auteur du livre *de l'Esprit*, sa disgrâce appréciée par Louis XV, I, 96, 237.
Hennin (M.), attaché à la correspondance secrète, successivement chargé d'une mission en Pologne, puis résident à Genève; bienfaits qu'il reçoit du Roi à l'occasion de son mariage, I, 100, 141, 199, 240, 244, 252, 265, 274, 287, 312, 331, 356, 406; II, 430.
Henri III, roi de France, II, 323.
Henri IV, roi de France, sa politique, I, 324, 341, 344; II, 283.
Henri VIII, roi d'Angleterre, défenseur de la foi, II, 282.
Henri de Prusse (le prince), I, 158.
Herren-Hausen, II, 144.
Hesse (principauté de), I, 146, 147, 269, 325; II, 139, 147, 149.
Hidalgos en Espagne, II, 101.
Hirsfeld (sécularisation de l'abbaye d'), II, 146.
Hogue (combat de la) en 1691, II, 172.
Hollande, État européen, sa situation vis-à-vis de la Prusse, I, 164, 165; II, 100. — Sa puissance, II, 153. — Ennemie de la France sous Louis XIV, I, 153. — Décadence de sa marine et de sa puissance, I, 154, 155, 160. — Vices de son gouvernement, I, 156, 157. — Son commerce en Amérique, I, 245. — *V*. aussi I, 42, 86, 87;

# INDEX ALPHABÉTIQUE.    515

180; II, 152, 157, 200, 458 et suiv.

Hollande (province de), son rôle dans la république batave, I, 162.

Holstein-Gottorp (maison de), I, 479.

Hope (M.), banquier d'Amsterdam, II, 229.

Hôpital (le marquis de l'), ambassadeur de France à Saint-Pétersbourg, offre peu de capacité, I, 85, 99, 240, 242, 243, 246, 251, 261.

Huertos, en Espagne, II, 225.

Hugonnet, agent de la correspondance secrète, découverte d'une de ses lettres, conséquences fâcheuses, I, 124, 125, 127, 307, 335, 339, 350.

## I.

Indiens, II, 251.

Indiens Araucas, II, 249.

Irlande, II, 185.

Irlande (reconnaissance des côtes d'), I, 361.

Issarts (le marquis des), ambassadeur en Pologne, agent du prince de Conti, I, 59, 60; II, 405.

Issequebo, colonie hollandaise, II, 163.

Istrie, II, 285.

Italie. Sa situation politique, II, 266 et suiv.

Ivrée (marquisat d'), II, 322.

## J.

Jacques II, était Anglais de cœur, II, 171.

Jakubowski (M. de), patriote polonais au service de la France, agent de la correspondance secrète : a une pension, I, 90, 197 à 202, 229, 233, 361; II, 442.

Jeannel, intendant des postes, employé à la correspondance secrète sans le savoir, I, 7, 62, 118, 141, 214, 230, 235, 239, 241, 263, 288, 290, 346, 358, 261; II, 295.

Jeni-Kalé, II, 82.

Jésuites d'Artois, I, 110, 278.

Jeu, est la perte des officiers, I, 27.

Joseph II, empereur, I, 153, 154, 161, 170; II, 99, 116, 128, 267, 274, 281, 295, 308.

Julie, reine douairière de Danemark, veuve de Frédéric V, I, 478.

Juliers (succession de), II, 169.

Jumilhac (M. de), gouverneur de la Bastille, I, 127, 337; II, 362.

## K.

Kaunitz (comte, puis prince de), ambassadeur en France, puis ministre d'État à Vienne; rapproche la France de l'Autriche; consent avec peine au partage de la Pologne, I, 71, 72, 97, 150, 159, 162, 164, 166, 167, 171, 173, 176, 423, 436; II, 128, 381, 385, 422, 456.

Keith (M.), I, 83.

Knowles, amiral anglais, II, 60.

Kœnigsberg (port de), II, 3.

Kohaut (M.), secrétaire du prince de Kaunitz, II, 383.

## L.

Laborde (M. de), II, 229.

Ladislas IV, II, 15.

Lameth (M. de), beau-frère du comte de Broglie, I, 244.

Languedoc, menacé, I, 20.

Lascy (le maréchal de), II, 99.

Lavenza, port du Modenais, II, 301.

Lebas, affilié à la correspondance secrète, I, 428.

Lebel, valet de chambre du Roi, intermédiaire de la correspondance secrète, I, 75, 128, 139, 141, 214, 219, 226, 286, 290, 333, 341, 344, 345, 346, 347, 358, 359. — Sa mort, I, 405.

Lefèvre, agent subalterne de la correspondance secrète, I, 128, 129, 347, 348.

Lefort, Genevois au service de Pierre le Grand, II, 17.

33.

Lenan, secrétaire du comte de Broglie, I, 213, 231, 289.

Lentulus (M. de), général prussien, gouverneur de Neuchâtel, II, 348.

Léopold, archiduc, II, 109, 117, 303.

Licenciés espagnols, leur ignorance, II, 240.

Ligue du Rhin en 1658, II, 124.

Ligue copartageante de la Prusse, de la Russie et de l'Autriche, I, 470, 471; II, 177.

Limites de la France et des Pays-Bas autrichiens, II, 114.—Sur le Rhin, II, 121.

Linchou (le sieur), I, 254.

Lippe-Buckembourg (le comte de la), feld-maréchal en Portugal, II, 195, 197, 198.

Lisbonne (port de), II, 200.

Lithuanie (acquisitions russes en), II, 34.

Livourne, port de la Méditerranée, II, 291.

Livre rouge renfermant les dépenses secrètes, I, 79, 80.

Lobkovitz (prince), ambassadeur d'Autriche à Saint-Pétersbourg, I, 160; II, 383.

Lodomérie (royaume de), II, 353.

Lombardie, II, 109, 116. — Projet d'établissement d'un royaume de Lombardie, II, 318.

Londres, I, 318.

Looss (comte de), ambassadeur de Saxe, I, 15.

Lorraine (dette de la), II, 114.

Loterie (billets de), I, 292.

Louis (le R. P.), fausse adresse à l'usage de la correspondance secrète, I, 317.

Louis XIV, I, 13, 23, 25, 190 à 192, 193, 457; II, 219.

Louis XV, a foi dans la royauté, I, 1.— Méprise les hommes, I, 3. — Cherche le bien, I, 4. — N'ose imposer sa volonté, I, 3, 4, 5. — Sa duplicité, I, 5. — Sa mauvaise éducation, I, 4, 5. — Ne veut pas être pénétré, I, 7. — Aime les anecdotes secrètes, I, 7.— Sa correspondance avec le maréchal de Noailles, I, 9. — Aime la paix, I, 12.— Emploie volontiers des locutions familières, I, 17, 18, 19. — N'aime pas les grandes punitions, I, 25. — Aime la discipline dans l'armée, I, 27. — Se met à la tête de ses armées, I, 26, 27. — Malade à Metz; lettre qu'il écrit, I, 34, 35.— Hait Frédéric II, I, 95. — Entretient une correspondance secrète avec la czarine Élisabeth, I, 83. — Son opinion sur les colonies, I, 148; sur Pitt, idem. — Tient à la vie, I, 141. — Veut se remarier en 1770 avec l'archiduchesse Élisabeth, I, 149, 409, 410. — Détourne le roi d'Espagne de la guerre, I, 412 à 418. — Déteste Choiseul et les parlements, I, 150. — Ne cache pas ses liaisons avec madame du Barry, II, 360, 361.— Tient quand même à l'alliance autrichienne, II, 368. — Sa mort, II, 392.— Jugement de d'Eon sur son peu de puissance, II, 435. — V. les tables particulières de chaque volume.

Louis XVI, sa conduite vis-à-vis de M. de Broglie à propos de la correspondance secrète, I, 194, 387, 408, 412. — Lettres de lui à ce sujet, 445, 482, 490, 501, 502.

Louis de Brunswick (le duc); son rôle en Hollande, II, 164.

Louis (don), I, 85.

Louisiane, II, 217, 218.

Louvois, ministre, I, 120; II, 316.

Lucques, république, II, 305.

Luzace (comte de). V. Xavier de Saxe.

Lys (le), vaisseau, II, 188.

## M.

Machault (M. de), ministre, I, 5.

Madrid, II, 218, 219, 225.

Mahmouth, sultan, I, 206, 365, 367, 368.

Mahomet IV, sultan, I, 364.

Majorats en Espagne, II, 230, 231.

# INDEX ALPHABÉTIQUE.

Malouines (îles), ou Falkland, I, 412 à 418.

Malsensky (M.), I, 198, 201.

Mantoue (État de), I, 20, 22; II, 257, 285, 291, 317.

Manufactures françaises en Espagne, II, 221.

Marbeau (M.), affilié à la correspondance secrète, II, 440, 468.

Marie-Antoinette, I, 89, 175; II, 404.

Marie-Barbara, femme de Ferdinand VI, II, 208.

Marie Leczinska, sa mort, I, 364.

Marie-Thérèse (l'Impératrice), I, 71, 174, 175, 178, 233, 235, 289, 327, 348; II, 179, 301, 308.

Marine anglaise, II, 172. — espagnole, II, 213, 214, 215, 241. — française, II, 1, 172, 187, 188.

Martange (M. de), I, 309.

Martin (le capitaine), II, 276.

Martinique (la), colonie, II, 196.

Maruzzi (le marquis), banquier de Venise, II, 68.

Marville (M. de), conseiller d'État, I, 185; II, 361, 362, 363, 372, 399.

Massa-Carrara (la principauté de), II, 299, 304.

Masseran (le prince de), ambassadeur d'Espagne à Londres, II, 434, 458.

Mathilde, reine de Suède, I, 478.

Maurepas (le comte), premier ministre de Louis XVI, II, 427, 501.

Maximilien-Joseph de Birkenfeld-Deux-Ponts, premier roi de Bavière, II, 134.

Mazode (le sieur), I, 340.

Mecktoupgi, Turc, I, 393.

Médicis, leur politique, II, 293.

Mehemet-Emin-Pacha, nids-changi, I, 393.

Mendicité en Portugal, II, 195.

Mer Noire, commerce, I, 435; II, 28, 61, 62, 81, 82, 158, 159. — Projets de la Russie, I, 367; II, 52.

Mercy-Argenteau (le comte de), ambassadeur d'Autriche à Saint-Pétersbourg, puis à Paris, I, 109, 152, 162 à 164, 176, 285, 282, 422, 430, 436, 567; II, 369, 381 à 383, 401, 422.

Metz, Louis XV manque y mourir, I, 34.

Mexique, II, 243. — Projet d'invasion par l'Angleterre, II, 434.

Michel (le sieur), I, 211.

Milan (château de), II, 328.

Milanais, I, 22, 37; II, 291, 322.

Millot (l'abbé) publie des mémoires politiques et militaires pour servir à l'histoire des règnes de Louis XIV et de Louis XV, I, 9.

Mines de cuivre et d'argent en Russie, II, 63.

Ministre d'État, ce que c'est, I, 13, 14.

Ministres, I, 193, 194.

Mirandole (le duc de la), II, 299. — État, II, 267.

Mirepoix (madame de), I, 420.

Mobile (la), partie de la Louisiane, II, 217.

Modène (comte de), ambassadeur en Suède, I, 399. — Duc, II, 267, 297, 302, 310. — Princesse, II, 117. — Principauté, II, 109, 117, 281, 291, 297.

Mokranowsky (M.), patriote polonais affilié à la correspondance secrète, I, 56, 95, 144, 200, 234, 235, 264 à 266, 401, 434, 440, 455; II, 432, 464.

Moldavie, I, 158, 433.

Monin, ancien gouverneur du comte de Guerchy, puis secrétaire du prince de Conti, puis de M. de Guerchy, ambassadeur à Londres, affilié à la correspondance secrète, I, 117, 119, 120, 128, 196, 202, 303, 304, 306, 307, 308, 345.

Monnaie (fausse) russe, II, 67.

Monnet (le général), agent de la correspondance secrète, I, 78, 137, 189, 229, 265, 288, 305, 309, 327, 364; II, 368, 418, 431. — Madame Monnet, II, 431.

Mons, formule de lettre royale, II, 363, 364.

Montal (M. de), I, 226.
Montbeliard, principauté, II, 150.
Monteil (M. de), I, 230.
Monteynard (M. de), ministre de la guerre, I, 5, 180, 182, 183, 185, 390, 399, 414; II, 361, 372, 493.
Montferrat (le), II, 324.
Montgardin (M. de), diplomate, I, 38.
Morée conquise par les Vénitiens, II, 283.
Morosini, doge surnommé *Peloponesiaco*, II, 283.
Mufti, ce que c'est, I, 395.
Mulgrave (le docteur), II, 435.
Munich (le maréchal), II, 38.
Munster (pays de), I, 269.
Murcie, province d'Espagne, II, 225.
Murray (M.), ambassadeur d'Angleterre à Constantinople, I, 178; II, 42, 98, 99.
Mustapha II, sultan, I, 365; II, 226, 370.
Muy (le comte du), ministre de la guerre, I, 52; II, 398, 416, 426, 448, 479, 493, 503.

### N.

Nadir-Scha, II, 69.
Nantes (mademoiselle de), fille de Louis XIV et de madame de Montespan, I, 17.
Naples (royaume de), II, 115, 272, 277, 452.
Nardin (M. de), agent de la correspondance secrète, I, 314, 317, 325; II, 433, 441.
Nariskin (M. de), I, 480.
Nations franques, II, 84.
Navarro (don Pedro), II, 213.
Necker communique à la Constituante un livre rouge contenant les dépenses secrètes, I, 79.
Neubourg (princesse de), II, 192.
Neufchâtel (principauté de), I, 87, 88, 224; II, 148, 149, 346.
Neustadt (entrevue de) entre Frédéric II et Joseph II, I, 435.

Nicaragua, lac, II, 246. — Province, II, 246.
Nice (comté de), I, 36, 291; II, 313, 314.
Nids-Changi, garde du sceau en Turquie, I, 393.
Nieuport, II, 114, 178.
Nimègue (paix de), II, 119.
Nivernais (duc de), I, 114; II, 184, 303.
Nissa prise par les Russes, I, 378.
Noailles (la maréchale de), I, 46.
Noailles (le maréchal duc de), I, 8, 10, 11, 14, 23, 39, 163; II, 405.
— V. l'Etude préliminaire, 1re partie.
Noailles (comte de), I, 16, 18, 46.
Nort (M. de), agent de la correspondance secrète, I, 121 à 123, 127, 128, 311, 312, 317, 319, 320, 321, 322, 324, 326, 333, 334, 338, 339, 341, 344, 345, 348, 349.
North (lord), ministre anglais, II, 186.
Novarois, acquis par le Piémont, II, 397.
Nouvelle-Orléans, II, 218.
Noyon (évêque de), M. de Broglie, II, 366.

### O.

Obreskow (M.), ministre de Russie à la Porte, I, 171, 385.
Observateur anglais, II, 364, 365.
Odjack, milice turque, I, 390.
Officiers, le jeu est leur perte, I, 27.
Officiers bleus, ce que c'est, II, 175.
Ogny (M. d'), intendant des postes, I, 421, 445; II, 391, 395.
Oldembourg (duché d'), II, 143.
Oliva (paix d'), II, 153.
Oneille, port, II, 314.
Oost-Frise, II, 141, 143.
Orléans (duc d'), I, 156, 327.
Orléans (l'évêque d'), M. de Jarente, ministre de la feuille des bénéfices, I, 419.

INDEX ALPHABÉTIQUE. 519

Orlow, comte, I, 162, 342; II, 18, 19.
Ormea (le marquis d'), II, 297.
Orneca (M.), banquier à Amsterdam, I, 274.
Orthodoxie russe, II, 27.
Osman, sultan, I, 206, 368.
Osnabrug (évêché d'), II, 140.
Osorio (le chevalier), ministre du roi de Sardaigne, II, 319, 320.
Ostende, II, 114, 178.
Ostermann (comte d'), I, 330.
Oyéras (le comte d'), depuis marquis de Pombal, II, 199, 200, 203.
Oxenstiern, I, 472.
Ozwiegin, duché polonais, II, 352.

## P.

Pacte de famille, II, 206, 209, 254 et suiv., 418.
Paix, désirée par Louis XV, I, 12.
Palatinat, II, 120, 134, 137.
Pallavicini, maréchal, II, 301.
Panin (le comte), I, 166, 169, 180; II, 25.
Paoli, encouragé par l'Angleterre à résister à la France, I, 404.
Pape, II, 281.
Paresse des Espagnols, II, 227.
Paris (bruits répandus dans), I, 28, 37.
Parlements, Louis XV ne veut pas leur retour, I, 147, 150, 415, 419.
Parme, duché, I, 39; II, 116, 268, 272, 306, 308, 309, 313.
Passarowitz (traité de), II, 87, 283.
Paul, fils de Catherine II, I, 277.
Paulmy (le marquis de), ambassadeur en Pologne, I, 99, 131, 134, 135, 240, 241, 243, 252, 263, 273, 284, 288, 300, 322, 330.
Pavant (le sieur), I, 338.
Pays-Bas. — V. Hollande.
Pechlin (le général), ministre de Russie en Suède, I, 477.
Pedro II, roi de Portugal, II, 192.
Perghen (le comte de), II, 128.

Peri-Zadé-Osman-Mollah, chef de l'uléma, I, 395.
Perse, I, 59; II, 50.
Peuple, peut être divisé en deux catégories, II, 248.
Philippe IV, roi d'Espagne, II, 239.
Philippe V, roi d'Espagne, I, 25, 39, 40, 41, 42; II, 153, 208, 239.
Philippe (l'infant don), duc de Parme, I, 19, 22, 36, 37, 41, 104, 220, 254; II, 115, 269, 272, 318, 326.
Philipsbourg (prise de), II, 119.
Piast, dynastie royale polonaise, I, 134, 293, 313.
Piémont, histoire de ses agrandissements en Italie, II, 122, 314, 316, 317, 329 et suiv.
Pierre le Grand, ses projets, I, 438; II, 16, 130.
Pierre III, empereur de Russie, I, 105, 108, 177, 207, 231, 276, 279, 280, 481; II, 466.
Pignerol, à la France, II, 316, 324.
Piria (le duc de), II, 219.
Pitt (M.), ministre anglais, haï de Louis XV, I, 148, 172, 276, 342, 408; II, 175, 182, 196, 216, 218.
Plaisance (duché de), II, 300.
Podewils (M. de), diplomate et ministre prussien, I, 71.
Pologne, préliminaires du partage et partage; Louis XV cherche à prévenir cet événement, I, 49, 56, 57, 70, 85, 88, 89, 94, 97, 130, 132, 151, 163, 165, 167, 168, 172, 174, 175, 179 à 181, 196, 208, 212 à 214, 217, 220, 221, 224, 226, 229, 230, 255, 275, 284, 289, 290, 294, 301, 329, 368, 371, 377 à 380, 388, 408, 432, 435 à 438, 439, 441, 442; II, 11, 13, 27, 44, 45, 99, 117, 305, 327, 330, 331, 342, 362, 463 et suiv., 471.
Pompadour (la marquise de) veut connaître la correspondance secrète que Louis XV lui cache, I, 5, 7, 39, 60, 62, 73, 116, 294, 295, 310; II, 406 à 408, 412, 415, 435.
Pombal (marquis de). — V. Oyéras.
Ponant (le), II, 177.

Poniatowski (le comte Auguste), ambassadeur de Pologne en Russie, amant de la grande-duchesse, puis roi de Pologne, I, 101, 102, 135, 136, 251, 255 à 258, 260, 273, 281, 393, 327, 328, 330, 348.— *V.* Stanislas-Auguste.

Population décroissante de l'Espagne, II, 230; — de la Russie toujours croissante, I, 17, 33.

Port-Egmond (île du), II, 229.

Porte. — *V.* Turquie.

Porter (le chevalier de), ambassadeur d'Angleterre à Constantinople, II, 77.

Portugal, I, 182, 189 et suiv.; II, 181, 216.

Postes (cabinet noir des), I, 7.

Praslin (le duc de), ministre des affaires étrangères, I, 115, 116, 118, 120, 122, 123, 124, 125, 126, 127, 129, 132, 287, 288, 299, 302, 305 à 307, 310, 312, 320, 322, 327, 333, 337, 338, 348, 415; II, 184, 270, 294.

Prat (de), ou Duprat, ou de Prades, affilié à la correspondance secrète, I, 278, 298, 408, 419.

Prêts aux seigneurs russes par le gouvernement, II, 43.

*Princesse (la)*, surnom de madame de Châteauroux, I, 33.

Principautés danubiennes, I, 163.

*Procureur (le)*, pseudonyme de M. Tercier, I, 115.

Propos (mauvais), I, 31.

Provence, invasion en 1746, II, 319, — Peste, I, 24.

Provence (le comte de), I, 350.

Proverbes employés par Louis XV, I, 31, 32.

Prunevaux (M. de), II, 441.

Pruss (le sieur), I, 284.

Prusse, I, 176, 235; II, 1 et suiv., 6, 7, 124, 139, 459.

Prusse polonaise, I, 158.

Pruth (traité de), I, 365.

Puysieux (le marquis de), ministre des affaires étrangères, II, 405, 406.

## Q.

Quadruple alliance en 1718, II, 144.

## R.

Rasomowski, hetman des Cosaques, I, 206.

Real-Transport (don Guttiere Dehevia, marquis de), II, 241.

Reggio, ville d'Italie, II, 117.

Régiment du Roi, I, 27.

Reischack (M. de), ambassadeur autrichien à la Haye, I, 403.

Reis-Effendi, ministre des affaires étrangères turques, I, 393.

Repnin (le prince), sa conduite en Pologne, I, 363; II, 27.

Républiques, leur défaut, II, 306.

Rhin. Frédéric II trouve qu'il serait désirable qu'il servît de frontière à la France, II, 121.

Rochefort (lord), ministre des affaires étrangères, II, 42, 186.

Rochelle (la), I, 326.

Rohan (prince Louis de), coadjuteur de Strasbourg, ambassadeur à Vienne, découvre l'interception de la correspondance secrète, I, 173, 188, 189, 196, 429; II, 376, 378 et suiv., 483.

Rois. Dieu leur donne des lumières, pourvu qu'ils aient de bonnes intentions, I, 13.

Rome (cour de), II, 182, 269. — *V.* États de l'Église.

Rosemberg (M. de), II, 385, 386.

Rossignol (M.), employé à la correspondance secrète, maltraité par M. de Choiseul, I, 297, 313, 342, 343, 357, 363, 407, 423, 426, 467.

Rouillé (M.), ministre des affaires étrangères, I, 85, 199, 202, 211, 215, 217 à 219, 221.

Rousset (M. Camille) publie la correspondance de Louis XV avec le maréchal de Noailles, I, 9.

# INDEX ALPHABÉTIQUE. 521

Royal-Philippe (le), vaisseau espagnol, II, 213, 241.

Rozière (M. de la), officier attaché au ministère secret, employé en Angleterre, I, 113, 119, 291, 292, 296, 297, 305, 315, 317, 324, 325; II, 432, 436.

Ruben, espion à Berlin, I, 235.

Ruffec, lieu d'exil du comte de Broglie, II, 361, 367, 368.

Rulhière, son portrait du comte de Broglie, I, 66, 67.

Russie, I, 82 et suiv., 84, 102, 103, 109, 110, 132, 135, 171 à 173, 176, 203 à 209, 219, 221, 242, 247, 261, 275, 279 à 285, 294, 296, 304, 329, 330, 331, 343, 365 et suiv., 373, 374, 376, 380, 384, 386, 399, 400, 433, 438, 462, 477, 479; II, 18 et suiv., 24 et suiv., 28, 31, 32, 34, 36, 43, 50, 62, 64, 84, 87, 105, 130, 200, 465 et suiv.

Ruyter, amiral hollandais, II, 154.

## S.

Sabbatini (M.), ministre du duc de Modène, II, 298.

Sadoul, I, 231.

Saint-Florentin (M. de), I, 359. — V. La Vrillière.

Saint-Gothard (bataille de) en 1666, II, 71.

Saint-Hubert (abbaye de), I, 114.

Saint-Priest (M. de), ambassadeur en Portugal et en Turquie, admis à la correspondance secrète, I, 142, 143, 166, 189, 361, 362, 396, 422; II, 80, 429, 454, 455.

Saint-Sacrement, colonie d'Amérique, II, 208.

Saint-Victor (M. de), I, 349, 354, 407.

Salmont (comtesse de), I, 411.

Saluces (marquisat de), II, 323.

San-Nicandro (prince de), Napolitain, II, 273.

San-Remo (affaire de), II, 128, 312.

Sandoz (M. de), ministre de Prusse en France, I, 168, 437.

Sandwich (lord), II, 186.

Sangusco (la maréchale), I, 201.

Sardaigne (le Roi de), I, 19 à 22, 29, 36 à 41, 444; II, 115, 116, 269, 307, 311.

Sardaigne, négociation, I, 37, 38, 39.

Sartines (M. de), lieutenant de police, puis ministre sous Louis XVI, chargé d'examiner l'affaire de la Bastille et la conduite du comte de Broglie, I, 124, 127, 129, 134, 135, 137, 139, 342, 347, 353, 361 à 363; II, 399, 449, 479.

Sauria (marquis de), général espagnol, II, 217.

Savoie (politique de la maison de) en Italie, II, 116, 322 et suiv.;—vis-à-vis de la France, II, 325 et suiv.

Savone, II, 314.

Saxe électorale, I, 300, 301, 305, 312; II, 132.

Saxe-Lauenbourg (duché de), II, 141.

Saxenhausen (combat de), I, 267.

Saxonnes (troupes) à la solde de la France, II, 113.

Scheffer (M. de), ambassadeur, puis sénateur suédois, I, 151, 160 à 162, 429, 476; II, 461.

Schogonoff (le sieur), I, 244, 245.

Schomberg (le maréchal de), II, 191, 198.

Schouvaloff (le comte), I, 262, 480; II, 63.

Schouvaloff (MM.), II, 131.

Schullembourg (maréchal de), gouverneur de Corfou pour Venise, II, 187.

Schwitz (canton de), II, 347.

Sébastien de Portugal (dom), II, 191.

Ségur (M. de) publie, sous le titre de *Politique des cabinets de l'Europe*, quelques mémoires de la correspondance secrète, I, 52, 53.

Ségur (le comte de), agent diplomatique, mis à la Bastille, I, 182; II, 362, 363, 489.

Senneterre (M. de), I, 19.

Servie (Nouvelle), établissement de la Russie, I, 366.

Sevin, commissionnaire au service de

la correspondance secrète, I, 352;
II, 441.
Sforce (François), II, 353.
Sierra-Morena, II, 231.
Sievers (M. de), I, 480.
Sigismond, empereur, II, 135.
Sigismond III, roi de Pologne, II, 15.
Silésie, I, 114, 261.
Simplon (passage du), II, 350.
Sleswig (le), I, 479 à 481; II, 143.
Sobieski sauve l'Autriche en 1683,
II, 16.
Sobriquets (usage des), I, 17.
Solar (le marquis de), ambassadeur
de Piémont, I, 20; II, 234.
Solde, ce que c'est, II, 210.
Solms (M. de), I, 159.
Soubise (le maréchal prince de), I,
93, 189, 267, 269, 341; II, 378,
382, 384, 426.
Splnecke (M.), I, 348.
Stahremberg (M. de), ambassadeur
d'Autriche à Paris, I, 78, 219,
220; II, 385, 407.
Stairs, général anglais, I, 18.
Stanislas-Auguste, roi de Pologne, I,
167, 377, 394, 439; II, 15, 22.
— V. Poniatowski.
Starosties du palatinat de Cracovie
envahies par les Autrichiens, I, 436.
Stathouder, organe de leur puissance,
leur politique, II, 157, 161 et suiv.
Stein, pensionnaire de Hollande, II,
164, 165.
Stockholm (convention de) en 1757,
I, 475.
Strasbourg (annexion de), II, 449.
Subsides (politique de) et celle de l'ancien régime, I, 80; — de la France
à l'Autriche, I, 451; II, 107, 108,
213; — à la Suède, I, 474; — de
la Porte à l'Autriche, II, 83, 98, 99.
*Substitut* (le), pseudonyme du comte
de Broglie, I, 114.
Suède (État de), ce royaume; révolution de 1772, I, 164, 181, 182,
297, 325, 329, 330, 465, 473,
474, 477; II, 25, 26, 38, 49, 50,
78, 84, 100, 101, 104, 105, 147,
460, 462.

Suisse, sa situation politique, II, 343
et suiv. — Son alliance avec la
France, II, 344. — Capitaux
suisses en Angleterre, II, 348,
349. — Cantons italiens, II, 353.
Sultan (le), II, 82.
Suse (marquisat de), II, 322.
Swieten (le baron), I, 168.

## T.

Tage, II, 226.
Tallard (M. et madame de), I, 45.
Tapac Amaro, cacique indien, II, 251.
Tapados (émeute des), à Madrid, II,
218, 219.
Tartares (petits), leur soumission à la
Russie, I, 438.
Taxes en nature imposées par les
Russes, II, 65.
Tencin (le cardinal de), I, 16.
Tercier, commis des affaires étrangères; sa disgrâce; correspondant
secret du Roi, I, 63, 69, 91, 96,
97, 142, 197, 210, 219, 237,
247, 291, 296, 319, 337, 338,
352 à 354, 358; II, 413, 416,
417, 488.
Tercier (madame), I, 138; II, 486.
Terray (l'abbé), II, 305.
Thamas-Kouli-khan, II, 60.
Theil (M. du), envoyé secret à Vienne
en 1725, II, 288.
Théveneau de Morande, pamphlétaire, II, 356 et suiv., 371.
Thierry (M.), éloge de sa probité, II,
396.
Thiroux de Monsauge (M.), I, 243.
Thugut (M. de), envoyé d'Autriche à
la Porte, I, 163, 423.
Thulemeyer (M. de), ambassadeur
russe à la Haye, I, 403; II, 459.
Tirawley (lord), II, 208.
Toison d'or (ordre de la), II, 267.
Tortonois acquis par le Piémont, II,
317.
Toscane (duché de), I, 16, 42; II,
109, 200 et suiv.
Tott (le sieur de), I, 203.
Touche (le chevalier de la), ambas-

# INDEX ALPHABÉTIQUE. 523

sadeur à Berlin, agent du prince de Conti, I, 59, 60; II, 405.
Toulon, II, 177.
Toulon (combat de), en 1744, II, 213.
Toulouse (le comte de), I, 287.
Toulouse (la comtesse de), I, 8.
Tournelle (marquise de la), I, 17, 29, 31. — V. Châteauroux (duchesse de).
Tra-los-montes, province de Portugal, II, 216.
Traités d'Aix-la-Chapelle, II, 115; — d'Aranjuez, 1752, II, 270; — de Breda, 1667, II, 471; — de Fontainebleau, 1761, I, 112, 273; II, 184; — de Lyon, 1600, II, 324; — de Nimègue, 1678, I, 473; — de Pruth, 1711, II, 52; — de Ryswick, I, 475; — de Saint-Germain, 1679, I, 473; — de Travendahl, II, 153; — de Velhan, 1757, II, 1; — de Versailles, 1756, I, 73, 448; II, 74, 106 et suiv.; — de Versailles, 1758, I, 450, 474; II, 109, 113.
Trinité (la), II, 248.
Tromp, amiral hollandais, II, 154.
Tronto (le), II, 277.
Turpin (M. de), I, 275.
Turquie, I, 57, 84, 105, 148, 153, 163, 171, 177 à 179, 186 à 188, 197 à 202, 249, 254, 298, 312, 326, 364 et suiv., 373, 379, 383 et suiv., 408, 433; II, 31, 32, 38, 59, 70, 78, 84, 83, 88, 97, 190, 316, 453 et suiv.

## U.

Ukraine, I, 206; II, 66.
Ulema (l'), son influence, I, 390; II, 82, 85.
Umar-effendi, ministre turc, I, 394.
Usson (M. d'), proposé pour être envoyé en Pologne, I, 420.

## V.

Vaisseau de permission, I, 36.
Vaisseaux français, leur nombre, II, 185. — Construits en Amérique, II, 241.
Valachie, I, 158, 433.
Valais (le), II, 350.
Valcrousant (le chevalier de), envoyé en Russie, I, 82.
Valence, province, II, 225. — Manufacture royale, II, 221.
Valromey cédé à la France, II, 324.
Valteline, II, 322, 350.
Vannec<sup>1</sup>., banquier de Londres, II, 229.
Varsovie, I, 134, 167.
Vauréal (M. de), évêque de Rennes, ambassadeur en Espagne, I, 39.
Vehlau (traité de), II, 16.
Venise, république, II, 283 et suiv.
Ventadour (madame de), gouvernante des Enfants de France; lettre du Roi, I, 45.
Verelst (M.), ministre de Hollande à Berlin, II, 465.
Vergennes (le baron, puis comte de), ambassadeur à la Porte, puis en Suède, enfin ministre des affaires étrangères, affilié à la correspondance secrète, I, 52, 141, 161, 176, 181, 197, 226, 228, 235 à 236, 269, 276, 284, 286, 326, 356, 360, 364, 368, 371, 376, 386, 387, 421, 423; II, 80, 88, 371, 420, 436, 437, 444, 448, 453, 454, 479, 493, 503. — Son mémoire sur la Turquie, I, 364.
Vergennes (madame de), II, 424.
Versoix (fondation de), I, 145; II, 346, 451.
Victor-Amédée I<sup>er</sup>, duc de Savoie, II, 324.
Victor-Amédée II, II, 233, 316, 324.
Victoria (le marquis de la), II, 213, 241.
Vienne (cour de), sa politique, I, 165, 169, 173 à 175, 261, 342, 343, 434 et suiv.; II, 35, 93 et suiv., 180, 269, 279, 291, 311.
Vieux chrétiens en Portugal, II, 191.
Vigévanasque (le), II, 320.
Villars (la duchesse de), fille du maréchal de Noailles, I, 17, 27.

Villevault (M. de), maître des requêtes, I, 185; II, 361, 362, 363, 399.
Vins de France, II, 193.
Vioménil (le comte de), envoyé militaire en Pologne, II, 96, 156, 167.
Viry (le comte de), ambassadeur de Sardaigne en France, II, 366.
Vistule (navigation sur la), II, 2, 159.
Vizir (le grand), sa position précaire, I, 390, 391.
Vrillière (le duc de la), ministre, I, 365, 366, 368, 436, 439. — *V.* Saint-Florentin (comte de).

## W.

Wal (M.), II, 196, 219.
Warmie, I, 432.
Wilkes, agitateur anglais; sa conversation avec d'Eon, II, 436.
Williams (le chevalier), ambassadeur anglais en Russie, I, 203, 208.
Willorusky (M. de), envoyé des confédérés de Bar, non reconnu par la France, I, 454.
Wolff (William), pseudonyme de d'Eon, II, 394, 395.
Wolffenbuttel (maison de), II, 142.
Woodrofe (le capitaine), II, 59.
Worms (traité de), en 1743.
Woronzoff (comte), vice-chancelier, puis chancelier de Russie, aime la France et est admis à la correspondance secrète, I, 81, 99, 206, 217, 222, 232, 242, 245, 255, 257, 258, 264, 272, 285, 303, 327; II, 465.
Woronzoff (mademoiselle de), I, 28.
Wurtemberg, action de la France sur ce pays, II, 150.

## X.

Xavier (le prince de Saxe), comte de Luzace, frère de la Dauphine, candidat au trône de Pologne, I, 88, 94, 100, 130, 133, 134, 221, 226, 227, 234, 245, 286, 300, 309, 312, 313, 323, 402.

## Y.

York (le général), I, 404.
York, ambassadeur anglais en Hollande, II, 164, 166.
Yucatan (côtes de), 244, 245.
Yvan, I, 206.

## Z.

Zabache (mer de), II, 28, 82, 152.
Zerbst (princesse de), mère de Catherine II, I, 253, 254.
Zinzendorf, I, 105, 256.
Zips (envahissement par l'Autriche du comté de), I, 158, 352, 436.
Zoge (le baron de), I, 161.
Zukmantel (M. de), I, 306, 309.
Zullichau (district de), II, 414.
Zurich, canton puissant, II, 348.

FIN DE L'INDEX ALPHABÉTIQUE.

# TABLE

## DU DEUXIÈME VOLUME.

| Nos. | | Pages. |
|---|---|---|
| 366 | — Mémoires sur la politique étrangère, remis par M. de Broglie à Louis XV, du 16 avril à la fin d'août 1773. (Suite.)... | |
| | III. — De la Prusse. | |
| | IV. — De la Pologne. | 11 |
| | V. — De la Russie. | 16 |
| | Premier mémoire séparé pour servir de supplément à l'article Russie. | 51 |
| | Second mémoire séparé pour servir de supplément à l'article Russie. | 62 |
| | VI. — De la Porte. | 70 |
| | VII. — De la cour de Vienne. | 93 |
| | Extrait de la convention ou traité secret entre le Roi et l'Impératrice-Reine, signé à Versailles le 30 décembre 1758. | 113 |
| | VIII. — De l'Empire ou Corps germanique. | 118 |
| | De la Saxe. | 132 |
| | De la Bavière. | 134 |
| | De la Maison palatine. | 137 |
| | De la maison de Brunswick. — Le roi d'Angleterre électeur de Hanovre. | 140 |
| | De la Hesse. | 146 |
| | Du Wurtemberg. | 150 |
| | Récapitulation de l'article VIII. | 150 |
| | IX. — De la Hollande ou des États généraux des Provinces-Unies. | 152 |
| | X. — De l'Angleterre. | 170 |
| | XI. — Du Portugal. | 189 |
| | XII. — De l'Espagne. | 212 |
| | Observations additionnelles sur l'article XII de l'Espagne : — I. De la haine nationale. | 238 |
| | II. De la marine. | 241 |
| | III. Des démêlés qui peuvent naître entre l'Espagne et l'Angleterre à l'occasion des établissements faits par les Anglais sur les côtes espagnoles du continent de l'Amérique. | 243 |
| | IV. De l'état actuel des possessions espagnoles en Amérique. | 248 |
| | V. De la fertilité, la population et l'industrie de quelques provinces d'Espagne. | 252 |
| | Pacte de famille entre la France et l'Espagne, du 15 août 1761. | 254 |

| Nos. | | Pages. |
|---|---|---|
| 366 (Suite.) XIII. — De l'Italie | | 266 |
| | Naples et Sicile | 272 |
| | L'État ecclésiastique | 279 |
| | La république de Venise | 283 |
| | La Toscane | 290 |
| | Les États de Modène | 297 |
| | Parme et Plaisance | 306 |
| | La république de Gênes | 310 |
| | La cour de Turin | 316 |
| | Récapitulation générale de l'article XIII | 339 |
| | XIV. — De la Suisse ou du corps helvétique | 343 |
| 367 | — Le chevalier d'Éon au comte de Broglie. — 13 et 18 juillet 1773 | 356 |
| 368 | — Le comte de Broglie au Roi, et réponse de Louis XV. — 29 juillet 1773 | 358 |
| 369 | — Louis XV au comte de Broglie. — 21 août 1773 | 361 |
| 370 | — Ordre du Roi à M. de Sartines (officiel). — 8 septembre 1773 | 363 |
| 371 | — Ordre du Roi à MM. de Villevault et de Marville (officiel). — 8 septembre 1773 | 364 |
| 372 | — Le comte de Broglie au duc d'Aiguillon. — 22 septembre 1773 | 364 |
| 373 | — Louis XV au comte de Broglie. — 24 septembre 1773 | 367 |
| 374 | — Louis XV à M. Dubois-Martin. — 16 octobre 1773 | 368 |
| 375 | — Louis XV à M. Dubois-Martin. — 29 octobre 1773 | 369 |
| 376 | — Le comte de Broglie à Louis XV. — 23 janvier 1774 | 369 |
| 377 | — Le comte de Broglie à Louis XV. — 2 mars 1774 | 373 |
| 378 | — Louis XV à M. Durand. — 20 mars 1774 | 375 |
| 379 | — Le comte de Broglie à Louis XV. — 1er avril 1774 | 375 |
| 380 | — Louis XV à M. Dubois-Martin. — 6 avril 1774 | 376 |
| 381 | — M. Dubois-Martin à Louis XV, et réponse du Roi. — 6 et 18 avril 1774 | 376 |
| 382 | — Note de M. Dubois-Martin. — 18 avril 1774 | 377 |
| 383 | — Louis XV à M. Dubois-Martin. — 26 avril 1774 | 378 |
| 384 | — Le prince Louis de Rohan à Louis XVI. — 4 juillet 1774 | 378 |
| 385 | — Note historique envoyée par le comte de Broglie à Louis XVI. — 13 mai 1774 | 387 |
| 386 | — Le comte de Broglie à Louis XVI. — 30 mai 1774 | 392 |
| 387 | — Extrait d'un mémoire envoyé par le comte de Broglie à Louis XVI. — 9 juin 1774 | 403 |
| 388 | — Le comte de Broglie à Louis XVI. — 14 juin 1747 | 408 |
| 389 | — Mémoire du comte de Broglie à Louis XVI. — 14 juin 1774 | 412 |
| 390 | — État des ambassadeurs, ministres ou résidents qui ont été admis à la correspondance secrète par ordre de Louis XV. — Février 1775 | 429 |
| 391 | — Le duc de la Vrillière au comte de Broglie. — 1er juillet 1774 | 433 |
| 392 | — Le chevalier d'Éon au comte de Broglie. — 7 juillet 1774 | 434 |
| 393 | — Le comte de Vergennes à Louis XVI. — 22 août 1774 | 436 |
| 394 | — Le comte de Broglie à d'Éon. — 10 septembre 1774 | 437 |
| 395 | — Le comte de Broglie à M. Favier. — 10 septembre 1774 | 439 |
| 396 | — Liste des pensions accordées par Louis XVI aux agents de la | |

## TABLE.

| Nos. | | Pages. |
|---|---|---|
| | correspondance secrète. — 10 septembre 1774. . . . . . . | 440 |
| 397 | Le comte de Vergennes à Louis XVI. — 21 septembre 1774. | 441 |
| 398 | Le comte de Broglie au chevalier d'Éon. — 18 janvier 1775. . | 442 |
| 399 | Le comte de Vergennes à Louis XVI. — 26 janvier 1775. . . | 444 |
| 400 | Louis XVI à M. de Vergennes. — 26 janvier 1775. . . . . . . | 445 |
| 401 | Mémoire de MM. de Vergennes et du Muy à Louis XVI, sur l'examen qu'ils avaient fait par ordre du Roi, de la conduite du comte de Broglie relativement à la correspondance secrète. — 3 février 1775. . . . . . . . . . . . . . . . . . . | 446 |
| 402 | Le comte de Broglie à Louis XVI. — 9 février 1775. . . . . . | 448 |
| 403 | Mémoire du comte de Broglie aux comtes du Muy et de Vergennes, contenant une notice des différents articles de la correspondance secrète. — 16 février 1775. . . . . . . . . | 449 |
| | Genève, depuis 1767 jusqu'en 1773. . . . . . . . . . . | 451 |
| | Naples, depuis 1772 jusqu'en 1774. . . . . . . . . . . | 452 |
| | Constantinople, depuis 1756 jusqu'en 1773. . . . . . . | 452 |
| | Vienne, depuis 1770 jusqu'en 1772. . . . . . . . . . . | 455 |
| | Angleterre, depuis 1764 jusqu'en 1774. . . . . . . . . | 457 |
| | Hollande, depuis 1768 jusqu'en 1770. . . . . . . . . . | 458 |
| | Suède, depuis 1758 jusqu'en 1774. . . . . . . . . . . . | 460 |
| | Pologne, depuis 1758 jusqu'en 1774. . . . . . . . . . . | 463 |
| | Russie, depuis 1757 jusqu'en 1774. . . . . . . . . . . | 465 |
| | Conclusion. . . . . . . . . . . . . . . . . . . . . . . | 468 |
| 404 | Mémoire adressé par le comte de Broglie à MM. les comtes du Muy et de Vergennes. Idée générale des motifs qui avaient déterminé le travail intitulé *Conjectures raisonnées*. — 1er mars 1775. . . . . . . . . . . . . . . . . . . . . . . . | 470 |
| 405 | Le comte de Broglie à Louis XVI. — Mars 1775. . . . . . | 479 |
| 406 | Le comte de Vergennes et M. du Muy à Louis XVI. — 3 mars 1775. . . . . . . . . . . . . . . . . . . . . . . . . . . . | 481 |
| 407 | Louis XVI à M. de Vergennes. — 3 mars 1775. . . . . . . | 482 |
| 408 | Le comte de Broglie à Louis XVI.—Premiers jours d'avril 1775. | 484 |
| 409 | Précis du mémoire et des pièces mises par le comte de Broglie sous les yeux de MM. du Muy, de Vergennes et de Sartines, dans la conférence du 27 mars 1775. — Avril 1775. . . . | 487 |
| 410 | Rapport de MM. du Muy, de Vergennes et de Sartines, sur la procédure de la Bastille contre le comte de Broglie, le baron de Bon, Favier, Ségur et Dumouriez. — 24 avril 1775. . . | 493 |
| 411 | Louis XVI au comte de Broglie. — 1er mai 1775. . . . . . | 496 |
| 412 | Le comte de Broglie à Louis XVI. — Mai 1775. . . . . . . | 497 |
| 413 | Louis XVI à M. de Vergennes. — 25 mai 1775. . . . . . . | 501 |
| 414 | Louis XVI au comte de Broglie. — 25 mai 1775. . . . . . | 501 |
| 415 | M. de Vergennes à Louis XVI. — 27 mai 1775. . . . . . . | 502 |
| 416 | Le comte de Broglie à Louis XVI. — 4 juin 1775. . . . . . | 502 |
| | Appendice sur l'affaire de la Bastille en 1773, d'après des documents inédits communiqués par M. le marquis de Chabrillan. . . . . . . . . . . . . . . . . . . . . . . . . | 504 |

FIN DE LA TABLE DU DEUXIÈME VOLUME.

# ADDITIONS ET CORRECTIONS

#### POUR LES DEUX VOLUMES.

### TOME I<sup>er</sup>.

Page 36, ligne 18, au lieu de : traité d'*Arpento*, lisez : traité d'*Assiento*.
Page 95, ligne 10, au lieu de : *duc* de Broglie, lisez : *comte* de Broglie.
Page 126, ligne 28, au lieu de : *envoee*, lisez : *envoié*.
Page 142, ligne 16, au lieu de : *chercher*, lisez : *toucher*.
Page 151, ligne 14, au lieu de : d'*Ayen*, lisez : d'*Usson*.
Page 166, ligne 14, au lieu de : la *Prusse*, lisez : la *Russie*.
Page 167, ligne 25, au lieu de : la *Russie*, lisez : l'*Autriche*.
Page 189, ligne 24, au lieu de : 26 *août*, lisez : 26 *avril*.
Page 387, ligne 3, au lieu de : 1756, lisez : 1766.
Page 402. La lettre datée d'août 1768 est du 27 octobre 1768 ou du 15 février 1769 (*V*. t. II, p. 459).

### TOME II.

Page 184, note 1, ligne 2, au lieu de : *de la cour de Londres*, lisez : *à la cour de Londres*.
Page 357. La citation latine est donnée telle quelle.
Page 365, n° 372. L'éditeur a depuis retrouvé une copie manuscrite de cette lettre dans les papiers du duc d'Aiguillon, communiqués par M. le marquis de Chabrillan.
Page 498, note 1. M. de Chabrillan m'a depuis communiqué ce rapport, qui est d'une extrême violence et constitue un acte d'accusation formelle.

www.ingramcontent.com/pod-product-compliance
Lightning Source LLC
Chambersburg PA
CBHW051359230426
43669CB00011B/1697